Gerassimos Tsigantes

STARTEN WIR!

Deutsch
als Fremdsprache
Lehrerhandbuch

Hueber Verlag

Quellenverzeichnis
Zeichnungen: Maike Hettinger, Wien
Bildredaktion: Sieveking, Agentur für Kommunikation, München

Der Verlag weist ausdrücklich darauf hin, dass im Text enthaltene
externe Links vom Verlag nur bis zum Zeitpunkt der Buchveröffentlichung
eingesehen werden konnten. Auf spätere Veränderungen hat der Verlag
keinerlei Einfluss. Eine Haftung des Verlags ist daher ausgeschlossen.

Das Werk und seine Teile sind urheberrechtlich geschützt.
Jede Verwertung in anderen als den gesetzlich zugelassenen Fällen
bedarf deshalb der vorherigen schriftlichen Einwilligung des Verlags.

Eingetragene Warenzeichen oder Marken sind Eigentum des
jeweiligen Zeichen- bzw. Markeninhabers, auch dann, wenn diese
nicht gekennzeichnet sind. Es ist jedoch zu beachten, dass weder das
Vorhandensein noch das Fehlen derartiger Kennzeichnungen die
Rechtslage hinsichtlich dieser gewerblichen Schutzrechte berührt.

3.	2.	1.		Die letzten Ziffern
2024	23	22	21 20	bezeichnen Zahl und Jahr des Druckes.

Alle Drucke dieser Auflage können, da unverändert,
nebeneinander benutzt werden.
1. Auflage
© 2020 Hueber Verlag GmbH & Co. KG, München, Deutschland
Umschlaggestaltung: Sieveking · Agentur für Kommunikation, München
Layout und Satz: Sieveking · Agentur für Kommunikation, München
Verlagsredaktion: Hueber Hellas, Athen
Druck und Bindung: Friedrich Pustet GmbH & Co. KG, Regensburg
Printed in Germany
ISBN 978-3-19-086000-5

Inhalt

Konzeption des Lehrwerks — Seite 4
Methodisch-didaktische Hinweise — Seite 8
Kopiervorlagen — Seite 108
Tests — Seite 132
Transkriptionen Kursbuch — Seite 156
Transkriptionen Arbeitsbuch — Seite 189
Lösungen Kursbuch — Seite 192
Lösungen Arbeitsbuch — Seite 203
Lösungen Tests — Seite 224

Konzeption des Lehrwerks

Starten wir! ist ein Lehrwerk für Deutsch als Fremdsprache, das in drei Bänden zu den Niveaustufen A1, A2 und B1 des Gemeinsamen Europäischen Referenzrahmens führt. Das Lehrwerk wendet sich an junge Erwachsene und ist geeignet für Nullanfänger, die im Ausland Deutsch lernen. Die folgenden Fragen und Antworten geben eine erste Übersicht über die wichtigsten Merkmale des Lehrwerks *Starten wir!*.

Was macht *Starten wir!* zu einem besonderen Lehrwerk?

Beim Verfassen von *Starten wir!* haben vor allem die folgenden Aspekte eine Rolle gespielt:

- *Starten wir!* ist ein allgemeinsprachliches Lehrwerk, rückt aber die Funktionalität des Lernstoffs in den Mittelpunkt. Unkomplizierte und schnelle Verwendbarkeit von Sprache im Job und in der Freizeit haben Vorrang. Entsprechend jung und weltoffen präsentiert sich *Starten wir!* und wendet sich an Menschen, die ihre Berufschancen durch Mehrsprachigkeit verbessern möchten. An Menschen, die wissen, dass Kenntnisse in Deutsch auf jeden Fall ein großes Plus für Studium, Fortbildung und Beruf sind. Der B1-Band des Lehrwerks bietet zudem ein gezieltes Prüfungstraining zur Vorbereitung auf das Zertifikat B1 (Goethe-Institut und ÖSD) sowie das Zertifikat Deutsch (telc).

- *Starten wir!* macht den Lebensstil junger und mobiler Menschen zum Thema. Durch moderne Textsorten und inspirierende Inhalte lernen die Kursteilnehmerinnen und Kursteilnehmer unsere Sprache kennen und lieben. Das Motto ist: Das Leben bei uns macht Spaß! Es ist voller Überraschungen und oft auch erfrischend anders. Ein Beispiel ist Berlin! Da möchte man hin, da möchte man dabei sein, denn da passiert was!

- Der Umgang mit mobilen Endgeräten wie Smartphones, iPads und Tablets ist für unsere Kursteilnehmerinnen und Kursteilnehmer eine Selbstverständlichkeit. Viele Lernerinnen und Lerner haben ihre Smartphones im Unterricht zur Hand und nutzen Webseiten wie *leo.de* zum Nachschlagen von Vokabeln. *Starten wir!* fördert den handlungsorientierten Einsatz von mobilen Endgeräten. Das Lehrwerk setzt auf die Verwendung von kostenfreien Apps (u.a. Wetter-Apps, Uhrzeiten-Apps) und auf das Internet, vor allem, wenn es darum geht, Kommunikation, Teamgeist und Spaß im Kurs zu initiieren.

- Und nicht zuletzt: die Verwendung mobiler Endgeräte hat unser Kommunikationsverhalten und unsere Sprache nachhaltig verändert. *Starten wir!* trägt dieser Tatsache durch die Auswahl der Textsorten Rechnung. Die Lernerinnen und Lerner lesen und produzieren WhatsApp-Nachrichten, Blogs u.a. Typische Textsorten sind Video-Blogs, Chats, Interviews und Beiträge auf einschlägigen Webseiten. Die neuen Kann-Bestimmungen „Online Interaktion" (siehe Begleitband des Gemeinsamen Europäischen Referenzrahmens) werden berücksichtigt.

- Das Thema „Mediation" (siehe Begleitband des GER) wird in zahlreichen Aufgaben umgesetzt und mithilfe der für B1 ausgewiesenen Kann-Bestimmungen realisiert.

Nach welchen Kriterien ist *Starten wir!* konzipiert?

Einige grundlegende Prinzipien, die Eingang in die Konzeption von *Starten wir!* gefunden haben, finden Sie im Kasten.

```
    best practice        Mediation         intuitiv

funktional       linear        spielerisch        Musik

                      Starten wir!

   Job         Studium           Apps        Mehrsprachigkeit
```

```
                          Berlin

Transparenz     Doppelseiten      schlank        Mini-Tasks


        strukturiert            lexical approach
```

Für welche Kurse ist *Starten wir!* geeignet?

Für Extensiv-, Standard- und Intensiv-Kurse an Volkshochschulen, Goethe-Instituten, Universitäten, Sprachschulen, Privatschulen u.a. im Ausland. Jeder Band bietet Stoff für 80 Unterrichtseinheiten.

Was unterscheidet *Starten wir!* von anderen Lehrwerken?

Starten wir! ist ein Standardlehrwerk und macht das scheinbar Unmögliche möglich:

- Glasklare Strukturen werden mit viel Freiraum für Interaktion und spielerisches Probieren verbunden. Das gibt Lernerinnen und Lernern Sicherheit und Orientierung. Und dabei kommen Spaß und die Entwicklung von Selbstbewusstsein in der Verwendung der neuen Sprache nicht zu kurz.

- Modernste Methodik ist so aufbereitet, dass Kursleiterinnen und Kursleiter das Lehrwerk intuitiv benutzen können und der Unterricht mühelos höchsten Ansprüchen genügt.

Wo liegen die methodischen Schwerpunkte?

Starten wir! ist das erste Lehrwerk für Deutsch als Fremdsprache, das konsequent methodischen Ansätzen folgt, die sich bei der Vermittlung der englischen Sprache als besonders erfolgreich erwiesen haben und heute Standard sind. Dies sind u.a. der *taskorientierte Ansatz* (task-based approach) und der *lexikalische Ansatz* (lexical approach).

Taskorientierter Ansatz: am Ende jeder Unterrichtseinheit (= Doppelseite) steht eine Mini-Task. Mini-Tasks sind einfache handlungsorientierte Aufgaben, mit deren Hilfe die Lernerinnen und Lerner ihr neu erworbenes Wissen in einem sinnvollen Zusammenhang erproben: Erstellen von Postern, Durchführen von Umfragen, Schreiben von Blogs u.a. Jeder einzelne Schritt der Unterrichtseinheit liefert das Gerüst und die sprachlichen Mittel, die die Lerner benötigen, um die Mini-Task erfolgreich erledigen zu können. Im B1-Band liegt der Fokus der Mini-Tasks häufig auf prüfungsähnlichen Aufgaben, sodass die Lerner auf alle Prüfungsanforderungen gezielt vorbereitet werden.

Lexikalischer Ansatz: das Lernen von Chunks (= sprachliche Häppchen) und die Entwicklung von Wortfeldern werden in den Mittelpunkt gestellt. Die Lernerinnen und Lerner sind aktiv an der Auswahl des Wortschatzes beteiligt und bringen bei der Erstellung von Mind-Maps und Word-Clouds ihre persönlichen Interessen ein.

Starten wir! geht sehr kleinschrittig vor und nimmt schwache Lerner mit. Zudem bietet das Arbeitsbuch zu jeder einzelnen Kursbuch-Aufgabe entsprechende Übungen, die für das Festigen des Stoffs sorgen, bevor man weiterlernt.

Wie ist *Starten wir!* aufgebaut?

Das Kernmaterial von *Starten wir!* sind ein Kursbuch und ein separates Arbeitsbuch für jede Stufe des Gemeinsamen Europäischen Referenzrahmens.

Kursbuch B1
Der Aufbau des Kursbuchs ist denkbar einfach und kann intuitiv durchgearbeitet werden.
Starten wir! hat zwölf Lektionen und ist so mit den Kursstrukturen der meisten DaF-Institutionen im Ausland kompatibel.

Jede Lektion besteht aus
- einer attraktiven Einstiegsseite, die ins Thema einführt und neuen Wortschatz präsentiert
- vier Teilen A, B, C und D. Die Teile sind jeweils Doppelseiten und ideal für die Durchnahme in Doppelstunden (= 2 x 45 Minuten) geeignet. Jede Doppelseite startet mit einer kleinen Wiederholungsaufgabe *Starten wir!* zum Aufwärmen und endet mit einer Mini-Task *Ja, das kann ich …*
- einer Doppelseite *Grammatik Xpress*: Grammatikübersicht und erste kleine Übungen für zwischendurch, im Unterricht oder zu Hause.
- einer Seite *Xtra Prüfung*: gezieltes Trainingsmaterial für die Prüfungen Zertifikat B1 (Goethe-Institut und ÖSD) und Zertifikat Deutsch (telc).
- einer Liste mit den unregelmäßigen Verben im Anhang.

Arbeitsbuch B1

Zu jeder Kursbuch-Aufgabe bietet das Arbeitsbuch eine oder mehrere direkt zugeordnete Übungen mit derselben Nummerierung wie die Kursbuch-Aufgabe. Durch diese direkte Zuordnung kommt *Starten wir!* ganz ohne Verweise im Kursbuch aus. Alles erschließt sich schnell und intuitiv.

Das Arbeitsbuch enthält:
- Übungen zu Wortschatz, Grammatik und Aussprache
- Diktate
- sprachvergleichende Übungen (Mehrsprachigkeit)
- Übersichten über den Lernwortschatz und die Redemittel jeder Lektion

Wer kann mit *Starten wir!* unterrichten?

Absolut alle Kursleiterinnen und Kursleiter, die die Interessen der Lernerinnen und Lerner in den Mittelpunkt stellen. *Starten wir!* ist ausgesprochen übersichtlich und strukturiert, lässt aber gleichzeitig viel Freiraum für Interaktion und Aktivität im Kursraum.

Starten wir! bietet methodisch nur das, was sich wirklich bewährt hat und ist ein Musterbeispiel für *best practice*. Das Lehrwerk „funktioniert" intuitiv und Unterrichten findet ohne großen Aufwand auf höchstem Niveau statt.

Methodisch-didaktische Hinweise

Folgende Abkürzungen werden verwendet:

TN = Kursteilnehmer(in)　　Partner = Partner(in)　　PA = Partnerarbeit　　EA = Einzelarbeit
GA = Gruppenarbeit　　PL = Plenum　　s. = siehe
S. = Seite　　KB = Kursbuch　　KV = Kopiervorlage

1 Fremde Sprachen

Aufgabe	Form	Ablauf im Kurs	Material
	PL	Fakultativ (vor dem Start): Lassen Sie, bereits während die TN eintreffen, leise Musik im Hintergrund laufen. Wenn alle TN da sind, kann es losgehen. Schreiben Sie Ihren Namen groß an die Tafel, sowie *Herzlich willkommen!* Begrüßen Sie dann den Kurs folgendermaßen: „Guten Tag! Herzlich willkommen in unserem B1-Deutschkurs. Mein Name ist …"	Musik-CD
Starten wir! 1	EA PL	Die TN schauen sich zuerst die Bilder an und lesen still die drei Forumsbeiträge. Dann ordnen sie den Texten die entsprechenden Bilder zu. Kontrollieren Sie anschließend im Plenum. Lassen Sie dazu einzelne TN zu jedem Bild den passenden Beitrag vorlesen und klären Sie auch den neuen Wortschatz.	
2	PL	Die TN äußern sich im Plenum darüber, welches deutsche Wort ihr Lieblingswort ist. Sie begründen ihre Meinung und sagen, was ihnen an diesem Wort gefällt. Schreiben Sie die genannten Wörter in Form eines Wortigels zum Schlagwort *Lieblingswort* an die Tafel.	
A 1	PL PA	Erklären Sie die Aufgabe und die Bedeutung von *erfahren über + A*. Geben Sie auch die unregelmäßigen Tempusformen des Verbs an. Die TN schauen sich zu zweit die Fotos an. Dann stellen sie gemeinsam Vermutungen über Hannahs Leben, ihre Familie, ihren Beruf und ihre Freizeit an und machen sich dabei Notizen in ihr Heft. Helfen Sie, wo nötig.	
2	PA PL	Die TN hören die entsprechende Hörszene, vergleichen zu zweit die gehörten Informationen mit ihren Notizen und korrigieren ggf. Im Plenum wird anschließend besprochen, was die TN über Hannah erfahren haben. Sammeln Sie dabei diese Informationen in Form von Notizen an der Tafel.	CD 1/1
3	PL EA PL PA PL	Ein TN liest den falschen Beispielsatz (Satz 1) vor, dann liest er ihn korrigiert vor, also „Ich lebe mit meinem Freund zusammen." Erklären Sie anhand des Beispiels die Aufgabe. Weisen Sie darauf hin, dass bei manchen, nicht bei allen, Sätzen Fehler vorkommen und diese korrigiert werden sollen. Danach lesen die TN die übrigen Sätze für sich. Erklären Sie den neuen Wortschatz im Plenum (s. auch *Extras*). Anschließend hören die TN die Szene noch einmal, streichen zu zweit die Fehler in den Sätzen durch und korrigieren, wie im Beispiel vorgegeben. Besprechen Sie zum Schluss die Ergebnisse im Plenum.	CD 1/1

Methodisch-didaktische Hinweise

4	PL	Mithilfe der Informationen aus A2 und A3 berichten die TN in Form eines Kettenspiels über Hannah. Sie sprechen dabei reihum. Jeder TN sagt einen vollständigen Satz. Hören Sie zu und korrigieren Sie ggf.	
5	EA	Die TN schreiben fünf Sätze über sich in ihr Heft. Sie nehmen dabei die Sätze in A3 als Modell. Helfen Sie, wo nötig.	
6	PL	Mithilfe ihrer Sätze aus A5 stellen sich die TN dem Kurs vor, wie Hannah es in der Hörszene gemacht hat. Sie brauchen sich dabei nicht nur auf die aufgeschriebenen Informationen zu beschränken, sondern können nach Belieben weitere hinzufügen. Helfen Sie, wo nötig. Fakultativ: Jeder TN beantwortet anschließend eine Frage aus dem Plenum. Bestimmen Sie, wer jeweils die Frage stellt. Es sollten mehrere TN zu Wort kommen, d. h. Fragen formulieren.	
7	PL PA PL	Bitten Sie zuerst einen TN, die Sätze in *Extras* vorzulesen. Erklären Sie im Plenum die Funktion von *mit* in diesem Zusammenhang. Weisen Sie ebenfalls auf die Verbformen in der Vergangenheit (Perfekt bzw. Modalverben in Präteritum) hin. Anhand der vorgegebenen Beispiele erzählen die Partner einander, in welchem Alter sie was gemacht haben. Gehen Sie umher und helfen Sie, wo nötig. Fakultativ: Sprechen Sie zum Schluss einzelne TN im Plenum an und fragen Sie, was sie wann gemacht haben. Geben Sie dazu das Alter an, z. B. „Was haben Sie mit 5/16/… gemacht?" Die TN antworten.	
8	PL EA PA PL	Lassen Sie einen TN den Beispielsatz zur indirekten Frage mit *ob* vorlesen und übertragen Sie ihn währenddessen an die Tafel. Wiederholen Sie anhand des Satzes die Bedeutung und den Gebrauch von *ob* zur Bildung von indirekten Fragen. Weisen Sie auch auf die Verb-Endstellung im Nebensatz hin. Wie im Beispiel vorgegeben, schreiben dann die TN die restlichen indirekten Fragen in ihr Heft bzw. auf ein Blatt Papier (s. A9). Anschließend vergleichen sie ihre Fragen mit denen ihres Partners und korrigieren ggf. gemeinsam. Helfen Sie, falls nötig. Lassen Sie zum Schluss zur Kontrolle einzelne TN die Sätze im Plenum vorlesen. Klären Sie die Bedeutung von *Musikinstrument*.	evtl. Blatt Papier
9	PL	Lesen Sie zu Beginn die Spielanleitung gemeinsam im Plenum. Erklären Sie dabei den unbekannten Wortschatz. Nun spielen die TN das Kennenlern-Bingo. Sie nehmen ihr Buch und ihr Heft bzw. das Blatt Papier mit den Fragen aus A8 und gehen im Kursraum umher. Sie stellen einzelnen TN die Fragen und notieren auf ihrem Bingo-Spielplan entsprechend die Namen. Wer als Erster drei Namen waagerecht, senkrecht oder diagonal ergänzt hat, ruft „Bingo" und ist der Sieger. Fakultativ: Kopieren Sie die Kopiervorlage 1 einmal für jedes TN-Paar und schneiden Sie die Karten aus. Geben Sie jedem TN-Paar einen Satz Karten. Erklären Sie dann im Plenum das Spiel und schreiben Sie folgende Redemittel als Hilfe an die Tafel: *Ich möchte gerne wissen, ob …* *Ich möchte dich gerne fragen, ob …*	evtl. Blatt Papier aus A8 KV 1

Methodisch-didaktische Hinweise

	9	PA	Dann spielen die TN folgendermaßen: Der erste TN zieht eine Karte und stellt seinem Partner eine indirekte Frage mit *ob*, z. B.: „Ich möchte gerne wissen / Ich möchte dich gerne fragen, ob du den Führerschein schon gemacht hast." Der Partner antwortet mit einem vollständigen Satz. Dann zieht er eine Karte usw. Die TN spielen abwechselnd weiter, bis zu allen Karten ein Dialog geführt wurde. **Lösungen:** Ich möchte gerne wissen / Ich möchte dich gerne fragen, … ob du den Führerschein schon gemacht hast. ob du gerne Hip-Hop-Musik hörst. ob du oft Modemessen besuchst. ob eine Person aus deiner Familie berühmt ist. ob du gerne Ski fährst. ob du unsere Deutschlehrerin / unseren Deutschlehrer magst. ob du gerne Fisch isst. ob Geld für dich eine wichtige Rolle im Leben spielt. ob du dich für Kultur interessierst. ob du alte Fotos sammelst. ob du Deutsch langweilig findest. ob du nur Bio-Lebensmittel einkaufst. ob du jeden Tag SMS an deine Freunde schickst. ob der Beruf der Kindergärtnerin / des Kindergärtners dir gefällt. ob bei euch zu Hause jeden Morgen alle zusammen frühstücken. / ob ihr bei euch zu Hause jeden Morgen alle zusammen frühstückt. ob du jeden Monat in ein Konzert gehst. ob du dich mit Freunden über moderne Kunst unterhältst. ob du ein Profil auf Facebook hast. ob du manchmal schwarze Jeans trägst. ob du nächstes Jahr die B1-Prüfung machen willst.	
B	1	EA	Zuerst lesen die TN die vorgegebenen Sprachen für sich. Erklären Sie ggf. die unbekannten Wörter. Die TN überlegen sich, welche drei Sprachen weltweit am meisten gesprochen werden, und kreuzen dann entsprechend an.	
		PL	Im Plenum wird anschließend darüber diskutiert. Geben Sie dazu Redemittel vor. Möglicher Tafelanschrieb: ◆ *Ich glaube/denke/meine, …* ● *Ja, das denke/meine ich auch. /* *Nein, das glaube ich nicht. Ich denke, …*	
	2	PL	Beschreiben Sie die Ausgangssituation und klären Sie den neuen Wortschatz. Lassen Sie dann die TN im Plenum über das Thema frei diskutieren (Redemittel dazu s. Tafelanschrieb zu B1). Halten Sie an der Tafel fest, welche Sprache(n) die meisten TN vorschlagen.	
		EA	Die TN überfliegen anschließend den Zeitungsartikel. Verweisen Sie dazu auf die Worterklärungen in *Extras*.	
		PL	Zum Schluss vergleichen die TN ihre anfänglichen Vermutungen mit den Informationen im Text und äußern sich im Plenum darüber, welche Sprachen die Aliens laut Text lernen müssten.	

Methodisch-didaktische Hinweise

3	EA	Die TN lesen zuerst die Aussagen 1–5 für sich. (Alternativ: Lassen Sie einen TN die Aussagen vorlesen.)	
	PL	Klären Sie den neuen Wortschatz.	
	PA	Danach lesen die TN den Text in B2 noch einmal, markieren zu zweit die lösungsrelevanten Stellen und kreuzen die richtigen Sätze an.	
	PL	Kontrollieren Sie anschließend im Plenum und lassen Sie die Richtigkeit der Sätze mit den entsprechenden Textstellen belegen. Gehen Sie zum Schluss auf den noch unbekannten Wortschatz im Zeitungsartikel ein.	
4	PL	Wiederholen Sie die Bedeutung des Ausdrucks *den Vorteil haben* im Plenum.	
	EA	Die TN suchen die Vorteile von Spanisch aus dem Text in B2 heraus.	
	PL	Dann nennen die TN die Vorteile und verwenden dabei das vorgegebene Redemittel. Wiederholen Sie dazu kurz im Plenum, dass die Konjunktion *dass* einen Nebensatz einleitet, also die konjugierte Verbform am Ende steht.	
5	PA	Die TN berichten ihrem Partner, was ihre Muttersprache ist, welche Fremdsprachen sie sprechen und welche sie noch lernen möchten. Gehen Sie umher und helfen Sie, wo nötig.	
6	EA	Die TN schreiben eine WhatsApp-Nachricht und geben Ratschläge. Helfen Sie, wo nötig. Sammeln Sie dann die Texte ein, korrigieren Sie sie und besprechen Sie in der nächsten Unterrichtsstunde die häufigen Fehler.	
7	EA	Zuerst lesen die TN die Sätze im Grammatikkasten für sich.	
	PA	Dann suchen sie zu zweit die Sätze im Text in B2 und ordnen die passenden Satzhälften einander zu.	
	PL	Bitten Sie anschließend zur Kontrolle einen TN, die Sätze vorzulesen. Schreiben Sie die drei Sätze an die Tafel und erklären Sie anhand derer die Bildung und den Gebrauch der Infinitivsätze.	
8	PA	Die TN zeichnen die Tabelle in ihr Heft. Dann lesen sie den Text in B2 noch einmal und ordnen in Partnerarbeit die unterstrichenen Ausdrücke, nach denen der Infinitiv mit *zu* steht, in die Tabelle ein.	
	PL	Übertragen Sie währenddessen die Tabelle an die Tafel. Zur Kontrolle nennen die TN anschließend im Plenum ihre Ergebnisse. Ein TN schreibt diese in die Tabelle an der Tafel. Die TN vergleichen und korrigieren ggf. ihre Eintragungen.	
9	EA	Die TN lesen die Vorgaben für sich. Schreiben Sie den Beispielsatz an die Tafel. Erklären Sie dann anhand des Beispiels die Aufgabe. Gehen Sie auch auf die Bedeutung von *Konversationskurs* ein.	
	PL		
	EA	Danach bilden die TN mit den Vorgaben Fragen in ihrem Heft, wie im Beispiel vorgegeben. Bitten Sie im Anschluss einen TN nach vorne. Zur Kontrolle werden ihm im Plenum fünf Fragen von den anderen TN zugerufen und er schreibt sie an die Tafel. Achten Sie darauf, dass dabei verschiedene Vorgaben eingesetzt werden.	
	PL		
	PA	Fakultativ: Die TN stellen sich gegenseitig in Partnerarbeit die aufgeschriebenen Fragen. Der Partner antwortet. Gehen Sie umher und helfen Sie, wo nötig.	

Methodisch-didaktische Hinweise

	10	GA	Erklären Sie die Aufgabe und die Bedeutung von *Werbeplakat*. Teilen Sie die TN in 4er-Gruppen ein. Die TN sammeln gemeinsam Argumente für das Erlernen ihrer Muttersprache. Bei TN aus verschiedenen Ländern sollte die Gruppe sich für eine der Muttersprachen entscheiden. Ein Mitglied der Gruppe notiert die Argumente.	
			Dann gestalten die Gruppen ein Werbeplakat für ihre Muttersprache und verwenden dabei die Notizen und die Ausdrücke aus B7. Das vorgegebene Beispiel dient zur Hilfe. Gehen Sie umher und helfen Sie, wo nötig.	DIN-A3-Blätter, Farbstifte
	11	PL	Die Gruppen hängen ihre Werbeplakate im Kursraum auf. Dann lesen die TN alle Werbeplakate und vergleichen. Bitten Sie anschließend einzelne TN zu sagen, welches Plakat sie gut fanden und warum.	
C	1	PL	Bitten Sie die TN aufzustehen und einen Kreis zu bilden. Ein TN beginnt, sagt, wozu er Lust hat, und bildet dabei einen Infinitivsatz. Er wendet sich dann an den nächsten TN, wie im Beispiel vorgegeben. Dieser wiederholt die Aussage, fügt einen eigenen Infinitivsatz hinzu und fragt den nächsten TN usw. Das Spiel endet, wenn der Kreis sich schließt, d. h. wenn der erste TN die Frage des letzten TN beantwortet hat und damit den längsten Satz gebildet hat. Hören Sie mit und korrigieren Sie ggf.	
			Fakultativ: Stellen Sie sich als erster (und letzter) Spieler in den Kreis und machen Sie mit.	
			Allgemeiner Hinweis zu Kettenspielen: Bei einem Kurs mit hoher TN-Zahl können mehrere Kreise/Gruppen gebildet werden. Dies ist besonders bei Kettenspielen zu beachten, wo Aussagen aneinanderzureihen sind und also sehr lange Sätze entstehen.	
	2	PL	Die TN schauen sich den Wortigel an. Bitten Sie einen TN die Arbeitsanweisung vorzulesen und klären Sie die Bedeutung der neuen Wörter.	
		GA	Teilen Sie die TN in 3er- bzw. 4er-Gruppen ein. Die Gruppen diskutieren über das vorgegebene Thema. Ein Mitglied der Gruppe übernimmt die Rolle des Moderators: Er fasst Gesagtes zusammen, bittet die TN jeweils, ihre Meinung zu begründen (s. Beispieldialog) und notiert an einem Wortigel die erwähnten Vor- und Nachteile.	
		PL	Zum Schluss berichtet jeder Moderator anhand der Notizen über die Ergebnisse seiner Gruppe im Plenum.	
	3	PL	Die TN lesen zuerst die Frage der Aufgabe und die drei vorgegebenen Antworten für sich. Erklären Sie den unbekannten Wortschatz.	
		EA	Danach kreuzt jeder TN eine Antwort an oder ergänzt eine, wenn er meint, die drei sind nicht richtig.	
		PL	Anschließend findet eine Diskussion über die genaue Bedeutung des Wortes *Mehrsprachigkeit* statt. Achten Sie dabei darauf, dass nicht nur einzelne TN ihre Meinung sagen, sondern dass die TN auch auf Äußerungen reagieren. Geben Sie an der Tafel Redemittel zur Diskussion vor.	
			Möglicher Tafelanschrieb:	
			Ich glaube/meine/denke, Mehrsprachigkeit bedeutet, dass …	
			Ja, das ist richtig. / Nein, das ist falsch.	
			Ja, ich glaube das auch. / Nein, ich glaube das nicht.	
			Das stimmt (nicht).	
			Notieren Sie an der Tafel die Ergebnisse der Diskussion.	

Methodisch-didaktische Hinweise

4	PL EA PL	Bitten Sie einen TN, die Arbeitsanweisung der Aufgabe vorzulesen. Erklären Sie das Wort *Ergebnis*. Sagen Sie den TN, worauf beim Hören zu achten ist, nämlich auf die Bedeutung von Mehrsprachigkeit. Die TN hören dann den ersten Teil der Radiosendung und vergleichen mit den Ergebnissen aus C3. Im Anschluss wird im Kurs geklärt, was Mehrsprachigkeit bedeutet, und die Lösung in C3 ggf. korrigiert.		CD 1/2
5	PL	Die TN sagen im Plenum, ob sie mehr als eine Muttersprache haben. Sammeln Sie Namen an der Tafel oder notieren Sie die Anzahl der Meldungen. Fakultativ: Die TN mit mehreren Muttersprachen sagen im Plenum auch, welche Sprachen das sind. Helfen Sie ggf.		
6	EA PL EA PL	Die TN lesen zuerst die Sätze 1–6 für sich. Klären Sie im Plenum den unbekannten Wortschatz. Dann hören die TN den zweiten Teil des Radiogesprächs und kreuzen an, wer das sagt. Kontrollieren Sie die Lösungen im Plenum. Lassen Sie bei Meinungsverschiedenheiten die TN das Gespräch bzw. die entsprechenden Gesprächsstellen noch einmal hören und besprechen Sie zusammen mit den TN eventuelle Unklarheiten.		CD 1/3
7	EA PA PL	Die TN lesen die Fragen 1–6 und die Antworten a–f für sich und unterstreichen die Schlüsselwörter. Danach hören die TN den zweiten Teil des Radiogesprächs noch einmal und ordnen in Partnerarbeit Fragen und Antworten einander zu. Zur Kontrolle werden die Lösungen im Plenum besprochen. Erklären Sie dabei auch den neuen Wortschatz.		CD 1/3
8	PL	Stellen Sie der Reihe nach die Fragen. Erklären Sie dabei auch die Bedeutung von *offiziell*. Die TN beantworten im Plenum die Fragen. Hören Sie zu und helfen Sie, wo nötig.		
9	PA PL	Die TN lesen die Fragen 1–6 in C7 noch einmal und ergänzen zu zweit die Adjektivendungen im Grammatikkasten. Übertragen Sie währenddessen die Grammatiktabelle an die Tafel. Bitten Sie im Anschluss einen TN nach vorne, der die Endungen ergänzt. Erklären Sie den TN, dass die Adjektive im Superlativ (und Komparativ) die gleichen Endungen wie allgemein Adjektive vor Nomen haben. Weisen Sie auch darauf hin, dass Adjektive im Superlativ immer mit dem definiten Artikel oder dem Possessivartikel stehen, z. B. *meine größte Herausforderung* Erinnern Sie an den bisher bekannten Superlativ als Prädikat bzw. Adverb und schreiben Sie die entsprechenden Formen der Adjektive aus der Tabelle an die Tafel. Möglicher Tafelanschrieb: interessant — am interessantesten schön — am schönsten groß — am größten gut — am besten		

Methodisch-didaktische Hinweise

9		Erklären Sie den Unterschied zum attributiven Superlativ: Wenn der Superlativ vor dem Nomen steht, entfällt *am* und die Endung folgt der Adjektivdeklination. Möglicher Tafelanschrieb: *Das Geschenk ist am schönsten.* *das schönste Geschenk* Fakultativ: Wiederholen Sie die Adjektivdeklination mit dem definiten Artikel im Nominativ, Akkusativ und Dativ. Erweitern Sie dazu den Grammatikkasten an der Tafel und bitten Sie einen TN, die Formen in Akkusativ und Dativ zu ergänzen. Möglicher Tafelanschrieb: *Nominativ Akkusativ Dativ* *der interessanteste Punkt* *das schönste Geschenk* *die größte Herausforderung* *die besten Aussichten*	
10	PL EA PL EA PA PL	Bitten Sie einen TN den vorgegebenen Beispielsatz vorzulesen. Erklären Sie anhand des Beispiels die Aufgabe. Die TN bilden den zweiten Satz mit den Vorgaben und schreiben ihn in ihr Heft. Kontrollieren Sie im Plenum. Die TN schreiben nun zwei eigene Sätze in ihr Heft und beantworten so die Frage der Aufgabe. Anschließend vergleichen sie ihre Sätze mit denen ihres Partners. Gehen Sie umher und helfen Sie, wo nötig. Achten Sie auch auf die richtige Bildung der Infinitivsätze. Fakultativ: Lassen Sie zum Schluss einzelne TN ihre Sätze im Plenum vorlesen.	
11	PL GA	Erklären Sie anfangs die Aufgabe im Plenum. Lassen Sie dann die Redemittel vorlesen und besprechen Sie den neuen Wortschatz. Teilen Sie die TN in 4er-Gruppen ein. Mithilfe der Aussagen in C6 und C7 und der vorgegebenen Redemittel äußern die Gruppenmitglieder ihre Meinung. Jeder TN sammelt die verschiedenen Aussagen in Form von Notizen in seinem Heft.	
12	PL PA PL	Jede Gruppe aus C11 bestimmt einen Gruppensprecher. Die Gruppensprecher berichten anhand ihrer Notizen dem Plenum über die Ergebnisse der Gruppe. Fakultativ: Teilen Sie Kopiervorlage 2 an jeden TN aus. Zu zweit ergänzen die TN die Adjektivendungen. Kontrollieren Sie anschließend im Plenum. Hinweis: Die Kopiervorlage kann auch in EA als Hausaufgabe bearbeitet und dann im Kurs korrigiert werden. **Lösungen:** 1 schwersten 2 größte 3 schönsten 4 meisten 5 längste 6 beliebtesten 7 schnellsten 8 kleinste 9 höchsten 10 stärksten 11 älteste 12 reichsten 13 ärmsten 14 langsamste … langsamere 15 beste	KV 2

Methodisch-didaktische Hinweise

D	1	PL	Schreiben Sie zur Vorbereitung der Aufgabe je ein neues Wort aus den Teilen A bis C auf ein Kärtchen (s. dazu Lernwortschatz im AB S. 197). Für jede TN-Kette brauchen Sie (mindestens) ein beschriebenes Kärtchen. Die TN schauen sich das Foto an. Erklären Sie die Bedeutung des Wortes *Flüsterpost* und den Ablauf des Spiels. Danach spielen die TN das Spiel: Die TN bilden eine Kette. Bei Kursen mit relativ hoher TN-Zahl können auch mehrere Ketten gebildet werden. Zeigen Sie dem ersten TN (je)der Kette ein Wort auf einem Kärtchen. Lesen Sie das Wort nicht vor. Der erste TN flüstert seinem Nachbarn das Wort ins Ohr. Der Nachbar darf das Wort nicht lesen. Der zweite TN flüstert nun das Gehörte dem nächsten TN ins Ohr usw. Der letzte TN und der erste TN der Kette sagen zum Schluss laut das gehörte bzw. gelesene Wort und vergleichen. Fakultativ: Je nach Wunsch kann eine weitere Runde gespielt werden.	Kärtchen
	2	EA PL PA PL	Zuerst lesen die TN still die fünf Überschriften. Erklären Sie den neuen Wortschatz. Die TN arbeiten nun zu zweit weiter. Sie überfliegen den Text mit den fünf Tipps zum Sprachenlernen und ergänzen gemeinsam zu jedem Tipp die entsprechende Überschrift. Während des Lesens unterstreichen die TN auch die lösungsrelevanten Textstellen, doch sollte dies nicht zu viel Zeit in Anspruch nehmen. Die Informationen in *Extras* dienen zur Hilfe. Im Anschluss vergleichen die TN im Plenum ihre Ergebnisse und begründen ihre Wahl mit den entsprechenden Textstellen. Erklären Sie am Ende noch den neuen Wortschatz im Text.	
	3	EA PL	Die TN lesen den Text in D2 noch einmal und schreiben die Tipps in ihr Heft. Sie notieren dabei die Informationen als Infinitivkonstruktion wie im Beispiel. Zur Kontrolle rufen die TN Ihnen zu, was sie notiert haben. Schreiben Sie die Ergebnisse an die Tafel. Fakultativ: Die TN formulieren ihre Ergebnisse in Form von vollständigen Sätzen mit Modalverb, z. B. „Man sollte ein Ziel haben."	
	4	GA PL	Teilen Sie die TN in 3er- bzw. 4er-Gruppen ein. Die Gruppen zeichnen zu jedem Tipp in D2 ein Bild wie im Beispiel. Fakultativ: Lassen Sie einzelne TN an die Tafel kommen und zu jedem angeschriebenen Tipp (s. Anweisungen zu D3) das Bild ihrer Gruppe zeichnen.	
	5	PA PL	Die TN arbeiten zu zweit. Sie lesen die vier Nomen in der Tabelle, finden diese Nomen im Text in D2 und unterstreichen sie. Die TN ergänzen dann gemeinsam mit ihrem Partner zu jedem Nomen das passende Adjektiv. Übertragen Sie währenddessen die Tabelle an die Tafel. Bitten Sie im Anschluss zur Kontrolle einen TN nach vorne, der die Adjektive in die Tabelle an der Tafel einträgt. Lassen Sie dann die TN mithilfe der Tabelle an der Tafel und des Grammatikkastens im KB erklären, wie aus einem Adjektiv ein Nomen auf *-heit* bzw. *-keit* (bei Adjektiven auf *-ig* und *-lich*) gebildet wird. Gehen Sie anschließend auf die Bedeutung der Nomen (Abstrakta, Eigenschaften) und den femininen Artikel ein.	

Methodisch-didaktische Hinweise

6	EA	Die TN bilden zuerst selbst die Nomen zu den Adjektiven 1–3. Dann schauen sie im Wörterbuch nach und kontrollieren, ob sie die Nomen richtig gebildet haben, korrigieren ggf. und lesen ihre Bedeutung.		Wörterbuch bzw. Smartphone
	PL	Zur Kontrolle nennen die TN im Plenum die Nomen mit Artikel und ihre Bedeutung. Schreiben Sie die Nomen auch an die Tafel.		
7	PA	Die TN suchen zu zweit im Text in D2 die Sätze mit *trotzdem* und ergänzen den Grammatikkasten.		
	PL	Bitten Sie dann einen TN die Sätze vorzulesen. Schreiben Sie die Sätze an die Tafel. Die TN erschließen anhand des Kontextes die Bedeutung von *trotzdem*. Weisen Sie auf die Verb- und Subjektstellung im *trotzdem*-Satz hin. Erinnern Sie an den Konnektor *deshalb* (Starten wir! A2, Lektion 7), der auch dieselbe Struktur voraussetzt.		
		Fakultativ: Erwähnen Sie auch in diesem Zusammenhang den Konnektor *außerdem* (Starten wir! A2, Lektion 8), der im Text in D2 vorkommt. Weisen Sie – anhand eines Beispiels aus dem Text – darauf hin, dass dieser Konnektor oft am Satzanfang steht.		
8	PL	Zuerst lesen die TN die Vorgaben 1–4 für sich. Erklären Sie den neuen Wortschatz. Bitten Sie dann einen TN, den Beispielsatz vorzulesen, und erläutern Sie anhand dessen die Aufgabe.		
	EA PA PL	Wie im Beispiel vorgegeben, schreiben nun die TN die Tipps 2–4 in ihr Heft, vergleichen anschließend mit ihrem Partner und korrigieren ggf. Bitten Sie zum Schluss einen TN an die Tafel, der die Sätze zur Kontrolle anschreibt.		
9	GA	Bilden Sie Gruppen zu je 4–5 Personen. Ein Gruppenmitglied übernimmt die Rolle des Moderators. Zu Beginn wiederholt dieser die Arbeitsanweisung und erklärt der Gruppe die Aufgabe wie im Beispieldialog. Die TN schreiben dann gemeinsam auf einem Blatt Papier einen eigenen Text über ihren Lieblingstipp zum Sprachenlernen. Als Modell dienen die Tipps in D2. Gehen Sie umher und helfen Sie, wo nötig.		Blatt Papier
10	PL	Die Gruppen hängen ihre Tipps im Kursraum auf. Die TN gehen von Tipp zu Tipp und lesen.		
		Dann vergleichen und diskutieren die TN im Plenum, welche Gruppe den besten Tipp geschrieben hat. Als Kursleiter können Sie auch am Gespräch teilnehmen, überlassen Sie aber den TN die Wahl des besten Tipps.		
		Ein TN fotografiert zum Schluss den Text, den die meisten TN für den besten halten, und verschickt ihn per WhatsApp an die anderen im Kurs.		Smartphone
	EA	Fakultativ: Jeder TN fotografiert auch noch für sich Tipps, die er persönlich nützlich gefunden hat.		
Xtra Prüfung 1	EA	Die TN lesen zuerst den Satz / die Aufgabe 1 und danach den Text bis Zeile 3, d. h. bis zur Textstelle, mithilfe deren man die Aufgabe lösen kann. Die TN unterstreichen den lösungsrelevanten Satz im Text und lösen die Aufgabe.		
	PL	Besprechen Sie die Lösung im Plenum.		
		Lesen Sie dann gemeinsam mit den TN den Tipp zur Vorgehensweise bei diesem Aufgabentyp: Da die Aufgabe in kurzer Zeit zu lösen ist, sollten zuerst die Aussagen und dann der Text bzw. der Textabschnitt gelesen werden, damit man von vornherein weiß, nach welchen Informationen zu suchen ist. Die Aufgaben folgen der Reihenfolge des Textes.		

Methodisch-didaktische Hinweise

Xtra Prüfung 1		Hinweis: Diese Aufgabe entspricht in der Prüfung für das Goethe Zertifikat B1 bzw. das ÖSD Zertifikat B1 Teil 1 des Moduls Lesen. Die Kandidaten haben für diese Aufgabe ca. 10 Minuten Zeit. Sie sollen in dieser Zeit einen Text aus dem persönlichen Lebensbereich, z. B. einen Blog-Text, lesen und dann entscheiden, ob die sechs vorgegebenen Aussagen richtig oder falsch sind. Die sechs Aussagen folgen der Reihenfolge des Textes.	
2	EA	Die TN lösen die Aufgaben 2–6 zum restlichen Text und verfahren dabei wie im Tipp beschrieben. Zeile 1–3 des Textes braucht nicht noch mal gelesen zu werden.	
	PL	Zur Kontrolle werden zum Schluss im Plenum die Lösungen besprochen.	

2 Paare, Serien & mehr

Aufgabe	Form	Ablauf im Kurs	Material
Starten wir! 1	EA	Die TN schauen sich zuerst das Foto oben an und lesen still die Vorgaben.	
	PL	Erklären Sie den neuen Wortschatz. Dann stellen die TN im Plenum Vermutungen darüber an, wo die Frau ist und was sie macht. Dabei benutzen sie die vorgegebenen Ausdrücke und Redemittel. Korrigieren Sie ggf. Grammatik- bzw. Syntaxfehler.	
2	PL	Erklären Sie die Aufgabe und gehen Sie auf die Bedeutung von *Vermutung* ein.	CD 1/4
	EA	Die TN hören den Dialog und vergleichen mit ihren Vermutungen in Aufgabe 1. Sie sagen anschließend im Plenum, wo die Frau tatsächlich ist und was sie tut.	
	PL	Fakultativ: Wiederholen Sie kurz die Bildung von femininen Nomen auf *-ung* aus Verben (s. Starten wir! A2, Lektion 6). Möglicher Tafelanschrieb: *vermut-en* → *die Vermut-ung*	
3	PL	Die TN berichten im Plenum, mit wem sie am liebsten Serien gucken, und begründen auch ihre Vorliebe. Hören Sie zu und korrigieren Sie ggf.	
A 1	PL	Zuerst lesen die TN still die Arbeitsanweisung. Gehen Sie auf die Bedeutung von *überfliegen* ein.	
	EA PA	Dann lesen die TN die Themen und den Text für sich. Die Informationen in *Extras* dienen zur Hilfe. Zu zweit kreuzen die TN das passende Thema an.	
	PL	Kontrollieren Sie im Plenum.	
2	PL	Die TN lesen die Aussagen 1–5 für sich. Erklären Sie den neuen Wortschatz.	
	PA	Dann arbeiten die TN zu zweit. Sie lesen den Text in A1 noch einmal, markieren zu jedem Satz 1–5 die lösungsrelevanten Textstellen und kreuzen die richtige Lösung an. Kontrollieren Sie im Anschluss im Plenum. Die TN begründen die Lösungen mit den entsprechenden Textstellen. Erklären Sie zum Schluss den unbekannten Wortschatz im Text.	
	PL		

Methodisch-didaktische Hinweise

3	EA / PL	Die TN schreiben drei Fragen zum Text in A1 in ihr Heft. Gehen Sie im Kursraum umher und unterstützen Sie, wo nötig. Anschließend stellt jeder TN seine Fragen im Kurs. Die anderen TN beantworten sie. Korrigieren Sie ggf.	
4	PL	Die TN äußern sich im Plenum zu den Fragen der Aufgabe und berichten über ihre persönlichen Erfahrungen. Helfen Sie, wo nötig.	
5	PA / PL	Die TN lesen die Sätze 1–4 und ergänzen zu zweit die fehlende Konjunktion. Dann suchen sie diese Sätze im Text in A1 und kontrollieren ihre Ergänzungen. Lassen Sie im Anschluss die vollständigen Sätze 1–4 im Plenum vorlesen. Bitten Sie einen TN, die Sätze mit *obwohl* (Satz 2 und 4) an die Tafel zu übertragen, und lassen Sie ihn auch die Sätze aus dem Grammatikkasten anschreiben. Fragen Sie die TN nach der Bedeutung und dem Gebrauch (Einleitung eines Nebensatzes) von *obwohl*. Die TN antworten und verwenden dabei die angeschriebenen Sätze als Beispiel. Helfen Sie bei eventuellen Unklarheiten und weisen Sie zur Wiederholung auf die Verb-Endstellung im Nebensatz hin.	
6	PA	Die TN schreiben zu zweit sechs kurze Sätze in ihr Heft, wie im Beispiel vorgegeben. Die Sätze beginnen mit *Wir gucken* ... Gehen Sie umher und unterstützen Sie, wo nötig.	
7	PA	Die Partner spielen im Wechsel. Partner A liest einen Satz aus A6 vor und wirft die Münze. Partner B wiederholt den Satz und ergänzt bei Kopf einen *weil*-Satz bzw. bei Zahl einen *obwohl*-Satz. Dann tauschen die Partner die Rollen. Das Spiel endet, wenn zu jedem Satz aus A6 ein Nebensatz gebildet wurde. Gehen Sie währenddessen im Kursraum umher, hören Sie zu und helfen Sie, wo nötig.	Münzen
8	PL / GA	Erklären Sie die Aufgabe und den neuen Wortschatz. Teilen Sie die TN in 5er- oder 6er-Gruppen ein. Verteilen Sie dann an jede Gruppe ein DIN-A3-Blatt. Ein Gruppenmitglied übernimmt die Rolle des Moderators: Er sorgt dafür, dass alle TN zu Wort kommen. Die TN gestalten nun gemeinsam ein Plakat: Sie stellen in Form einer Grafik die Schwächen der Gruppenmitglieder rund um den Fernseher dar. Das vorgegebene Plakat dient zur Hilfe. Gehen Sie umher und helfen Sie, wo nötig. Achten Sie auch auf die Rolle der Moderatoren.	DIN-A3-Blätter
9	PL	Die Gruppen aus A8 ernennen einen Sprecher. Mithilfe des Plakats seiner Gruppe berichtet jeder Sprecher den anderen TN im Kurs von den Ergebnissen. Hören Sie zu und korrigieren Sie, wo nötig. Achten Sie besonders auf die Bildung der *obwohl*-Sätze. Nach dem jeweiligen Bericht fotografiert die Gruppe ihr Plakat, schreibt einen Kurztext dazu und sendet es per Smartphone an alle im Kurs. Fakultativ: Geben Sie für den Bericht Redemittel an der Tafel vor, wie z. B. *Viele in unserer Gruppe / Die meisten in unserer Gruppe / Einige von uns / Nur wenige von uns ..., obwohl ...* Alternativ: Jede Gruppe hängt ihr Plakat im Kursraum auf, der Sprecher stellt sich davor und berichtet.	Plakat aus A8 Smartphone

Methodisch-didaktische Hinweise

B	1	PL	Erklären Sie die Aufgabe. Bitten Sie einen TN, die vorgegebenen Beispielsätze vorzulesen, und schreiben Sie sie an die Tafel. Unterstreichen Sie dabei die Redemittel. Möglicher Tafelanschrieb:	
			Man sollte freundlich bleiben, obwohl man wütend ist. *Man sollte lächeln, obwohl man weinen möchte.* *Man sollte ..., obwohl ...*	
			Die TN rufen Ihnen weitere Tipps zu und verwenden dabei die Redemittel. Korrigieren Sie ggf. Ein TN schreibt an der Tafel mit.	
		EA	Fakultativ: Die TN schreiben die Tipps in ihr Heft ab.	
	2	PL	Die TN schauen sich die Fotos an und lesen die Sätze 1–3. Erklären Sie die Bedeutung von *Hurra*.	
		PA	Zu zweit ordnen die TN dann jedem Satz das passende Bild zu.	
	3	EA	Die TN hören die drei Dialoge und vergleichen mit ihren Ergebnissen aus B2.	CD 1/5
		PL	Im Plenum wird die richtige Zuordnung von Bild und Satz in B2 genannt.	
	4	PL	Bitten Sie einen TN die Aussagen 1–6 vorzulesen. Weisen Sie auf die Informationen in *Extras* hin und erklären Sie den unbekannten Wortschatz.	
		EA	Die TN hören nun die drei Dialoge aus B3 noch einmal und kreuzen beim Hören oder danach an, ob die Aussagen richtig oder falsch sind.	CD 1/5
		PL	Kontrollieren Sie anschließend im Plenum. Falls es Meinungsunterschiede bei den Lösungen gibt, spielen Sie die entsprechende Stelle noch mal vor, um das Missverständnis zu klären.	
		EA PL	Die TN unterstreichen nun in den Sätzen 1–6 die Präposition *während* und das dazugehörige Nomen. Sie lesen dann im Plenum die unterstrichenen Satzteile vor und erschließen die Bedeutung der Präposition aus dem Kontext, falls diese noch nicht geklärt wurde (s. weiter oben: Wortschatzerklärung). Sie nennen auch den Kasus, der nach *während* steht (Genitiv: s. Starten wir! A2, Lektion 10).	
			Verweisen Sie danach auf den Grammatikkasten und lassen Sie ihn von einem TN an die Tafel übertragen. Gehen Sie auf die Deklination des indefiniten Artikels und des Demonstrativartikels im Genitiv ein. Wiederholen Sie auch die Genitivendungen bei maskulinen und neutralen Nomen. Erweitern Sie zum Schluss die Grammatiktabelle um den definiten Artikel (aus Starten wir! A2, Lektion 10 bekannt).	
			Erweiterung des Grammatikkastens:	
			während ... des Flugs/Fluges *des Gesprächs* *der Reise* *der Reisen*	

Methodisch-didaktische Hinweise

5	PL PA	Erklären Sie die Aufgabe und den neuen Wortschatz. Zu zweit überlegen sich nun die TN, zu welcher Gelegenheit manche Paare häufig öffentlich streiten, und machen sich Notizen, z. B. *während eines Familienfests, während eines Besuchs bei Freunden* usw. Sie sollten dabei auch die vorgegebenen Gelegenheiten in ihre Notizen mit aufnehmen. Zeichnen Sie währenddessen folgenden Wortigel an die Tafel:	
		Zu welcher Gelegenheit streiten Paare häufig öffentlich?	
	PL	Danach formulieren die TN ihre Ergebnisse in ganzen Sätzen wie im Beispiel vorgegeben. Korrigieren Sie ggf. Achten Sie besonders auf den richtigen Gebrauch von *während* + Genitiv. Ein TN ergänzt den Wortigel an der Tafel mit den genannten *während*-Satzgliedern.	
	EA	Fakultativ: Die TN übertragen den Wortigel in ihr Heft.	
6	EA PL PA PL	Die TN lesen still die Sätze 1–6 und a–f. Erklären Sie den neuen Wortschatz. Die TN hören dann die Dialoge aus B3 noch einmal und ordnen nach dem Hören zu zweit die entsprechenden Sätze einander zu. Kontrollieren Sie im Plenum. Weisen Sie anschließend auf den Grammatikkasten hin und übertragen Sie ihn an die Tafel. Lassen Sie den Kasten von einem TN ergänzen. Die TN erschließen aus dem Kontext die Bedeutung des zweiteiligen Konnektors *Je ... desto*. Erläutern Sie das syntaktische Phänomen: Weisen Sie auf den Komparativ nach den Konnektoren hin. Besprechen Sie auch die Verbposition in beiden Sätzen und die Subjektposition im Hauptsatz. Möglicher Tafelanschrieb: *Je* + (Komparativ) ... (Verb), *desto* + (Komparativ) + (Verb) + (Subjekt) ... Fakultativ: Wiederholen Sie, falls nötig, die Bildung des Komparativs (s. Starten wir! A2, Lektion 2).	CD 1/5
7	PL EA PA	Erklären Sie die Aufgabe und die Bedeutung von *realistisch*. Die TN lesen den Werbetext. Die Information in *Extras* dient dabei zur Hilfe. Die TN diskutieren dann mit ihrem Partner darüber, ob dieser Text realistisch ist oder nicht. Die TN begründen dabei auch ihre Meinung. Gehen Sie umher und unterstützen Sie, wo nötig.	
8	EA PL	Die TN führen das Traumangebot im Werbetext in B7 fort, indem sie noch zwei *Je-desto*-Sätze in ihr Heft schreiben. Danach lesen die TN im Plenum ihre Sätze vor. Schreiben Sie einige Sätze als Beispiel an die Tafel.	
9	EA	Die TN lesen das vorgegebene Thema für sich. Dann machen sie sich Notizen zu den Fragen. Helfen Sie ggf.	

Methodisch-didaktische Hinweise

	10	PL	Erklären Sie die Aufgabe und die Wörter *reagieren* und *Vorschlag* im Plenum.	
		EA	Dann lesen die TN still die Redemittel und ordnen sie entsprechend zu.	
		PL	Anschließend lesen sie ihre Ergebnisse vor.	
			Fakultativ: Die TN sammeln weitere Redemittel zu den drei Sprechhandlungen. Schreiben Sie sie in einer Tabelle an die Tafel. Mögliche Erweiterung der Tabelle (Beispiel):	

etwas vorschlagen	*Ich habe eine Idee: Wir … /* *Wir könnten vielleicht …* *Bist du einverstanden?*
☺ *reagieren*	*Ich finde deine Idee / deinen Vorschlag toll.*
☹ *reagieren*	*Nein, ich bin nicht einverstanden.*

	11	PA	Die TN spielen zu zweit ein Planungsgespräch zu einem gemeinsamen Serienabend mit Freunden. Sie verwenden dabei ihre Notizen aus B9 und die Redemittel aus B10. Gehen Sie währenddessen umher und helfen Sie, wo nötig.	
		PL	Fakultativ: Teilen Sie Kopiervorlage 3 an jeden TN aus und besprechen Sie gemeinsam die Aufgabe. Weisen Sie bei den Punkten besonders auf den letzten (- …) hin und erklären Sie, dass die TN sich auch andere Punkte ausdenken können, die wichtig wären.	KV 3
		EA	Nun machen sich die TN Notizen zu den einzelnen Punkten.	
		PA	Im Anschluss spielen die TN zu zweit das Gespräch. Sie verwenden dabei ihre Notizen und die Redemittel aus B10. Gehen Sie währenddessen im Kursraum umher und helfen Sie, wo nötig.	
C	1	PL	Erklären Sie den TN die Aufgabe und in diesem Zusammenhang das Wort *Kettenspiel*. Die TN stellen sich im Kreis auf. Ein TN beginnt und liest den vorgegebenen *Je-desto*-Satz vor. Der nächste TN links von ihm (im Uhrzeigersinn also) formt den Hauptsatz in einen Nebensatz mit *Je* um und ergänzt einen neuen Hauptsatz mit *desto*. Dann ist sein Nachbar dran usw. Das Spiel endet, wenn der erste Spieler, der den Anfangssatz vorgelesen hat, einen neuen *Je-desto*-Satz gebildet hat. Hören Sie während des Spiels zu, helfen und korrigieren Sie, wo nötig.	
	2	PL	Die TN äußern sich im Plenum darüber, auf welchem Gerät sie am liebsten fernsehen, z. B. „Ich sehe am liebsten auf meinem Tablet fern." Sammeln Sie an der Tafel.	
			Möglicher Tafelanschrib:	

Geräte zum Fernsehen:
der Fernseher, das Smartphone, das Tablet, der Computer, …

			Dann schreiben einzelne TN die Geräte auf Karten. Verteilen Sie die Karten im Kursraum. Die TN stellen sich um ihre Lieblingsgeräte herum auf und bilden so Gruppen.	Karten

Methodisch-didaktische Hinweise

3	PL	Ein TN liest die Arbeitsanweisung vor. Klären Sie eventuelle Unklarheiten. Erklären Sie auch die Bedeutung von *Ring*. Dann lesen die TN die Adjektive und das Beispiel für sich. Gehen Sie auf den neuen Wortschatz ein.	Karten aus C2
	GA	Die TN arbeiten nun in den Gruppen, die in C2 gebildet wurden, weiter. Die Gruppenmitglieder zeichnen Ringe auf ihre Karte wie vorgegeben, sammeln im Gespräch die Adjektive, die zu ihrem Lieblingsgerät passen, und schreiben sie nach Wichtigkeit geordnet in den jeweiligen Ring. Dann bestimmen sie einen Gruppensprecher.	
	PL	Im Anschluss präsentiert jeder Gruppensprecher, wie im Beispiel vorgegeben, die Ergebnisse seiner Gruppe anhand der Karte im Plenum.	
4	EA	Die TN hören das Gespräch und vergleichen mit ihren Adjektiven in C3. Besprechen Sie dann im Plenum, welche Adjektive laut Hörtext in Zukunft eine Rolle spielen werden und um was für ein Gerät es im Gespräch geht.	CD 1/6
	PL		
5	EA	Die TN lesen die Aussagen 1–7 für sich.	CD 1/6
	PL	Erklären Sie den unbekannten Wortschatz mithilfe der Informationen in *Extras*.	
	PA	Dann hören die TN das Gespräch aus C4 noch einmal und korrigieren zu zweit die Aussagen.	
	PL	Kontrollieren Sie anschließend die Lösungen im Plenum.	
6	EA	Die TN lesen die drei Sätze für sich.	CD 1/7
	PL	Klären Sie den unbekannten Wortschatz.	
	EA	Danach hören die TN den zweiten Teil des Gesprächs noch einmal und kreuzen die richtigen Sätze an.	
	PL	Kontrollieren Sie im Plenum.	
7	PL	Anhand der Ergebnisse aus C4–6 fassen einzelne TN den Inhalt des Gesprächs mündlich zusammen.	
8	PA	Die TN finden die Sätze in C5 und C6 und ergänzen zu zweit den Grammatikkasten. Übertragen Sie währenddessen die Sätze aus dem Grammatikkasten an die Tafel. Lassen Sie zur Kontrolle einen TN die fehlenden Verbformen an der Tafel ergänzen. Erklären Sie dann die Bildung des Futurs.	
	PL		
		Möglicher Tafelanschrieb:	
		Futur: werden + … Infinitiv	
		Lassen Sie einen TN an der Tafel ein Verb (z. B. *wählen*) im Futur konjugieren. Erklären Sie im Anschluss den Gebrauch des Futurs im Deutschen und gehen Sie dabei auf die Bedeutung von *Vermutung* und *Vorhersage* ein. Verweisen Sie in diesem Zusammenhang auch auf die Adverbien *wohl* und *vermutlich* in den Sätzen.	
9	EA	Die TN schauen sich das Foto an und lesen den Text für sich. Erklären Sie den unbekannten Wortschatz. Anschließend schreiben die TN noch drei Vorhersagen über die Zukunft des Fernsehens in ihr Heft. Sie verwenden dabei das Futur. Gehen Sie im Kursraum umher und helfen Sie, wo nötig.	

Methodisch-didaktische Hinweise

	10	PL	Besprechen Sie die Redemittel im Plenum und klären Sie die Bedeutung von *annehmen*. Die TN nennen die unregelmäßigen Tempusformen des Verbes in Präsens, Präteritum und Perfekt. Schreiben Sie sie an die Tafel. Schreiben Sie dann den ersten vollständigen Beispielsatz an die Tafel und lassen Sie die TN die Verbstellung im Nebensatz mit Futur erklären. Weisen Sie ebenfalls darauf hin, dass nach Redemitteln wie *Ich vermute / Ich nehme an / Ich glaube / Ich denke, dass ...* oft Futur steht, wenn der Nebensatz sich inhaltlich auf die Zukunft bezieht.	
		GA	Zu dritt diskutieren nun die TN die Vorhersagen aus C8. Gehen Sie umher, hören Sie zu und unterstützen Sie, wo nötig. Achten Sie besonders auf die Verbstellung in den Nebensätzen.	
	11	EA	Die TN lesen die Sätze 1–4 für sich. Dann hören sie den dritten Teil des Gesprächs und kreuzen während des Hörens oder danach an, welche der Sätze zu hören sind. Kontrollieren Sie anschließend im Plenum.	CD 1/8
		PL	Fordern Sie die TN auf, in den Sätzen das Futur zu unterstreichen. Erklären Sie dabei die Wörter *Futur* (falls noch nicht eingeführt) und *unterstreichen*. Schreiben Sie zum Verb auch die unregelmäßigen Tempusformen an die Tafel.	
		EA	Die TN unterstreichen die Formen des Futurs.	
		PL	Dann liest ein TN zur Kontrolle im Plenum vor, was er unterstrichen hat. Verweisen Sie anschließend auf den Grammatikkasten. Schreiben Sie den Satz aus dem Kasten an die Tafel und lassen Sie die TN erschließen, warum hier Futur verwendet wird (Plan). Fassen Sie zum Schluss gemeinsam mit den TN zusammen, in welchen Fällen man Futur verwendet (Vorhersage, Vermutung, Plan).	
	12	PL	Übertragen Sie den Wortigel aus dem KB an die Tafel. Die TN sagen im Plenum, welche Zukunftspläne sie haben, und formulieren dabei Sätze im Futur, wie im Beispiel vorgegeben. Ein TN ergänzt an der Tafel stichpunktartig den Wortigel. Achten Sie darauf, dass jeder TN zu Wort kommt. Korrigieren Sie ggf.	
	13	PA	Zu zweit notieren die TN in ihrem Heft, wie sie sich die Welt in 100 Jahren vorstellen. Unterstützen Sie, wo nötig.	
	14	PL	Erklären Sie das Wort *Zukunftsvision* und besprechen Sie die Vorgaben. Weisen Sie auch auf die Adverbien *vermutlich, wahrscheinlich, bestimmt* hin, mit denen man Vermutungen formuliert. Die TN-Paare präsentieren nun anhand ihrer Notizen aus C13 ihre Zukunftsvision. Sie bilden dabei Sätze mit den Vorgaben und verwenden das Futur. Hören Sie zu und korrigieren Sie ggf.	
D	1	PL	Erklären Sie anhand der Beispiele das Wort *Genre*. Die TN äußern sich dann im Plenum darüber, welche Serien-Genres sie noch kennen. Sammeln Sie die Antworten an der Tafel. Die TN ergänzen in ihrem KB.	
	2	PL	Besprechen Sie im Plenum, was ein *Serienfreak* ist.	
		EA	Die TN lesen den Anfang des Forums für sich.	
		PL	Dann beantworten sie im Plenum die Frage. Erklären Sie zum Schluss den unbekannten Wortschatz im Text.	

Methodisch-didaktische Hinweise

3	PA	Die TN arbeiten zu zweit. Sie lesen zuerst die Texte im Forum. Verweisen Sie dazu auch auf den neuen Wortschatz in *Extras*. Beim Lesen unterstreichen die TN die lösungsrelevanten Textstellen. Sie erstellen in ihrem Heft eine Tabelle wie vorgegeben und tragen ihre Ergebnisse stichwortartig ein. Zeichnen Sie inzwischen eine ähnliche Tabelle an die Tafel.	
	PL	Danach formulieren die TN in ganzen Sätzen ihre Ergebnisse. Bitten Sie einen TN nach vorne, der die Informationen in die Tabelle an der Tafel einträgt. Die TN kontrollieren und korrigieren ggf. ihre Tabelle.	
4	PL	Ein TN liest Satz 1 vor. Schreiben Sie den Satz an die Tafel. Die TN finden dann die entsprechende Textstelle in den vorgegebenen Zeilen und lesen auch diese vor. Schreiben Sie sie ebenfalls an die Tafel. Die TN vergleichen die Sätze und geben im Plenum an, welche Ausdrücke bedeutungsgleich sind. Möglicher Tafelanschrieb: *die jungen Menschen = junge Leute* *Alltag, täglich = jeden Tag* *Unterhaltung = machen Spaß, Entertainment* Erklären Sie anhand dieses Beispiels, dass der Sinn einer Aussage auf verschiedene Weisen formuliert werden kann, z. B. durch die Verwendung von synonymen Ausdrücken. Die TN lesen still die restlichen Sätze 2–5. Erklären Sie den neuen Wortschatz.	
	PA	In Zusammenarbeit mit ihrem Partner finden die TN anschließend die entsprechenden Zeilen im Text und notieren sie.	
	PL	Besprechen Sie die Lösungen. Klären Sie zum Schluss den restlichen unbekannten Wortschatz in den Texten in D3.	
5	PL	Die TN äußern sich im Plenum darüber, welche Serien oder Genres sie sehen, und begründen ihre Vorlieben. Unterstützen Sie, falls nötig.	
6	PA	Die TN arbeiten zu zweit. Sie finden die Sätze im Text in D3 und ergänzen den Grammatikkasten mit den fehlenden Konnektoren.	
	PL	Kontrollieren Sie anschließend im Plenum. Schreiben Sie die vollständigen Sätze an. Gehen Sie danach schrittweise auf die kausale Bedeutung und den Gebrauch von *daher*, *darum* und *deswegen* ein: Vergleichen Sie mit dem bekannten Konnektor *deshalb* (s. Starten wir! A2, Lektion 7). Erklären Sie im Plenum, dass *deshalb*, *daher*, *darum* und *deswegen* einen Hauptsatz einleiten. In Sätzen mit diesen Konnektoren steht das Verb also auf Position zwei. Die Konnektoren besetzen selbst eine Position. Beginnt der Satz mit einem dieser Konnektoren, steht das Subjekt nach dem Verb. Möglicher Tafelanschrieb: *…, deshalb/darum/deswegen/daher + (Verb) + (Subjekt) …*	

Methodisch-didaktische Hinweise

7	PL EA PL PA PL	Erklären Sie die Aufgabe und bitten Sie einen TN, den Beispielsatz unten vorzulesen. Teilen Sie jedem TN-Paar einen Würfel aus. Die TN lesen dann still die Satzteile. Erklären Sie das Wort *Frankreich*, wenn nötig. Zu zweit verbinden die TN zuerst die Satzteile, die inhaltlich zusammenpassen. Im Anschluss würfeln die Partner abwechselnd, wählen jedes Mal anhand der gewürfelten Augenzahl den Konnektor, bilden mit passenden Satzteilen einen Satz und schreiben ihn in ihr Heft. Insgesamt werden auf diese Weise vier Sätze aufgeschrieben. Lassen Sie zur Kontrolle einige TN ihre Sätze vorlesen. Fakultativ: Schreiben Sie während der Kontrollphase zu jedem Konnektor einen Satz an die Tafel. Die TN vergleichen mit ihren Sätzen und korrigieren ggf. die Wortstellung.	Würfel
8	EA PL EA PL	Die TN lesen still die vorgegebenen Sätze. Erklären Sie die unbekannten Wörter. Danach ordnen die TN jedem Satz den jeweils bedeutungsähnlichen Satz *Das sehe ich auch so.* bzw. *Das sehe ich nicht so.* zu, indem sie + oder – neben jedem Satz ergänzen. Im Plenum werden im Anschluss die Lösungen besprochen.	
9	PL EA	Erklären Sie die Aufgabe und in diesem Zusammenhang das Wort *Online-Beitrag*. Die TN wählen einen der Kommentare in D3 aus. Dann schreiben sie einen Online-Beitrag zum Kommentar ihrer Wahl in ihr Heft und verwenden dabei Redemittel aus D8. Gehen Sie umher und helfen Sie, wo nötig.	
10	PA EA PL	Die TN tauschen nun ihren Online-Kommentar aus D9 mit dem ihres Partners, lesen ihn und diskutieren zu zweit darüber. Gehen Sie während des Partnergesprächs umher, hören Sie mit und unterstützen Sie, wo nötig. Fakultativ: Kopiervorlage 4 eignet sich zur Wiederholung von Lernwortschatz aus der Lektion. Teilen Sie die Kopiervorlage an jeden TN aus. Die TN finden zehn Nomen im Buchstabengitter und ergänzen damit die Sätze. Besprechen Sie die Lösungen im Plenum. **Lösungen:** *waagerecht:* Vorschlag, Vorhersage, Konkurrenz, Gefühl, Gelegenheit *senkrecht:* Konflikte, Beschäftigung, Realität, Krankheit, Beziehung 1 beschäftigung 2 Krankheit 3 Beziehung 4 Gefühl 5 Gelegenheit 6 Konkurrenz 7 Realität 8 Konflikte 9 Vorschlag 10 vorhersage Hinweis: Die Aufgabe eignet sich auch als Hausaufgabe.	KV 4
Xtra Prüfung 1	PL EA PL	Erklären Sie die Aufgabe und das Wort *Überschrift*. Besprechen Sie vor der Bearbeitung den *Tipp* und erklären Sie die unbekannten Wörter. Anhand des im *Tipp* beschriebenen Verfahrens lösen die TN nun die Aufgabe. Kontrollieren Sie anschließend im Plenum. Die TN begründen ihre Zuordnung mithilfe der markierten Schlüsselwörter. Erklären Sie am Ende den neuen Wortschatz in den Texten.	

3 Methodisch-didaktische Hinweise

Xtra Prüfung 1		Hinweis: Diese Aufgabe entspricht in der Prüfung für das Zertifikat Deutsch (telc Deutsch B1) Teil 1 des Leseverstehens. Die Aufgabe prüft das Globalverstehen. Die Kandidaten sollen **5 Kurztexte** lesen und jedem dieser Texte eine Überschrift zuordnen. **10 Überschriften** werden dazu vorgegeben, nur 5 davon passen. Jede Überschrift kann nur einmal benutzt werden. Insgesamt haben die Kandidaten für den Teil Leseverstehen und Sprachbausteine 90 Minuten Zeit. Für die einzelnen Aufgaben wird keine konkrete Bearbeitungszeit vorgegeben.	

3 Auch anders schön

Aufgabe	Form	Ablauf im Kurs	Material
Starten wir! 1	PL	Erklären Sie das Wort *Model*. Weisen Sie darauf hin, dass es auf Frauen und auf Männer zu beziehen ist.	CD 1/9
	EA	Die TN hören sich dann die beiden Nachrichten auf dem Anrufbeantworter der Agentur an. Beim Hören oder danach ordnen sie den Hörtexten die Fotos zu.	
	PL	Kontrollieren Sie im Plenum.	
2	PL	Die TN lesen die Vorgaben. Erklären Sie den neuen Wortschatz.	CD 1/9
	EA	Dann hören die TN die Nachrichten noch einmal und unterstreichen die passenden Wörter bzw. Ausdrücke.	
	PL	Zur Kontrolle nennen sie anschließend die Lösungen im Plenum.	
3	PL	Die TN schauen sich die Fotos der beiden Models noch mal an. Dann lesen sie die Redemittel. Erklären Sie den neuen Wortschatz. Mithilfe der vorgegebenen Satzanfänge sagen nun die TN im Plenum, was sie an den beiden Models besonders finden. Hören Sie zu und korrigieren Sie ggf.	
A 1	PL	Zeichnen Sie den vorgegebenen Wortigel an die Tafel und erklären Sie den neuen Wortschatz. Besprechen Sie dann mit den TN, welche Schönheitsideale sie noch kennen. Sammeln Sie stichwortartig an der Tafel und ergänzen Sie den Wortigel.	
	EA	Die TN schreiben zum Schluss den Wortigel in ihr Heft ab.	
2	PL	Erklären Sie die Aufgabe und den unbekannten Wortschatz in der Arbeitsanweisung. Bitten Sie dann einen TN die drei Sätze (Vorurteile) vorzulesen. Verweisen Sie auf die Informationen in *Extras* und gehen Sie auf die Bedeutung der unbekannten Wörter in den Sätzen ein. Weisen Sie die TN vor dem Lesen darauf hin, dass sie auf den Inhalt der drei Sätze achten sollten; sie sollten nicht davon ausgehen, dass die Sätze wortwörtlich in den folgenden Texten vorkommen.	
	PA	Die TN arbeiten nun zu zweit. Sie lesen die beiden Porträts und kreuzen die entsprechenden Vorurteile an. Die Informationen in *Extras* dienen dabei zur Hilfe. Besprechen Sie im Plenum die Ergebnisse.	
	PL		
3	EA	Die TN lesen still die Fragesätze. Erklären Sie den neuen Wortschatz. Die TN suchen die Antworten zu den Fragen im Text in A2 und unterstreichen die entsprechenden Textstellen.	
	PA	Dann fragen und antworten die Partner einander abwechselnd. Bei Fehlern in den Antworten sollte der Partner eingreifen. Gehen Sie umher und helfen Sie, wo nötig.	

Methodisch-didaktische Hinweise

3		PL	Fakultativ: Am Ende werden die Fragen auch im Plenum beantwortet.	
4		PA	Die TN arbeiten zu zweit. Partner A liest in A2 den Text zu Anna Graf und Partner B den Text zu Tim Oßwald noch einmal. Dann fassen die TN ihren Text mündlich zusammen. Der Partner hört zu. Gehen Sie umher und hören Sie mit.	
5		EA PA PL	Die TN lesen die Sätze 1–8 für sich, finden das jeweils entsprechende, blau unterstrichene Wort im Text in A2 und notieren die Textzeile. Danach vergleichen die TN ihre Ergebnisse mit denen ihres Partners und korrigieren ggf. Besprechen Sie anschließend die Lösungen im Plenum und erklären Sie auch den noch unbekannten Wortschatz im Text in A2.	
6		PL	Verweisen Sie auf *Extras* und erklären Sie die Bedeutung von *beeinflussen*. Stellen Sie dann die Frage im Plenum. Mithilfe der vorgegebenen Redemittel äußern sich nun die TN darüber und begründen auch ihre Meinung. Hören Sie zu und helfen Sie, wo nötig. Achten Sie darauf, dass die TN auch auf die Äußerungen anderer reagieren.	
7		PA PL	Erklären Sie die Aufgabe. Die TN lesen die Sätze im Grammatikkasten und finden sie zu zweit im Text in A2. Aus dem Kontext erschließen sie, was zuerst und was dann passierte. Entsprechend ergänzen sie den Kasten. Übertragen Sie währenddessen den Grammatikkasten an die Tafel. Die TN nennen ihr Ergebnis. Ergänzen Sie den Grammatikkasten an der Tafel. Erklären Sie anschließend im Plenum den Gebrauch des Plusquamperfekts. Weisen Sie darauf hin, dass auch im Vergleich zum Perfekt das Plusquamperfekt vorzeitig ist (s. *Grammatik Xpress*). Besprechen Sie danach die Bildung des Plusquamperfekts. Lassen Sie einen TN die zwei Verben aus dem Grammatikkasten (*arbeiten* und *reisen*) im Plusquamperfekt an der Tafel konjugieren.	
8		PA PL	Erklären Sie die Aufgabe. Die TN lesen den Text in A2 noch einmal und suchen die entsprechenden Informationen zu den beiden Models. Sie sprechen dann zu zweit im Wechsel, wie im Beispieldialog durch die Sprechersymbole vorgegeben. Weisen Sie darauf hin, dass bei den Aussagen das Plusquamperfekt zu verwenden ist. Lassen Sie dann die TN zur Kontrolle auch im Plenum sagen, was zuerst passierte.	
9		PL GA	Bitten Sie einen TN die Arbeitsanweisung zur Gruppenarbeit vorzulesen und erläutern Sie im Plenum, was die Gruppen tun sollen. Erklären Sie dabei das Wort *erfinden*. Besprechen Sie dann anhand der vorgegebenen Arbeitsschritte und der Redemittel die genaue Vorgehensweise. Erklären Sie auch die unbekannten Wörter. Teilen Sie nun die TN in 3er- oder 4er- Gruppen ein. Die TN besprechen das Thema in ihrer Gruppe und schreiben mithilfe der vorgegebenen Redemittel ein Porträt über eine Person auf ein Blatt Papier. Gehen Sie umher und helfen Sie ggf. Achten Sie besonders auf den richtigen Gebrauch der Tempusformen.	 Blätter Papier

Methodisch-didaktische Hinweise

	10	PL	Erklären Sie die Aufgabe im Plenum und in diesem Zusammenhang die Bedeutung von *Rückmeldung*. Die Gruppen hängen ihre Texte im Kursraum auf. Alle TN gehen gemeinsam von Text zu Text, lesen und geben im Plenum Rückmeldung zu den Porträts der anderen. Die vorgegebenen Redemittel dienen zur Hilfe. Die Mitglieder der jeweiligen Gruppen kommentieren nicht das eigene Gruppenporträt, können aber eventuelle Fragen beantworten. Hören Sie zu.	
B	1	PL	Erklären Sie die Aufgabe. Schreiben Sie dazu die vorgegebenen Infinitivkonstruktionen an die Tafel. Die TN sammeln Ideen, was am gestrigen Tag schief gelaufen ist bzw. schief gelaufen sein kann. Schreiben Sie an der Tafel wie vorgegeben mit. Dann stellen sich die TN im Kreis auf. Machen Sie mit. Lesen Sie den Beispielsatz vor und beginnen Sie so das Kettenspiel. Weisen Sie auf den richtigen Gebrauch von Plusquamperfekt bzw. Präteritum hin. Dann ist der nächste TN im Kreis dran usw. Jeder TN formuliert einen Satz wie im Beispiel und verwendet dabei eine der Vorgaben, die an der Tafel stehen. Den Folgesatz mit *musste* ergänzen die TN selbstständig. Das Kettenspiel endet, wenn alle TN einen Satz gebildet haben. Hören Sie zu und helfen Sie, wo nötig.	
	2	EA PL	Die TN lesen den Text für sich. Die Informationen in *Extras* dienen zur Hilfe. Erklären Sie anschließend den neuen Wortschatz. Die TN sagen im Plenum, welche Meinung im Text vertreten wird. Gehen Sie nun auf die vorgegebenen Redemittel zur Meinungsäußerung ein. Erklären Sie die Bedeutung von *Aussage* und erinnern Sie an die Bedeutung von *zustimmen* (Lektion 2, D3). Nun äußern die TN im Plenum ihre Meinung zu Ralph Thinnes' Aussage und begründen sie auch.	
	3	EA PL	Die TN lesen die Vorgaben. Erklären Sie den neuen Wortschatz. Dann hören die TN die Sendung und ergänzen, wer was sagt. Kontrollieren Sie im Plenum.	CD 1/10
	4	PL PA PL	Die TN lesen zuerst die Sätze 1–4. Klären Sie den unbekannten Wortschatz. Dann hören die TN den Anfang der Sendung noch einmal und korrigieren zu zweit die Sätze, wie im Beispiel vorgegeben. Besprechen Sie zum Schluss die Lösungen im Plenum.	CD 1/11
	5	EA PL	Die TN lesen zuerst still die Aussagen 1–5. Gehen Sie auf die Bedeutung der unbekannten Wörter ein. Die TN hören dann den zweiten Teil der Sendung. Während des Hörens oder danach kreuzen sie die richtigen Sätze an. Kontrollieren Sie anschließend im Plenum.	CD 1/12
	6	EA PL EA PL	Die TN lesen die Sätze 1–5 für sich. Verweisen Sie dazu auf die Erklärungen in *Extras*. Danach hören die TN den dritten Teil der Sendung noch einmal und unterstreichen während des Hörens, was richtig ist. Kontrollieren Sie im Anschluss im Plenum.	CD 1/13

Methodisch-didaktische Hinweise

7	PA PL	Zu zweit ordnen die TN Fragen und Antworten einander zu. Kontrollieren Sie anschließend im Plenum und erklären Sie dabei die Bedeutung von *plötzlich*. Lassen Sie die TN die Bedeutung der Präposition *wegen* aus dem Kontext erschließen.	
8	EA PL	Die TN lesen die Antworten in B7 noch einmal und ergänzen die Tabelle. Übertragen Sie währenddessen die Grammatiktabelle an die Tafel. Gehen Sie auf die Bedeutung von *Körpermaße* ein. Bitten Sie dann einen TN nach vorne, der die fehlenden Endungen an der Tafel ergänzt. Besprechen Sie nun die Ergebnisse im Plenum: – Die TN nennen den Kasus, der nach *wegen* folgt. Zeigen Sie, dass die Possessivartikel im Genitiv dieselben Endungen haben wie auch der definite (bekannt aus Starten wir! A2, Lektion 10), indefinite und der Demonstrativartikel (s. Lektion 2). Möglicher Tafelanschrieb: *wegen + Genitiv* – Gehen Sie auf die Adjektivdeklination im Genitiv ein. Zeigen Sie, dass nach einem Artikel (definit, indefinit, Possessiv- oder Demonstrativartikel) das Adjektiv im Genitiv die Endung *-en* hat. Verweisen Sie auch auf die Adjektivendung im Plural ohne Artikel, wo das Adjektiv die Endung *-er* bekommt.	
9	PL PA PL	Die TN lesen die beiden Satzteile mit *wegen*. Erklären Sie den neuen Wortschatz. Dann arbeiten die TN zu zweit. Sie lesen die halbformelle E-Mail und ergänzen sinngemäß. Kontrollieren Sie anschließend im Plenum.	
10	EA PL EA	Die TN lesen zuerst die Arbeitsanweisungen für sich. Besprechen Sie sie dann im Plenum und erklären Sie dabei den neuen Wortschatz. Gehen Sie danach auf die Formalien einer halbformellen E-Mail ein: Anrede, höfliche Formulierungen (z. B. Höflichkeitsform: *Sie*, höfliche Bitte: *Könnte ich ...?*), Gruß, Unterschrift (Vor- und Nachname). Die TN schreiben dann die E-Mail.	
11	PA EA	Die TN tauschen ihre Texte aus B10 aus, korrigieren die E-Mail ihres Partners und besprechen die Fehler dann zu zweit. Gehen Sie umher und unterstützen Sie, wo nötig. Fakultativ: Teilen Sie Kopiervorlage 5 an jeden TN aus. Die TN schreiben die halbformelle E-Mail. Sammeln Sie die Texte ein und korrigieren Sie sie. Hinweis: Die Kopiervorlage eignet sich auch als Hausaufgabe.	KV 5
C 1	PL	Wie im Beispiel vorgegeben, äußern sich die TN im Plenum darüber, warum sie im Leben eine konkrete Wahl getroffen haben. Dabei benutzen sie die Präposition *wegen*. Korrigieren Sie ggf.	
2	PA PL	Die TN suchen zu zweit im Wörterbuch die Bedeutung der neuen Wörter und ordnen sie den passenden Synonymen zu. Besprechen Sie anschließend die Lösungen im Plenum.	Wörterbuch bzw. Smartphone

Methodisch-didaktische Hinweise

3	EA	Die TN lesen die Aussagen 1–4 für sich. Sie lesen dann den Text, finden und unterstreichen die lösungsrelevanten Textstellen und ergänzen die Zeilennummer.	
	PL	Kontrollieren Sie im Anschluss im Plenum und besprechen Sie den neuen Wortschatz.	
4	EA	Die TN lesen die Sätze a–c und den Text in C3 für sich. Dann kreuzen sie an, was richtig ist.	
	PL	Kontrollieren Sie im Plenum. Verweisen Sie auf den Grammatikkasten und fordern Sie die TN auf, in den Sätzen a–c das Satzglied mit *zu* zu unterstreichen. Lassen Sie die TN aus dem Kontext die finale Bedeutung der Präposition erschließen. Wiederholen Sie, dass nach *zu* der Dativ steht. Möglicher Tafelanschrieb: *Wozu? zu + Dativ* Erklären Sie auch die Bildung des nominalisierten Infinitivs. Erwähnen Sie, dass nominalisierte Infinitive immer neutral sind. Möglicher Tafelanschrieb: *Wozu? essen → das Essen zum Essen mitnehmen → das Mitnehmen zum Mitnehmen*	
5	PL	Bitten Sie zwei TN, den vorgegebenen Dialog vorzulesen. Erklären Sie anhand dessen das Spiel. Weisen Sie auch darauf hin, dass das Akkusativobjekt im ersten Satz (im Beispiel: *es*) je nach Artikel (im Beispiel: *das Müsli*) variieren kann.	
	PA	Die TN lesen nun die Vorgaben rechts. Gehen Sie auf die Bedeutung von *Hochzeit* ein (s. *Extras*). Dann machen die TN zu zweit mithilfe der Vorgaben ein Ratespiel. Jeder TN überlegt sich zu jedem Item eine Sache. Der Partner muss diese Sache erraten. Die TN spielen im Wechsel. Das Spiel endet, wenn zu allen Vorgaben Dialoge gespielt wurden. Gehen Sie umher und helfen Sie, wo nötig.	
6	EA	Die TN lesen still die Aussagen 1–4. Erklären Sie den neuen Wortschatz. Danach lesen die TN Teil 2 des Blogs und kreuzen an, ob die Aussagen richtig oder falsch sind.	
	PL	Kontrollieren Sie anschließend im Plenum. Besprechen Sie zum Schluss den unbekannten Wortschatz im Text.	
7	PA	Die TN lesen die Sätze und entscheiden zu zweit, welche der beiden Präpositionen die inhaltlich richtige ist.	
	PL	Besprechen Sie im Plenum die Lösungen und lassen Sie die TN die Bedeutung von *trotz* nennen. Verweisen Sie dann auf den Grammatikkasten. Die TN sagen im Plenum, welcher Kasus nach *trotz* folgt. Möglicher Tafelanschrieb: *trotz + Genitiv*	

Methodisch-didaktische Hinweise

	8	PL	Bitten Sie zwei TN den vorgegebenen Mini-Dialog vorzulesen und erklären Sie die Aufgabe.	
		PA	Die TN spielen nun zu zweit mithilfe der Vorgaben die weiteren Dialoge. Sie tauschen dabei auch die Rollen. Gehen Sie umher und helfen Sie, wo nötig.	
	9	PL	Die TN lesen die Arbeitsanweisungen und schauen sich das Foto (Präsentationsfolie) an. Erklären Sie die Bedeutung von *Ausschnitt*.	CD 1/14
		EA	Dann lesen die TN still die drei Sätze, hören den Ausschnitt aus der Präsentation und ordnen während des Hörens oder danach die Sätze.	
		PL	Kontrollieren Sie anschließend im Plenum. Erklären Sie dabei auch den unbekannten Wortschatz.	
	10	EA	Die TN machen sich Notizen in ihrem Heft zu ihren persönlichen Erfahrungen mit dem Thema. Gehen Sie umher und helfen Sie, wo nötig. Achten Sie darauf, dass keine vollständigen Sätze bzw. keine ganzen Texte geschrieben werden.	
	11	PA	Mithilfe ihrer Notizen und den Sätzen in C9 tauschen sich die TN mit ihrem Partner über ihre Erfahrungen aus. Gehen Sie umher und unterstützen Sie, wo nötig.	
	12	PL	Die TN präsentieren im Kurs ihre persönlichen Erfahrungen. Schreiben Sie dazu Redemittel aus C9 an die Tafel. Möglicher Tafelanschrieb: *Ich möchte über meine persönlichen Erfahrungen zum Thema sprechen. Ich …* *Ich persönlich finde, dass …* Die TN können bei der Präsentation ihre Notizen aus C10 verwenden, sollten aber nicht ablesen, sondern frei sprechen. Nach jeder Präsentation reagieren die anderen TN auf das Gehörte und diskutieren darüber. Achten Sie darauf, dass die TN im Gespräch auch auf die Aussagen anderer Antwort geben.	
D	1	PL	Lesen Sie die Frage vor und erklären Sie die Bedeutung von *gelingen*. Geben Sie auch die unregelmäßigen Tempusformen des Verbs an. Bitten Sie einen TN die Beispielantwort vorzulesen und weisen Sie darauf hin, dass bei der Antwort die Präposition *trotz* verwendet werden soll. Die TN beantworten dann der Reihe nach die Frage.	
	2	EA	Die TN lesen zuerst die Wörter bzw. Ausdrücke 1–4 und a–d.	
		PA	Zu zweit ordnen sie sie dann sinngemäß einander zu.	
		PL	Kontrollieren Sie im Plenum und gehen Sie auf die Bedeutung des neuen Wortschatzes ein.	
	3	PL	Lesen Sie die Ausgangsfrage vor und erklären Sie anhand der unterstrichenen Wörter in Text 1 die Aufgabe. Klären Sie auch die Bedeutung dieser Wörter.	
		PA	Die TN lesen nun die Texte und unterstreichen in Partnerarbeit die Schlüsselwörter.	
	4	PL	Die TN lesen die Redemittel. Erklären Sie die Bedeutung der Verben *sich vorstellen* und *schätzen*. Die TN vergleichen nun im Plenum ihre Schlüsselwörter miteinander. Sie verwenden dabei die vorgegebenen Redemittel.	

Methodisch-didaktische Hinweise

5	EA	Die TN lesen still die Anzeigen a–d und ordnen jedem Model in D3 die passende Anzeige zu. Sie markieren dabei auch die lösungsrelevanten Stellen in den Anzeigen.	
	PL	Danach nennen die TN ihre Lösungen im Plenum und begründen sie auch mit den entsprechenden Stellen in den Texten.	
6		Verweisen Sie auf den Grammatikkasten.	
	EA	Die TN finden die ersten zwei Sätze in den Texten in D3 und D5 und ergänzen die Sätze im Grammatikkasten mit den fehlenden Konnektoren *während* bzw. *bevor*.	
	PL	Bitten Sie einen TN die ersten beiden Sätze an die Tafel zu schreiben. Erklären Sie den unbekannten Wortschatz. Die TN erschließen anhand des Kontextes die Bedeutung der beiden temporalen Konnektoren. Erklären Sie dabei auch die Bedeutung von *gleichzeitig*.	
		Möglicher Tafelanschrieb:	
		gleichzeitig → *während* *nicht gleichzeitig* → *bevor*	
		Weisen Sie danach darauf hin, dass *während* und *bevor* einen Nebensatz einleiten, das Verb also in diesen Sätzen am Ende steht. Bitten Sie dann einen TN, die übrigen Sätze aus dem Grammatikkasten an die Tafel zu schreiben. Gehen Sie auf die Verbposition bei vorangestelltem Nebensatz ein.	
		Fakultativ: Erinnern Sie die TN daran, dass *während* auch eine Präposition sein kann (s. Starten wir! A2, Lektion 6).	
		Möglicher Tafelanschrieb:	
		während + Genitiv	
7	PA	Die TN arbeiten zu zweit. Zuerst lesen sie die Sätze. Dann kreuzen sie die jeweils gleichbedeutende Aussage an.	
	PL	Kontrollieren Sie im Plenum und lassen Sie die TN ihre Lösungen auch begründen.	
8	PA	Die TN schauen sich die Bilder an und lesen die Sätze. Dann ordnen sie zu zweit den Sätzen das jeweils passende Bild zu.	
	PL	Kontrollieren Sie im Plenum.	
9	EA	Die TN schreiben die Sätze aus D8 um und beginnen mit dem temporalen Nebensatz.	
	PA	Danach vergleichen sie ihre Sätze mit denen ihres Partners und korrigieren ggf.	
	PL	Bitten Sie im Anschluss zur Kontrolle einen TN nach vorne, der die Sätze an die Tafel schreibt.	
10	PL	Teilen Sie die TN in zwei Gruppen ein. Bestimmen Sie, mit welchem Konnektor die Gruppen arbeiten sollen: Gruppe A bildet Sätze mit *während* und Gruppe B mit *bevor*. Lassen Sie einen TN aus jeder Gruppe die Beispielsätze mit dem Konnektor seiner Gruppe vorlesen und klären Sie den unbekannten Wortschatz.	

Methodisch-didaktische Hinweise

10	GA	Nun schreiben die TN lustige bzw. wahre Sätze aus ihrem täglichen Leben auf ein Plakat und verwenden dabei den temporalen Konnektor ihrer Gruppe. Gehen Sie umher und helfen Sie, wo nötig. Hinweis: Bei Kursen mit einer hohen TN-Zahl können auch mehrere Gruppen gebildet werden. Bestimmen Sie in diesem Fall, mit welchem Konnektor die jeweilige Gruppe Sätze bilden soll.		DIN-A3-Blatt
11	PL EA PL	Erklären Sie die Aufgabe und die Bedeutung von *Rückfrage*. Gehen Sie auch auf die Redemittel ein. Nun bestimmen die Gruppen einen Sprecher. Dieser zeigt dem Kurs das Gruppenplakat, präsentiert die Sätze und stellt den Zuhörern Rückfragen wie im Beispiel. Die anderen TN diskutieren darüber. Hören Sie zu und unterstützen Sie, wo nötig. Fakultativ: Kopiervorlage 6 eignet sich zur Gesamtwiederholung der neuen Präpositionen und Konnektoren. Teilen Sie die Kopiervorlage an jeden TN aus. Die TN ergänzen die Sätze. Kontrollieren Sie anschließend im Plenum. Hinweis: Die Kopiervorlage eignet sich auch als Hausaufgabe. **Lösungen:** 1 Während 2 Trotz 3 bevor 4 Zum … zum 5 während 6 Trotz 7 wegen 8 bevor 9 Wegen 10 Während 11 zum 12 Trotz		Plakat aus D10 KV 6
Xtra Prüfung 1	PL EA PL EA PL	Lesen Sie gemeinsam im Kurs die Themafrage und sichern Sie das Verständnis. Gehen Sie dann auf den *Tipp* ein und erklären Sie die Ausdrücke *dafür sein* und *dagegen sein*. Die TN lesen das Beispiel, suchen die Textstelle im Kommentar von Alexa, wo eine Meinung formuliert wird (*Ich finde es super*), unterstreichen sie und besprechen das Beispiel im Plenum. Nun lesen die TN die vier Kommentare, unterstreichen die lösungsrelevanten Textstellen (s. *Tipp*) und kreuzen entsprechend an. Kontrollieren Sie im Plenum und lassen Sie dabei die TN die Lösungen anhand der entsprechenden Textstellen begründen. Besprechen Sie zum Schluss den neuen Wortschatz in den Kommentaren. Hinweis: Diese Aufgabe entspricht in der Prüfung für das Goethe Zertifikat B1 und das ÖSD Zertifikat B1 Teil 4 des Moduls Lesen. Die Kandidaten haben für diese Aufgabe ca. 15 Minuten Zeit. Sie sollen in dieser Zeit **sieben** Kommentare zu einem Thema lesen und dann entscheiden, ob die jeweilige Person die Themafrage mit *Ja* bzw. mit *Nein* beantworten würde.		

4 Wetter, Sport und Extreme

Aufgabe	Form	Ablauf im Kurs	Material
Starten wir! 1	PL	Besprechen Sie im Plenum die Lektionsüberschrift und gehen Sie auf die Bedeutung von *Extrem* ein. Die TN schauen sich das Foto an und lesen still die Vorgaben. Dann beantworten sie die Frage im Plenum. Sie verwenden dabei die vorgegebenen Sätze, können aber auch eigene Sätze bilden und so bekannten Wortschatz zum Thema Wetter aktivieren. Erklären Sie den neuen Wortschatz. Schreiben Sie ggf. weitere Wetter-Ausdrücke, die die TN verwenden, zur Wiederholung an die Tafel, z. B. *Es regnet. / Das Wetter ist schlecht. / Der Himmel ist bewölkt.*	
2	EA / PL	Die TN lesen die Mini-Dialoge 1–3 zuerst für sich und schauen sich die Skizzen A–C an. Dann hören sie die drei kurzen Szenen und ordnen den Dialogen die entsprechenden Skizzen zu. Kontrollieren Sie im Plenum. Lassen Sie dabei die Dialoge auch vorlesen und klären Sie den neuen Wortschatz.	CD 1/15
3	PL / GA	Lesen Sie die Ausgangsfrage vor. Wiederholen Sie ggf. die Bedeutung von *Stimmung*. Die TN stellen sich in zwei Gruppen auf: eine Gruppe mit guter Stimmung, die andere mit schlechter Stimmung. Besprechen Sie dann die vorgegebenen Redemittel im Plenum. Die TN führen nun ein Gespräch in ihrer Gruppe und berichten genauer, wie sie sich bei schlechtem Wetter fühlen. Sie können dabei die Redemittel verwenden. Weisen Sie darauf hin, dass bei einem Gespräch Meinungen geäußert, aber auch auf Aussagen reagiert werden sollte. Hören Sie dann zu und unterstützen Sie, wo nötig.	
A 1	PL / GA	Die TN lesen die ersten Zeilen des Liedes für sich. Erklären Sie die neuen Wörter. Gehen Sie dann auf die Aufgabe ein, klären Sie dabei auch den unbekannten Wortschatz in der Arbeitsanweisung. Teilen Sie nun die TN in 4er- oder 5er-Gruppen ein. Gemeinsam lesen die TN der Gruppen die Zeilen laut und rhythmisch vor und klatschen bzw. klopfen den Rhythmus dazu. Sie wiederholen das mehrmals, bis sie den Liedtext gemeinsam sicher vortragen können. Gehen Sie umher und helfen Sie ggf. Achten Sie auf richtige Aussprache und Intonation.	
2	GA	Jede Gruppe bestimmt einen Moderator. In der Gruppe überlegen sich die TN die Musik zum Text in A1: Der Moderator stellt dabei Fragen. Die anderen Mitglieder besprechen die Antworten und entscheiden, welche Musikinstrumente dazu passen, ob sich schnelle oder langsame Musik eignet und ob das Lied gesungen oder gerappt wird. Erklären Sie ggf. die Bedeutung von *rappen*. Dann versuchen die TN die Zeilen musikalisch darzustellen, z. B. durch Singen, Summen, Rappen. Dabei können einzelne Mitglieder verschiedene Rollen übernehmen: den Text singen/rappen, durch Klatschen oder Klopfen den Rhythmus einhalten, durch Summen/Singen Musikinstrumente imitieren usw. Sie üben so ihre Liedversion ein.	
3	PL	Die Gruppen spielen bzw. singen den anderen TN ihre Liedversion aus A2 vor. Erklären Sie in diesem Zusammenhang das Wort *Liedversion*.	

Methodisch-didaktische Hinweise

3		Alternativ: Falls die TN ungern das Lied singen bzw. vorspielen möchten, könnten sie stattdessen die Zeilen rhythmisch vorlesen und anschließend sagen, wie sie sich, ausgehend von den drei Fragen in A2, ihre Liedversion gedacht haben. Dann hören die TN das Lied und vergleichen es mit ihren Ideen. Benutzen Sie dabei die in A2 vorgegebenen Fragen als Richtlinien für das Gespräch.	CD 1/16
4	EA PL	Die TN lesen still die Strophen des Liedes. Dann hören sie das Lied noch einmal. Während des Hörens sortieren sie die Strophen. Kontrollieren Sie anschließend im Plenum und erklären Sie auch die neuen Wörter.	CD 1/16
5	PL EA PA	Erklären Sie die Aufgabe und gehen Sie auf die Redemittel ein. Klären Sie dabei die Bedeutung von *zuordnen*. Die TN schauen sich die Bilder an und ordnen jedes Bild einer Strophe in A4 zu. Dann besprechen sie mit ihrem Partner ihre Zuordnung, begründen ihre Meinung und vergleichen mit der Zuordnung ihres Partners. Sie verwenden im Gespräch die vorgegebenen Redemittel. Gehen Sie umher und hören Sie zu.	
6	PL	Ein TN liest die positiven und negativen Aussagen vor. Gehen Sie auf die Bedeutung ein. Danach äußern sich die TN im Plenum darüber, welche Gedanken bzw. Gefühle sie beim Hören des Liedes haben, und benutzen dabei die vorgegebenen Ausdrücke.	
7	PA	Verteilen Sie drei Kärtchen an jedes Paar. Erklären Sie die Aufgabe und das Wort *Gegensatz*. Die TN lesen das Lied in A4 noch einmal und finden im Text Gegensatzpaare. Sie schreiben dann auf die Vorder- bzw. Hinterseite jedes Kärtchens ein Gegensatzpaar, wie im Beispiel vorgegeben. Gehen Sie umher und kontrollieren Sie, ob die Gegensätze bei jedem Paar richtig sind. Helfen Sie ggf.	Kärtchen
8	PL	Ein TN-Paar kommt nach vorne und zeigt dem Plenum jeweils eine Seite seiner beschrifteten Kärtchen. Die anderen TN raten den Gegensatz. Wenn ein Paar alle seine Kärtchen gezeigt hat, setzt es sich und das nächste Paar kommt nach vorne. Das Ratespiel endet, wenn alle Paare ihre Kärtchen gezeigt haben und die Gegensätze erraten wurden.	Kärtchen aus A7
9	PL	Die TN schauen sich die Zeichnung an. Dann besprechen sie im Plenum, was mit dem Wort *Kreislauf* im Lied in A4 gemeint ist. Die TN sagen auch, ob es in ihrem Leben einen Kreislauf gibt, und beschreiben ihn. Sammeln Sie an der Tafel, wie im Beispiel vorgegeben. Die TN schreiben die diversen Kreisläufe in ihr Heft ab.	
10	PA PL	Die TN lesen den Liedtext in A4 noch einmal, finden die Adjektive und ergänzen zu zweit die Endungen in der Grammatiktabelle. Übertragen Sie währenddessen die Tabelle an die Tafel. Dann rufen die TN Ihnen zur Kontrolle die vollständigen Adjektive zu. Ergänzen Sie die Endungen an der Tafel. Erklären Sie, dass diese Endungen typisch für Adjektive sind. Gehen Sie anschließend genauer auf jede der Endungen ein: – Weisen Sie darauf hin, dass Adjektive mit der Endung *-lich* bzw. *-ig* eine Eigenschaft beschreiben. Möglicher Tafelanschrieb: *Wie? herrlich / sonnig*	

Methodisch-didaktische Hinweise

10		– Erklären Sie, dass die Endung *-los* die Bedeutung *ohne* hat. Möglicher Tafelanschrieb: *ohne Wolken* → *wolken<u>los</u>* – Zeigen Sie, dass Adjektive mit der Endung *-lich, -ig* bzw. *-los* aus Nomen gebildet werden. – Erklären Sie, dass Adjektive mit der Endung *-bar* eine Möglichkeit beschreiben und aus Verben gebildet werden. Möglicher Tafelanschrieb: *essen* → *ess<u>bar</u>* *Man kann es essen. = Es ist essbar.* – Verweisen Sie auch auf *sichtbar* als Ausnahme, weil es aus einem Nomen stammt.	
11	EA PL	Die TN bilden Adjektive, wie im Beispiel vorgegeben. Sie wenden dabei die in A10 besprochenen Typen der Wortbildung auf *-los* bzw. *-bar* an. Kontrollieren Sie im Plenum und schreiben Sie die neuen Adjektive auch an die Tafel.	
12	PL EA PL	Beschreiben Sie die Ausgangssituation und klären Sie den neuen Wortschatz. Gehen Sie gemeinsam mit den TN anhand der vier Fragen auf den Inhalt einer Lied-Rezension ein. Dann schreiben die TN ihre Rezension auf ein Blatt Papier und beantworten dabei die vorgegebenen Fragen. Betonen Sie, dass es sich um einen zusammenhängenden Text handeln muss, nicht um vier separate Antworten. Weisen Sie auch darauf hin, dass die TN zur Meinungsäußerung Ausdrücke und Redemittel aus A6 benutzen können. Gehen Sie umher und unterstützen Sie, wo nötig. Sammeln Sie zum Schluss die Texte ein, korrigieren Sie sie und besprechen Sie in der nächsten Unterrichtsstunde die wichtigsten Fehler. Fakultativ: Die TN hängen ihre Rezensionen im Kursraum auf, lesen und vergleichen sie miteinander. Lassen Sie einzelne TN Texte (nicht den eigenen) vorlesen, die ihrer Meinung entsprechen.	Blatt Papier
B 1	EA PL	Erklären Sie die Bedeutung von *Wetterbericht*. Die TN hören den Wetterbericht. Während des Hörens oder danach ergänzen sie die Endung der Adjektive. Kontrollieren Sie anschließend im Plenum, indem die TN Ihnen die Adjektive zurufen und Sie sie an die Tafel schreiben. Besprechen Sie mit den TN die Bedeutung von *sommerlich*.	CD 1/17
2	PA PL	Die TN lesen gemeinsam mit ihrem Partner die Gegensatzpaare und schauen sich die Bilder an. Dann ordnen sie den Wortpaaren die passenden Bilder zu. Besprechen Sie im Anschluss zur Kontrolle die Lösungen und erklären Sie dabei auch den neuen Wortschatz.	
3	PL EA PL	Erklären Sie die Aufgabe und in diesem Zusammenhang das Wort *Lücke*. Die TN lesen die Sätze für sich. Verweisen Sie auf *Extras* und erklären Sie die neuen Wörter. Dann hören die TN den Wetterbericht aus B1 noch einmal. Während des Hörens oder danach korrigieren bzw. ergänzen sie die Sätze. Kontrollieren Sie anschließend im Plenum.	CD 1/17

Methodisch-didaktische Hinweise

	3	PL	Fakultativ: Kopieren Sie Kopiervorlage 7 für jedes TN-Paar und schneiden Sie die Karten aus. Teilen Sie einen Satz Dominokarten an jedes Paar aus. Erklären Sie die Spielanweisung im Plenum. Dann spielen die TN das Spiel zu zweit.	KV 7
		PA	Spielanweisung: Die TN arbeiten in Paaren. Jedes Paar erhält einen Satz Dominokarten. Die Karten werden gemischt und verdeckt auf den Tisch gelegt. Abwechselnd ziehen die TN Karten, bis alle Karten aufgeteilt sind. TN 1 beginnt und legt eine Karte offen auf den Tisch. TN 2 schaut bei seinen Karten nach, ob er ein zur Abbildung bzw. zum Satz passendes Element hat. Wenn ja, legt er die Karte entsprechend an; wenn nein, ist TN 1 wieder dran und legt die passende Karte an. Die Partner spielen abwechselnd. Gewonnen hat, wer als Erster alle seine Karten abgelegt hat.	
		EA	Variante: Kopieren Sie Kopiervorlage 7 für jeden TN und schneiden Sie die Karten aus. Jeder TN erhält einen Satz Dominokarten. Auf Ihr Zeichen versuchen alle TN die Elemente möglichst schnell richtig anzulegen. Wer es als Erster schafft, hat gewonnen.	
	4	PA	Die TN arbeiten zu zweit. Partner A sieht sich den Wetterbericht für die Schweiz auf seinem Smartphone an, Partner B informiert sich über das Wetter in Österreich. Dann berichten sie ihrem Partner über das Wetter in dem jeweiligen Land.	Smartphone
	5	PL	Die TN schauen sich das Foto an und sagen im Plenum, um welche Art von Sport es sich handelt. Die Lösung wird angekreuzt. Erklären Sie die Bedeutung der drei Begriffe.	
	6	PL	Erklären Sie anhand des Beispiels die Aufgabe. Gehen Sie auf die Bedeutung von *sich verletzen* und *fallen* ein. Schreiben Sie die unregelmäßigen Tempusformen von *fallen* an.	
		PA	Die TN lesen dann die Vorgaben, ergänzen in Zusammenarbeit mit ihrem Partner die Sätze 2–4 und zeichnen zu jedem Satz auch das entsprechende Smiley.	
		PL	Kontrollieren Sie anschließend im Plenum und klären Sie den übrigen unbekannten Wortschatz.	
	7	EA	Die TN lesen den Text für sich. Nach dem Lesen berichten sie im Plenum, was passiert ist und wo sich der Blogger befindet.	
		PL		
	8	PA	Die TN lesen still die Sätze 1–6 und unterstreichen zu zweit die Schlüsselwörter in den Sätzen. Dann lesen sie den Blog-Text noch einmal, markieren die lösungsrelevanten Textstellen und kreuzen an, welche Aussage richtig ist.	
		PL	Kontrollieren Sie im Plenum. Die TN begründen ihre Entscheidung mit den entsprechenden Textstellen. Besprechen Sie dabei auch den unbekannten Wortschatz. Schreiben Sie danach den Satz aus dem Grammatikkasten an die Tafel. Die TN erschließen die Bedeutung von *über* (mehr/länger als). Zeigen Sie, dass *über* vor der Angabe steht, auf die es sich bezieht.	
	9	PA	Die TN lesen die Sätze im Grammatikkasten. Dann suchen sie zu zweit im Text die jeweils entsprechende Stelle, geben die Zeile an und ergänzen die Sätze im Kasten. Lassen Sie einen TN die vollständigen Sätze an die Tafel schreiben und erklären Sie anschließend im Plenum Bildung und Gebrauch der finalen Infinitivsätze mit *um … zu*. Betonen Sie, dass im finalen Infinitivsatz kein Subjekt steht. Das Subjekt des Hauptsatzes ist inhaltlich auch das Subjekt im Nebensatz.	
		PL		

Methodisch-didaktische Hinweise

	10	PL PA	Lesen Sie die Anfangsfrage vor und erläutern Sie die Bedeutung des finalen Fragepronomens *Wozu*. Die TN lesen die Ausdrücke 1–4 für sich. Wie im Beispiel vorgegeben, bilden sie dann abwechselnd mit ihrem Partner Sätze. Der Partner hört zu, sucht den Satz im Blog-Text, vergleicht und korrigiert ggf. Unterstützen Sie, wo nötig.	
	11	GA	Teilen Sie die TN in 3er- oder 4er-Gruppen ein. Die TN diskutieren in ihrer Gruppe über die Rolle des Extremsports in ihrem Heimatland und nennen auch Beispiele. Alle Gruppenmitglieder machen sich dabei Notizen in ihrem Heft. Gehen Sie umher und helfen Sie, wo nötig.	
	12	PL	Besprechen Sie die vorgegebenen Redemittel und erklären Sie dabei neue Wörter. Lassen Sie die TN die allgemeinen Redemittel zur Beschreibung der Situation im Heimatland unterstreichen: *Ich möchte jetzt über die Rolle des … in meinem Heimatland sprechen. / Bei uns in …* Bitten Sie dann einen TN aus jeder Gruppe mithilfe seiner Notizen aus B11 und anhand der Redemittel einen kurzen Vortrag im Plenum zu halten und die Ergebnisse seiner Gruppe zu präsentieren. Weisen Sie vor Beginn der Präsentation die anderen TN darauf hin, gut zuzuhören, da im Anschluss an jede Präsentation eine Rückmeldung und Fragen erwartet werden (s. B13). Unterbrechen Sie während der Präsentation die TN nicht. Notieren Sie sich ggf. häufige oder wichtige Fehler, die Sie nach Aufgabe B13 im Plenum besprechen.	
	13	PL	Gehen Sie noch vor Beginn der ersten Präsentation (s. B12) auf die Aufgabe ein. Besprechen Sie die vorgegebene Beispieläußerung und erklären Sie das Wort *Bungee Jumping*. Nach jeder Präsentation geben dann einzelne TN eine Rückmeldung und stellen eine Frage. Der jeweilige TN, der den Vortrag gehalten hat, reagiert auf die Rückmeldung und beantwortet die Frage. Dann ist der nächste Gruppensprecher mit seiner Präsentation dran. Hören Sie zu und unterstützen Sie, wo nötig. Besprechen Sie am Ende im Kurs häufig vorkommende bzw. wichtige Fehler (s. Ihre Notizen aus B12). Sagen Sie dabei nicht, wer den Fehler gemacht hat.	
C	1	PL EA PL	Erinnern Sie an die Bedeutung des Fragepronomens *Wozu* (s. B10) und erklären Sie die Aufgabe. Wie im Beispiel vorgegeben, machen sich die TN kurz Notizen in ihrem Heft und äußern sich dann im Plenum, indem sie Sätze mit *um … zu* formulieren. Jeder TN sollte mindestens einen Satz sagen. Korrigieren Sie ggf.	
	2	PL	Besprechen Sie zuerst die Frage der Aufgabe und gehen Sie auf die Bedeutung von *Sirene* und *Rettungswagen* ein. Die TN hören dann die Sirene eines deutschen Rettungswagens und lesen dabei mit. Dann hören sie die Sirene noch einmal und machen alle zusammen mit, indem sie das Geräusch imitieren. Im Anschluss vergleichen die TN mit ihrem Land. Bitten Sie dazu einige TN im Plenum zu imitieren, wie die Sirene eines Rettungswagens in ihrem Land klingt.	CD 1/18
	3	PL PA	Erklären Sie die Aufgabe und gehen Sie dabei auf die Bedeutung der Wörter *Tagesablauf* und *Notärztin* ein. Die TN schauen sich die Bilder A–F an und lesen still die Sätze 1–6. Weisen Sie dazu auf die Informationen in *Extras* hin. Danach ordnen die TN zu zweit den Sätzen die entsprechenden Bilder zu. Anschließend hören die TN den Bericht der Notärztin von ihrem Tagesablauf, überprüfen ihre Lösungen und	CD 1/19

Methodisch-didaktische Hinweise

3	PL	korrigieren ggf. Kontrollieren Sie zum Schluss im Plenum und besprechen Sie den neuen Wortschatz in den Sätzen.	
4	EA / PL	Die TN lesen die Sätze 1–5 für sich. Erklären Sie den neuen Wortschatz. Dann hören die TN Patrizias Bericht noch einmal und kreuzen dabei an, ob die Sätze richtig oder falsch sind. Kontrollieren Sie anschließend im Plenum.	CD 1/19
5	PA / PL	Die TN lesen die Satzhälften 1–4 und a–d. Dann ordnen sie in Zusammenarbeit mit ihrem Partner die Satzhälften einander zu. Kontrollieren Sie im Plenum. Lassen Sie die TN die Bedeutung von *damit* aus dem Kontext erschließen und klären Sie den neuen Wortschatz. Weisen Sie dann auf den Grammatikkasten hin, übertragen Sie ihn an die Tafel und gehen Sie auf den Gebrauch des finalen Konnektors *damit* ein. Erklären Sie auch den Zusammenhang in der Bedeutung und den Unterschied im Gebrauch zwischen *damit* und *um … zu*.	
6	PA / PL	Die TN lesen die Vorgaben. Fordern Sie die TN auf, bei den Vorgaben das jeweilige Subjekt zu unterstreichen, um im Weiteren schneller entscheiden zu können, ob außer einem *damit*-Satz auch ein *um … zu*-Satz möglich ist. Dann bilden die TN im Wechsel mit ihrem Partner Sätze mit *damit* oder, wo möglich, mit *um … zu*. Kontrollieren Sie zum Schluss im Plenum. Lassen Sie dazu einzelne TN die Sätze formulieren.	
7	PL / GA	Erklären Sie zuerst die Aufgabe im Plenum. Lassen Sie dazu auch Fragen und Antworten zu den vorgegebenen Karten bilden und erklären Sie dabei den neuen Wortschatz. Bilden Sie Gruppen zu je vier bis fünf Personen. Teilen Sie dann jedem TN eine gelbe und eine blaue Karte aus. Jedes Mitglied der Gruppe schreibt auf die gelbe Karte einen Tipp für Parkour-Anfänger wie in den Beispielen. Auf die blaue Karte schreiben die TN eine Infinitivkonstruktion zur Beantwortung der Frage, wozu der Tipp befolgt werden sollte. Der Text zu B7 kann zu Hilfe genommen werden. Danach werden alle Karten gemischt und offen auf den Tisch gelegt. Ein TN zieht nun eine gelbe Karte und stellt einem anderen Mitglied eine Frage mit *Wie*. Der befragte TN nimmt die blaue Karte, die als Antwort passt, und formuliert anhand der beiden Karten eine Antwort. Er verwendet dabei einen Finalsatz mit *damit* bzw. *um … zu*. Dann zieht er eine gelbe Karte usw. Die jeweils passenden gelben und blauen Karten werden zu Kartenpaaren zusammengelegt. Die Aufgabe endet, wenn jedes Gruppenmitglied eine Frage gestellt und eine Antwort gegeben hat. Gehen Sie umher und helfen Sie, wo nötig. Hinweis: Selbstverständlich können auch Karten in anderen Farben für die Aufgabe genommen werden. Wichtig ist, dass es Karten in zwei Farben gibt.	gelbe und blaue Karten
8	GA / PL	Teilen Sie jeder Gruppe ein DIN-A3-Blatt aus. Die Gruppen schreiben nun anhand ihrer Karten aus C7 Tipps für Parkour-Anfänger auf das Plakat, wie im Beispiel vorgegeben. Achten Sie darauf, dass die Vorgaben auf den gelben Karten als Imperativsätze formuliert werden. Dann präsentiert jede Gruppe ihre Tipps im Kurs. Die anderen TN hören zu und vergleichen mit den Tipps der restlichen Gruppen. Lassen Sie dazu nach jeder Präsentation (mindestens) einen der Zuhörer kommentieren, z. B. indem er sagt, welcher Tipp ihm besonders gefallen hat. Hören Sie mit und korrigieren Sie ggf. die Äußerungen.	DIN-A3-Blatt

Methodisch-didaktische Hinweise

D	1	PL	Erklären Sie die Aufgabe und schreiben Sie an die Tafel: *Wir …, damit wir in der Prüfung erfolgreich sind.*	
		GA	Bilden Sie Gruppen zu je 4–5 TN. Nun machen die TN in der Gruppe ein Kettenspiel. Sie stellen sich dazu im Kreis auf. Der erste TN formuliert einen Satz wie im Beispiel. Der nächste TN wiederholt den Hauptsatz und erweitert ihn usw. Der *damit*-Satz bleibt bei jeder Aussage konstant. Der Tafelanschrieb dient als Erinnerungsstütze.	
		PL	Fakultativ: Am Ende des Kettenspiels nennt der jeweils letzte TN den längsten Gruppensatz auch im Plenum. Korrigieren Sie ggf.	
	2	PL	Ein TN liest die Themafrage vor. Gehen Sie dabei auf die Bedeutung des Wortes *Behinderung* ein. Übertragen Sie dann den Wortigel zu *Menschen mit Behinderung* an die Tafel. Die TN beantworten die Frage, indem sie Sätze mit dem vorgegebenen Redemittel bilden. Nach jeder Aussage kommt der jeweilige TN an die Tafel und erweitert den Wortigel. Bei homogenen Kursen nennen die TN den Ausdruck auch in den Fremdsprachen, die sie können.	
	3	PL / EA / PL	Die TN lesen die Arbeitsanweisung der Aufgabe. Gehen Sie auf die Bedeutung des Wortes *Abschnitt* ein. Danach lesen die TN die drei Überschriften und den Text für sich. Die Information in *Extras* dient zur Hilfe. Die TN ordnen den drei Textabschnitten die Überschriften zu. Kontrollieren Sie im Plenum.	
	4	PL / EA / PA / PL	Die TN lesen die Fragen 1–5 für sich. Erklären Sie den neuen Wortschatz in den Fragen. Dann finden die TN die Antworten im Text in D3 und unterstreichen die entsprechenden Textstellen. Anschließend arbeiten die TN zu zweit weiter. Sie stellen einander abwechselnd die Fragen. Der Partner antwortet jeweils. Lassen Sie zur Kontrolle die Antworten auch im Plenum nennen. Erklären Sie dabei den lösungsrelevanten Wortschatz.	
	5	EA / PL	Die TN lesen die Aufgaben 1–3 für sich. Erklären Sie die unbekannten Wörter. Dann lesen die TN den Text in D3 noch einmal und kreuzen an, was richtig ist. Sie markieren auch die lösungsrelevanten Textstellen. Im Plenum werden anschließend die Lösungen und die entsprechenden Textstellen genannt. Erklären Sie zum Schluss den noch unbekannten Wortschatz im Text in D3.	
	6	PL	Bitten Sie einen TN die Beispielaussage vorzulesen. Dann berichten die TN im Plenum, worauf sie in ihrem Leben stolz sind. Sie beenden dabei ihre Aussage immer mit dem Satz: „Ich bin stolz auf diesen Erfolg.", um die Struktur *stolz auf* + Akkusativ einzuüben. Hören Sie zu und unterstützen Sie, wo nötig.	
	7	PL / EA / PL	Erklären Sie anhand von Satz 1 die Aufgabe. Lassen Sie den Satz im Text in D3 finden. Ergänzen Sie gemeinsam die Zeilenangabe. Die TN lesen nun die Sätze 2–4, suchen die entsprechenden Stellen im Text und ergänzen den Agens und die Zeile. Kontrollieren Sie im Plenum. Übertragen Sie anschließend den Grammatikkasten an die Tafel und besprechen Sie Bildung und Funktion des Agens im Passivsatz. Betonen Sie, dass der Agens im Passivsatz fakultativ, nicht obligatorisch ist.	

Methodisch-didaktische Hinweise

7		Möglicher Tafelanschrieb:		

> Aktiv: Der Trainer *fordert* uns.
>   (Nominativ)   (Akkusativ)
>
> Passiv: Wir *werden* (von dem Trainer) *gefordert*.
>   (Nominativ)   (von + Dativ)

Fakultativ: Wiederholen Sie kurz anhand eines Tafelanschriebs die Passivbildung im Präsens (s. Starten wir! A2, Lektion 11).

Möglicher Tafelanschrieb:

> Passiv Präsens: werden + Partizip
>
> *fordern*
> ich werde … gefordert
> du wirst … gefordert
> er/es/sie wird … gefordert
> wir werden … gefordert
> ihr werdet … gefordert
> sie/Sie werden … gefordert

8	PL	Zwei TN lesen im Plenum den Beispieldialog mit verteilten Rollen vor. Weisen Sie die TN darauf hin, dass sie beim Sprechen auf die Dativendungen achten sollen.		
	PA	Dann spielen die TN mit ihrem Partner ähnliche Dialoge und variieren mit den vorgegebenen Nomen. Sie tauschen dabei auch die Rollen. Gehen Sie umher und korrigieren Sie ggf.		
	EA/ PA PL	Fakultativ: Teilen Sie Kopiervorlage 8 an jeden TN aus. Die TN formen in EA oder zu zweit die Aktivsätze ins Passiv um. Kontrollieren Sie anschließend im Plenum.	KV 8	

Hinweis: Die Kopiervorlage eignet sich auch als Hausaufgabe. Sie kann in EA bearbeitet und dann im Kurs korrigiert werden.

Lösungsvorschlag:
1 Ich werde von vielen Leuten wegen meiner Kleidung komisch angesehen.
2 Ein Weihnachtbasar wird Anfang Dezember von unserem Deutschkurs organisiert.
3 Österreich wird jedes Jahr von Millionen Touristen besucht.
4 Am Unfallort werden die verletzten Fahrer von der Notärztin untersucht.
5 Wir werden manchmal von dir zum Essen eingeladen.
6 Der kranke Mann wird von ihnen/Ihnen für den Transport vorbereitet.
7 Jede Woche wird eine Rezension von ihm für die Zeitung geschrieben.
8 Der Wecker wird abends von ihr auf 6.00 Uhr gestellt.
9 Wird der Rettungswagen regelmäßig von Ihnen überprüft, Herr Geiger?
10 Während des Unterrichts werden von euch Fragen gestellt.

Methodisch-didaktische Hinweise

	9	GA	Die TN werden in 3er- oder 4er-Gruppen eingeteilt. In der Gruppe besprechen sie das vorgegebene Thema und suchen Beispiele. Alle Gruppenmitglieder machen sich Notizen. Dann bestimmen die Gruppen jeweils einen Sprecher.	
		PL	Die Sprecher präsentieren anhand der Notizen die Ergebnisse ihrer Gruppe im Kurs. Hören Sie zu und helfen Sie, wo nötig.	
Xtra Prüfung 1		PL	Lesen Sie die Arbeitsanweisung vor und verweisen Sie auf die Worterklärung in *Extras*. Gehen Sie auf die Bedeutung des Wortes *Synonym* ein.	
		EA	Dann lesen die TN die Wörter und unterstreichen zu jedem Wort 1–4	
		PL	das Synonym. Kontrollieren Sie anschließend im Plenum.	
	2	PL	Lesen Sie gemeinsam mit den TN die Arbeitsanweisungen. Erklären Sie dabei die neuen Wörter. Gehen Sie als Nächstes auf den *Tipp* ein. Erklären Sie auch das Wort *auftauchen*.	
		EA	Die TN lesen nun das Beispiel und schauen sich die unterstrichenen	
		PL	Schlüsselwörter an. Dann hören sie das Beispiel. Stoppen Sie die CD nach dem Beispiel und klären Sie ggf. Unklarheiten zum Ablauf.	CD 1/20
		EA	Die TN lesen anschließend die Aufgaben 3–8 für sich und unterstreichen die Schlüsselwörter. Dann hören sie die drei Texte jeweils zweimal	
		PL	und lösen die Aufgabe. Kontrollieren Sie anschließend im Plenum und erklären Sie die Bedeutung von *Trachtenlauf*.	
			Hinweis 1: Diese Aufgabe entspricht in der Prüfung für das Goethe Zertifikat B1 bzw. das ÖSD Zertifikat B1 Teil 1 des Moduls Hören. Die Kandidaten hören **fünf** kurze **Texte**, wie z. B. Ansagen, Nachrichten auf dem Anrufbeantworter, Durchsagen usw. Jeden Text hören sie zweimal. Zu jedem dieser Texte sind zwei Aufgaben zu lösen. Insgesamt müssen also bei diesem Prüfungsteil **10 Aufgaben** gelöst werden.	
			Hinweis 2: Die Aufgaben 1, 3, 5 und 7 entsprechen in der Prüfung für das Zertifikat Deutsch (telc Deutsch B1) Teil 3 des Hörverstehens. Die Kandidaten hören **fünf** kurze **Texte** je zweimal. Zu jedem Hörtext ist eine Richtig-Falsch-Aufgabe zu lösen. Insgesamt müssen also bei diesem Prüfungsteil **5 Aufgaben** gelöst werden.	

5 Leben und Arbeiten

Aufgabe	Form	Ablauf im Kurs	Material
Starten wir! 1	PL	Die TN schauen sich das Foto an und hören gleichzeitig die Hörszene. Dann stellen sie im Plenum Vermutungen darüber an, was der Mann von Beruf sein könnte. Sie benutzen dabei die vorgegebenen Redemittel. Hören Sie zu und helfen Sie ggf.	CD 2/1
2	EA	Die TN lesen zuerst still die Ausdrücke 1–3 und a–c. Danach hören sie den Ausschnitt aus der Fernsehshow. Während des Hörens oder danach	CD 2/2
	PL	ordnen sie die Ausdrücke einander zu. Kontrollieren Sie im Plenum und erklären Sie auch den neuen Wortschatz.	
3	PL	Lesen Sie die Frage vor und erklären Sie das Wort *Eigenschaft*. Dann antworten die TN im Plenum. Sie können dabei eine Eigenschaft aus Aufgabe 2 wählen oder andere Eigenschaften nennen. Hören Sie zu und helfen Sie, wo nötig. Schreiben Sie ggf. neue Wörter und Ausdrücke, die die TN brauchen, an die Tafel.	

Methodisch-didaktische Hinweise

	4	PL	Die TN schauen sich die Skizzen mit den Tieren an und lesen die Wörter für sich. Bitten Sie dann einen TN die Wörter mit Artikel vorzulesen. Klären Sie, wo nötig, die Bedeutung. Lesen Sie dann die Frage vor und gehen Sie auf die Bedeutung des Wortes *Haustier* ein. Lassen Sie einen TN den Beispielsatz vorlesen. Weisen Sie auf den zweiten Satz hin und betonen Sie, dass bei der folgenden Diskussion auch Beispiele zu nennen sind. Erinnern Sie daran, dass die TN nicht nur ihre Meinung sagen, sondern auch auf gehörte Äußerungen reagieren sollen. Dann diskutieren die TN über das Thema. Hören Sie zu und helfen Sie ggf.	
	5	PL EA	Die TN sagen im Plenum, welche Haustiere sie haben. Bitten Sie einen TN an die Tafel, der die genannten Tiere anschreibt. Helfen Sie, wo nötig. Schreiben Sie neue Wörter nicht selber an, sondern buchstabieren Sie diese dem TN, der an der Tafel steht. Die TN übertragen die Liste mit den Haustieren in ihr Heft.	
A	1	PL PA PL	Die TN schauen sich das Foto an und lesen die zwei Fragen. Erklären Sie die Bedeutung von *betreuen*. Dann beantworten die TN im Partnergespräch die Fragen. Lassen Sie anschließend zur Kontrolle die Fragen auch im Plenum beantworten.	
	2	EA PL	Die TN lesen die Vorgaben für sich und schauen sich auch die Fotos dazu an. Dann hören sie das Gespräch und unterstreichen während des Hörens oder danach die Tätigkeiten, die Leon erwähnt. Besprechen Sie die Lösungen anschließend im Plenum und gehen Sie auf den neuen Wortschatz ein.	CD 2/3
	3	EA PL EA PL	Die TN lesen die Aussagen 1–5 für sich. Erklären Sie den neuen Wortschatz. Dann hören die TN das Gespräch noch einmal. Während des Hörens oder danach kreuzen sie entsprechend *richtig* oder *falsch* an. Kontrollieren Sie anschließend im Plenum. Fakultativ: Sagen Sie ggf. den TN, dass Hundebesitzer bzw. Hundesitter beim Gassigehen Unrat von Hunden mit Tüten aufsammeln müssen. Sonst ist Strafe zu zahlen. Fakultativ: Teilen Sie Kopiervorlage 9 an jeden TN aus. Wie im Beispiel vorgegeben, schreiben die TN die Nomen mit Artikel und ordnen dann jedem Nomen das passende Bild zu. Kontrollieren Sie anschließend im Plenum. Hinweis: Die Kopiervorlage kann auch in EA zu Hause bearbeitet und dann im Kurs korrigiert werden. **Lösungen:** 2 der Vogel – L 3 der Pinguin – G 4 die Schildkröte – A 5 das Pferd – K 6 die Schlange – I 7 der Bär – D 8 der Elefant – F 9 der Hase – E 10 die Katze – C 11 der Hund – J 12 der Fisch – H	CD 2/3 KV 9
	4	PA PL	Die TN schauen sich die Bilder A–H an und lesen die Nomen 1–8. Erklären Sie die Bedeutung von *Summe*. Die TN ordnen zu zweit den Nomen die passenden Bilder zu. Kontrollieren Sie im Plenum. Lassen Sie dabei die Nomen mit Artikel vorlesen. Übertragen Sie dann den Grammatikkasten an die Tafel und erklären Sie die Wortbildung und die Bedeutung der Nomen auf *-chen*. Weisen Sie auch auf den neutralen Artikel hin.	

Methodisch-didaktische Hinweise

5	PL EA	Lesen Sie die Frage vor, weisen Sie auf die Information in *Extras* hin und gehen Sie auf die Bedeutung des Wortes *Kosename* ein. Die TN lesen die sechs vorgegebenen Nomen auf *-chen* und unterstreichen, welche ihrer Meinung nach Kosenamen sind.	
	PL EA	Erklären Sie den weiteren Ablauf der Aufgabe und in diesem Zusammenhang die Bedeutung von *Lösung*. Dann lesen die TN den Text, vergleichen mit ihren Vermutungen und korrigieren ggf. Besprechen Sie	
	PL	die Lösung im Plenum. Erklären Sie zum Schluss den neuen Wortschatz im Text.	
6	PL EA	Erklären Sie die Aufgabe und gehen Sie dabei auf die Bedeutung von *Version* ein. Dann hören die TN die drei Versionen der Geschichte, machen sich Notizen und ergänzen die Sätze so genau wie möglich.	CD 2/4
	PL	Anschließend rekonstruieren die TN gemeinsam die Sätze. Ein TN schreibt sie an die Tafel. Weisen Sie dazu auf den Grammatikkasten hin, der bei der Formulierung der Sätze zur Hilfe dient. Übertragen Sie dann den Grammatikkasten an die Tafel und wiederholen Sie die Adjektivdeklination nach dem indefiniten Artikel im Nominativ, Akkusativ und Dativ Singular (s. Starten wir! A2, Lektion 8 und 9).	
	PL	Fakultativ: Lassen Sie die Tabelle an der Tafel um den Plural erweitern. (s. Starten wir! A2, Lektion 8 und 9). Möglicher Tafelanschrieb (Erweiterung): *Nominativ Akkusativ Dativ* *(…)* *alte Freunde alte Freunde alten Freunden*	
7	GA	Teilen Sie die TN in 6er-Gruppen ein. Erklären Sie den Gruppen die Aufgabe. Die TN jeder Gruppe bilden dann einen Kreis und zählen im Uhrzeigersinn ab: A, B, A, B, … Jedes Gruppenmitglied entscheidet für sich, ob es Leons Geschichte erzählen oder seinen eigenen Traumberuf nennen und eine eigene Version der Geschichte erzählen will. Leons Geschichte wird in der 3. Person Singular *(er)*, die eigene Geschichte in der 1. Person Singular *(ich)* erzählt. Die TN A erzählen nun ihrem Nachbarn B, der links von ihnen sitzt, ihre Geschichte. TN B hört zu und erzählt im Anschluss seinerseits demselben TN A seine Geschichte. Dann stehen alle Gruppenmitglieder B auf, bewegen sich im Uhrzeigersinn weiter und setzen sich auf den nächsten B-Stuhl. Nun sitzen sie bei einem anderen A-Partner. Mit diesem tauschen sie Geschichten aus usw. Es wird so lange gespielt, bis jeder TN B wieder auf seinem Stuhl sitzt. Gehen Sie umher und unterstützen Sie, wo nötig.	
8	EA	Die TN lesen zuerst still das Thema der Aufgabe. Übertragen Sie inzwischen den Wortigel an die Tafel und erklären Sie die Bedeutung von *Ärger*. Die TN überlegen sich Argumente für und gegen das Halten eines Haustiers und notieren sie stichwortartig in ihrem Heft.	
	PL	Mithilfe dieser Notizen formulieren anschließend die TN mündlich vollständige Sätze, wobei sie die vorgegebenen Redemittel verwenden. Hören Sie zu und korrigieren Sie ggf. Ergänzen Sie den Wortigel. Die TN schreiben den vollständigen Wortigel in ihr Heft ab.	

Methodisch-didaktische Hinweise

	9	PL	Erklären Sie den TN die Aufgabe. Besprechen Sie dann die vorgegebenen Redemittel. Erklären Sie dabei die Bedeutung von *weiter*.	
		PA	Zu zweit machen sich nun die TN Notizen zum Thema. Gehen Sie währenddessen umher und helfen Sie, wo nötig. Achten Sie darauf, dass kein ganzer Text bzw. keine vollständigen Sätze, sondern nur Stichworte geschrieben werden.	
	10	PL	Lassen Sie einen TN die vorgegebenen Einleitungssätze vorlesen und erklären Sie den neuen Wortschatz.	
		PA	Danach üben die TN anhand ihrer Notizen aus A9 und der vorgegebenen Redemittel in A9 und A10 ihre Präsentation zu zweit ein: Partner A präsentiert, Partner B hört zu und korrigiert ggf. Dann wechseln die TN die Rollen.	
		PL	Zum Schluss halten die Paare ihre Präsentation im Plenum. Dabei teilen sie sich die Aufgabe, d. h. jeder TN präsentiert einen Teil. (Alternativ: Ein TN, den Sie bestimmen, hält stellvertretend für das Paar die Präsentation.) Hören Sie zu und notieren Sie Fehler, die oft gemacht werden. Besprechen Sie zum Schluss im Plenum diese Fehler.	
B	1	PL	Erklären Sie die Aufgabe und weisen Sie auf die Beispiele hin. Wie vorgegeben, notieren die TN Adjektive für Personen bzw. Haustiere, die ihnen wichtig sind.	
		EA		
		PA	Danach sprechen die TN mit ihrem Partner, indem sie Sätze wie im Beispiel formulieren. Gehen Sie umher und hören Sie mit. Achten Sie besonders auf die Adjektivendungen.	
	2	PA	Die TN arbeiten zu zweit. Zunächst lesen sie still je eine Anzeige aus B4: Partner A liest Anzeige a und Partner B liest Anzeige c. Dann informiert jeder TN seinen Partner über die Informationen in seiner Anzeige. Gehen Sie umher, helfen Sie ggf. bei Fragen und hören Sie mit.	
	3	PL	Erklären Sie die Ausgangssituation und in diesem Zusammenhang die Wörter *Praktikumsplatz* und *Ausbildungsplatz*. Dann lesen einzelne TN die Sätze 1–3 vor. Klären Sie den unbekannten Wortschatz. Die Informationen in *Extras* dienen zur Hilfe.	
		EA	Die TN unterstreichen in den drei Sätzen die Schlüsselwörter. Anschließend besprechen sie im Plenum ihre Wahl. Sie äußern sich dabei, wie im Beispiel vorgegeben. Klären Sie auch gemeinsam mit den TN, ob die drei Personen einen Praktikumsplatz oder einen Ausbildungsplatz suchen.	
		PL		
	4	EA	Die TN lesen die vier Anzeigen für sich und unterstreichen in den Texten die lösungsrelevanten Stellen bzw. Wörter. Dann ordnen sie jeder Person in B3 die passende Anzeige zu. Eine Anzeige bleibt übrig.	
		PL	Kontrollieren Sie anschließend im Plenum. Erklären Sie dabei auch den neuen Wortschatz, der zur Lösung der Aufgabe nötig ist. Besprechen Sie am Ende, warum Anzeige c nicht passt.	
	5	PA	Die TN schauen sich zuerst die Grammatiktabelle an. Dann lesen sie die Texte in B4 noch einmal, finden die entsprechenden Stellen und ergänzen zu zweit die fehlenden Adjektivendungen in der Tabelle.	
		PL	Übertragen Sie währenddessen die Grammatiktabelle an die Tafel. Die TN nennen Ihnen dann die Endungen. Ergänzen Sie die Tabelle an der Tafel. Alternativ: Bitten Sie einen TN nach vorne, der die Endungen in die Tabelle einträgt.	

Methodisch-didaktische Hinweise

5		Erklären Sie anschließend den neuen Wortschatz und gehen Sie auf die Adjektivdeklination nach dem Nullartikel ein. Weisen Sie auf die Ähnlichkeit der Adjektivendungen mit den Endungen des definiten Artikels hin.	
6	EA PL	Die TN lesen die Anzeigen und ergänzen die fehlenden Adjektivendungen. Kontrollieren Sie im Anschluss im Plenum. Bitten Sie die TN, ihre Lösungen grammatisch zu begründen. Erklären Sie auch den neuen Wortschatz in den Anzeigen.	
7	PL GA PL	Erklären Sie die Aufgabe und den unbekannten Wortschatz im Plenum. Teilen Sie dann die TN in 4er-Gruppen ein. Jede Gruppe bestimmt, was für eine Firma sie besitzt. Die Gruppenmitglieder wählen dann entsprechende Adjektive, um ein Profil des idealen Mitarbeiters der Firma zu erstellen. Sie verwenden dabei die vorgegebenen Adjektive, können aber auch weitere Adjektive hinzufügen. Anschließend nennt ein TN stellvertretend für die Gruppe im Plenum die Ergebnisse. Der Beispielsatz dient dabei als Muster.	
8	GA	Anhand des in B7 erstellten Profils schreiben nun die Gruppen eine Anzeige auf einem Blatt Papier. Gehen Sie umher und helfen Sie, falls nötig.	Blätter Papier
9	PL	Die Anzeigen der Gruppen aus B8 werden an der Tafel gesammelt und gelesen. Achten Sie dabei besonders darauf, dass die Adjektivendungen richtig sind. Dann werden die Anzeigen miteinander verglichen, d. h. einzelne TN sagen ihre Meinung zu den Anzeigen bzw. stellen Fragen. Die entsprechende Gruppe antwortet.	Blätter Papier aus B8
10	PL EA PL	Erklären Sie die Ausgangssituation und gehen Sie auf die Bedeutung von *Personalleiterin* ein. Die TN lesen die Vorgaben für sich. Danach hören sie das Telefongespräch. Während des Hörens kreuzen sie an, welche der Sätze zu hören sind. Kontrollieren Sie dann im Plenum. Erklären Sie dabei auch den neuen Wortschatz.	CD 2/5
11	PL PA PL EA PL	Erklären Sie zuerst die Aufgabe im Plenum und gehen Sie auf die Bedeutung von *sich erkundigen nach* ein. Die TN bereiten nun in Partnerarbeit ein Telefongespräch zwischen Praktikumsbewerber(in) und Personalleiter(in) wie in B10 vor. Sie machen sich dazu Notizen. Die Sätze in B10 dienen zur Hilfe. Gehen Sie umher und helfen Sie, wo nötig. Anschließend spielen die Paare ihr Rollenspiel. Fakultativ: Bitten Sie einige TN-Paare, ihren Dialog im Plenum vorzuspielen. Fakultativ: Teilen Sie Kopiervorlage 10 an jeden TN aus. Die TN ergänzen die Endungen in den zwei Aufgaben (Aufgabe 1 zur Adjektivdeklination nach Nullartikel, Aufgabe 2 zur Adjektivdeklination nach indefinitem Artikel bzw. Nullartikel). Kontrollieren Sie anschließend im Plenum. Hinweis: Die Kopiervorlage kann auch in EA zu Hause bearbeitet und dann im Kurs korrigiert werden.	KV 10

Methodisch-didaktische Hinweise

	11		**Lösungen:** **1** 1 erfahrenen/erfahrene, große 2 Zuverlässige/Zuverlässiger, eigenem, großem 3 Erfahrene, pädagogische, junge 4 Englischer, gemütliche, sonnigem, kleiner, eigenem 5 bezahlte, motivierte, erfolgreicher 6 Kleines, schwarzem, kurzem, tierfreundliches 7 Engagierte, bekannter **2** 1 jungen, engagierten 2 guten, bestimmte 3 guten, große 4 kleinen, hilfsbereite 5 interessantes, vielen, großen 6 berühmten 7 schwierigen, berufliche, starke	
C	1	PL PA PL	Bitten Sie einen TN die Ausgangssituation vorzulesen. Erklären Sie den Ausdruck *in eine andere Stadt ziehen*. Wie im Beispiel vorgegeben, schreiben nun die TN in Partnerarbeit zwei Anzeigen auf ein Blatt Papier und hängen das Blatt an die Tafel. Alle TN kommen anschließend nach vorne, lesen die Anzeigen an der Tafel für sich und korrigieren ggf. gemeinsam. Helfen Sie, wo nötig.	Blatt Papier
	2	EA PL	Die TN lesen die Aussagen für sich. Erklären Sie den unbekannten Wortschatz. Dann hören die TN das Gespräch und kreuzen an, was richtig ist. Kontrollieren Sie im Plenum. Falls es Meinungsunterschiede gibt, hören die TN das Gespräch noch einmal und finden die entsprechenden Stellen.	CD 2/6
	3	PL PA PL	Die TN lesen zuerst die Überschriften. Gehen Sie auf die Bedeutung des neuen Wortschatzes ein. Danach lesen die TN den Text und ordnen zu zweit den Abschnitten die Überschiften zu. Kontrollieren Sie im Plenum. Die TN begründen ihre Lösungen, indem sie die Textstellen nennen, die inhaltlich zu den Überschriften passen. Mögliche Textstellen: **Das erwartet Sie:** *Während der Theoriephasen ... lernen Sie / In den Praxisphasen ... werden ... vermittelt: ...* **Das sind Ihre Qualifikationen, Ihre Interessen:** (Qualifikationen) *gutes ... Abitur, sehr gute MS-Office Kenntnisse,* (Interessen) *Sie interessieren sich für Online-Themen ...* **Über Maximedia:** *Maximedia bietet ...*	
	4	EA PA PL	Die TN lesen die Fragen für sich. Erklären Sie die unbekannten Wörter. Die TN lesen dann den Text in C3 noch einmal, finden und unterstreichen die Antworten. Anschließend arbeiten die TN zu zweit: Sie fragen und antworten abwechselnd. Gehen Sie umher und helfen Sie, wo nötig. Lassen Sie die Fragen zum Schluss auch im Plenum beantworten. Die anderen TN kontrollieren und korrigieren ggf. Erklären Sie dabei auch den neuen Wortschatz in den Antworten.	

Methodisch-didaktische Hinweise

5	PL	Besprechen Sie zuerst die Ausgangsfrage und erklären Sie das Wort *verlangen* im Plenum. Gehen Sie auch auf die Spalten-Überschriften in der Tabelle ein.	
	PA	Die TN lesen den Text in C3 noch einmal, finden zu zweit die Informationen und ergänzen die Tabelle stichwortartig. Übertragen Sie währenddessen die Tabelle an die Tafel.	
	PL	Bitten Sie zum Schluss einen TN nach vorne. Die TN rufen ihm ihre Ergebnisse zu und er trägt sie in die entsprechenden Spalten der Tabelle ein. Helfen Sie, wo nötig. Klären Sie den neuen Wortschatz in den Eintragungen.	
6	PL	Die TN beantworten im Plenum die Frage, äußern ihre Meinung über das duale Studium und sprechen ggf. über ihre eigenen Erfahrungen damit. Lassen Sie die TN auch beschreiben, welche Formen von Ausbildung bzw. Studium es in ihrem Land gibt. Hören Sie zu und helfen Sie, wo nötig.	
7	PA PL	Die TN lesen den Text in C3 noch einmal, finden zu zweit die Sätze und ergänzen die Grammatiktabelle. Übertragen Sie inzwischen die Tabelle an die Tafel. Bitten Sie dann einzelne TN, die Sätze an der Tafel zu ergänzen. Gehen Sie im Anschluss auf den zweiteiligen Konnektor *nicht nur ... sondern auch* ein: Lassen Sie zuerst die TN die Bedeutung erschließen. Zeigen Sie, dass *nicht nur ... sondern auch* Satzteile miteinander verbindet. Weisen Sie zum Schluss auf das Komma vor *sondern* hin.	
8	PA	Teilen Sie jedem TN-Paar einen Würfel aus. Erklären Sie anhand des Beispiels die Aufgabe und die Bedeutung von *geduldig*. Nun spielen die TN das Würfelspiel: Partner A würfelt zweimal. Der Augenzahl entspricht bei jedem Wurf ein Adjektiv: beim ersten Wurf ein Adjektiv aus der ersten Reihe, beim zweiten Wurf aus der zweiten Reihe der Tabelle. Partner A sagt, was er gewürfelt hat, wie im Beispiel vorgegeben. Partner B bildet mit den zwei Adjektiven einen Satz mit *nicht nur ... sondern auch*. Dann tauschen die Partner die Rollen. Jeder TN würfelt mindestens dreimal, sodass sein Partner mindestens drei Sätze bildet. Gehen Sie umher und hören Sie zu.	Würfel
9	PL EA PL	Lesen Sie die Frage vor. Wiederholen Sie die Bedeutung des Wortes *Betriebsklima*. Dann hören die TN die Hörszene und ergänzen die Smileys. Kontrollieren Sie im Plenum.	CD 2/7
10	PL	Erklären Sie die Aufgabe und die Bedeutung von *Fragebogen*. Die TN lesen still den Fragebogen. Der unbekannte Wortschatz wird im Plenum erklärt.	
	PA	Dann hören die TN die Hörszene aus C9 noch einmal und ergänzen zu zweit den Fragebogen.	CD 2/7
	PL	Übertragen Sie währenddessen den Fragebogen an die Tafel. Besprechen Sie zum Schluss die Lösungen im Plenum und ergänzen Sie die Tabelle an der Tafel.	
11	GA	Teilen Sie die TN in 4er-Gruppen ein. Die Gruppen erweitern den Fragebogen und ergänzen weitere Sätze zum Thema *Betriebsklima*. Gehen Sie umher und helfen Sie, wo nötig.	

Methodisch-didaktische Hinweise

	12	PL	Die TN tragen die Ergebnisse ihrer Gruppe im Kurs vor. Ein TN spricht jeweils stellvertretend für seine Gruppe. Sammeln Sie alle Vorschläge und notieren Sie sie an der Tafel. Achten Sie dabei auf eventuelle Fehler und korrigieren Sie entsprechend. Danach werden die besten Vorschläge von den TN ausgewählt und der perfekte Fragebogen zum Thema *Betriebsklima* an der Tafel erstellt. Die TN schreiben diesen in ihr Heft ab.	
D	1	PL	Bereiten Sie zwei Zettel mit *trifft zu* bzw. *trifft nicht zu* vor. Ein TN hängt die Zettel an zwei Wände im Kursraum. Erklären Sie die Aufgabe. Der zutreffende Beispielsatz dient dabei als Vorgabe. Geben Sie ggf. auch Beispiele für nicht zutreffende Aussagen vor: „In einem dualen Studium lernt man nur die Praxis." Bitten Sie die TN aufzustehen. Lesen Sie dann richtige und falsche Sätze vor. Inhaltlich sollten die Sätze mit der Thematik des C-Teils der Lektion zusammenhängen. Bei einem richtigen Satz gehen die TN an die Wand mit dem *trifft zu*-Zettel, bei einem falschen an die Wand mit dem *trifft nicht zu*-Zettel. Mögliche Sätze zum Vorlesen: *trifft zu*: Als Student der Medieninformatik sollte man sich für Technik interessieren. Wenn man kundenorientiert ist, dann kümmert man sich gerne um Kunden. *trifft nicht zu*: Man braucht kein Abitur, wenn man Medieninformatik studieren möchte. Geduld haben heißt, dass man nicht warten kann. Wenn man teamorientiert ist, dann macht man alles alleine.	zwei Zettel
	2	EA PL	Die TN schauen sich die beiden Fotos an. Dann hören sie das Gespräch und kreuzen das passende Bild an. Kontrollieren Sie im Plenum.	CD 2/8
	3	EA PL	Die TN lesen die sechs Sätze. Erklären Sie den neuen Wortschatz. Danach hören die TN das Gespräch noch einmal und sortieren die Sätze in der richtigen Reihenfolge. Nach Wunsch können sie zur Kontrolle das Gespräch ein drittes Mal hören. Überprüfen Sie zum Schluss die Lösungen im Plenum.	CD 2/8
	4	PA	Erklären Sie die Ausgangssituation und die Bedeutung von *zufällig*. Dann machen die TN zu zweit ein Rollenspiel: Zuerst fragt Partner A nach dem Tagesablauf von Partner B und dieser berichtet darüber. Dann tauschen die TN die Rollen. Gehen Sie umher und unterstützen Sie, wo nötig.	
	5	PL PA PL	Erklären Sie den TN zuerst, was ein Praktikumszeugnis ist. Die TN lesen dann die drei Textabschnitte und bringen sie zu zweit in die richtige Reihenfolge. Kontrollieren Sie anschließend im Plenum.	
	6	EA	Die TN lesen still die Fragesätze. Erklären Sie den neuen Wortschatz. Dann lesen die TN den Text in D5 noch einmal, finden die Antworten im Text und unterstreichen sie.	

Methodisch-didaktische Hinweise

6	PL	Nun liest ein TN die erste Frage vor. Rufen Sie einen TN auf, der antworten soll. Dieser liest dann auch die nächste Frage vor usw. Falls ein TN nicht richtig oder nicht vollständig geantwortet hat, korrigieren bzw. ergänzen die anderen TN. Besprechen Sie zum Schluss den noch unbekannten Wortschatz im Praktikumszeugnis.	
7	PA	Die TN lesen die Vorgaben. Dann ordnen sie zu zweit den Satzhälften 1–3 die passenden Satzhälften a–c zu und vergleichen mit dem Text in D5.	
	PL	Kontrollieren Sie im Plenum. Lassen Sie dazu die drei Sätze von einem TN an die Tafel schreiben. Gehen Sie danach auf den zweiteiligen Konnektor *sowohl ... als auch* ein: Lassen Sie zuerst die TN die Bedeutung erschließen. Weisen Sie auf die inhaltliche Ähnlichkeit mit dem Konnektor *nicht nur ... sondern auch* hin. Zeigen Sie, dass *sowohl ... als auch* Satzteile miteinander verbindet. Machen Sie zum Schluss darauf aufmerksam, dass im Gegensatz zum zweiteiligen Konnektor *nicht nur ... sondern auch* in diesem Fall kein Komma zwischen den beiden Teilen steht.	
8	PL	Die TN lesen die Anzeigen für sich. Erklären Sie die Bedeutung von *hilfsbereit*. Bitten Sie dann einen TN den Beispielsatz vorzulesen und erklären Sie die Aufgabe.	
	PA	Wie im Beispiel vorgegeben, sprechen nun die TN zu zweit abwechselnd über die restlichen Anzeigen und verwenden den Konnektor *sowohl ... als auch*. Gehen Sie umher und hören Sie zu.	
9	EA	Die TN lesen die Vorgaben für sich. Dann hören sie die Nachricht auf dem Anrufbeantworter und unterstreichen die gehörten Wörter bzw. Ausdrücke.	CD 2/9
	PL	Kontrollieren Sie im Plenum. Erklären Sie zum Schluss den neuen Wortschatz.	
10	PL	Die TN lesen die Anweisungen für sich. Erklären Sie die Bedeutung von *Vorschrift*. Verweisen Sie dann auf den Text in *WikiWie*. Lassen Sie einen TN den Text vorlesen und erklären Sie den unbekannten Wortschatz. Gehen Sie anhand des Tipps im Plenum auf die Formalien einer halbformellen E-Mail ein. Machen Sie klar, dass eine entsprechende Anrede- und Grußformel verwendet werden muss und dass auf Höflichkeit in den Formulierungen zu achten ist. Weisen Sie auch darauf hin, dass der Wortschatz zum Thema, den die TN in D9 erhalten haben, hier zu verwenden ist.	
	EA	Im Anschluss schreiben die TN die E-Mail.	
	PA	Die TN tauschen danach ihre E-Mail mit ihrem Partner aus. Sie lesen die E-Mail und vergleichen sie mit der eigenen, wobei sie in Partnerarbeit korrigieren. Greifen Sie bei Schwierigkeiten ein.	
	PL	Fakultativ: Erstellen Sie in Zusammenarbeit mit den TN eine Muster-E-Mail an der Tafel.	
Xtra Prüfung 1	PL	Erklären Sie die Aufgabe. Verweisen Sie auf den *Tipp* und besprechen Sie ihn im Plenum.	
	EA	Wie im Tipp beschrieben, lesen dann die TN zuerst die drei einleitenden Teilsätze 1–3, überfliegen den Text und notieren an den lösungsrelevanten Textstellen die entsprechende Nummer. Dann lesen sie jede Aufgabe und die entsprechende Textstelle genau durch und kreuzen die Lösungen an.	

Methodisch-didaktische Hinweise

Xtra Prüfung 1	PL	Kontrollieren Sie anschließend im Plenum und erklären Sie neuen Wortschatz, wo nötig.	
		Hinweis 1: Diese Aufgabe entspricht in der Prüfung für das Goethe Zertifikat B1 bzw. das ÖSD Zertifikat B1 Teil 2 des Moduls Lesen. Die Kandidaten haben für diese Aufgabe ca. 20 Minuten Zeit. Sie sollen in dieser Zeit **zwei** kurze **Artikel** lesen und zu jedem Artikel drei Multiple-Choice-Aufgaben mit jeweils drei Distraktoren lösen. Insgesamt müssen also bei diesem Prüfungsteil **6 Multiple-Choice-Aufgaben** gelöst werden. Die erste Aufgabe zu jedem Artikel prüft das Globalverstehen. Zum hier vorgegebenen Text fehlt eine solche Aufgabe. Bei den restlichen Aufgaben geht es um das Detailverstehen.	
		Hinweis 2: Diese Aufgabe entspricht auch in der Prüfung für das Zertifikat Deutsch (telc Deutsch B1) Teil 2 des Leseverstehens. Den Kandidaten wird **ein** längerer **Artikel** vorgelegt. Zu diesem Text sind **fünf Multiple-Choice-Aufgaben** mit jeweils drei Distraktoren zu lösen. Die Aufgaben prüfen das Detailverstehen.	

6 Urban und grün

Aufgabe	Form	Ablauf im Kurs	Material
Starten wir! 1	PL	Die TN schauen sich das Bild an. Erklären Sie anhand des Bildes die Bedeutung von *Baumhaus*. Dann sprechen die TN im Plenum darüber, wie man in einem Baumhaus lebt.	
2	PL EA PL	Erklären Sie die Aufgabe und wiederholen Sie die Bedeutung von *Vorteil* und *Nachteil*. Die TN überlegen sich, ob sie in einem Baumhaus wohnen möchten, und sammeln Argumente dafür oder dagegen stichwortartig in ihrem Heft. Dann diskutieren sie im Plenum darüber. Die vorgegebenen Redemittel dienen zur Hilfe. Unterstützen Sie, wo nötig. Achten Sie darauf, dass die TN auch auf Äußerungen reagieren.	
3	PL EA PA PL	Erklären Sie die Aufgabe und in diesem Zusammenhang die Bedeutung von *bauen*. Die TN schauen sich die Bilder an und lesen die Wörter. Dann ordnen sie den Wörtern die passenden Bilder zu und besprechen anschließend zu zweit, was man für den Bau eines Baumhauses braucht. Sie können dabei die vorgegebenen Redemittel verwenden. Gehen Sie umher und hören Sie zu. Kontrollieren Sie zum Schluss im Plenum die Zuordnung Wort-Bild und gehen Sie auf den neuen Wortschatz ein.	
4	PL	Lesen Sie zuerst die Frage der Aufgabe vor. Gehen Sie dabei auf die Bedeutung von *Wohnform* ein und wiederholen Sie die Bedeutung von *ungewöhnlich*. Ein TN liest dann das Beispiel vor. Anschließend äußern sich die TN im Plenum darüber, welche ungewöhnlichen Wohnformen sie noch kennen.	

Methodisch-didaktische Hinweise

A	1	EA	Die TN schauen sich das Bild in A2 an und lesen die Überschrift des Textes.
		PL	Erklären Sie die Bedeutung von *urban* und gehen Sie auf die vorgegebenen Redemittel ein. Weisen Sie die TN auch darauf hin, dass sie auf die Verb-Endstellung im *dass*-Satz achten müssen. Dann stellen die TN im Plenum Vermutungen an, worum es im Text geht.
	2	PA	Die TN lesen die Überschriften a–c. Dann lesen sie den Text, entscheiden zu zweit, welche Überschrift zu welchem Textabschnitt 1–3 passt, und ordnen entsprechend zu. Die Informationen in *Extras* dienen dabei zur Hilfe.
		PL	Besprechen Sie anschließend die Zuordnung im Plenum.
	3	EA PA	Die TN lesen die Fragen für sich, finden die entsprechenden Antworten im Text in A2 und unterstreichen die lösungsrelevanten Stellen. Danach fragen und antworten sie zu zweit im Wechsel.
		PL	Lassen Sie die Fragen zum Schluss auch im Plenum beantworten. Besprechen Sie dabei den neuen Wortschatz in den Antworten.
	4	PL	Die TN lesen zuerst die Sätze 1–4 still. Gehen Sie auf die Bedeutung der neuen Wörter ein.
		PA	Dann lesen die TN den Text in A2 noch einmal, unterstreichen zu zweit die lösungsrelevanten Stellen und kreuzen die richtigen Sätze an.
		PL	Zur Kontrolle werden die richtigen Sätze im Plenum genannt und mit den entsprechenden Textstellen begründet. Besprechen Sie zum Schluss den noch unbekannten Wortschatz im Text in A2.
	5	PL	Im Plenum findet nun ein Gespräch über das Thema *Wohnen in der Zukunft* statt. Die TN äußern sich darüber, wie die Zukunft in ihrer Heimat diesbezüglich aussehen wird. Hören Sie zu und unterstützen Sie, wo nötig.
	6	PA	Die TN lesen zuerst die Sätze links und rechts für sich. Dann lesen sie den Text in A2 noch einmal, finden zu zweit die Sätze und ordnen sie entsprechend einander zu.
		PL	Zur Kontrolle nennen die TN ihre Lösungen im Plenum. Lassen Sie die TN die Bedeutung von *sodass* selbst erschließen. Übertragen Sie nun den Grammatikkasten an die Tafel. Erklären Sie anhand des Tafelanschriebs die Bildung konsekutiver Nebensätze. Wiederholen Sie noch einmal die Verb-Endstellung in Nebensätzen. Erwähnen Sie auch, dass bei den Nebensätzen mit der Struktur *so (+ Adjektiv), dass …* (zweiter Satz im Grammatikkasten) das Wort *so* vor einem Adjektiv steht und beim Sprechen zu betonen ist. Lassen Sie einzelne TN die zugeordneten Sätze vorlesen und achten Sie auf die Betonung von *so*.
	7	PA	Die TN lesen die vorgegebenen Sätze. Zu zweit verbinden sie dann die Sätze jedes Items einmal mit *sodass* und einmal mit *so (+ Adjektiv), dass …* und schreiben sie in ihr Heft. Bitten Sie einen TN, zur Kontrolle die Sätze an die Tafel zu schreiben.
		PL	
	8	PL	Teilen Sie die TN in 4er- oder 5er- Gruppen ein und erklären Sie die Aufgabe. Gehen Sie dabei auch auf den neuen Wortschatz ein.
		GA	Jede Gruppe bestimmt einen Moderator. Dessen Aufgabe ist es, während des Gruppengesprächs Aussagen der Gruppenmitglieder zu wiederholen, Fragen zu stellen (s. Beispiel) und Notizen zu machen.

Methodisch-didaktische Hinweise

	8		Im Gespräch machen die TN nun in der Gruppe Prognosen zu verschiedenen Themen. Der Moderator sammelt positive und negative Folgen und erweitert stichwortartig die Tabelle. Gehen Sie umher und helfen Sie, wo nötig.	
	9	PL	Teilen Sie an jeden TN zwei Blätter aus: Eins mit einem fröhlichen und eins mit einem traurigen Smiley. Die TN jeder Gruppe präsentieren nun ihre Ergebnisse im Plenum: Abwechselnd bilden die TN anhand ihrer Tabelle Sätze mit *sodass* wie im Beispiel, dabei halten alle Gruppenmitglieder das Blatt mit dem entsprechenden Smiley vor ihr Gesicht. Hören Sie zu und korrigieren Sie ggf.	DIN-A4-Blätter mit Smileys
B	1	PL	Erklären Sie die Aufgabe und in diesem Zusammenhang die Bedeutung von *Zettel*. Die TN hängen Zettel mit Artikelpunkten (blau, grün, rot) an drei Wände im Kursraum. Lesen Sie dann Nomen ohne Artikel aus dem Lernwortschatz des *Starten wir!*- und des A-Teils der Lektion vor. Die TN gehen entsprechend von Wand zu Wand.	DIN-A4-Blätter mit Artikelpunkten (blau, grün, rot)
	2	EA PL	Die TN schauen sich das Bild an und kreuzen an, welche Personen sie darauf erkennen. Besprechen Sie die Lösung im Plenum. Lassen Sie dabei die TN ihre Meinung begründen.	
	3	PL	Die TN stellen Vermutungen darüber an, was die beiden Personen auf dem Bild machen, und sprechen im Plenum darüber. Weisen Sie darauf hin, dass sie entsprechende Redemittel wie z. B. *vermutlich, wahrscheinlich, ich glaube/vermute/denke, meiner Meinung nach* verwenden sollen. Hören Sie zu und korrigieren Sie, wo nötig.	
	4	EA PL	Die TN hören den ersten Teil des Gesprächs. Während des Hörens oder danach kreuzen sie an, wann das Gespräch stattfindet. Kontrollieren Sie anschließend im Plenum und lassen Sie die TN ihre Lösung begründen. Zum Schluss vergleichen die TN auch den Inhalt des Gesprächs mit ihren Vermutungen aus B3.	CD 2/10
	5	EA PL	Die TN lesen die Sätze 1 und 2 für sich. Erklären Sie die unbekannten Wörter. Dann hören die TN den ersten Teil des Gesprächs noch einmal und kreuzen während des Hörens oder danach an, ob die Sätze richtig oder falsch sind. Kontrollieren Sie im Anschluss im Plenum.	CD 2/10
	6	EA PL	Die TN lesen die Aktivitäten für sich und erschließen die Bedeutung mithilfe der Skizzen. Erklären Sie neue Wörter, falls es noch Unklarheiten gibt. Die TN hören dann den zweiten Teil des Gesprächs und sortieren die Aktivitäten in der richtigen Reihenfolge. Anschließend nennen sie ihre Ergebnisse im Kurs. Kontrollieren Sie.	CD 2/11
	7	EA PL	Die TN lesen die Aussagen 1–4 für sich. Erklären Sie den neuen Wortschatz. Dann hören die TN den zweiten Teil des Gesprächs noch einmal und kreuzen den jeweils richtigen Satzteil an. Zur Kontrolle lesen sie anschließend die vollständigen, richtigen Sätze im Plenum vor.	CD 2/11
	8	PL GA	Ein TN liest die Arbeitsanweisung vor. Gehen Sie auf die Bedeutung von *Unterschied* ein. Betonen Sie, dass die Sätze zu Opas Jugend in der Vergangenheit (Perfekt oder Präteritum), die zu Lisas Jugend in der Gegenwart (Präsens) stehen müssen. Teilen Sie dann die TN in 4er-Gruppen ein. Mithilfe der vorgegebenen Wörter und der Informationen aus dem gehörten Gespräch schreiben dann die Gruppenmitglieder gemeinsam Sätze in ihr Heft und beschreiben so die Unterschiede zwischen Opas und Lisas Jugend.	

Methodisch-didaktische Hinweise

9	PL	Ernennen Sie einen Sprecher für jede Gruppe. Der Sprecher liest die Sätze seiner Gruppe im Plenum vor. Lassen Sie die TN ihre Sätze miteinander vergleichen und ggf. im Plenum korrigieren. Unterstützen Sie, falls nötig.	

10	PA
	
	PL
		Die TN lesen zuerst die Sätze 1–5 für sich. In Zusammenarbeit mit ihrem Partner ergänzen sie dann die Partizipien in den Sätzen und das Hilfsverb in der Grammatiktabelle.
		Lassen Sie zur Kontrolle die vollständigen Sätze 1–5 im Plenum vorlesen.
		Übertragen Sie dann den Grammatikkasten an die Tafel und lassen Sie einen TN das Hilfsverb ergänzen.
		Erklären Sie anhand der Sätze Bildung und Gebrauch (Vergangenheit) von Passiv Präteritum.
		
		Möglicher Tafelanschrieb:
		
		Aktiv: Wir <u>kauften</u> Lebensmittel im Supermarkt.
		Passiv: Lebensmittel <u>wurden</u> (von uns) im Supermarkt <u>gekauft</u>.
		
		Passiv Präteritum: wurd- + ... Partizip Perfekt
		
		Präteritum: <u>werden</u>
		  ich wurde
		  du wurdest
		  er/es/sie wurde
		  wir wurden
		  ihr wurdet
		  sie/Sie wurden
		
		Fakultativ: Erinnern Sie die TN an die Bildung von Passiv Präsens (Starten wir! A2, Lektion 11) und Agens (Lektion 4).	

11	PL PA PL	Gehen Sie zuerst im Plenum auf die Bedeutung von *Festnetz-Telefon* ein und besprechen Sie mit den TN die Unterschiede zwischen diesem und einem Smartphone. Dann lesen die TN den Text, schauen sich die Grafik dazu an und ergänzen sie entsprechend zu zweit. Kontrollieren Sie anschließend im Plenum.	
12	EA PL	Fordern Sie die TN auf, anhand der Grafik in B11 drei bis vier Sätze wie im Beispiel schriftlich zu formulieren. Weisen Sie darauf hin, dass dabei das Passiv Präteritum zu verwenden ist. Die TN schreiben die Sätze in ihr Heft. Lassen Sie zur Kontrolle die Sätze im Kursraum vorlesen. Die anderen TN hören zu und vergleichen mit der Grafik. Fakultativ: Schreiben Sie einige Sätze auch an die Tafel.	
13	EA PL	Die TN suchen im Internet eine Grafik zum selben Thema wie in B11 in ihrer Muttersprache. Im Plenum zeigen die TN dann ihre Grafik und berichten darüber.	Smartphone
14	PL	Erklären Sie die Aufgabe und den unbekannten Wortschatz in den Vorgaben. Weisen Sie die TN darauf hin, dass Fragen und Antworten im Passiv Präteritum formuliert werden sollen. Lassen Sie sie in diesem Zusammenhang das Verb und das Partizip im Beispiel unterstreichen.	

Methodisch-didaktische Hinweise

	14	PA	Danach fragen und antworten die Partner einander abwechselnd. Gehen Sie umher und unterstützen Sie, wo nötig.	
		PL	Anschließend werden zur Kontrolle die richtigen Antworten im Kurs genannt.	
	15	EA	Jeder TN schreibt drei eigene Quizfragen. Er notiert sich auch die richtige Antwort. Die TN können dazu im Internet recherchieren. Die Fragen in B14 dienen als Muster.	Smartphone
		PL	Dann stellen die TN ihre Fragen im Kurs. Die anderen TN erraten die richtige Antwort. Die Antworten werden in ganzen Sätzen formuliert. Wer richtig rät, bekommt einen Punkt. Schreiben Sie als Moderator die Punkte jedes TN an die Tafel. Der TN mit den meisten Punkten gewinnt.	
		EA PL	Fakultativ: Teilen Sie die Kopiervorlage 11 an jeden TN aus. Die TN ergänzen die Verben im Passiv Präteritum. Kontrollieren Sie anschließend im Plenum. Hinweis: Die Kopiervorlage kann auch in EA zu Hause bearbeitet und dann im Kurs korrigiert werden. **Lösungen:** 1 wurden ... geschrieben 2 wurden ... geschickt 3 wurde ... angerufen 4 wurde ... gespielt 5 wurden ... eingekauft 6 wurde ... gekauft 7 wurden ... bestellt 8 geliefert 9 wurden ... gemacht 10 wurden ... fotografiert 11 wurden ... gelesen 12 wurde ... benutzt	KV 11
C	1	GA	Teilen Sie die TN in 4er-Gruppen ein. Die Gruppenmitglieder stellen sich im Kreis auf und machen ein Kettenspiel. Ein TN beginnt und sagt wie im Beispiel, ob und wie er im Haushalt hilft. Er nennt dabei nur eine Tätigkeit. Der TN links von ihm (im Uhrzeigersinn) wiederholt die Aussage und fügt eine weitere Aktivität hinzu. Dann ist sein Nachbar dran usw. Das Spiel endet, wenn der Kreis sich schließt, d. h. wenn der erste TN den längsten Satz gebildet hat. Gehen Sie umher, hören Sie mit und korrigieren Sie ggf.	
	2	PL	Bitten Sie einen TN, die Frage vorzulesen. Gehen Sie auf die Bedeutung von *sich befinden* ein. Die TN nennen ihnen die unregelmäßigen Tempusformen des Verbs. Schreiben Sie sie an die Tafel. Dann schauen sich die TN die Fotos an und stellen Vermutungen darüber an, in welchen Ländern die Häuser bzw. Wohnungen sich befinden. Sie benutzen dabei entsprechende Redemittel wie z. B. *Ich nehme an / Ich vermute / Ich glaube, dass ...* Korrigieren Sie ggf.	
	3	EA PL	Die TN lesen die Blogs und ordnen den Namen die Fotos aus C2 zu. Die Informationen in *Extras* dienen zur Hilfe. Kontrollieren Sie anschließend im Plenum.	

4	EA PA PL		Die TN lesen zuerst die Sätze 1–6 still. Die Informationen in *Extras* dienen zur Hilfe. Dann lesen die TN die Blogs in C3 noch einmal, finden in Zusammenarbeit mit ihrem Partner die lösungsrelevanten Stellen, unterstreichen sie und kreuzen in den Aussagen 1–6 die richtigen Satzteile an. Zur Kontrolle werden die vollständigen, richtigen Sätze vorgelesen und durch die entsprechenden Textstellen begründet. Erklären Sie zum Schluss den unbekannten Wortschatz in den Texten in C3 und in den Sätzen 1–6. Übertragen Sie dann die Sätze aus dem Grammatikkasten an die Tafel. Gehen Sie auf die Bedeutung von *nämlich* ein. Erwähnen Sie, dass der Konnektor *nämlich* Hauptsätze kausal miteinander verbindet.	
5	PA PL		Die TN lesen die Sätze 1–5 und a–e für sich. In den Sätzen a–e unterstreichen sie *nämlich* und ordnen danach zu zweit jedem Satz links den passenden Satz rechts zu. Kontrollieren Sie im Plenum. Besprechen Sie dann mit den TN die Stellung von *nämlich* im Satz. Zeigen Sie anhand der Sätze, dass der Konnektor nach dem Verb auf Position 2 folgt. Betonen Sie, dass *nämlich* nie auf Position 1 steht. Fakultativ: Wiederholen Sie die bisher bekannten Konnektoren bzw. die Präposition, mit denen/der man kausale Zusammenhänge formulieren kann: *weil* (Starten wir! A2, Lektion 1), *denn* (Starten wir! A1, Lektion 9), *deshalb* (Starten wir! A2, Lektion 7, Starten wir! B1, Lektion 2), *darum*, *deswegen*, *daher* (alle drei: Starten wir! B1, Lektion 2), *wegen* (Starten wir! B1, Lektion 3). Lassen Sie dazu ein Satzpaar als Beispiel an der Tafel entsprechend umformen. Möglicher Tafelanschrieb anhand von Satzpaar 2e: *Ohne Aufzug geht es nicht, weil unser Haus 18 Stockwerke hat.* *Ohne Aufzug geht es nicht, denn unser Haus hat 18 Stockwerke.* *Unser Haus hat 18 Stockwerke, deshalb/deswegen/darum/daher geht es ohne Aufzug nicht.* *Wegen der 18 Stockwerke unseres Hauses geht es ohne Aufzug nicht.*	
6	PA PL		Die TN lesen die Fragen für sich. Dann lesen sie die Blogs in C3 noch einmal, finden zu zweit in den Texten die passenden Antworten und ergänzen entsprechend. Besprechen Sie die Lösungen im Plenum. Lassen Sie die TN die Bedeutung von *innerhalb* und *außerhalb* nennen. Weisen Sie anhand der Fragen und Antworten darauf hin, dass beide Präpositionen sowohl lokal als auch temporal verwendet werden. Die TN erschließen, dass nach *innerhalb* und *außerhalb* immer der Genitiv folgt. Übertragen Sie anschließend die Grammatiktabelle an die Tafel. Wiederholen Sie die Genitivendungen mit definitem und indefinitem Artikel. Erinnern Sie auch an den Genitiv auf *-s* bei Namen und zeigen Sie, dass dazu auch die Namen von Städten, Ländern und Kontinenten gehören.	
7	EA		Die TN lesen die Fragen für sich und kreuzen an, was für sie persönlich zutrifft. Sie ergänzen ggf. zu Frage 3 und 4 weitere Möglichkeiten. Unterstützen Sie, wo nötig.	

Methodisch-didaktische Hinweise

	8	EA	Die TN schreiben auf ein Blatt Papier einen Blogtext über typische Wohnformen in ihrer Heimat und über ihr Zuhause und verwenden dabei die Informationen aus C7 und die vorgegebenen Redemittel. Die Texte in C3 dienen als Muster. Weisen Sie die TN darauf hin, wo möglich, den Konnektor *nämlich* und die Präpositionen *innerhalb* bzw. *außerhalb* zu benutzen. Gehen Sie umher und helfen Sie, wo nötig.	Blätter Papier
	9	PL	Die TN hängen ihre Texte aus C8 im Kursraum auf und machen so eine Ausstellung. Sie gehen dann gemeinsam von Text zu Text und lesen. Der TN, der den jeweiligen Text geschrieben hat, kann dabei auch Fotos von seinem Haus bzw. seiner Wohnung auf dem Smartphone zeigen. Die anderen TN geben Rückmeldung oder stellen Fragen.	Texte aus C8 Smartphone
D	1	EA PL	Teilen Sie jedem TN ein Kärtchen aus. Die TN schreiben auf jede Seite des Kärtchens eine Aktivität, die sie in einer bestimmten Zeitspanne (eine Minute, eine Stunde, ein Tag, ein Monat oder ein Jahr) machen können. Anschließend zeigen die TN ihre Kärtchen im Kurs und formulieren zu jeder Aktivität einen Satz mit der temporalen Präposition *innerhalb*, wie im Beispiel vorgegeben. Hören Sie zu und korrigieren Sie ggf.	Kärtchen
	2	PL PA PL	Erklären Sie die Ausgangssituation und gehen Sie dabei auf die Bedeutung von *eine Präsentation halten* und *Folie* ein. Die TN lesen dann den Inhalt der Folien und entscheiden gemeinsam mit ihrem Partner, welche Folie am Ende steht. Kontrollieren Sie im Plenum und erklären Sie die Bedeutung von *Abschluss*. Fragen Sie zum Schluss die TN, was das Thema von Lucas Präsentation ist und welche Folie demnach wahrscheinlich am Anfang steht. Die TN antworten.	
	3	EA PL	Die TN hören Lucas Präsentation. Während des Hörens notieren sie die Reihenfolge der Folien aus D2. Besprechen Sie anschließend die Lösungen im Plenum. Weisen Sie am Ende darauf hin, dass bei einer Präsentation Anfang (Folie A) und Ende (Folie D) feststehen. In welcher Reihenfolge dann die Folien B, C und E präsentiert werden, bleibt dem Vortragenden überlassen.	CD 2/12
	4	EA PA PL	Die TN lesen die Fragen zuerst für sich. Dann hören sie die Präsentation noch einmal und notieren stichwortartig die Antworten in ihr Heft. Im Anschluss fragen und antworten die TN zu zweit im Wechsel. Dabei werden ggf. die Antworten korrigiert bzw. vervollständigt. Zur Kontrolle werden die Antworten zum Schluss auch im Plenum genannt.	CD 2/12
	5	PL PA PL	Lesen Sie zuerst den Titel der Aufgabe vor und gehen Sie auf die Bedeutung von *Zusammenfassung* ein. Dann lesen die TN still die Satzteile 1–7 und a–g. Anschließend ordnen sie in Partnerarbeit die passenden Satzteile einander zu. Kontrollieren Sie im Plenum. Erklären Sie dabei auch die neuen Wörter.	
	6	EA PL	Die TN lesen die Sätze in D5 noch einmal. Während des Lesens unterstreichen sie die Verben und die dazugehörigen Präpositionen und ergänzen die Tabelle. Übertragen Sie währenddessen die Grammatiktabelle an die Tafel. Bitten Sie dann einen TN die fehlenden Präpositionen an der Tafel zu ergänzen. Erklären Sie im Plenum Bedeutung und Gebrauch der Verben mit präpositionaler Ergänzung.	

6		Fakultativ: Wiederholen Sie die bekannten Verben mit präpositionaler Ergänzung (s. Starten wir! A2, Lektion 6 und Lektion 12), nämlich: (mit Akkusativ) *sich beschweren über, sich ärgern über, sich verlieben in, denken an, sich freuen auf, warten auf, sich interessieren für, sich erinnern an* (mit Dativ) *träumen von* Bitten Sie einzelne TN, Beispielsätze mit den Verben zu formulieren.	
7	PL	Erklären Sie die Aufgabe. Wiederholen Sie in diesem Zusammenhang die Bedeutung von *Rückmeldung*. Bitten Sie einen TN die Beispielaussage vorzulesen. Dann äußern die TN im Plenum ihre Meinung zu Lucas Präsentation und begründen sie. Korrigieren Sie ggf.	
8	PL EA PA PL	Erklären Sie die Aufgabe. Die TN lesen still die Anweisungen 1–5 und die Redemittel 1–11. Danach ordnen sie zu zweit den Anweisungen die passenden Redemittel zu. Kontrollieren Sie im Plenum und besprechen Sie die unbekannten Wörter in den Vorgaben.	
9	PL EA	Erklären Sie die Aufgabe und in diesem Zusammenhang den Ausdruck *als Modell dienen*. Nun machen die TN Notizen zu jeder Folie in D8. Sie schreiben die Notizen entweder in die rechte Spalte der Tabelle in D8 oder in ihr Heft. Gehen Sie umher und helfen Sie, wo nötig. Achten Sie darauf, dass stichpunktartig notiert wird und nicht ganze Sätze geschrieben werden.	
10	PA PL EA PL	Die TN üben zu zweit ihre Präsentation ein: Anhand der Notizen in D9 und der Redemittel in D8 präsentiert jeder TN das Thema, der Partner hört zu und gibt Rückmeldung. Unterstützen Sie, wenn nötig. Anschließend hält jeder TN seine Präsentation im Plenum. Gehen Sie ggf. am Ende auf Fehler in der Strukturierung der Präsentationen ein. Fakultativ: Teilen Sie Kopiervorlage 12 an jeden TN aus. Die TN bereiten eine Präsentation vor: Sie machen zuerst Notizen zu Inhalt und Redemitteln. Sie können dabei die Redemittel aus D8 verwenden. Dann üben sie die Präsentation ein. Anschließend halten einzelne TN ihre Präsentation im Plenum. Achten Sie dabei besonders auf eine klare Strukturierung. Die anderen TN hören zu und geben dann Rückmeldung. Hinweis: Die Kopiervorlage kann auch in EA zu Hause bearbeitet werden. Die TN halten dann ihre Präsentation in der nächsten Unterrichtsstunde im Kurs.	KV 12
Xtra Prüfung 1	EA PL	Die TN lesen die Begriffe, die an den Wortigeln stehen. Dann ordnen sie jedem Wortigel das passende Thema zu. Kontrollieren Sie im Plenum. Erklären Sie auch den neuen Wortschatz.	
2	EA PL EA PL	Die TN lesen die Aufgaben 1–5 für sich. Erklären Sie den neuen Wortschatz. Besprechen Sie dann im Plenum den *Tipp* zur Vorgehensweise. Die TN markieren die Schlüsselwörter in den Sätzen. Danach hören sie die Meinungen der fünf Personen und kreuzen während des Hörens oder danach an, ob die Sätze richtig oder falsch sind. Kontrollieren Sie anschließend im Plenum.	CD 2/13

Methodisch-didaktische Hinweise

| | 2 | | Hinweis: Diese Aufgabe entspricht in der Prüfung für das Zertifikat Deutsch (telc Deutsch B1) Teil 1 des Hörverstehens und prüft das Globalverstehen. Den Kandidaten werden 5 Aussagen zu einem Thema vorgelegt, die sie in 30 Sekunden lesen sollen. Jede Aussage bezieht sich auf eine Sprecherin bzw. einen Sprecher. Dann hören die Kandidaten die Meinungen von fünf Personen im Rahmen einer Umfrage. Das Thema der Umfrage wird am Anfang des Hörtextes genannt. Die Kandidaten hören die Meinungen nur <u>einmal</u>. Beim Hören entscheiden sie, ob die Aussagen richtig oder falsch sind, und markieren entsprechend. Zwischen den einzelnen Hörtexten gibt es Pausen zum Lösen der jeweiligen Aufgabe. | |

7 Stark im Leben

Aufgabe	Form	Ablauf im Kurs	Material
Starten wir! 1	PL	Die TN schauen sich das Foto an und beschreiben es im Plenum. Sie sagen auch, woran sie dabei denken. Anhand der Skizzen erschließen sie die Bedeutung von *Alkohol* und *Droge*.	
2	PA PL	Die TN arbeiten zu zweit. Sie lesen zuerst die Nomen 1–3 und die Definitionen a–c. Danach ordnen sie jedem Nomen die passende Definition zu. Kontrollieren Sie anschließend im Plenum und besprechen Sie den unbekannten Wortschatz.	
3	EA PL	Die TN lesen die Sätze für sich. Dann hören sie die Seminarszene und kreuzen während des Hörens oder danach die richtigen Sätze an. Kontrollieren Sie im Plenum und erklären Sie die Bedeutung von *Sozialarbeit*.	CD 2/14
4	PL	Lesen Sie die Frage vor. Besprechen Sie im Plenum, was mit *Türen öffnen* gemeint ist. Danach nennen die TN andere soziale Berufe und erklären, wie dadurch Menschen geholfen wird. Unterstützen Sie, wo nötig.	
A 1	PL	Schreiben Sie den Slogan an die Tafel. Lassen Sie dann einen TN die Frage vorlesen und erklären Sie die neuen Wörter. Gehen Sie auch auf die Bedeutung von *das heißt* als Synonym von *das bedeutet* ein (s. Redemittel). Danach sprechen die TN über die Bedeutung des Slogans. Hören Sie zu und unterstützen Sie, wo nötig.	
2	EA PL	Die TN lesen die beiden Sätze und den Text für sich. Dann kreuzen sie an, was richtig ist. Kontrollieren Sie im Plenum und erklären Sie dabei auch den unbekannten Wortschatz.	
3	PL	Die TN schauen sich die Fotos in A4 an. Dann stellen sie im Plenum Vermutungen darüber an, wie und wem die Streetworker auf den Fotos helfen. Hören Sie zu und unterstützen Sie, falls nötig. Schreiben Sie einige Ideen stichwortartig an die Tafel.	
4	EA PL	Die TN lesen den Artikel für sich. Die Informationen in *Extras* dienen zur Hilfe. Danach vergleichen die TN im Plenum die Informationen im Text mit ihren Vermutungen aus A3. Sie nennen dabei auch Textstellen, die mit ihren Vermutungen übereinstimmen.	

Methodisch-didaktische Hinweise

5	PL GA PL	Erklären Sie die Aufgabe. Die TN lesen die Spalten-Überschriften in der Tabelle. Erklären Sie die Bedeutung von *tatsächlich* und *erfordern*. Teilen Sie dann die TN in 4er-Gruppen ein. Die Gruppenmitglieder bestimmen einen Moderator, der die Arbeit in der Gruppe organisiert (s. Beispielaussage). Die TN lesen nun den Text in A4 noch einmal, unterstreichen die lösungsrelevanten Informationen und ergänzen gemeinsam die Tabelle, wie im Beispiel vorgegeben. Übertragen Sie währenddessen die Tabelle an die Tafel. Anschließend nennen die TN ihre Ergebnisse im Plenum und vergleichen sie mit anderen Gruppen. Ergänzen Sie dabei stichwortartig die Tabelle. Erklären Sie auch den noch unbekannten Wortschatz im Text. Die TN schreiben zum Schluss die vollständige Tabelle in ihr Heft ab. Fakultativ: Bitten Sie einen TN, anhand der Notizen in der Tabelle Julians Arbeit genau zu beschreiben und dabei vollständige Sätze zu formulieren.	
6	PL	Die TN äußern sich über die sozialen Probleme in ihrer Stadt. Hören Sie zu und helfen Sie ggf.	
7	PA PL	Die TN lesen den Text in A4 noch einmal, finden in Zusammenarbeit mit ihrem Partner die Sätze aus dem Grammatikkasten im Text und ergänzen die Tabelle. Sie geben auch die Zeilen an. Übertragen Sie inzwischen die Sätze aus dem Grammatikkasten an die Tafel. Lassen Sie zur Kontrolle einzelne TN die Sätze an der Tafel ergänzen. Die TN nennen auch die entsprechenden Zeilennummern. Erklären Sie im Anschluss die Bildung und Funktion des irrealen Bedingungssatzes: Lassen Sie anhand der Beispiele die irreale Bedeutung erschließen und weisen Sie auf den Konjunktiv II im Haupt- und Nebensatz hin. Besprechen Sie auch die Verbstellung bei vorangestelltem Nebensatz. Fakultativ: Wiederholen Sie die Verbformen im Konjunktiv II von *sein* (Starten wir! A2, Lektion 8), *haben* (Starten wir! A2, Lektion 5) und die Struktur *würde + Infinitiv* (Starten wir! A1, Lektion 10).	
8	EA PA	Erklären Sie anhand des vorgegebenen Beispiels die Aufgabe. Dann schreibt jeder TN einen irrealen *wenn*-Satz über sich und seine Arbeit oder eine Arbeit, die er gerne machen würde, in sein Heft. Die Partner lesen einander ihre Sätze vor und kontrollieren gemeinsam die Richtigkeit. Helfen Sie, wo nötig.	
9	PL GA	Erklären Sie die Aufgabe und schreiben Sie das Thema an die Tafel. Gehen Sie auf die Bedeutung von *praktisch* ein. Lesen Sie die drei vorgegebenen Ideen vor und erklären Sie die Bedeutung von *ein wenig*. Teilen Sie die TN in 3er- oder 4er-Gruppen ein. Die TN sammeln weitere Ideen in der Gruppe und notieren sie in Form von Infinitivkonstruktionen auf einem Zettel, wie im Beispiel vorgegeben.	Blätter Papier
10	PL	Die Gruppen legen ihre Zettel auf einen Tisch. Die Mitglieder jeder Gruppe formulieren im Wechsel ihre Vorschläge mit dem Modalverb *können* im Konjunktiv II (s. Starten wir! A2, Lektion 5). Einzelne TN kommentieren anschließend die jeweilige Idee wie im Beispiel vorgegeben. Hören Sie zu und korrigieren Sie, wo nötig. Fakultativ: Wiederholen Sie die Verbformen im Konjunktiv II von *können* (Starten wir! A2, Lektion 5).	Blätter Papier aus A9

Methodisch-didaktische Hinweise

	10	PA PL	Fakultativ: Teilen Sie Kopiervorlage 13 an jeden TN aus. Die TN arbeiten zu zweit. Sie lesen die Sätze und kreuzen die richtigen Verbformen an. Zur Kontrolle werden im Plenum die vollständigen Sätze vorgelesen. Hinweis: Die Kopiervorlage kann auch in EA zu Hause bearbeitet und dann im Kurs korrigiert werden. **Lösungen:** 1c, 2c, 3b, 4a, 5c, 6b, 7b, 8b, 9a, 10c	KV 13
B	1	PL	Zeigen Sie den TN die Schnur, die Sie mitgebracht haben, und sagen Sie: „Das ist eine Schnur." Schreiben Sie das Nomen mit Artikel an die Tafel. Legen Sie dann die Schnur auf den Boden. Bitten Sie einen TN, auf jedes DIN-A4-Blatt ein Smiley zu zeichnen: auf das eine Blatt ein lachendes, auf das andere ein trauriges. Legen Sie jeweils ein Blatt rechts bzw. links von der Schnur. Die Schnur bildet eine Grenze. Wiederholen Sie in diesem Zusammenhang das Wort *Grenze*. Lesen Sie dann den TN richtige oder falsche Sätze vor. Die TN stellen sich bei jedem Satz auf die entsprechende Seite. Mögliche Sätze zum Vorlesen: ☺: Krankenschwester ist ein sozialer Beruf. Ein Streetworker muss auch bei schlechtem Wetter arbeiten. *sich kümmern um* ist das Gegenteil von *egal sein*. ☹: Julian glaubt, dass sein Job nicht so wichtig ist. Ein Streetworker muss immer drinnen arbeiten. Ein Streetworker muss nicht geduldig sein. Obdachlosen kann man nicht helfen.	Schnur, zwei DIN-A4-Blätter
	2	PA PL	Die TN lesen die Untertitel 1–3 und schauen sich die Fotos A–C an. Dann ordnen sie zu zweit den Untertiteln die passenden Bilder zu. Die TN erschließen dabei mithilfe der Fotos die Bedeutung der unbekannten Wörter. Kontrollieren Sie im Plenum und gehen Sie zum Schluss auf die Bedeutung des neuen Wortschatzes ein.	
	3	EA PL	Die TN lesen still die Vorgaben. Dann hören sie die Radio-Umfrage und ergänzen während des Hörens oder danach die fehlenden Subjekte. Kontrollieren Sie anschließend im Plenum. Erklären Sie dabei auch die neuen Wörter.	CD 2/15
	4	EA PA PL	Die TN lesen die Vorgaben für sich. Dann hören sie die Umfrage noch einmal und ordnen zu zweit Haupt- und Nebensätze einander zu. Zum Schluss werden zur Kontrolle die vollständigen Sätze im Plenum vorgelesen. Gehen Sie dabei auf die Bedeutung von *Held* ein.	CD 2/15
	5	PL	Die TN sprechen im Plenum über das Thema. Jeder TN äußert sich darüber, was Held(in) für ihn bedeutet und wie diese Person handelt. Hören Sie zu und unterstützen Sie, wo nötig.	
	6	EA PL	Die TN lesen den vorgegebenen Satz. Wiederholen Sie die Bedeutung von *einführen*. Dann hören die TN Teil 1 der Sendung. Während des Hörens oder danach kreuzen sie die richtige Satzhälfte an. Kontrollieren Sie anschließend im Plenum.	CD 2/16

Methodisch-didaktische Hinweise

7	EA	Die TN lesen die Sätze 1–4 für sich. Verweisen Sie dazu auf die Information in *Extras*. Dann hören die TN Teil 1 der Sendung noch einmal und kreuzen während des Hörens oder danach die richtigen Aussagen an.	CD 2/16
	PL	Im Plenum wird anschließend kontrolliert. Erklären Sie dabei auch den neuen Wortschatz.	
8	PL	Erklären Sie die Aufgabe. Die TN lesen still den Artikel. Verweisen Sie dazu auf die Informationen in *Extras* und erklären Sie auch die neuen Wörter.	
	PA	Dann hören die TN den zweiten Teil der Sendung und ergänzen in Partnerarbeit die fehlenden Wörter bzw. ersetzen die falschen Wörter durch die richtigen.	CD 2/17
	PL	Kontrollieren Sie anschließend im Plenum.	
9	PL	Die TN berichten im Plenum, ob sie Helden oder Superhelden kennen. Es werden dabei ggf. konkrete Beispiele beschrieben. Hören Sie zu und unterstützen Sie, wo nötig.	
10	PA	Die TN lesen die Sätze 1–3 und a–c für sich. Dann hören sie den zweiten Teil der Sendung noch einmal und ordnen gemeinsam mit ihrem Partner die Sätze einander zu. Kontrollieren Sie im Plenum. Lassen Sie die TN die Bedeutung des temporalen Konnektors *als* erschließen. Erklären Sie den restlichen neuen Wortschatz.	CD 2/17
	PL	Übertragen Sie dann die Sätze aus dem Grammatikkasten an die Tafel und erklären Sie das Grammatikphänomen: Zeigen Sie aufgrund der Verb-Endstellung, dass *als* einen Nebensatz einleitet. Gehen Sie auf die Verbstellung bei vorangestelltem *als*-Satz ein. Weisen Sie auf das Präteritum in Haupt- und Nebensatz hin und erklären Sie in diesem Zusammenhang, dass der *als*-Satz eine Handlung beschreibt, die einmal in der Vergangenheit passiert ist.	
11	PA	Die TN sprechen mit ihrem Partner über ihre Vergangenheit. Sie beginnen dabei ihre Aussagen mit einem *als*-Satz. Gehen Sie umher und hören Sie zu. Achten Sie besonders auf die Verbstellung und die Tempusformen.	
12	PL	Erklären Sie die Ausgangssituation und in diesem Zusammenhang die Bedeutung von *Online-Gästebuch*. Dann lesen die TN die Fragen für sich. Erklären Sie den unbekannten Wortschatz in den Fragen.	
	EA	Die TN lesen den Text und beantworten die Fragen stichwortartig in ihrem Heft.	
	PA	Mit ihrem Partner besprechen sie dann ihre Antworten. Gehen Sie umher und helfen Sie, wo nötig.	
13	PL	Erklären Sie die Aufgabe und besprechen Sie mit den TN die Inhaltspunkte und die vorgegebenen Redemittel. Gehen Sie auf die Bedeutung von *deutlich* und *Argument* ein.	
	EA	Dann schreiben die TN einen Beitrag von 80 Wörtern Länge für das Online-Gästebuch und äußern darin ihre Meinung. Sie können dabei ihre Notizen aus B12 verwenden. Gehen Sie umher und unterstützen Sie. Die TN posten zum Schluss ihren Beitrag, sodass alle im Kurs die verschiedenen Meinungen lesen können.	Smartphone
C 1	GA	Teilen Sie die TN in 3er- oder 4er-Gruppen ein und erklären Sie die Aufgabe. Jeder TN zeigt den anderen Gruppenmitgliedern ein Foto auf seinem Smartphone und erzählt anhand des Bildes etwas über seine Vergangenheit. Die TN beginnen ihre Aussagen wie vorgegeben mit einem *als*-Satz. Gehen Sie umher, hören Sie zu und korrigieren Sie, wo nötig.	Smartphone

Methodisch-didaktische Hinweise

	2	PL PA PL	Die TN lesen die Überschriften für sich. Erklären Sie die unbekannten Wörter in den Überschriften. Dann überfliegen die TN den Text und ordnen in Partnerarbeit den Textabschnitten die passenden Überschriften zu. Kontrollieren Sie im Plenum.	
	3	PL	Die TN schauen sich die Fotos in C2 an. Anhand der Fotos besprechen die TN im Plenum, was *Klimawandel* bedeutet. Sie können auch Beispiele angeben. Hören Sie zu und unterstützen Sie, wo nötig. Sichern Sie, dass am Ende allen der Begriff klar ist.	
	4	PA PL	Erklären Sie die Aufgabe und wiederholen Sie die Bedeutung von *Folge*. Die TN lesen den Text in C2 noch einmal. Zu zweit finden sie die lösungsrelevanten Stellen, unterstreichen sie und ergänzen stichwortartig die Tabelle. Verweisen Sie auf die Informationen in *Extras* und erklären Sie während der Bearbeitung der Aufgabe, wo nötig, die neuen Wörter. Übertragen Sie anschließend die Tabelle an die Tafel. Lassen Sie zur Kontrolle einzelne TN die Tabelle ergänzen.	
	5	PL PA	Erklären Sie die Aufgabe. Bitten Sie dazu zwei TN den vorgegebenen Dialog als Beispiel vorzulesen und den letzten Aussagesatz zu ergänzen. Mithilfe der Tabelle in C4 sprechen die TN nun mit ihrem Partner Dialoge zu den Tipps 2–4. Sie tauschen dabei auch die Rollen. Gehen Sie umher und hören Sie zu. Erklären Sie zum Schluss ggf. noch unbekannten Wortschatz in den Umwelt-Tipps in C2.	
	6	PA PL	Die TN schauen sich noch einmal die Tipps in C2 an. Zu zweit überlegen sie sich zwei weitere Umwelt-Tipps und schreiben dazu je einen kurzen Text wie in C2. Gehen Sie umher und helfen Sie. Schreiben Sie neuen Wortschatz, der ggf. benötigt wird, an die Tafel. Danach tragen die TN-Paare ihre Ergebnisse im Plenum vor.	
	7	EA PL	Die TN lesen den Satz im Text in C2 mit dem zweiteiligen Konnektor *weder … noch* und kreuzen an, welcher der beiden vorgegebenen Sätze bedeutungsgleich ist. Schreiben Sie inzwischen den Satz mit *weder … noch* an die Tafel. Kontrollieren Sie dann im Plenum die Lösung. Die TN erschließen die Bedeutung des zweiteiligen Konnektors. Erklären Sie anhand des angeschriebenen Beispielsatzes, dass der Konnektor *weder … noch* Satzteile miteinander verbindet. Machen Sie darauf aufmerksam, dass in diesem Fall <u>kein</u> Komma zu verwenden ist.	
	8	PL PA PL	Die TN lesen die Wortpaare für sich. Lassen Sie dann einen TN den vorgegebenen Beispielsatz zum ersten Wortpaar vorlesen und erklären Sie die Aufgabe. Die TN arbeiten nun zu zweit. Partner 1 zeigt auf ein Wortpaar und Partner 2 bildet damit einen Satz mit *weder … noch*. Dann tauschen die Partner die Rollen usw. Die Wortpaare können wiederholt und in beliebiger Reihenfolge verwendet werden. Dabei sollten die Partner allmählich das Tempo steigern. Bestimmen Sie durch ein Zeichen, wann die Partnerarbeit endet. Fakultativ: Rufen Sie am Ende einzelne TN auf und lassen Sie sie zu jedem Wortpaar einen Satz mit *weder … noch* im Plenum bilden.	

Methodisch-didaktische Hinweise

	9	PL	Erklären Sie die Aufgabe und wiederholen Sie die Bedeutung von *Rückmeldung*. Erklären Sie, dass es außer der mündlichen Rückmeldung (z. B. nach einer Präsentation) auch eine schriftliche Rückmeldung (z. B. zu einem Internetartikel) geben kann. Betonen Sie, dass es sich in diesem Fall um ein formelles Schreiben (Anrede: *Sehr geehrte Damen und Herren,* und Grußformel: *Mit freundlichen Grüßen*) an eine Redaktion handelt, und besprechen Sie im Plenum die vorgegebenen Redemittel. Weisen Sie auch darauf hin, dass nicht nur positive, sondern auch negative Meinungsäußerungen und Fragen höflich (Sie-Form, Konjunktiv II) formuliert werden müssen. Anschließend schreiben die TN die Rückmeldung. Gehen Sie umher und helfen Sie, wo nötig. Zum Schluss posten die TN ihre Rückmeldung.	Smartphone
		EA		
	10	PA	Die TN lesen zu zweit die Rückmeldungen der anderen, vergleichen sie mit der eigenen und tauschen sich darüber mit ihrem Partner aus, indem sie Fragen stellen bzw. Antwort geben. Gehen Sie umher, hören Sie mit und greifen Sie ggf. ein.	Smartphone
D	1	PA	Teilen Sie jedem TN-Paar 3–4 Kärtchen aus. Zu zweit schreiben die TN auf die Vorderseite jedes Kärtchens ein Wort oder einen Ausdruck aus dem bisherigen Lernwortschatz der Lektion. Auf die Rückseite schreiben sie ein Synonym des Wortes bzw. Ausdrucks (s. Beispiel). Bitten Sie danach die Paare reihum nach vorne. Die jeweiligen Partner zeigen die Rückseite ihrer Kärtchen. Die anderen TN im Plenum raten das Synonym auf der Vorderseite (Lernwortschatz).	Kärtchen
		PL		
	2	PL	Erklären Sie die Aufgabe und besprechen Sie die vorgegebenen Redemittel zum Dialog. Dann lesen die TN das Quiz. Weisen Sie dazu auf die Informationen in *Extras* hin. Zu zweit lösen die TN das Quiz. Dabei sprechen sie miteinander, wie im Beispieldialog vorgegeben, und benutzen die Redemittel. Gehen Sie umher und unterstützen Sie, wo nötig.	
		PA		
	3	EA	Gehen Sie zuerst auf die Bedeutung von *Quizmarathon* ein. Dann hören die TN den Ausschnitt aus der Quizsendung, vergleichen mit ihren Ergebnissen in D2 und korrigieren ggf. Zum Schluss werden im Plenum die richtigen Antworten auf die Quizfragen genannt und der neue Wortschatz besprochen.	CD 2/18
		PL		
	4	PL	Erklären Sie, was das AIDA-Modell ist, und gehen Sie dabei auf die Bedeutung von *Schritt* ein. Erklären Sie dann anhand des Beispiels die Aufgabe. Gehen Sie auch auf die Bedeutung von *den Wunsch wecken* und *besitzen* ein.	
		EA	Danach ergänzen die TN die drei Wörter im Text.	
		PL	Kontrollieren Sie anschließend im Plenum.	
	5	PA	Die TN lesen und ordnen zu zweit die Werbeanzeige nach dem AIDA-Modell in D4. Die Informationen in *Extras* dienen dabei zur Hilfe.	
		PL	Kontrollieren Sie anschließend im Plenum und erklären Sie auch den neuen Wortschatz im Text.	
	6	PL	Die TN sagen im Plenum, ob sie den Becher aus D5 haben möchten, und begründen auch ihre Meinung. Hören Sie zu und unterstützen Sie, wo nötig. Fakultativ: Die TN diskutieren im Kurs über die Frage, ob das AIDA-Modell ein erfolgreiches Werbe-Modell ist.	

Methodisch-didaktische Hinweise

7	PA	Die TN lesen die Satzhälften 1–3 und a–c und ordnen sie zu zweit einander zu. Dann suchen sie die entsprechenden Textstellen in D5 und kontrollieren ihre Zuordnung.	
	PL	Lassen Sie die Sätze zur Kontrolle im Plenum vorlesen. Die TN erschließen die Bedeutung des Konnektors *indem*. Schreiben Sie dann den Satz aus dem Grammatikkasten an die Tafel. Zeigen Sie, dass *indem* einen Nebensatz (Verb-Endstellung) einleitet. Lassen Sie einen TN an der Tafel den Satz umformen und mit dem *indem*-Satz beginnen. Betonen Sie dabei die Stellung der Verben in Neben- und Hauptsatz.	
8	EA	Ein TN liest den Beispielsatz vor. Fordern Sie die TN auf, 2–3 ähnliche Sätze in ihr Heft zu schreiben. Die TN verwenden dabei den Konnektor *indem*. Der Hauptsatz bleibt konstant. Es bleibt den TN überlassen, ob Sie einzelne Aussagen mit dem *indem*-Satz beginnen. Unterstützen Sie ggf.	
	PL	Anschließend lesen die TN ihre Sätze im Plenum vor. Die anderen TN hören zu. Bitten Sie einzelne TN Rückmeldung zu geben.	
9	PL	Erklären Sie mithilfe der Vorgaben, was ein nachhaltiges Produkt ist. Gehen Sie dabei auch auf die Bedeutung von *Zahnbürste* ein.	DIN-A3-Blätter, Farbstifte
	GA	Teilen Sie dann die TN in 3er- oder 4er-Gruppen ein. Jede Gruppe bekommt ein DIN-A3-Blatt. Die TN wählen gemeinsam ein nachhaltiges Produkt, zu dem sie ein Plakat erstellen. Sie können sich für ein Produkt aus den Vorgaben oder für ein anderes ihrer Wahl entscheiden. Sie zeichnen dann ihr Produkt auf das Plakat. Gehen Sie umher und schauen Sie zu. Weisen Sie immer wieder auf die Nachhaltigkeit des Produkts hin.	
10	PL	Erklären Sie den weiteren Ablauf der Gruppenarbeit im Plenum. Wiederholen Sie die Bedeutung des Ausdrucks *den Wunsch wecken* (s. D4). Danach lesen die TN die Vorgaben auf dem Beispiel-Plakat. Erklären Sie dabei den Ausdruck *einen Lebensstil führen*.	
	GA	Die TN notieren nun in Form von Infinitivkonstruktionen wie in den Beispielen auf dem Plakat, was den Wunsch der Käufer für ihr Produkt wecken könnte. Gehen Sie umher und helfen Sie ggf.	
11	GA	Die Gruppenmitglieder bereiten eine Präsentation ihres Produkts vor: Sie besprechen, wie sie ihre Notizen in ganzen Sätzen formulieren können. Sie können dabei Nebensätze mit *indem*, *sodass* oder *so ..., dass* wie in den Beispielen verwenden. Sie teilen sich dabei die Präsentation des Produkts. Jeder TN sollte mindestens einen Satz zu sagen haben. Gehen Sie umher und unterstützen Sie, wo nötig.	
	PL	Jede Gruppe präsentiert dann ihr Produkt anhand des Plakats im Plenum. Dabei kommt jedes Gruppenmitglied zu Wort. Hören Sie zu.	Plakate aus D10
Xtra Prüfung 1	PA	Die TN schauen sich mit ihrem Partner das Foto an. Dann lesen sie die drei möglichen Antworten auf die Frage, entscheiden im Gespräch, welche ihrer Meinung nach richtig ist, und kreuzen sie an. Besprechen Sie im Plenum die Ergebnisse. Lassen Sie die TN-Paare ihre Meinung auch begründen.	
	PL		

Methodisch-didaktische Hinweise

2	PL	Besprechen Sie gemeinsam mit den TN den *Tipp*. Erklären Sie die Bedeutung von *hilfreich*.	
	EA	Die TN lesen still die Aufgaben 1–7 und unterstreichen dabei Schlüsselwörter. Erklären Sie die Bedeutung von *Semester*.	
	PL	Danach hören die TN das Gespräch zwischen Lotta und Rudi einmal und markieren, ob die Aussagen richtig oder falsch sind. Kontrollieren Sie anschließend im Plenum.	CD 2/19
		Hinweis: Diese Aufgabe entspricht in der Prüfung für das Goethe Zertifikat B1 bzw. das ÖSD Zertifikat B1 Teil 3 des Moduls Hören. Der Kandidat hört ein längeres Alltagsgespräch. Dazu muss er 7 Aufgaben lösen. Vor dem Hören hat er 60 Sekunden Zeit, um die Aufgaben zu lesen. Er hört dann das Gespräch <u>einmal</u> und muss entscheiden, ob die sieben Aussagen richtig oder falsch sind.	
	PA	Fakultativ: Kopiervorlage 14 wiederholt Lernwortschatz der Lektion. Teilen Sie die Kopiervorlage an jeden TN aus. Die TN arbeiten zu zweit und lösen das Kreuzworträtsel. Sie können dabei die Liste mit dem Lernwortschatz der Lektion (s. AB S. 209) zur Hilfe nehmen.	KV 14
	PL	Kontrollieren Sie anschließend im Plenum.	
		Hinweis: Die Kopiervorlage kann auch in EA als Hausaufgabe bearbeitet und dann im Kurs korrigiert werden.	
		Lösungen: 1 Slogan 2 Empathie 3 obdachlos 4 Semester 5 Streetworker 6 Alternative 7 held 8 Ausdruck 9 Gewalt 10 Zeuge 11 Zahnbürste 12 konsum 13 Klient	

8 Chancen und Gefahren

Aufgabe	Form	Ablauf im Kurs	Material
Starten wir! 1	PL	Die TN lesen die vorgegebenen Ausdrücke und Redemittel. Gehen Sie dabei auf die Bedeutung von *im Vordergrund* und *im Hintergrund* ein. Mithilfe der Vorgaben beschreiben die TN anschließend im Plenum das Bild. Hören Sie zu und unterstützen Sie, falls nötig. Sorgen Sie dafür, dass mehrere TN zu Wort kommen.	
2	EA	Die TN lesen die Sätze 1–4. Erklären Sie den neuen Wortschatz. Dann hören die TN die Geräusche und kreuzen die richtigen Antworten auf die Ausgangsfrage an.	CD 2/20
	PL	Besprechen Sie anschließend zur Kontrolle die Lösung im Plenum.	
A 1	PL	Wiederholen Sie die Bedeutung von *Ding*, gehen Sie auf die Bedeutung von *Bedienungsanleitung* ein und erklären Sie die Aufgabe.	
	EA PA	Die TN lesen die drei Texte 1–3 für sich und ordnen ihnen die Bilder A–C zu. Danach sprechen die TN zu zweit über ihre Zuordnung und stellen Vermutungen darüber an, was das jeweilige Ding/Objekt sein könnte.	
	PL	Besprechen Sie zum Schluss die Lösungen im Plenum und erklären Sie auch den unbekannten Wortschatz in den Texten.	

Methodisch-didaktische Hinweise

	2	PA	Erklären Sie die Bedeutung von *Einladung* und *DJ*. Die TN lesen gemeinsam mit ihrem Partner die drei Überschriften und die Einladung auf Facebook. Zu zweit entscheiden sie, welche Überschrift passt, und ergänzen die Einladung.	
		PL	Besprechen Sie anschließend die Lösung im Plenum und lassen Sie die TN ihre Wahl anhand des Textes begründen. Die TN erklären auch, warum die anderen Überschriften als Titel der Einladung ungeeignet sind.	
	3	PA	Die TN lesen still die Aussagen 1–4. Die Worterklärungen in *Extras* dienen zur Hilfe. Dann lesen die TN zu zweit die Einladung in A2 noch einmal, finden die lösungsrelevanten Stellen, unterstreichen sie und kreuzen an, ob die Sätze richtig oder falsch sind.	
		PL	Kontrollieren Sie anschließend im Plenum und besprechen Sie auch den unbekannten Wortschatz in der Einladung und in den Sätzen 1–4.	
	4	PL	Erklären Sie die Ausgangssituation. Einzelne TN berichten dann im Plenum über die Einladung.	
			Fakultativ: Ein TN übernimmt die Rolle der Freundin bzw. des Freundes, der nicht so gut Deutsch kann. Er stellt nach dem Bericht zusätzlich Fragen. Der berichtende TN gibt Antwort.	
	5	PA	Die TN suchen zu zweit die Sätze 1–4 im Text in A2 und ergänzen entsprechend.	
		PL	Lassen Sie dann die TN die vollständigen Sätze vorlesen und die Bedeutung von *sondern* erschließen. Übertragen Sie die Sätze aus dem Grammatikkasten an die Tafel und erklären Sie anhand deren die Verwendung des Konnektors *sondern*: Erklären Sie, dass man *sondern* benutzt, wenn man eine negative Aussage korrigieren möchte. Voraussetzung für die Verwendung von *sondern* ist also eine Negation (*nicht, kein-*) im Anfangssatz. Weisen Sie auch auf das Komma vor dem Konnektor hin.	
			Fakultativ: Gehen Sie auf den Unterschied zwischen *sondern* und *aber* mithilfe eines Beispiels ein. Zeigen Sie, dass *aber* keine Negation voraussetzt.	
			Möglicher Tafelanschrieb: *Ich mag <u>keine</u> Discos, <u>sondern</u> Bars und Lokale.* *Ich mag Discos, <u>aber</u> ich mag auch Bars und Lokale.*	
	6	PL	Lesen Sie die Frage der Aufgabe und die drei vorgegebenen Themen vor. Gehen Sie auf die Bedeutung von *allgemein* ein.	
		EA	Dann hören die TN das Interview und ergänzen die passenden Smileys.	CD 2/21
		PL	Besprechen Sie anschließend zur Kontrolle die Lösungen im Plenum.	

Methodisch-didaktische Hinweise

	7	PL	Lesen Sie die Diskussionsfrage vor. Ein TN liest die Sätze in der vorgegebenen Tabelle vor. Übertragen Sie die Tabelle an die Tafel. Erklären Sie die Formulierung *sich mitten drin fühlen*. Bitten Sie einen TN nach vorne: Er hat die Aufgabe, die während der Diskussion genannten Argumente in Form von Sätzen in die Tabelle einzutragen. Nun findet im Kurs eine Diskussion statt. Die TN äußern sich darüber, ob sie Silent Partys cool oder komisch finden. Sie beginnen dabei ihre Äußerungen mit einem *sondern*-Satz, wie im Beispiel vorgegeben. Da es sich um eine Diskussion handelt, sollten die TN auch auf Meinungen anderer TN eingehen. Hören Sie zu. Lassen Sie die TN frei sprechen und Verständnisprobleme unter sich auf Deutsch lösen. Greifen Sie nur ein, wenn es zu großen Verständnisschwierigkeiten kommt. Achten Sie darauf, dass TN beim Sprechen nicht unterbrochen werden.	
	8	GA	Die TN machen zu dritt ein Rollenspiel. Partner A möchte auf die Silent Party gehen, Partner B nicht. Partner C vermittelt zwischen den beiden, damit eine Lösung gefunden wird. Gehen Sie umher und hören Sie zu.	
	9	PL PA PL	Gehen Sie im Plenum auf die Bedeutung von *Ratespiel* ein. Erklären Sie den Ablauf des Spiels und lassen Sie einen TN den Beispieltext vorlesen. Die anderen TN raten, um welches Gerät es sich handelt (der Drucker). Dann arbeiten die TN zu zweit. Sie wählen ein technisches Gerät aus, zeichnen es auf einen Zettel und beschreiben es schriftlich, wie im Beispiel vorgegeben. Gehen Sie umher und helfen Sie, wo nötig. Die Paare stehen dann reihum auf, zeigen ihre Zeichnung im Plenum und lesen ihre Beschreibung vor. Die anderen raten, welches Gerät beschrieben wurde.	Blätter Papier
B	1	PL	Zeichnen Sie den Wortigel zu *technische Geräte*, wie vorgegeben, an die Tafel. Erklären Sie das Wort *Staubsauger*. Die TN nennen weitere technische Geräte mit ihrem Artikel. Ein TN erweitert den Wortigel an der Tafel.	
	2	PA PL	Die TN lesen die Überschriften a–e für sich. Verweisen Sie dazu auf die Information in *Extras* und erklären Sie die neuen Wörter in den Überschriften. Dann lesen die TN die vier Texte und ordnen ihnen die passenden Überschiften zu. Eine Überschrift bleibt übrig. Besprechen Sie anschließend die Lösungen im Plenum.	
	3	PA PL	Die TN lesen still die Aussagen zu jedem Text. Dann lesen sie zu zweit die Texte in B2 noch mal, unterstreichen die lösungsrelevanten Stellen und kreuzen die richtigen Sätze an. Besprechen Sie anschließend die Lösungen im Plenum und erklären Sie dabei den unbekannten Wortschatz in den Sätzen und in den Texten in B2. Die TN begründen ggf. auch, warum einige Aussagen falsch sind.	
	4	PL	Stellen Sie im Kurs die Frage und gehen Sie auf die Bedeutung von *einsetzen* ein. Bitten Sie dann einen TN, die Beispielantwort vorzulesen, und erklären Sie das neue Wort *Rettung*. Weisen Sie auch auf den Konjunktiv II von *können* und das Passiv hin. Die TN äußern sich dann zur Themafrage im Plenum. Hören Sie zu und helfen Sie, wo nötig.	

Methodisch-didaktische Hinweise

	5	PA PL	Die TN suchen zu zweit die Sätze in B3 und schreiben sie zu Ende. Lassen Sie die vollständigen Sätze zur Kontrolle anschreiben. Unterstreichen Sie die Verbformen. Die TN erschließen, dass es sich um eine Vergangenheitsform des Passivs handelt. Nennen Sie die Tempusform: Passiv Perfekt. Die TN sagen Ihnen mithilfe der angeschriebenen Sätze, wie diese Form gebildet wird. Möglicher Tafelanschrieb: *Passiv Perfekt: sein ... + Partizip Perfekt + worden* Übertragen Sie dann den Satz aus dem Grammatikkasten an die Tafel und lassen Sie die TN ihn ins Aktiv umformen. Achten Sie auf das Tempus. Tafelanschrieb: *Passiv Perfekt: Das neue Gesetz ist für uns gemacht worden.* → *Aktiv Perfekt: Man hat das neue Gesetz für uns gemacht.* Fakultativ: Wiederholen Sie die bekannten Tempusformen Präsens und Präteritum im Passiv. Erweitern Sie dazu den Tafelanschrieb: *Passiv Perfekt: Das neue Gesetz ist für uns gemacht worden.* → *Aktiv Perfekt: Man hat das neue Gesetz für uns gemacht.* *Passiv Präteritum: Das neue Gesetz wurde für uns gemacht.* → *Aktiv Präteritum: Man machte das neue Gesetz für uns.*	
	6	EA PL	Die TN lesen die Überschriften a, c und d in B2 noch einmal. Sie formen sie vom Aktiv ins Passiv Perfekt um. Kontrollieren Sie im Plenum, indem Sie einen TN bitten, die Passiv-Sätze an die Tafel zu schreiben.	
	7	PA PL	Die TN lesen die Satzhälften 1–3 und a–c für sich. Dann ordnen sie diese in Zusammenarbeit mit ihrem Partner einander zu. Sie prüfen ihre Zuordnung, indem sie die Sätze in den Texten in B2 finden und vergleichen. Zur Kontrolle lesen die TN die Sätze im Plenum vor. Die TN erschließen anhand des Kontextes die Bedeutung der Konnektoren *seit* bzw. *seitdem*. Weisen Sie darauf hin, dass beide Konnektoren bedeutungsgleich sind. Übertragen Sie die Sätze aus dem Grammatikkasten an die Tafel. Erklären Sie, dass *seit(dem)* zwei zeitliche Ereignisse miteinander verbindet. Der *seit(dem)*-Satz ist also ein temporaler Nebensatz (Verb-Endstellung) und zeigt an, dass etwas in der Vergangenheit angefangen hat und bis heute dauert. Zeigen Sie, dass der *seit(dem)*-Satz auch vor dem Hauptsatz stehen kann und weisen Sie auf die Verbposition in Neben- und Hauptsatz hin.	
	8	PL PA	Bitten Sie ein TN-Paar, den Beispieldialog vorzulesen, und erklären Sie die Aufgabe. Die TN spielen dann zu zweit mit den Vorgaben ähnliche Mini-Dialoge und bilden dabei *seit(dem)*-Sätze. Gehen Sie umher, hören Sie mit und korrigieren Sie, wo nötig. Achten Sie besonders auf die Verbposition.	

Methodisch-didaktische Hinweise

	9	PL PA	Lesen Sie das Gedicht *Drohnen* vor. Erklären Sie das Verfahren und die unbekannten Wörter im Plenum. Anschließend schreiben die TN mit ihrem Partner ihr eigenes Gedicht nach diesem Modell. Gehen Sie umher, schauen Sie zu und unterstützen Sie, falls nötig. Wenn die Partner ihr Gedicht geschrieben haben, besprechen sie, wie sie es vortragen wollen, und üben es ein.	
	10	PL	Jedes TN-Paar trägt sein Gedicht im Plenum vor. Hören Sie zu.	
C	1	GA	Teilen Sie die TN in 4er-Gruppen ein. Die Gruppenmitglieder sammeln gemeinsam Ideen, wie man zu mehr Geld kommen könnte. Ein TN notiert die Ideen in Form von Infinitivkonstruktionen auf ein Blatt Papier, wie in den Beispielen vorgegeben. Bitten Sie dann die TN jeder Gruppe aufzustehen und einen Kreis zu bilden. Ein TN beginnt das Kettenspiel: Er liest die erste Idee auf dem Blatt und bildet einen Satz, wie im Beispiel vorgegeben. Er wendet sich dann an den nächsten TN links von ihm (im Uhrzeigersinn): „Und du, …?" und reicht ihm das Blatt weiter. Dieser bildet nun einen Satz mit der nächsten Idee und fragt seinen Nachbarn usw. Das Kettenspiel endet, wenn alle notierten Ideen in Sätzen formuliert wurden. Gehen Sie umher, hören Sie zu und korrigieren Sie ggf.	Blätter Papier
	2	PL	Lassen Sie zuerst einen TN die Frage der Aufgabe vorlesen. Erklären Sie die Bedeutung von *Gefahr*. Übertragen Sie dann die Tabelle aus dem KB an die Tafel. Ein TN bildet mit den vorgegebenen Redemitteln und den Beispielen an der Tafel Sätze, um die Formulierungsweise zu veranschaulichen. Erklären Sie dabei die Bedeutung von *vor allem*. Die TN äußern dann ihre Meinung mithilfe der Redemittel. Ein TN trägt die genannten Argumente in die entsprechende Spalte der Tabelle ein. Hören Sie zu, helfen Sie beim Ergänzen der Tabelle und korrigieren Sie, wo nötig.	
	3	EA PL	Die TN hören die Umfrage und notieren die Argumente, die die Leute nennen. Vergleichen Sie anschließend gemeinsam mit den Ergebnissen in C2. Lassen Sie ggf. die Tabelle aus C2 erweitern.	CD 2/22
	4	PL PA PL	Die TN lesen die drei Sätze für sich. Erklären Sie die unbekannten Wörter. Die TN hören den ersten Teil der Sendung noch einmal. Zu zweit kreuzen sie dann die falschen Sätze an und schreiben rechts neben dem jeweiligen Satz ihre Korrektur. Kontrollieren Sie anschließend im Plenum.	CD 2/23
	5	EA PL	Die TN lesen still die Aussagen. Erklären Sie den unbekannten Wortschatz im Plenum. Dann hören die TN Teil 2 der Sendung noch einmal und kreuzen während des Hörens oder danach die richtigen Sätze an. Kontrollieren Sie im Plenum. Übertragen Sie anschließend die Sätze aus dem Grammatikkasten an die Tafel. Die TN erschließen anhand des Kontextes und der Abbildungen im KB die lokale Bedeutung der Präpositionen *gegen* und *um … (herum)*. Sie sagen auch im Plenum, welcher Kasus nach den Präpositionen folgt.	CD 2/24
	6	EA PL	Die TN lesen zuerst die Aussagen. Erklären Sie den unbekannten Wortschatz im Plenum. Dann hören die TN Teil 3 der Sendung noch einmal und unterstreichen in den Sätzen, welche Wörter richtig sind. Kontrollieren Sie anschließend im Plenum.	CD 2/25

Methodisch-didaktische Hinweise

7	PA PL	Die TN lesen die Satzhälften 1–3 und a–c und ordnen sie zu zweit einander zu. Kontrollieren Sie im Plenum. Die TN erschließen anhand des Kontextes die Bedeutung des zweiteiligen Konnektors *zwar ... aber*. Zeigen Sie anhand der Sätze, dass der Doppelkonnektor zwei unterschiedliche Aspekte (positiv/negativ) miteinander verbindet. Übertragen Sie den Satz aus dem Grammatikkasten an die Tafel. Weisen Sie darauf hin, dass vor *aber* ein Komma steht. Gehen Sie zur Wiederholung auf die Verbposition nach *aber* ein.	
8	PL	Erklären Sie anhand des Beispielsatzes die Aufgabe. Vergleichen Sie den Beispielsatz mit dem Satz im Grammatikkasten. Die TN erschließen, wann im *aber*-Satz Subjekt und Verb wegfallen können. Möglicher Tafelanschrieb: *Drohnen können zwar Menschen retten, aber ~~sie können~~ auch gefährlich sein.* → *Drohnen können zwar Menschen retten, aber auch gefährlich sein.*	
	PA PL	Die TN schreiben nun zu zweit mit den Vorgaben zwei *zwar ... aber*-Sätze wie im Beispiel. Lassen Sie zur Kontrolle die Sätze vorlesen.	
9	PL PA PL	Verweisen Sie auf den Grammatikkasten und lassen Sie einen TN den ersten Beispielsatz vorlesen. Die TN erschließen die Bedeutung des Konnektors *als ob* aus dem Kontext. Dann ergänzen die TN zu zweit sinngemäß die beiden anderen Sätze. Kontrollieren Sie im Plenum. Übertragen Sie dann einen Satz an die Tafel und erläutern Sie das Grammatikphänomen: Erklären Sie, dass man mit *als ob* einen irrealen Vergleich ausdrückt. Erwähnen Sie auch, dass *als ob* einen Nebensatz einleitet, vor dem Konnektor also ein Komma stehen muss. Das Verb im Nebensatz steht am Ende und im Konjunktiv II (irreal).	
10	PL PA PL	Lassen Sie den Beispieldialog von zwei TN im Plenum vorlesen. Erklären Sie den Ausdruck *so tun, als ob*. Mithilfe der Vorgaben spielen die TN mit ihrem Partner ähnliche Dialoge und tauschen dabei auch die Rollen. Gehen Sie umher und hören Sie zu. Achten Sie besonders auf die Verbform (Konjunktiv II) im Nebensatz. Fakultativ: Lassen Sie einzelne Paare die Dialoge im Plenum vorspielen. Die anderen TN korrigieren ggf.	
11	PL EA PA PL	Erklären Sie die Aufgabe und besprechen Sie im Plenum die Redemittel. Die TN lesen still ihren Text: Partner A liest Text A, Partner B liest Text B. Erklären Sie dabei den neuen Wortschatz. Danach machen sich die TN Notizen, um über ihren Text berichten und ihre persönliche Einstellung zum Thema äußern zu können. Weisen Sie darauf hin, dass sie dabei die vorgegebenen Redemittel benutzen können. Gehen Sie umher und achten Sie darauf, dass stichpunktartig notiert wird, keine ganzen Sätze also geschrieben werden. Nun berichten die TN einander mithilfe ihrer Notizen über ihren Text und sagen ihre Meinung zu Drohnen. Bitten Sie danach einzelne Paare nach vorne, die das Gespräch ohne Notizen vor dem Kurs spielen. Hören Sie zu und helfen Sie, falls nötig.	

Methodisch-didaktische Hinweise

	11	GA	Fakultativ: Kopiervorlage 15 wiederholt Wortschatz (Komposita) aus der Einstiegsseite, dem A-, B- und C-Teil der Lektion. Teilen Sie Ihren Kurs in Gruppen zu je drei TN ein. Jede Gruppe bekommt eine Puzzlevorlage (Kopiervorlage 15). Ein TN aus jeder Gruppe wird als Moderator beauftragt, das Puzzle auszuschneiden und die Teile zu mischen. Die anderen beiden versuchen in der Zwischenzeit, sich die bisher gelernten Komposita (mit Artikel) aus der Lektion gut einzuprägen (s. AB S. 211, Lernwortschatz). Dann legen die zwei TN das Puzzle und nennen zu jedem Kompositum den Artikel dazu. Der Moderator kontrolliert die Richtigkeit anhand der Lernwortschatzliste im AB.	KV 15, Scheren
D	1	PL	Erklären Sie die Aufgabe und die Bedeutung von *Buchstabe*. Lassen Sie einen TN die Beispiel-Aussage zum Buchstaben B vorlesen.	Karten mit Buchstaben
		GA	Teilen Sie die TN in 3er- bzw. 4er-Gruppen ein. Verteilen Sie an jede Gruppe Karten mit verschiedenen Buchstaben. Es sollten pro Gruppe 1–2 Karten mehr als Gruppenmitglieder verteilt werden (3er-Gruppe: ca. 5 Karten, 4er-Gruppe: ca. 6 Karten). Die TN mischen die Karten und legen sie verdeckt auf den Tisch. Jedes Gruppenmitglied wählt dann eine Karte, denkt sich einen Satz mit *als ob* zu seinem Buchstaben aus und spricht, wie im Beispiel vorgegeben. Gehen Sie umher, hören Sie zu und unterstützen Sie, falls nötig.	
	2	PA	Die TN lesen die Überschrift des Textes in D3. Dann stellen sie zu zweit Vermutungen darüber an, welche der vier vorgegebenen Nomen im Text vorkommen könnten, und unterstreichen diese. Gehen Sie bei Fragen auf die Bedeutung der unbekannten Wörter in der Überschrift und in den Vorgaben im Plenum ein.	
		PL		
	3	EA	Die TN lesen den Text und stellen dabei fest, ob ihre Vermutungen in D2 richtig waren.	
		PL	Zur Kontrolle nennen die TN im Plenum die Nomen aus D2, die im Text vorkommen.	
	4	PA	Die TN lesen zu zweit die Sätze 1–3 und den ersten Teil des Textes in D3 noch einmal. Sie unterstreichen die lösungsrelevanten Textstellen und kreuzen in den Sätzen 1–3 das jeweils richtige Satzende an.	
		PL	Kontrollieren Sie im Plenum und gehen Sie anschließend auf die neuen Wörter im Textabschnitt ein.	
	5	EA	Die TN lesen das Porträt von Torsten in D3 noch einmal und notieren Torstens Aufgaben in ihrem Heft, wie im Beispiel vorgegeben.	
		PL	Zur Kontrolle nennen die TN die Aufgaben im Plenum. Sammeln Sie an der Tafel. Die TN vervollständigen ggf. ihre Notizen. Besprechen Sie zum Schluss den unbekannten Wortschatz im Textabschnitt.	
	6	PL	Erklären Sie die Ausgangssituation. Ein TN erklärt im Plenum, was ein Journalist tut. Der Tafelanschrieb aus D5 dient zur Hilfe.	
	7	PA	Die TN suchen in Zusammenarbeit mit ihrem Partner die blau unterstrichenen Verben im Text in D3 und ergänzen die passenden Präpositionen. Kontrollieren Sie im Plenum.	
		PL		
	8	EA	Die TN lesen still die Fragen 1–5, suchen die Antworten im Text in D3 und schreiben sie in ihr Heft.	
		PA	Abwechselnd stellen die TN ihrem Partner die Fragen, dieser antwortet. Gehen Sie umher und helfen Sie, falls nötig.	

Methodisch-didaktische Hinweise

9	EA	Die TN unterstreichen die Fragewörter in D8 wie beschrieben, je nachdem ob nach einer Person oder nach Dingen gefragt wird. Dann ergänzen sie den Grammatikkasten.	
	PL	Übertragen Sie währenddessen den Grammatikkasten an die Tafel. Lassen Sie die fehlenden Fragewörter von einem TN ergänzen. Bitten Sie die TN, Ihnen die Bildung der Fragewörter bei Verben mit Präpositionalobjekt anhand der Tabelle zu erklären. Greifen Sie ggf. korrigierend ein. Besprechen Sie auch die Verwendung von *Wor-* bei Fragewörtern mit Präpositionen, die mit einem Vokal beginnen, z. B. *Worüber*.	
		Die TN formulieren im Anschluss zu jedem Fragewort im Grammatikkasten eine Frage und deren (fiktive) Antwort. Fragen und Antworten aus D8 können dabei verwendet werden.	
10	EA PA PL	Die TN lesen still die beiden Fragen und Antworten und hören dann das Interview. Danach ergänzen sie zu zweit die Fragen. Lassen Sie zur Kontrolle Fragen und Antworten im Plenum vorlesen. Erklären Sie die Bedeutung von *Minister*. Die TN erschließen aus dem Kontext die Bedeutung von *dafür*. Übertragen Sie nun den Grammatikkasten an die Tafel. Lassen Sie im Plenum die TN die Bildung und den Gebrauch der Pronominaladverbien mit *da(r)-* und Präposition erschließen. Greifen Sie ggf. korrigierend ein. Erweitern Sie auch den Grammatikkasten um ein Verb mit einer Präposition, die mit einem Vokal beginnt.	CD 2/26
		Möglicher erweiterter Tafelanschrieb:	
		sich informieren über Über wen? Über ihn. Worüber? Darüber.	
11	PL	Erklären Sie anhand des Beispiels das Spiel. Gehen Sie auch auf die Bedeutung von *Politiker* ein.	Würfel
	PA	Die TN spielen nun das Würfelspiel zu zweit. Verteilen Sie dazu an jedes Paar einen Würfel. Partner A würfelt zweimal: das erste Mal für eine Vorgabe aus Reihe 1, das zweite für eine aus Reihe 2. Dann stellt Partner A eine Frage und Partner B antwortet, wie im Beispiel vorgegeben. Bei der Antwort muss darauf geachtet werden, ob es sich um ein Ding oder eine Person handelt. Dann tauschen die Partner die Rollen und Partner B würfelt usw. Es sollten insgesamt mindestens sechs Dialoge gespielt werden. Gehen Sie umher, hören Sie zu und korrigieren Sie, falls nötig.	
12	PL	Besprechen Sie die Arbeitsanweisungen und die Interview-Fragen. Gehen Sie dabei auf die Bedeutung von *Mediennutzung* und *nutzen* ein. Dann interviewen die TN ihren Partner und notieren sich die Antworten. Dabei benutzen sie die vorgegebenen Fragen, können aber auch weitere Fragen zur Mediennutzung stellen.	
	PA		
	PL	Im Anschluss präsentieren die TN die Informationen über ihren Partner anhand ihrer Notizen im Kurs. Schreiben Sie dazu als Hilfe folgende Redemittel an die Tafel:	
		Ich habe Christian interviewt. Er nutzt am liebsten das Internet, um ... *Er liest gerne Artikel über Sport. Er interessiert sich dafür, weil ...*	
		Hören Sie dann zu und unterstützen Sie, wo nötig.	

Methodisch-didaktische Hinweise

Aufgabe	Form	Ablauf im Kurs	Material
12	PA	Fakultativ: Teilen Sie die Kopiervorlage 16 an jeden TN aus. Die TN arbeiten zu zweit. Sie ergänzen den Dialog. Dann liest ein Paar den vollständigen Dialog zur Kontrolle vor. Hinweis: Die Kopiervorlage kann auch in EA zu Hause bearbeitet und dann im Kurs korrigiert werden. **Lösungen:** 1 womit 2 mit 3 dafür 4 darüber 5 Worum 6 um 7 Damit 8 über 9 davon 10 darüber 11 Worüber 12 über 13 über 14 darauf 15 dafür 16 um 17 Worum 18 um 19 mit 20 darüber	KV 16
Xtra Prüfung 1	EA PL	Die TN schauen sich das Foto an und ordnen dann sinngemäß die Bilder A–D den Nomen zu. Kontrollieren Sie im Plenum und gehen Sie auf die Bedeutung der neuen Wörter ein.	
2	EA PL	Die TN lesen still den *Tipp*, die Aufgaben und die Informationen in *Extras*. Sie unterstreichen Schlüsselwörter in den Aufgaben. Dann hören die TN den Museumsführer und kreuzen während des Hörens oder danach die richtige Antwort an. Kontrollieren Sie anschließend im Plenum. Hinweis: Diese Aufgabe entspricht in der Prüfung für das Goethe Zertifikat B1 bzw. das ÖSD Zertifikat B1 Teil 2 des Moduls Hören. Die Kandidaten hören einen monologischen Text, wie z. B. einen Vortrag oder eine Führung. Sie hören den Text <u>einmal</u>. Zu dem Hörtext gibt es fünf Multiple-Choice-Aufgaben mit je drei Distraktoren zum selektiven Verstehen. Vor dem Hören haben die Kandidaten 60 Sekunden Zeit, um die Aufgaben zu lesen.	CD 2/27

9 Ich bin dann mal weg!

Aufgabe	Form	Ablauf im Kurs	Material
Starten wir! 1	PL	Die TN schauen sich das Foto an und beschreiben es. Geben Sie dazu an der Tafel folgende Redemittel an: *Im Vordergrund / Im Hintergrund / In der Mitte /* *Oben / Unten / Rechts / Links sehe ich …* Hören Sie zu und unterstützen Sie, falls nötig. Sorgen Sie dafür, dass mehrere TN zu Wort kommen.	
2	PL PA PL	Bitten Sie einen TN den Anfangssatz zur Situation vorzulesen und gehen Sie auf die Bedeutung des Ausdrucks *auf einer Reise sein* ein: Lassen Sie dazu die TN die Bedeutung anhand des bekannten Wortes *Reise* erschließen. Danach stellen die TN zu zweit Vermutungen darüber an, worüber die beiden auf dem Foto sprechen könnten. Zusammen mit ihrem Partner schreiben sie dann einen Dialog in ihr Heft. Gehen Sie umher und unterstützen Sie, wo nötig. Fakultativ: Lassen Sie im Kurs 1–2 Paare ihren Dialog mit verteilten Rollen vorlesen.	

Methodisch-didaktische Hinweise

	2	PA	Die TN hören den Dialog, vergleichen zu zweit mit ihrem Dialog und stellen dabei fest, ob ihre Vermutungen richtig waren oder nicht.	CD 3/1
		PL	Fakultativ: Lassen Sie im Anschluss die TN im Kurs sagen, wohin und wie Luisa und Manu reisen.	
	3	EA	Die TN hören den Dialog ein zweites Mal. Dann schreiben sie eine WhatsApp-Nachricht von Luisa an ihre Freunde und informieren über die Reise.	CD 3/1
		PL	Zur Kontrolle lesen einzelne TN ihren Text im Plenum vor.	
	4	PL	Im Kurs findet ein Gespräch über die vorgegebenen Fragen statt. Gehen Sie dabei auf die Bedeutung von *Schiff* ein. Weisen Sie auch auf den Konjunktiv II in den Fragen hin. Erinnern Sie ggf. die TN kurz an die Bildung des Konjunktiv II. Möglicher Tafelanschrieb: *Konjunktiv II: würde … + Infinitiv* Leiten Sie dann mithilfe der Fragen das Gespräch. Achten Sie auf die richtige Verwendung des Konjunktiv II und unterstützen Sie, falls nötig. Sorgen Sie dafür, dass mehrere TN zu Wort kommen.	
A	1	EA	Die TN lesen den Text und die Fragen 1–3 für sich. Gehen Sie auf die Bedeutung von *Pilger* und *der Weg führt* ein, falls es Unklarheiten gibt. Die TN markieren im Text die Antworten auf die drei Fragen.	
		PA	Dann fragen und antworten die TN abwechselnd. Gehen Sie umher und hören Sie zu.	
		PL	Lassen Sie anschließend zur Kontrolle einzelne TN die Antworten im Plenum nennen. Erklären Sie zum Schluss den unbekannten Wortschatz.	
	2	PL	Erklären Sie die Ausgangssituation und in diesem Zusammenhang das Wort *Forum*. Weisen Sie darauf hin, dass die TN beim Lesen gezielt auf die Beantwortung der Thema-Frage achten sollen.	
		EA	Die TN lesen still die Kommentare der vier Personen im Diskussionsforum, markieren die Textstellen, die die Meinung des Schreibenden ausdrücken, und kreuzen entsprechend *Ja* oder *Nein* an.	
		PL	Kontrollieren Sie im Plenum. Die TN rechtfertigen ihre Antworten mit den entsprechenden Textstellen.	
	3	PA	Die TN lesen still die Sätze 1–4. Verweisen Sie dazu auf die Worterklärung in *Extras*. Gemeinsam mit ihrem Partner lesen die TN dann die Kommentare in A2 noch einmal und kreuzen die richtigen Aussagen an.	
		PL	Kontrollieren Sie im Plenum. Die TN begründen ihre Lösungen durch die entsprechenden Textstellen. Erklären Sie zum Schluss die unbekannten Wörter in den Kommentaren und in den Sätzen 1–4.	
	4	EA	Die TN lesen die Texte in A2 noch einmal für sich und ergänzen die drei Sätze. Übertragen Sie währenddessen die vorgegebenen Satzhälften an die Tafel.	

9 Methodisch-didaktische Hinweise

4	PL	Bitten Sie danach zur Kontrolle einen TN an die Tafel, der die Sätze ergänzt. Unterstreichen Sie die Ergänzungen mit der Präposition *durch*. Die TN nennen im Plenum die lokale Bedeutung der Präposition und den Kasus, der folgt. Möglicher Tafelanschrieb: *durch + Akkusativ*	
5	PL	Erklären Sie die Ausgangssituation. Einzelne TN berichten mündlich von Henris und Johannas Meinung zur Pilgerreise mit dem Auto aus A2. Hören Sie zu und unterstützen Sie, falls nötig.	
6	PA PL	Verweisen Sie die TN auf den Grammatikkasten. Die TN suchen gemeinsam mit ihrem Partner die vorgegebenen Sätze in den Texten von A2 und ergänzen entsprechend. Übertragen Sie währenddessen den Grammatikkasten an die Tafel. Bitten Sie zur Kontrolle einen TN, die Sätze an der Tafel zu ergänzen. Gehen Sie danach auf Bedeutung und Gebrauch von *brauchen nicht / kein- … zu + Infinitiv* ein. Betonen Sie, dass diese Struktur eine Negation voraussetzt. Fakultativ: Bitten Sie die TN, die vorgegebenen Sätze mit *müssen nicht / kein- …* umzuformulieren. Ein TN schreibt die Sätze an die Tafel. Die anderen TN schreiben sie in ihr Heft. Möglicher Tafelanschrieb: *So braucht ihr nicht in Hotels oder Jugendherbergen zu übernachten. →* *So müsst ihr nicht in Hotels oder Jugendherbergen übernachten.* *Ich brauche keine Angst vor Lärm und Müll zu haben. →* *Ich muss keine Angst vor Lärm und Müll haben.* *brauchen nicht / kein- … zu + Infinitiv =* *müssen nicht / kein- … + Infinitiv*	
7	PL	Erklären Sie die Aufgabe. Die TN lesen still die neun Aktivitäten und machen ein Bingo-Raster mit diesen auf einen Zettel. Die neun Felder können dabei in beliebiger Reihenfolge mit den neun Aktivitäten besetzt werden. Das Raster im KB ist nur ein Beispiel. Dann gehen die TN im Kursraum umher und fragen andere TN, was sie heute noch machen müssen. Die TN verwenden für Frage und Antwort die vorgegebenen Redemittel und die Aktivitäten. Wenn ein TN mit *Ja* antwortet, notiert sich der Fragende den Namen neben der entsprechenden Aktivität, die der TN heute noch machen muss. Wer als Erster zu drei Aktivitäten senkrecht, waagerecht oder diagonal je einen Namen notiert hat, ruft „Bingo" und ist der Sieger des Spiels. Gehen Sie auch umher und hören Sie mit. Fakultativ: Lassen Sie im Anschluss einzelne TN über ihre Ergebnisse berichten. Die TN formulieren dabei ganze Sätze. Möglicher Tafelanschrieb als Hilfe: *XY muss heute noch …*	

Methodisch-didaktische Hinweise

	8	EA PA PL	Die TN schreiben die Tabelle mit dem vorgegebenen Beispiel in ihr Heft ab. Zu zweit tragen die TN die Redemittel in die entsprechende Spalte der Tabelle ein. Lassen Sie dann zur Kontrolle einzelne TN die Ausdrücke der jeweiligen Spalte vorlesen. Erklären Sie anschließend ggf. die neuen Ausdrücke.	
	9	PL PA	Erklären Sie anhand des Beispiel-Plakats die Aufgabe und in diesem Zusammenhang die Bedeutung von *mitteilen*. Jedes TN-Paar erhält ein DIN-A3-Blatt. Die TN machen zu zweit ein Plakat zum Thema *Jakobsweg mit dem Auto?*, auf dem sie ihre Meinung kurz und deutlich äußern. Weisen Sie darauf hin, dass die TN dazu Redemittel aus A8 benutzen können. Die TN schreiben auch eine Begründung für ihre Meinung (s. Beispiel). Gehen Sie umher und korrigieren Sie eventuelle Fehler.	DIN-A3-Blätter
	10	PL	Alle TN-Paare aus A9 gehen im Kursraum umher, halten ihre Plakate hoch und rufen auch ihre Meinung, d. h. ihren Plakat-Text, wie bei einer Demonstration.	Plakate aus A9
B	1	PL	Erklären Sie die Aufgabe. Schreiben Sie dazu den vorgegebenen Wortigel an die Tafel. Die TN sammeln Ideen, was sie heute nicht mehr zu tun brauchen. Schreiben Sie an der Tafel mit. Dann stellen sich die TN im Kreis auf. Machen Sie mit. Lesen Sie den Beispielsatz vor und beginnen Sie so das Kettenspiel. Dann ist der nächste TN im Kreis dran. Er wiederholt den gehörten Satz und fügt ein weiteres Glied hinzu. Dann wendet er sich an seinen Nachbarn („Und du?") usw. Die TN verwenden für jede neue Ergänzung eine der Vorgaben, die an der Tafel stehen. Das Kettenspiel endet, wenn alle TN einen Satz gebildet haben. Hören Sie zu und helfen Sie, wo nötig.	
	2	EA PL	Die TN lesen den zu ergänzenden Satz für sich. Erklären Sie im Plenum die Bedeutung von *es handelt sich um (+ Akk.)*. Dann hören die TN das Gespräch. Während des Hörens oder danach ergänzen sie den Satz. Kontrollieren Sie im Anschluss im Plenum und lassen Sie die TN ihre Lösung begründen.	CD 3/2
	3	PL EA PL	Erklären Sie die Aufgabe und in diesem Zusammenhang die Bedeutung von *nummerieren*. Lassen Sie dann einen TN die Nomen zu den Piktos mit Artikel vorlesen. Falls es in Bezug auf ihre Bedeutung immer noch Unklarheiten gibt, erklären Sie die neuen Wörter. Dann hören die TN das Gespräch mit dem Autohändler noch einmal und nummerieren während des Hörens die Nomen in der Reihenfolge, in der sie zu hören sind. Kontrollieren Sie anschließend im Plenum.	CD 3/2
	4	PA PL	Die TN schauen sich in B5 Foto B an und lesen die Aussagen a und b. In Zusammenarbeit mit ihrem Partner kreuzen sie die passende Aussage an. Besprechen Sie anschließend die Lösung im Plenum und erklären Sie dabei auch den neuen Ausdruck *eine Panne haben*.	
	5	PL PA	Die TN schauen sich die Bilder A und B an. Erklären Sie im Plenum, was der ADAC (= <u>A</u>llgemeiner <u>D</u>eutscher <u>A</u>utomobil-<u>C</u>lub) ist. Dann lesen die TN die Sätze 1–6. Die Informationen in *Extras* dienen zur Hilfe. Zu zweit stellen sie Vermutungen darüber an, wer das sagt, und ordnen jedem Foto die entsprechenden Aussagen zu.	

Methodisch-didaktische Hinweise

5	EA PL	Die TN hören im Anschluss das Gespräch und überprüfen ihre Zuordnung. Besprechen Sie die Lösungen im Plenum. Erklären Sie ggf. die unbekannten Wörter.	CD 3/3
6	EA PL	Die TN hören das Gespräch noch einmal und konzentrieren sich auf die vorgegebenen Daten. Während des Hörens korrigieren sie die Fehler. Nach Wunsch können die TN den Dialog noch einmal hören. Besprechen Sie zum Schluss die Korrekturen im Plenum.	CD 3/3
7	PA PL	Die TN machen zu zweit ein Rollenspiel. Partner A ruft beim Pannendienst wegen einer Panne an. Partner B arbeitet beim Pannendienst und nimmt den Anruf an. Zuerst notieren sich die Partner Fragen und Antworten. Dann spielen sie den Dialog. Gehen Sie umher, helfen Sie, wo nötig, und hören Sie mit. Fakultativ: Einzelne TN-Paare spielen ihr Gespräch im Plenum vor.	
8	PA PL	Die TN ordnen zu zweit Haupt- und Relativsätze einander zu. Im Plenum wird die Zuordnung kontrolliert.	
9	PA PL	Die TN lesen die Sätze in B8 noch einmal, unterstreichen zu zweit die Relativpronomen und ergänzen den Grammatikkasten. Übertragen Sie inzwischen den Grammatikkasten an die Tafel. Kontrollieren Sie im Plenum und ergänzen Sie die Sätze an der Tafel. Gehen Sie auf die Bedeutung von *Geräusch* ein. Erklären Sie dann Bedeutung und Gebrauch der Relativsätze: – Die TN erschließen aus dem Kontext die Bedeutung der Relativpronomen. Machen Sie dabei deutlich, dass das Relativpronomen ein Nomen (= das Bezugswort) aus dem Hauptsatz genauer erklärt. – Zeigen Sie, dass das Relativpronomen dem Genus und Numerus des Bezugsworts folgt und einen Nebensatz (Relativsatz) einleitet. Weisen Sie auf die Ähnlichkeit mit dem definiten Artikel hin. Erklären Sie, dass der Kasus durch die Funktion im Relativsatz bestimmt wird. Die TN erschließen, dass in diesen Sätzen das Relativpronomen im Nominativ steht. – Betonen Sie, dass der Relativsatz direkt nach dem Bezugswort steht. Vor dem Relativpronomen steht ein Komma, das Verb steht am Ende.	
10	PL PA	Erklären Sie die Aufgabe. Lassen Sie ein TN-Paar den Beispieldialog vorlesen und erklären Sie die Bedeutung von *schon wieder*. Die TN lesen still die Vorgaben und die Information in *Extras*. Erklären Sie ggf. das Wort *Heizung*. Die TN spielen nun zu zweit Mini-Dialoge mit den Vorgaben. Sie tauschen dabei auch die Rollen. Gehen Sie umher und hören Sie zu.	
11	PA PL	Die TN lesen den Brief und bringen zu zweit die drei Abschnitte in die richtige Reihenfolge. Dann ergänzen sie die fehlenden Relativpronomen. Dabei dient der Grammatikkasten in B9 zur Hilfe. Kontrollieren Sie anschließend im Plenum. Lassen Sie die TN die Bedeutung des Wortes *Schadensmeldung* selbst erschließen und im Plenum formulieren.	
12	EA PL	Die TN lesen still die Sätze 1–4. Dann lesen sie den Text in B11 noch einmal, finden die entsprechenden Textstellen und unterstreichen in jedem Satz das richtige Wort. Kontrollieren Sie anschließend im Plenum. Gehen Sie auch auf den unbekannten Wortschatz ein.	

Methodisch-didaktische Hinweise

	13	PL	Erklären Sie die Aufgabe mithilfe des Beispiels und gehen Sie auf die Bedeutung von *Ursache* ein. Die TN lesen die vorgegebenen Stichwörter. Erklären Sie die Bedeutung von *leer*.	
		PA	Zu zweit schreiben dann die TN ähnliche Sätze und variieren mit den Vorgaben. Sie bilden dabei jedes Mal einen Relativsatz.	
		PL	Lassen Sie zur Kontrolle einzelne TN ihre Sätze vorlesen. Achten Sie dabei besonders auf das Relativpronomen und die Verb-Endstellung.	
			Alternativ: Lassen Sie einzelne TN die Sätze zur Kontrolle an die Tafel schreiben.	
		PA	Fakultativ: Teilen Sie Kopiervorlage 17 an jeden TN aus. Zu zweit vervollständigen die TN die Wörter, indem sie die fehlenden Buchstaben ergänzen. Kontrollieren Sie anschließend im Plenum.	KV 17
		PL		
			Hinweis: Die Kopiervorlage kann auch in EA zu Hause bearbeitet und dann im Kurs korrigiert werden.	
			Lösungen: 1 Kennzeichen 2 Bremsen 3 Reifen 4 Sitz 5 Batterie 6 leer 7 Motor 8 Geräusch 9 Panne 10 Pannendienst 11 Schaden 12 Reparatur 13 Schadensmeldung 14 gering	
C	1	PL	Erklären Sie den Ablauf des Spiels. Verwenden Sie dazu die vorgegebenen Nomen *Wanderung* und *Panne*. Die TN sitzen auf ihren Stühlen. Rufen Sie folgende Wörter: Batterie (↑), Sehenswürdigkeit, Bremse (↑), Motor (↑), Bürgermeister, Spiegel (↑), Ort, Reifen (↑). Wenn ein Wort mit dem Thema Auto zu tun hat, dann stehen die TN auf (↑), wenn nicht, dann bleiben sie sitzen.	
	2	PL	Lesen Sie zuerst die Frage vor und erklären Sie die Bedeutung von *einfallen*. Geben Sie auch die unregelmäßigen Tempusformen an. Zeichnen Sie dann einen Wortigel an die Tafel zum Thema *Massentourismus* und erklären Sie die Bedeutung. Die TN sagen, was ihnen spontan dazu einfällt. Lassen Sie einen TN entsprechend stichwortartig den Wortigel an der Tafel ergänzen.	
	3	PA	Die TN lesen zuerst die drei Fragen. Verweisen Sie auf die Informationen in *Extras*. Dann überfliegen die TN das Interview und ordnen in Zusammenarbeit mit ihrem Partner jedem Abschnitt die passende Frage zu.	
		PL	Kontrollieren Sie im Plenum und lassen Sie ggf. die TN ihre Zuordnung begründen.	
	4	PA	Die TN lesen zuerst die Satzanfänge 1–6 für sich. Erklären Sie den unbekannten Wortschatz. Dann lesen die TN das Interview in C3 noch einmal und ergänzen die Satzhälften mit Informationen aus dem Text.	
		PL	Besprechen Sie zur Kontrolle die Ergebnisse im Plenum und erklären Sie den unbekannten Wortschatz im Interview.	
	5	EA	Die TN finden die Sätze des Grammatikkastens im Interview in C3, unterstreichen die Verben in den Relativsätzen und ergänzen sie dann im Grammatikkasten. Übertragen Sie währenddessen den Grammatikkasten an die Tafel.	

Methodisch-didaktische Hinweise

5	PL	Lassen Sie einen TN zur Kontrolle die Verben auch an der Tafel ergänzen. Die TN erschließen die Bedeutung der Relativpronomen. Lassen Sie die TN den Kasus der Relativpronomen (Akkusativ) feststellen. Zeigen Sie anhand der Sätze, warum die Pronomen hier im Akkusativ stehen müssen (Akkusativ-Objekt). Verweisen Sie auf die Ähnlichkeit zum definiten Artikel. Wiederholen Sie zum Schluss kurz die Regeln zum Gebrauch von Relativsätzen (s. didaktische Hinweise zu B9).	
6	EA	Die TN lesen die Sätze im Grammatikkasten, finden die fehlenden Bezugswörter im Interview in C3 und ergänzen die Sätze. Übertragen Sie währenddessen den Grammatikkasten an die Tafel.	
	PL	Lassen Sie einen TN zur Kontrolle die fehlenden Nomen an der Tafel ergänzen. Lassen Sie die TN dann den Kasus der Relativpronomen (Dativ) feststellen. Zeigen Sie anhand der Sätze, warum die Pronomen hier im Dativ stehen müssen (Dativ-Objekt). Verweisen Sie auf die Ähnlichkeit zum definiten Artikel und heben Sie besonders den Unterschied im Dativ Plural hervor (Relativpronomen: *denen*, definiter Artikel: *den*).	
7	PA	Teilen Sie jedem Paar einen Würfel aus. Jede Würfelseite entspricht einer Aussage. Die Partner spielen das Würfelspiel: Zuerst würfelt Partner A und liest die entsprechende Aussage vor. Partner B reagiert: Er stimmt zu oder widerspricht und begründet seine Meinung mit einem *weil*-Satz. Er verwendet dabei die vorgegebenen Redemittel. Dann tauschen die Partner die Rollen. Insgesamt sollte jeder TN dreimal würfeln. Gehen Sie umher, hören Sie zu und unterstützen Sie, wo nötig.	Würfel
	PL	Fakultativ: Teilen Sie Kopiervorlage 18 an jeden TN aus. Die TN arbeiten zu zweit und ergänzen die passenden Relativpronomen. Kontrollieren Sie anschließend im Plenum. Hinweis: Die KV kann auch in EA zu Hause bearbeitet und dann im Kurs korrigiert werden. **Lösungen:** 1 die 2 das 3 die 4 dem 5 der 6 den 7 die 8 die 9 denen 10 der	KV 18
8	GA	Teilen Sie die TN in 4er-Gruppen ein. Jede Gruppe erhält ein DIN-A3-Blatt. Die TN bestimmen einen Moderator für ihre Gruppe. Dessen Aufgabe ist es, während der Gruppenarbeit weiterführende Fragen wie im Beispiel zu stellen. Die Gruppenmitglieder recherchieren im Internet und sammeln Informationen zum Massentourismus in Salzburg. Dann gestalten sie gemeinsam ein Plakat, auf dem sie negative bzw. positive Seiten des Tourismus in dieser Stadt stichwortartig anschreiben. In der Gruppe wird im Anschluss besprochen, wie und von wem das Plakat präsentiert wird. Dabei werden die vorgegebenen Redemittel verwendet. Die Präsentation wird eingeübt.	DIN-A3-Blätter Smartphone
	PL	Zum Schluss präsentiert jede Gruppe ihr Plakat im Plenum, indem ein TN stellvertretend für seine Gruppe spricht. Die anderen TN hören zu, geben am Ende Rückmeldung und stellen Fragen. Auf Rückmeldung und Fragen reagieren die anderen Gruppenmitglieder. Hören Sie zu und sorgen Sie dafür, dass so viele TN wie möglich zu Wort kommen.	

Methodisch-didaktische Hinweise

D	1	PL	Rufen Sie den TN Nomen zu. Wenn die Nomen eine feminine Form mit -in bilden, wie im Beispiel vorgegeben, klatschen die TN und rufen das Wort mit -in. Verwenden Sie für die Aufgabe folgende Nomen: Person, Tourist, Bürger, Verwandte, Kunde, Klient, Autohändler usw.	
	2	PA PL	Die TN schauen sich zu zweit das Foto an, erschließen anhand dessen die Bedeutung der beiden Nomen und ergänzen sie entsprechend. Kontrollieren Sie im Plenum und gehen Sie auch auf die Bedeutung der Nomen ein. Fakultativ: Lassen Sie das Bild im Plenum beschreiben.	
	3	PL	Im Plenum stellen die TN Vermutungen darüber an, was der Kahn auf dem Foto transportieren könnte. Hören Sie zu und unterstützen Sie, wo nötig.	
	4	EA PL	Die TN überfliegen den Text und schauen sich die Karte an. Verweisen Sie dazu auf die *Extras*. Dann beantworten die TN die Fragen im Plenum.	
	5	PA PL	Die TN lesen die Aussagen 1–4 für sich. Dann lesen sie den ersten Teil des Textes in D4 noch einmal, unterstreichen in Zusammenarbeit mit ihrem Partner die lösungsrelevanten Textstellen und kreuzen an, ob a oder b richtig ist. Besprechen Sie die Lösungen im Plenum. Erklären Sie dabei auch die unbekannten Wörter in den Sätzen 1–4 und im ersten Textteil. Übertragen Sie dann den Grammatikkasten an die Tafel und gehen Sie auf die temporale Bedeutung der Präposition *zwischen* anhand der Beispiele ein. Die TN nennen den Kasus (Dativ), der nach der Präposition folgt. Fakultativ: Wiederholen Sie im Vergleich die lokale Bedeutung von *zwischen* anhand eines Beispiels. Möglicher Tafelanschrieb: *Zwischen April und Oktober wird die Post mit dem Kahn gebracht.* *Darmstadt liegt zwischen Heidelberg und Frankfurt.*	
	6	EA PL	Die TN lesen still die Aussagen 1–4. Dann lesen sie den zweiten Teil des Textes in D4 noch einmal und ergänzen die passenden Namen zu den Aussagen. Kontrollieren Sie im Plenum. Erklären Sie die neuen Wörter in den Aussagen und im zweiten Textteil.	
	7	PL PA PL	Lesen Sie die Arbeitsanweisung vor und gehen Sie auf die Bedeutung von *Definition* ein. Zu zweit ordnen die TN jedem Nomen die passende Definition zu und ergänzen die fehlende Definition. Kontrollieren Sie im Plenum. Übertragen Sie dann den Grammatikkasten an die Tafel und erklären Sie anhand der vorgegebenen Beispiele die Wortbildung. Weisen Sie auch darauf hin, dass die so gebildeten Nomen der Adjektivdeklination folgen.	
	8	EA PL	Die TN schreiben je zwei Fragen, wie im Beispiel vorgegeben, auf ein Blatt. Helfen Sie, wo nötig. Achten Sie darauf, dass auch feminine Formen und Pluralformen verwendet werden. Dann lesen die TN ihre Fragen im Kurs vor und die anderen TN rufen das Lösungswort. Hören Sie zu und korrigieren Sie, wenn nötig.	

Methodisch-didaktische Hinweise

	9	PL	Erklären Sie die Ausgangssituation. Gehen Sie auf die Redemittel ein und klären Sie den neuen Wortschatz.
		EA	Die TN schreiben einen zusammenhängenden Text für das Gästebuch eines Hotels. Sie gehen darin auf alle Leit-Fragen ein und verwenden die Redemittel. Die Texte in D4 dienen als Modell. Gehen Sie umher und helfen Sie ggf. bei Schwierigkeiten.
		PL	Sammeln Sie zum Schluss die Briefe ein, korrigieren Sie sie und besprechen Sie in der nächsten Unterrichtsstunde die wichtigsten Fehler.
Xtra Prüfung	1	EA	Die TN lesen still die Situationen 1–4 und markieren die Schlüsselwörter.
		PL	Fakultativ: Besprechen Sie die unterstrichenen Schlüsselwörter im Plenum.
	2	EA	Die TN lesen die Anzeigen a–d, suchen nach den Informationen, die den unterstrichenen Schlüsselwörtern in den Situationen 1–4 entsprechen, und ordnen diesen die jeweils passende Anzeige zu. Weisen Sie darauf hin, dass es für eine Person (bzw. Situation) keine passende Anzeige gibt. In diesem Fall schreiben die TN ein X.
		PL	Kontrollieren Sie anschließend im Plenum. Die TN begründen ihre Zuordnung durch entsprechende Textstellen in den Anzeigen. Erklären Sie dabei auch den Ausdruck *Stress ablegen*.
			Hinweis 1: Diese Aufgabe entspricht in der Prüfung für das Goethe Zertifikat B1 bzw. das ÖSD Zertifikat B1 Teil 3 des Moduls Lesen. Dem Kandidaten werden **sieben Situationen** vorgelegt, die alle zu einem umfassenden Szenario (hier: Urlaub) gehören. Für diese sieben Situationen soll der Kandidat nun **10 Anzeigen** lesen und entscheiden, welche Anzeige zu welcher Situation passt. Jede Anzeige kann nur einmal verwendet werden. Für eine Situation gibt es keine passende Anzeige. In diesem Fall schreiben die Kandidaten: 0. Zur Bearbeitung der Aufgabe stehen ca. 10 Minuten zur Verfügung.
			Hinweis 2: Diese Aufgabe entspricht auch in der Prüfung für das Zertifikat Deutsch (telc Deutsch B1) Teil 3 des Leseverstehens. Dem Kandidaten werden **zehn Situationen** vorgelegt. Die Situationen gehen **nicht** von einem **einheitlichen Thema** aus. Für diese zehn Situationen soll der Kandidat nun **12 Anzeigen** lesen und entscheiden, welche Anzeige zu welcher Situation passt. Jede Anzeige kann nur einmal verwendet werden. Wenn die Kandidaten zu einer Situation keine Anzeige finden, markieren sie ein X.

Methodisch-didaktische Hinweise

10 Kommunikation und Medien

Aufgabe	Form	Ablauf im Kurs	Material
Starten wir! 1	PL EA PL	Erklären Sie im Lektionstitel die Bedeutung von *Kommunikation*. Die TN schauen sich das Foto und die Bilder A–D an. Sie lesen dann die vorgegebenen Nomen für sich und ordnen Nomen und Bilder A–D einander zu. Besprechen Sie anschließend die Lösungen. Dabei lesen die TN die Nomen mit Artikel vor. Die TN erschließen somit selbst die Bedeutung des neuen Wortes *Hütte*. Falls es dennoch Unklarheiten gibt, erklären Sie das Wort. Danach beschreiben die TN das Bild im Plenum und verwenden dabei die vier Nomen. Hören Sie zu und unterstützen Sie, wo nötig. Sorgen Sie dafür, dass mehrere TN zu Wort kommen.	
2	PL	Stellen Sie die Frage im Plenum und erklären Sie die Bedeutung von *Lauf*. Lassen Sie einen TN die vorgegebenen Wörter bzw. Ausdrücke vorlesen und erklären Sie den unbekannten Wortschatz. Gehen Sie auch auf die Redemittel ein. Dann findet im Kurs ein Gespräch statt, wobei die TN sich kritisch über die auf dem Foto dargestellte Situation äußern. Die Vorgaben dienen zur Hilfe. Hören Sie zu und unterstützen Sie, wo nötig. Achten Sie darauf, dass die TN auch auf die Aussagen anderer TN reagieren.	
3	EA PA	Die TN lesen die Frage sowie die Vorgaben und Redemittel für sich. Erklären Sie in den Redemitteln die Bedeutung von *Hilfsmittel*. Dann kreuzen die TN an, was man ihrer Meinung nach als Jogger wirklich braucht. Lassen Sie die TN die Bedeutung der neuen Wörter *Smartwatch* und *Fitness-App* selbst oder in Zusammenarbeit mit ihrem Partner erschließen. Klären Sie diese nur, falls nötig. Anschließend sprechen die TN mit ihrem Partner über das Thema. Dabei nehmen sie die Redemittel zu Hilfe. Gehen Sie währenddessen umher, hören Sie zu und helfen Sie, wo nötig.	
A 1	PL EA PL	Die TN schauen sich das Foto an und beschreiben es im Plenum. Sie lesen dann still die beiden Sätze und hören das Gespräch. Während des Hörens oder danach kreuzen sie die richtige Satzhälfte an. Kontrollieren Sie anschließend im Plenum.	CD 3/4
2	EA PL	Die TN lesen die Ausdrücke für sich und erschließen mithilfe der entsprechenden Bilder ihre Bedeutung. Sie raten dann, welche von diesen Ausdrücken in der Bedienungsanleitung der Fitness-App stehen und kreuzen entsprechend an. Erklären Sie zum Schluss die neuen Wörter, falls es noch Unklarheiten gibt.	
3	PA	Die TN lesen die Überschriften. Dann lesen sie die Bedienungsanleitung und ordnen in Zusammenarbeit mit ihrem Partner den Textabschnitten die passenden Überschriften zu. Verweisen Sie dazu auch auf die Informationen in *Extras*. Die TN kontrollieren auch zu zweit anhand des Textes ihre Vermutungen in A2 und korrigieren diese ggf.	

Methodisch-didaktische Hinweise

	3	PL	Besprechen Sie die Zuordnung im Plenum. Gehen Sie auf den neuen Wortschatz in den Überschriften ein. Kontrollieren Sie anschließend auch die Ergebnisse in A2.	
	4	EA PL	Die TN lesen die Sätze 1–7 für sich. Dann lesen sie die Bedienungsanleitung in A3 noch einmal, unterstreichen die lösungsrelevanten Stellen und kreuzen an, ob die Aussagen richtig oder falsch sind. Kontrollieren Sie im Plenum und lassen Sie die TN die lösungsrelevanten Stellen nennen. Klären Sie zum Schluss den neuen Wortschatz im Text.	
	5	PL	Erklären Sie die Ausgangssituation. Die TN lesen noch einmal still den entsprechenden Abschnitt in der Bedienungsanleitung in A3. Dann erklärt ein TN mündlich die Vorgehensweise.	
	6	EA PL	Die TN lesen den Grammatikkasten für sich. Dann lesen sie den Text in A3 noch mal, finden die Sätze im Text und ergänzen die fehlenden Präpositionen (im Text grün markiert) bzw. Nomen (im Text rosa markiert). Übertragen Sie währenddessen den Grammatikkasten an die Tafel. Bitten Sie danach einen TN nach vorne, der die Sätze an der Tafel ergänzt. Erklären Sie im Anschluss den Gebrauch der Relativsätze mit Präpositionen: Machen Sie anhand der Sätze deutlich, dass die Präposition bzw. das Präpositionalobjekt im Nebensatz entscheidet, ob das Relativpronomen im Akkusativ oder Dativ steht. Die Präposition steht direkt nach dem Komma und vor dem Relativpronomen.	
	7	PL GA	Erklären Sie anhand des Beispiels die Aufgabe. Gehen Sie auf die Bedeutung von *Fahrradschloss* ein. Teilen Sie die TN in 4er-Gruppen ein. Jedes Mitglied der Gruppe bekommt eine Karte. Auf ihre Karte zeichnen die TN einen persönlichen Gegenstand und schreiben das entsprechende Nomen mit Artikel daneben. Dann zeigt jeder TN der Gruppe seine Karte und sagt den anderen Gruppenmitgliedern, was er mit diesem Gegenstand macht. Gehen Sie umher und hören Sie zu.	Karten
	8	GA	Die Gruppenmitglieder legen ihre Karten aus A7 mit den Zeichnungen nach unten auf den Tisch und mischen sie. Dann nimmt jeder TN reihum eine Karte und bildet einen Satz, wie im Beispiel vorgegeben. Betonen Sie, dass die TN besonders auf die richtigen Relativpronomen achten sollen. Schreiben Sie ggf. folgendes Satzschema als Hilfe an die Tafel: *Das ist der/das/die …, mit dem/der …* Gehen Sie anschließend an jeder Gruppe vorbei, hören Sie zu und korrigieren Sie, falls nötig.	Karten aus A7
	9	PA	Die Partner erklären (und zeigen) einander abwechselnd die Funktionsweise einer App auf ihrem Smartphone. Sie beschreiben ihrem Partner das Verfahren und die einzelnen Schritte. Die Ausdrücke in A2 dienen zur Hilfe. Gehen Sie umher und unterstützen Sie, wo nötig.	Smartphone
B	1	PL EA PL	Erklären Sie die Aufgabe. Lassen Sie einen TN die Beispielfragen vorlesen. Das Plenum errät die Antwort. Jeder TN schreibt dann eine Frage mit Relativsatz auf, wie im Beispiel vorgegeben, und liest sie im Plenum vor. Die anderen TN raten die Antwort. Sobald die Antwort gefunden wurde, ist der nächste TN dran.	

Methodisch-didaktische Hinweise

	2	PL	Die TN lesen die Sätze 1–10 für sich. Erklären Sie den unbekannten Wortschatz.	
		EA	Dann machen die TN den Selbsttest: Sie kreuzen die für sie geltende Antwort an. Zum Schluss lesen sie die Auflösung des Tests.	
	3	PL	Lesen Sie die Frage vor und erklären Sie die Bedeutung von *hinweisen auf*. Geben Sie an der Tafel die unregelmäßigen Tempusformen an. Lassen Sie einen TN die vorgegebene Antwort vorlesen und entsprechend ergänzen. Beginnen Sie so eine Diskussion im Kurs. Die TN äußern und begründen ihre Meinung zu den in B2 beschriebenen Verhaltensweisen. Hören Sie zu und achten Sie darauf, dass die TN auch auf die Aussagen anderer TN reagieren. Fordern Sie „schweigsame" TN auf, Stellung zu nehmen.	
	4	EA	Die TN lesen noch einmal still die Aussagen 1–10 in B2. Dann hören sie die Fernsehsendung. Beim Hören notieren sie, welche der Aussagen sie inhaltlich wiedererkennen.	CD 3/5
		PL	Besprechen Sie die Ergebnisse im Plenum.	
	5	PL	Erklären Sie die Aufgabe. Geben Sie dann den TN Informationen und Tipps, wie sie bei solchen Höraufgaben vorgehen sollten: – Bitten Sie die TN in den Aussagen Schlüsselwörter bzw. wichtige Informationen zu unterstreichen, damit sie sich beim Lesen und beim Hören auf die Kernaussage konzentrieren können. – Weisen Sie darauf hin, dass die Aussagen inhaltlich und nicht wortwörtlich zu hören sind. – Da im Hörtext mehrere Sprecher zu Wort kommen, sollten die TN besonders darauf achten, wer jedes Mal spricht. In der Regel wendet sich die Moderatorin / der Moderator an die Gäste und nennt sie dabei beim Namen. Unterschiede wie Frauenstimme vs. Männerstimme oder Stimme einer jungen vs. älteren Person spielen natürlich auch eine Rolle. – Die Aussagen stehen in der Reihenfolge, in der sie im Hörtext vorkommen.	
		EA	Die TN lesen nun still die zehn Aussagen. Erklären Sie die neuen Wörter im Plenum. Dann hören die TN die Fernsehsendung noch einmal und kreuzen während des Hörens oder danach an, wer was sagt.	CD 3/5
		PL	Kontrollieren Sie anschließend im Plenum.	
	6	PL	Lesen Sie die Frage in der Arbeitsanweisung vor.	CD 3/5
		EA	Die TN lesen dann die Aussagen 1–6 für sich und hören im Anschluss das Gespräch noch einmal. Während des Hörens oder danach kreuzen sie an, welche Aussagen im Gespräch vorkommen.	
		PL	Zur Kontrolle werden die angekreuzten Sätze im Plenum vorgelesen.	
	7	PA	Die TN lesen die zwei Sätze, markieren gemeinsam mit ihrem Partner im zweiten Satz das Partizip und ergänzen die fehlenden Verben *können* und *werden* in den Sätzen. Lassen Sie zur Kontrolle die beiden vollständigen Sätze von einem TN an die Tafel schreiben. Unterstreichen Sie die Verbformen. Die TN erschließen anhand der Sätze die Bildung des Passivs mit Modalverb. Geben Sie folgendes Schema an der Tafel vor:	
		PL		

> <u>Passiv mit Modalverb</u>
> *MV … + Partizip Perfekt + werden*

Methodisch-didaktische Hinweise

	8	PA	Die TN lesen still die zwei Vorgaben und die Regeln. Danach entscheiden sie gemeinsam mit ihrem Partner, wo diese Regeln gelten, und ergänzen entsprechend.	
		PL	Kontrollieren Sie im Plenum und gehen Sie dabei auch auf die Bedeutung von *stumm* und *das Handy auf stumm stellen* ein. Sagen Sie den TN, dass Passiv mit Modalverb (besonders: *müssen, dürfen, sollen*) oft beim Formulieren von Regeln verwendet wird, da die Aussagen allgemeingültig sind, die handelnde Person also nicht im Vordergrund steht.	
	9	EA	Die TN lesen die Vorgaben für sich. Erklären Sie die neuen Wörter. Die TN schreiben nun weitere Regeln, die in der U-Bahn, beim Essen und im Deutschkurs gelten, in ihr Heft und wenden so das Passiv mit Modalverb an. Helfen Sie, wo nötig.	
		PA	Die TN vergleichen dann ihre Sätze mit ihrem Partner, indem sie ihm die Sätze vorlesen. Der Partner hört zu und korrigiert, falls nötig. Gehen Sie umher, hören Sie mit und helfen Sie bei Schwierigkeiten.	
		PA	Fakultativ: Teilen Sie die Kopiervorlage 19 an jeden TN aus. Die TN bilden zu zweit Sätze im Passiv mit Modalverben.	KV 19
		PL	Kontrollieren Sie im Plenum.	
			Hinweis: Die Kopiervorlage kann auch in EA zu Hause bearbeitet und dann im Kurs korrigiert werden.	
			Lösungsvorschlag: 1 Mit der Fitness-App können Daten über Ihre Gesundheit gesammelt werden. 2 Geschwindigkeit und Distanz können beim Laufen gemessen werden. 3 Die Konzentration kann auch kontrolliert werden. 4 Die App kann auf einer Smartwatch installiert werden. 5 Die Bedienungsanleitung der App muss unbedingt gelesen werden. 6 Die Fitness-App muss vom Online-App-Store heruntergeladen werden. 7 Alle Dateien sollen in einem Ordner gespeichert werden. 8 Nach der Installation muss ein persönliches Profil eingerichtet werden. 9 Im Menü können interessante Themen gewählt werden. 10 Unter *Woche* kann der Verlauf der letzten sieben Tage gelesen werden.	
	10	PL	Erklären Sie die Ausgangssituation und in diesem Zusammenhang den Ausdruck *zu Wort kommen*.	
		EA	Die TN lesen die drei Aussagen. Erklären Sie den neuen Wortschatz.	
		PA	Die TN hören danach die Fortsetzung der Fernsehsendung und nummerieren die Sätze in Zusammenarbeit mit ihrem Partner in der Reihenfolge, in der der Studiogast sie sagt.	CD 3/6
		PL	Besprechen Sie anschließend zur Kontrolle die Lösung im Plenum.	
	11	EA	Die TN lesen still die Redemittel. Dann hören sie den Ausschnitt aus der Sendung noch einmal und kreuzen an, was zu hören ist.	CD 3/6
		PL	Kontrollieren Sie im Plenum und gehen Sie dann auf die Bedeutung der vorgegebenen Redemittel ein.	

Methodisch-didaktische Hinweise

	12	EA	Die TN schreiben nun einen Beitrag von ca. 80 Wörtern Länge im Chat der Sendung und äußern darin ihre Meinung. Weisen Sie darauf hin, dass die TN dazu die Redemittel aus B11 benutzen können. Gehen Sie umher und unterstützen Sie, wo nötig. Sammeln Sie zum Schluss die Beiträge ein, korrigieren Sie sie zu Hause und besprechen Sie die wichtigsten Fehler in der nächsten Unterrichtsstunde.	
		GA	Fakultativ: Kopieren Sie die Kopiervorlage 20 einmal für jede 3er-Gruppe und schneiden Sie die Karten aus. Bilden Sie Gruppen zu je drei TN. Teilen Sie jeder Gruppe einen Satz Karten aus. Die TN mischen die Karten und legen sie gemeinsam zu korrekten Redemitteln zusammen.	KV 20
		PL	Kontrollieren Sie im Plenum. Lassen Sie dann im Plenum eine Diskussion über das Thema: *Wie groß ist das Problem der Internetsucht heute? Wie kann man es vermeiden?* ablaufen, bei der die Redemittel verwendet werden können. Schreiben Sie dazu das Thema an die Tafel. Ein TN übernimmt die Rolle des Moderators. Seine Aufgabe ist es zu bestimmen, wer wann zu Wort kommt. Er sollte auch dafür sorgen, dass niemand unterbrochen wird. Der Moderator kann auch weiterführende Fragen stellen. **Lösungen:** Ich bin ganz anderer Meinung. Ich möchte auch zu Wort kommen. Ich will meine Meinung zum Ausdruck bringen. Ich schließe mich der Meinung von … an, dass … Ich bin überzeugt davon, dass … Ich halte es für wichtig, dass … Es kann schlimme Folgen haben, wenn … Ich stimme (nicht) zu, dass … Ich möchte dieser Meinung wiedersprechen. Ich kann über eigene Erfahrungen berichten. Ich persönlich finde es schade/positiv/…, dass … Das hat den Vorteil/Nachteil, dass …	
C	1	PL	Erklären Sie die Aufgabe anhand des Beispiels. Legen Sie gemeinsam mit den TN fest, über welche Regeln sie sprechen werden. Dann stellen sich die TN im Kreis auf. Ein TN beginnt und formuliert eine Regel. Er verwendet dabei Passiv mit Modalverb. Dann wendet er sich an den nächsten TN links von ihm (im Uhrzeigersinn also). Dieser nennt eine andere Regel und spricht seinen Nachbarn an usw. Das Spiel endet, wenn alle TN einen Satz gebildet haben. Hören Sie während des Spiels zu und korrigieren Sie, wo nötig.	
	2	PA	Die TN schauen sich die Fotos an und lesen den Text. In Zusammenarbeit mit ihrem Partner ordnen sie danach den Beispielen 1–3 die Fotos A–C zu.	
		PL	Besprechen Sie anschließend zur Kontrolle die Lösungen im Plenum. Erklären Sie auch die unbekannten Wörter im Text.	

Methodisch-didaktische Hinweise

3	EA PL EA PL	Die TN lesen zuerst still die Frage der Aufgabe und dann die beiden Antworten. Erklären Sie die Bedeutung von *verlassen* und schreiben Sie die unregelmäßigen Tempusformen an die Tafel. Danach lesen die TN den ersten Textabschnitt und kreuzen die richtige Antwort an. Besprechen Sie anschließend zur Kontrolle die Lösung im Plenum. Die TN begründen auch ihre Wahl durch die entsprechende Textstelle.
4	EA PA PL	Die TN lesen die Aussagen 1–9 und den Text in C3 für sich. In Zusammenarbeit mit ihrem Partner finden sie die lösungsrelevanten Stellen, unterstreichen sie und kreuzen an, ob die Aussagen richtig oder falsch sind. Besprechen Sie die Lösungen anschließend zur Kontrolle im Plenum. Die TN begründen ihre Ergebnisse mit entsprechenden Textstellen. Erklären Sie dabei auch den neuen Wortschatz im Text und in den Aussagen.
5	PA PL	Die TN lesen die Satzhälften 1–3 und a–c und ordnen sie zu zweit einander zu. Besprechen Sie zur Kontrolle die Lösungen im Plenum. Die TN erschließen die Bedeutung von *ohne dass* bzw. *ohne zu*. Verweisen Sie dann auf den Grammatikkasten und übertragen Sie ihn an die Tafel. Erklären Sie anhand der Beispiele im Kasten die Bildung der Nebensätze mit *ohne dass* und *ohne zu*: – Erwähnen Sie, dass im Infinitivsatz mit *ohne … zu* kein Subjekt steht. Das Subjekt ist inhaltlich dem Hauptsatz zu entnehmen. Nur dann kann ein Nebensatz mit *ohne zu* gebildet werden. – Zeigen Sie, dass der Nebensatz mit *ohne dass* unabhängig vom Subjekt des Hauptsatzes verwendet werden kann: Es spielt keine Rolle, ob die Subjekte in Haupt- und Nebensatz identisch oder verschieden sind, da in diesen Nebensätzen das Subjekt immer erwähnt werden muss. Das Verb am Ende wird konjugiert. Möglicher Tafelanschrieb: …, *ohne … zu* + *(Infinitiv)* …, *ohne dass* + *(Subjekt)* … + *(Verb mit Endung)*
6	EA PA PL	Die TN lesen die Vorgaben. Dann bilden sie Sätze: Jeden Satz schreiben sie einmal mit *ohne dass* und einmal mit *ohne zu* in ihr Heft. Dann lesen die TN im Wechsel die Sätze ihrem Partner vor und kontrollieren die Richtigkeit. Gehen Sie umher, hören Sie zu und helfen Sie bei Schwierigkeiten. Fakultativ: Lassen Sie einzelne TN die Sätze im Plenum vorlesen.
7	PL PA	Lesen Sie die Arbeitsanweisungen vor und erklären Sie die Bedeutung von *einzeln*. Ein TN liest dann die vier Punkte vor. Erklären Sie die Bedeutung von *sich verabschieden*. Danach einigen sich die Partner darüber, in welcher Reihenfolge sie über die vorgegebenen Punkte schreiben wollen, und nummerieren diese entsprechend.

# Methodisch-didaktische Hinweise

	8	EA	Die TN lesen die Redemittel und ordnen ihnen die passenden Punkte aus C7 zu.	
		PL	Besprechen Sie die Ergebnisse im Plenum. Erklären Sie dabei die Bedeutung von *aufmerksam*.	
		EA	Die TN schreiben danach ihren Text für den Video-Blog. Sie gehen dabei auf die Punkte in C7 ein und verwenden die vorgegebenen Redemittel. Gehen Sie umher und helfen Sie ggf. Die TN üben dann ihren Text ein.	
	9	PL	Erklären Sie die Aufgabe.	Smart-phone
		PA	Die TN arbeiten dann zu zweit. Partner A wählt die Videofunktion auf seinem Smartphone und nimmt Partner B auf. Partner B spricht über sich und verwendet seinen Text aus C8. Dann wechseln sie die Rollen.	
	10	PL	Alle TN legen anschließend ihre Smartphones auf einen Tisch. Die TN schauen sich die Videos an, vergleichen sie miteinander und geben Rückmeldung, welche Videos ihnen besonders gefallen haben. Machen Sie mit.	Smart-phone
D	1	PL	Erklären Sie die Aufgabe und das Wort *notieren*.	
		EA	Dann notieren die TN wie im Beispiel eine Aktivität, die für sie besonders wichtig im Leben ist.	
	2	PA	Anhand der Notizen aus D1 spielen die TN Dialoge mit ihrem Partner und tauschen sich über wichtige Dinge in ihrem Leben aus. Sie formulieren dabei Sätze mit *ohne zu* bzw. *ohne dass*, wie im Beispiel vorgegeben. Gehen Sie umher und korrigieren Sie, falls nötig. Fakultativ: Die TN suchen sich nach jedem Dialog einen anderen Partner und spielen einen weiteren Dialog.	
	3	PL	Die TN schauen sich die Fotos A–C an. Sie äußern sich dann darüber im Plenum und begründen auch ihre Meinung. Sorgen Sie dafür, dass mehrere TN zu Wort kommen. Hören Sie zu und helfen Sie, wo nötig.	
	4	PL	Zeichnen Sie den vorgegebenen Wortigel an die Tafel und stellen Sie dem Plenum die Frage. Gehen Sie auf die Bedeutung von *Begriff* ein und wiederholen Sie ggf. die Bedeutung von *einfallen*.	
		EA PL	Die TN sammeln in ihrem Heft, was ihnen spontan zum Begriff *Liebe* einfällt. Anschließend nennen die TN im Plenum ihre Ergebnisse. Ein TN schreibt sie an den Wortigel.	
	5	PL	Lesen Sie die Frage der Aufgabe vor und erklären Sie die neuen Wörter.	
		EA	Die TN unterstreichen diejenigen digitalen Dienste, die sich ihrer Meinung nach für den Austausch von Liebesgrüßen eignen, und erweitern ggf. die Liste mit anderen Möglichkeiten.	
		PL	Dann werden die Ergebnisse im Plenum besprochen und ggf. begründet. Schreiben Sie alle Vorschläge an die Tafel.	
	6	PL	Fragen Sie im Plenum, ob die TN *Slam-Poetry* kennen (s. Starten wir! A2, KB Lektion 6 Teil D) und erklären Sie ggf. kurz, was das ist: (= Selbstverfasste Gedichte, die bei einem Wettbewerb (Poetry-Slam) vom Dichter vorgetragen und oft auch selbst inszeniert werden. Die Zuhörer ernennen den Sieger.) Weisen Sie vor dem Hören auf die Informationen in *Extras* hin und klären Sie ggf. die Bedeutung.	
		EA PL	Die TN hören die erste Strophe der Slam-Poetry, notieren beim Hören die genannten digitalen Dienste und vergleichen mit den Ergebnissen in D5. Sie äußern sich anschließend im Plenum darüber.	CD 3/7

Methodisch-didaktische Hinweise

7	EA / PL	Die TN lesen die erste Strophe des Liedes für sich. Dann hören sie die Strophe noch einmal und ergänzen während des Hörens oder danach die fehlenden Verbformen. Kontrollieren Sie zum Schluss im Plenum. Lassen Sie die TN die Bedeutung von *früher* aus dem Kontext erschließen.		CD 3/7
8	PL / EA / PL	Erklären Sie die Aufgabe und in diesem Zusammenhang die Bedeutung von *Refrain*. Die TN lesen zuerst den Text für sich, hören dann das ganze Lied und ordnen den Refrain, indem sie die Zeilen nummerieren. Kontrollieren Sie im Plenum und erklären Sie den unbekannten Wortschatz im Gedicht.		CD 3/8
9	PL	Lassen Sie einen TN die Adjektive vorlesen. Die TN erschließen vom Gegenteil die Bedeutung der unbekannten Wörter. Anschließend beschreiben sie die Stimme des Vortragenden im Plenum, indem sie die Adjektive verwenden, und sagen auch ihre Meinung dazu. Sorgen Sie dafür, dass mehrere TN zu Wort kommen. Hören Sie zu und unterstützen Sie, falls nötig.		
10	PL	Die TN hören die Slam-Poetry noch einmal und klopfen bzw. sprechen im Rhythmus mit. Machen Sie mit.		CD 3/8
11	PL / PA / PL	Erklären Sie die Aufgabe und die Bedeutung von *Metapher*. Die TN lesen die vier Metaphern aus der 2. Strophe des Gedichts und besprechen zu zweit, was sie bedeuten könnten. Gehen Sie umher und hören Sie mit. Fakultativ: Anschließend sprechen die TN im Plenum über mögliche Bedeutungen der Ausdrücke. Lassen Sie mehrere TN zu Wort kommen.		
12	EA / PL	Die TN lesen nun die Erklärungen 1–4 und ordnen ihnen die Metaphern a–d aus D11 zu. Besprechen Sie die Lösungen im Plenum.		
13	EA / PL	Die TN lesen still die zwei Aussagen und kreuzen an, was ihrer Meinung nach der Autor mit seinem Text sagen will. Im Plenum diskutieren die TN dann kurz darüber und einigen sich, welche Aussage richtig ist.		
14	GA	Ein TN übernimmt die Rolle des Moderators. Er gibt den Auftrag zur Bildung von 3er-Gruppen (s. Beispielaussage) und organisiert den Ablauf der Gruppenarbeit (Aufgabe D14–D16). Die TN jeder Gruppe sammeln gemeinsam, was sie für ihre Liebste / ihren Liebsten früher taten und heute anders tun, und notieren wie im Beispiel stichwortartig die Ergebnisse. Weisen Sie auf die zu verwendende Zeitform der Verben hin (*früher*: Präteritum, *heute*: Präsens). Achten Sie auch darauf, dass der Moderator aktiv bleibt. Helfen Sie ihm ggf.		
15	PL / EA	Der Moderator erklärt die Aufgabe. Jedes Mitglied der Gruppe aus D14 schreibt nun anhand der Notizen eine weitere Strophe. Bei Schwierigkeiten sollte der Moderator helfen oder sich an Sie wenden.		

Methodisch-didaktische Hinweise

Aufgabe	Form	Ablauf im Kurs	Material
16	PL	Der Moderator erklärt den weiteren Ablauf. Gehen Sie in diesem Zusammenhang auf die Bedeutung von *Gruppensieger* ein.	
	GA	In der Gruppe (aus D14) trägt jeder TN seine Strophe vor. Die Mitglieder der Gruppe wählen danach den besten Text aus.	
	PL	Die TN machen nun im Kurs einen Poetry-Slam, der Moderator organisiert auch diesen. Jeder Gruppensieger liest seinen Text im Plenum vor. Die Zuhörer wählen zum Schluss den schönsten Text: den Sieger des Poetry-Slams. Alle applaudieren. Applaudieren Sie auch mit.	
Xtra Prüfung 1	PL	Erinnern Sie die TN an die Vorgehensweise bei dieser Aufgabenform (s. Hinweise zu B5).	CD 3/9
	EA	Die TN lesen die Aussagen 1–9 für sich und markieren Schlüsselwörter. Die Information in *Extras* dient zur Hilfe. Dann hören die TN das Gespräch zweimal. (Hinweis: Der Hörtext ist dem Prüfungsformat angepasst, ist also zweimal aufgenommen worden. Drücken Sie am Ende des ersten Hörens nicht auf die Stopp-Taste. Lassen Sie die CD weiterlaufen.) Während des Hörens kreuzen die TN an, wer was sagt.	
	PL	Kontrollieren Sie anschließend im Plenum.	
		Hinweis: Diese Aufgabe entspricht in der Prüfung für das Goethe Zertifikat B1 bzw. das ÖSD Zertifikat B1 Teil 4 des Moduls Hören. Die Kandidaten hören eine Diskussion im Radio zwischen einer Moderatorin / einem Moderator und zwei Studiogästen über ein alltägliches Thema. Sie hören den Text <u>zweimal</u>. Die Aufgabe besteht darin, **acht** Aussagen den richtigen Gesprächsteilnehmern zuzuordnen. Vor dem Hören haben die Kandidaten 60 Sekunden Zeit, um die Aussagen zu lesen.	

11 Dabei sein

Aufgabe	Form	Ablauf im Kurs	Material
Starten wir! 1	EA	Die TN schauen sich das Foto an, lesen still die drei vorgegebenen Sportarten und kreuzen an, wie ihrer Meinung nach der abgebildete Sport heißt.	
2	EA	Die TN lesen still die vorgegebenen Wörter. Dann hören sie die Beschreibung des Spiels und unterstreichen während des Hörens oder danach die Wörter, die sie hören. Kontrollieren Sie anschließend im Plenum und gehen Sie auch auf die Bedeutung der neuen Verben ein. Geben Sie zu den Verben den Infinitiv und die unregelmäßigen Tempusformen an.	CD 3/10
	PL	Die TN sagen im Plenum auch, wie das Spiel heißt, und korrigieren ggf. ihre Vermutung in Aufgabe 1.	
		Fakultativ: Die TN erzählen, was sie über das Spiel Quidditch (von der Autorin J. K. Rowling erfundenes Spiel für die Buchreihe *Harry Potter*) wissen.	
		Hinweis: Weitere Informationen zum Quidditch-Spiel finden Sie in A1.	
3	EA PL	Die TN sehen sich das Foto noch einmal an und ordnen die Nomen aus Aufgabe 2 zu. Kontrollieren Sie im Plenum.	

Methodisch-didaktische Hinweise

	3		Danach beschreiben die TN das Foto im Plenum. Die Redemittel dienen zur Hilfe. Wiederholen Sie ggf. die Bedeutung von *Trikot*. Schreiben Sie, falls nötig, Redemittel zur Bildbeschreibung an die Tafel (s. Hinweis zu Lektion 9, Starten wir, Aufgabe 1). Helfen Sie bei Schwierigkeiten und sorgen Sie dafür, dass mehrere TN zu Wort kommen.
A	1	PL	Die TN lesen die Fragen 1–7 zum Text für sich. Erklären Sie den unbekannten Wortschatz in den Fragen.
		EA	Die TN markieren dann in den Fragen Schlüsselwörter, lesen den Text und unterstreichen die lösungsrelevanten Stellen.
		PA	Im Anschluss fragen und antworten die Partner im Wechsel.
		PL	Fakultativ: Lassen Sie die Fragen zur Kontrolle auch im Plenum beantworten.
	2	EA	Die TN lesen die Wörter bzw. Ausdrücke 1–4, finden sie im Text in A1 und notieren die Zeilen. Mithilfe des Kontextes ordnen sie ihnen dann die Definitionen a–d zu. Besprechen Sie zur Kontrolle die Lösungen im Kurs und erklären Sie anschließend den neuen Wortschatz im Text in A1.
		PL	
	3	PA	Die TN lesen den Text und die Aussagen 1 und 2. Verweisen Sie dazu auf die Informationen in *Extras*. Dann kreuzen sie zu zweit die richtige Aussage an.
		PL	Besprechen Sie zur Kontrolle die Lösung im Plenum und klären Sie ggf. noch unbekannte Wörter. Schreiben Sie dabei die Ausdrücke *Interesse haben an + D* und *in einen Verein eintreten* an die Tafel.
	4	EA	Die TN lesen die vorgegebenen Vereinsarten. Gehen Sie auf die Bedeutung von *Umweltschutzverein* ein. Danach kreuzen die TN an, welche Vereine sie interessieren, bzw. ergänzen die für sie interessanten Vereine.
		PL	Besprechen Sie die Ergebnisse im Plenum. Schreiben Sie die von den TN genannten Vereine an die Tafel in Form eines Wortigels. Möglicher Tafelanschrieb: *Tennisverein Fußballverein* *Vereine* *Tierschutzverein …*
	5	GA	Teilen Sie die TN in 4er-Gruppen ein. Die Gruppenmitglieder sammeln und notieren gemeinsam Gründe, warum die Leute in Vereine eintreten. Schreiben Sie währenddessen einen Wortigel wie vorgegeben an die Tafel.
		PL	Anschließend nennen die Gruppen ihre Gründe im Plenum. Sie formulieren dabei ganze Sätze. Schreiben Sie zur Hilfe an die Tafel: *Man tritt in einen Verein ein, weil/denn …* Ein TN ergänzt an der Tafel den Wortigel. Die TN vergleichen mit ihren Notizen und ergänzen ggf. Fakultativ: Fragen Sie, wer von den TN tatsächlich Mitglied in einem Verein ist und warum. Die TN berichten von ihren Erfahrungen.

Methodisch-didaktische Hinweise

	6	EA	Erklären Sie die Ausgangssituation. Die TN lesen den Text in A3 noch einmal.	Smart-phone
		PA	Dann schreiben und schicken sie eine kurze Erklärung mit WhatsApp an ihren Partner. Der Partner liest den Text.	
	7	PA	Die TN lesen die Satzhälften 1–3 und a–c. Dann lesen sie den Text in A1 noch einmal, finden in Zusammenarbeit mit ihrem Partner die Sätze im Text und ordnen die Satzhälften einander zu. Anschließend ergänzen sie auch die fehlenden Konnektoren im Grammatikkasten.	
		PL	Kontrollieren Sie danach im Plenum. Ein TN schreibt die vollständigen Sätze aus dem Grammatikkasten an die Tafel. Erklären Sie die Bedeutung von *Kreditkarte*. Gehen Sie anhand der Sätze auf Bedeutung und Gebrauch des zweiteiligen Konnektors *entweder ... oder* ein: – Lassen Sie die TN die Bedeutung (Formulierung von Alternativen) aus dem Kontext erschließen. – Zeigen Sie, dass *entweder ... oder* hier zwei Hauptsätze miteinander verbindet (konjugierte Verben auf Position 2). – Weisen Sie darauf hin, dass zwischen den zwei Hauptsätzen <u>kein</u> Komma steht. Fakultativ: Erwähnen Sie die bisher bekannten zweiteiligen Konnektoren und wiederholen Sie kurz ihre Bedeutung. Diese sind: *sowohl ... als auch / nicht nur ... sondern auch* (Lektion 5), *weder ... noch* (Lektion 7), *zwar ... aber* (Lektion 8).	
	8	PA	Die TN lesen still die Vorgaben. Erklären Sie die unbekannten Wörter und verweisen Sie dabei auch auf die Informationen in *Extras*. Dann bilden die TN abwechselnd mit ihrem Partner Sätze mit *entweder ... oder*, wie im Beispiel vorgegeben. Gehen Sie umher und helfen Sie, wo nötig.	
	9	EA	Die TN lesen still die vorgegebenen Redemittel und hören dann das Gespräch. Während des Hörens kreuzen sie an, welche Redemittel sie hören.	CD 3/11
		PL	Besprechen Sie danach zur Kontrolle die Ergebnisse im Plenum. Erklären Sie dabei auch die Bedeutung der neuen Redemittel.	
	10	PL	Erklären Sie die Aufgabe. Gehen Sie auf die drei Punkte ein und erklären Sie die unbekannten Wörter bzw. Ausdrücke.	
		EA	Danach machen die TN sich Notizen zu den drei Punkten in ihrem Heft. Gehen Sie umher und helfen Sie, wo nötig.	
	11	PA	Anhand ihrer Notizen aus A10 spielen die TN zu zweit ein Planungsgespräch und gehen dabei auf alle Punkte aus A10 ein. Die Partner sollten am Ende des Gesprächs zu einer Einigung gekommen sein. Gehen Sie umher und hören Sie zu.	
		PL	Fakultativ: Die Partner stellen im Plenum ihre Idee zur Vereinsgründung (Ergebnis des Planungsgesprächs) vor.	
B	1	PL	Erklären Sie die Aufgabe. Die TN stellen sich im Kreis auf. Machen Sie mit. Lesen Sie den Beispielsatz vor und beginnen Sie so das Kettenspiel. Dann ist der nächste TN links von Ihnen (im Uhrzeigersinn) dran usw. Jeder TN formuliert einen Satz mit *entweder ... oder*. Das Kettenspiel endet, wenn alle TN einen Satz gebildet haben.	

Methodisch-didaktische Hinweise

	2	PA	Mithilfe ihrer Smartphones googeln die TN nach der Bedeutung von *Crowdfunding*. Dann lesen sie die zwei Definitionen und kreuzen die richtige an.	Smart-phone
		PL	Besprechen Sie anschließend die Lösung im Plenum und klären Sie den neuen Wortschatz.	
	3	EA	Die TN lesen still die Überschriften. Erklären Sie die Bedeutung von *Zielgruppe*. Dann lesen die TN den Text für sich und ordnen jedem Textabschnitt die passende Überschrift zu. Dabei markieren sie lösungsrelevante Stellen. Verweisen Sie auch auf die Informationen in *Extras*.	
		PL	Besprechen Sie danach die Zuordnung im Plenum. Lassen Sie die TN ihre Ergebnisse begründen.	
	4	PA	Die TN übertragen die Tabelle in ihr Heft. Klären Sie unbekannte Wörter in den Spaltenüberschriften. Dann lesen die TN den Text noch einmal und ergänzen gemeinsam mit ihrem Partner stichwortartig die Tabelle. Klären Sie neuen Wortschatz nach Wunsch.	
	5	PA	Mithilfe der Notizen aus B4 planen die TN ein Interview zwischen einer Reporterin / einem Reporter und einer Kollegin / einem Kollegen von Lea. Dann üben sie das Interview ein. Gehen Sie umher und helfen Sie, wo nötig.	
		PL	Die TN-Paare spielen anschließend ihre Interviews im Plenum vor. Erklären Sie am Ende ggf. noch unbekannten Wortschatz im Text in B3.	
	6	PA	Die TN lesen die vorgegebenen Sätze, finden in Zusammenarbeit mit ihrem Partner die Sätze im Text in B3 und ergänzen die Endung *-en*, wo nötig.	
		PL	Lassen Sie zur Kontrolle im Plenum die Sätze vorlesen. Gehen Sie dann auf die n-Deklination ein: – Die TN erschließen anhand der Sätze 1–6, dass nur im Nominativ Singular das Nomen *Mensch* keine Endung hat. – Weisen Sie dann auf den Grammatikkasten hin und übertragen Sie ihn an die Tafel. Zeigen Sie, dass Nomen, die zu dieser Gruppe gehören, in allen Formen außer Nominativ Singular die Endung *-en* (Mensch) oder *-n* (Junge) bekommen. Lassen Sie von einem TN die Pluralformen ergänzen. – Sagen Sie, dass es sich in der Regel hierbei um maskuline Nomen handelt. Zeigen Sie, dass unter anderem maskuline Nomen auf *-ent, -ant, -ist* und *-e* der n-Deklination folgen. Lassen Sie beispielhaft je ein Nomen aus diesen Gruppen an der Tafel deklinieren, z. B. *Student, Praktikant, Journalist, Kollege* (Letzteres könnte auch entfallen, wenn Sie auf die Deklination von *Junge* an der Tafel hinweisen). – Verweisen Sie auf weitere Beispiele in *Grammatik Xpress*. Besprechen Sie den Sonderfall *Herr* (Singular: *Herr/Herrn*, Plural: *Herren*) und deklinieren Sie dieses Nomen auch an der Tafel. Die TN schreiben alle Deklinationsbeispiele in ihr Heft ab.	
	7	PL	Lassen Sie den Beispieldialog mit verteilten Rollen vorlesen. Erklären Sie anhand dessen die Aufgabe und die Bedeutung von *nebenan*. Die TN lesen die Vorgaben für sich. Erklären Sie die neuen Wörter.	
		PA	Dann spielen die TN mit ihrem Partner ähnliche Dialoge und verwenden die Vorgaben. Sie tauschen dabei auch die Rollen. Gehen Sie umher und hören Sie zu. Achten Sie besonders auf die n-Deklination.	

Methodisch-didaktische Hinweise

	8	PL	Ein TN liest die Ausgangssituation vor. Machen Sie klar, dass eine formelle E-Mail zu schreiben ist. Wiederholen Sie Anrede- *(Sehr geehrte Frau …)* und Grußformalien *(Mit freundlichen Grüßen)* dieser Textsorte. Besprechen Sie dann die fünf Inhaltspunkte und erklären Sie dabei neue Wörter in diesen und in den vorgegebenen Redemitteln.	
		EA	Mithilfe der Vorgaben schreiben dann die TN die E-Mail. Gehen Sie umher und helfen Sie ggf. Sammeln Sie im Anschluss die E-Mails ein,	
		PL	korrigieren Sie sie und besprechen Sie die wichtigsten Fehler mit den TN in der nächsten Unterrichtsstunde.	
C	1	PL	Erklären Sie das Spiel im Plenum und dabei die Bedeutung von *Knäuel*.	Blätter Papier
		EA	Jeder TN schreibt seine drei wichtigsten Eigenschaften wie im Beispiel auf ein Blatt Papier. Helfen Sie, wo nötig. Dann machen die TN aus ihrem Blatt ein Knäuel und werfen es in die Mitte des Kursraums.	
		PL	Alle Knäuel werden gut gemischt. Jeder TN nimmt nun ein beliebiges (aber nicht sein eigenes) Knäuel und liest es. Er geht dann umher und stellt den anderen TN Fragen, um herauszufinden, wer das geschrieben hat. Das Spiel endet, wenn jeder den Besitzer seines Papierknäuels gefunden hat.	
	2	EA	Die TN lesen still die vorgegebenen Schritte. Erklären Sie die Bedeutung von *Portal*. Dann hören die TN das Gespräch und nummerieren die Schritte in der richtigen Reihenfolge.	CD 3/12
		PL	Kontrollieren Sie anschließend im Plenum.	
	3	EA	Die TN lesen still die zwei Erklärungen für den Begriff *Self Publishing*. Die Information in *Extras* dient zur Hilfe. Dann hören sie das Gespräch noch einmal und kreuzen während des Hörens oder danach den richtigen Satz an.	CD 3/12
		PL	Besprechen Sie anschließend die Lösung im Plenum.	
	4	PL	Erklären Sie die Ausgangssituation. Einzelne TN berichten im Plenum über die Tätigkeit eines Self-Publishers. Die anderen TN hören zu und korrigieren ggf.	
	5	EA	Die TN lesen still die Vorgaben, hören den Anfang der Präsentation und kreuzen an, wo die Veranstaltung stattfindet.	CD 3/13
		PL	Besprechen Sie dann im Plenum die Lösung. Lassen Sie die TN ihre Meinung begründen.	
	6	EA	Die TN lesen die Aufgaben 1–4 für sich. Verweisen Sie auf die Information in *Extras* und erklären Sie auch die unbekannten Wörter bzw. Ausdrücke. Dann hören die TN den ganzen Hörtext und kreuzen während des Hörens oder danach die richtigen Satzhälften an.	CD 3/14
		PL	Kontrollieren Sie anschließend im Plenum.	
	7	EA	Die TN lesen die vorgegebenen Vorteile. Erklären Sie die neuen Wörter. Dann hören die TN die Präsentation noch einmal und unterstreichen während des Hörens oder danach die von der Sprecherin genannten Vorteile.	CD 3/14
	8	PA	Die TN nennen ihrem Partner im Wechsel die Vorteile des Self Publishing, die sie in C7 unterstrichen haben. Die vorgegebenen Redemittel dienen zur Hilfe. Gehen Sie umher und hören Sie zu.	
		PL	Fakultativ: Lassen Sie zur Kontrolle zum Schluss auch im Plenum die Vorteile des Self Publishing nennen, die in C7 unterstrichen wurden.	

Methodisch-didaktische Hinweise

9	PL	Im Kurs findet ein Gespräch über die Nachteile des Self Publishing statt. Ein TN notiert stichwortartig die genannten Nachteile in Form eines Wortigels an der Tafel.		
	EA	Dann hören die TN den Rest des Gesprächs aus C2, notieren die Nachteile, die Lea erwähnt, und vergleichen mit den Nachteilen, die an der Tafel stehen.	CD 3/15	
	PL	Besprechen Sie die Ergebnisse im Plenum. Ein TN korrigiert ggf. den Tafelanschrieb.		
10	PL	Stellen Sie die Frage der Aufgabe im Kurs. Es findet dann im Plenum ein Gespräch darüber statt. Die TN begründen dabei auch ihre Meinung. Hören Sie zu, unterstützen Sie, wo nötig, und sorgen Sie dafür, dass mehrere TN zu Wort kommen.		
11	PA	Die TN lesen die zwei Sätze und ergänzen in Zusammenarbeit mit ihrem Partner die fehlenden Verben.		
	PL	Lassen Sie zur Kontrolle die vollständigen Sätze an die Tafel schreiben. Erklären Sie die Bedeutung von *besprechen* und geben Sie die unregelmäßigen Tempusformen an. Gehen Sie dann auf die Nebensätze mit *nachdem* ein: – Lassen Sie die Bedeutung von *nachdem* aus dem Kontext erschließen. – Zeigen Sie, dass *nachdem* einen Nebensatz einleitet (Verb-Endstellung, Komma). – Erklären Sie, dass der Nebensatz mit *nachdem* sich auf ein Ereignis bezieht, das zeitlich vor dem Ereignis im Hauptsatz stattfindet. Dies wird auch durch die unterschiedlichen Zeitformen in Neben- und Hauptsatz (Zeitenfolge) deutlich: Wenn der *nachdem*-Satz im Perfekt ist, dann ist der Hauptsatz im Präsens. Möglicher Tafelanschrieb: | *nachdem*-Satz | Hauptsatz | | Perfekt | Präsens | Fakultativ: Erwähnen Sie, dass der Nebensatz auch nach dem Hauptsatz folgen kann. Lassen Sie im Plenum die angeschriebenen Sätze entsprechend mündlich umformulieren. Achten Sie auf die Verbstellung.		
12	EA PL	Die TN lesen still die Vorgaben und ergänzen die Sätze. Kontrollieren Sie im Plenum. Übertragen Sie einen der Sätze an die Tafel und erklären Sie die Zeitenfolge in der Vergangenheit: Wenn der *nachdem*-Satz im Plusquamperfekt ist, dann ist der Hauptsatz im Präteritum oder (besonders beim mündlichen Ausdruck) im Perfekt. Lassen Sie den angeschriebenen Satz auch mit dem Hauptsatz im Perfekt anschreiben. Möglicher Tafelanschrieb: *Nachdem ich zwei Jahre gesucht hatte, fand ich endlich einen Verlag.* *Nachdem ich zwei Jahre gesucht hatte, habe ich endlich einen Verlag gefunden.*		

Methodisch-didaktische Hinweise

12		Erweitern Sie zum Schluss die Tabelle aus C11 zur Zeitenfolge. Möglicher Tafelanschrieb:	
		nachdem-Satz / *Hauptsatz* *Perfekt* / *Präsens* *Plusquamperfekt* / *Präteritum/Perfekt*	
13	PA PL	Anhand der geordneten Schritte in C2 bilden die TN zu zweit Sätze mit *nachdem* und schreiben sie in ihr Heft. Bitten Sie zur Kontrolle einzelne TN, die Sätze vorzulesen. Achten Sie dabei besonders auf Verbstellung und Tempusformen.	
14	PL EA PL PA PL EA PL	Erklären Sie die Aufgabe. Wiederholen Sie die Bedeutung des temporalen Konnektors *bevor*. Weisen Sie darauf hin, dass bei Sätzen mit *bevor* der Haupt- und Nebensatz im selben Tempus stehen. Fakultativ: Schreiben Sie dafür einen Beispielsatz an die Tafel und lassen Sie ihn von einem TN ggf. mit *nachdem* formulieren. Möglicher Tafelanschrieb: *Bevor ich ins Büro gehe, frühstücke ich mit meiner Familie.* *Nachdem ich mit meiner Familie gefrühstückt habe, gehe ich ins Büro.* Danach lesen die TN die Einladung und ergänzen die Konnektoren. Kontrollieren Sie im Plenum. Erklären Sie auch den neuen Wortschatz im Text. Fakultativ: Teilen Sie die Kopiervorlage 21 an jeden TN aus. Die TN arbeiten zu zweit. Sie lesen die Sätze und ergänzen *nachdem* oder *bevor* sowie auch das fehlende Verb in der richtigen Form. Kontrollieren Sie im Plenum. Hinweis: Die Kopiervorlage kann auch in EA zu Hause bearbeitet und dann im Kurs korrigiert werden. **Lösungen:** 1 Nachdem, gesehen hatten 2 Bevor, sucht 3 versuchte, bevor 4 liest, bevor 5 Nachdem, interessieren 6 nachdem, abgegeben hatten 7 nachdem, gefangen hat 8 Nachdem, machte 9 Bevor, wurde 10 bevor, organisierte 11 nachdem, eingetreten ist 12 Nachdem, druckt	 KV 21
15	PL EA PL	Besprechen Sie mit den TN die Ausgangssituation. Machen Sie klar, dass eine persönliche E-Mail zu schreiben ist. Wiederholen Sie Anrede- (*Hallo/Liebe/Lieber ...* o. Ä.) und Grußformalien (*Bis bald! / Viele Grüße* o. Ä.) dieser Textsorte. Besprechen Sie dann die drei Inhaltspunkte und die Redemittel. Erklären Sie dabei die Bedeutung von *am allerbesten*. Die TN schreiben nun mithilfe der Vorgaben eine E-Mail. Gehen Sie umher und helfen Sie ggf. Sammeln Sie anschließend die E-Mails ein, korrigieren Sie sie und besprechen Sie die wichtigsten Fehler mit den TN in der nächsten Unterrichtsstunde.	

Methodisch-didaktische Hinweise

D	1	PL	Erklären Sie die Aufgabe und weisen Sie anhand des Beispiels auf den Gebrauch des Perfekts (statt des Präteritums, s. Zeitenfolge) im Hauptsatz beim mündlichen Ausdruck hin. Die TN notieren in chronologischer Reihenfolge, was sie gestern nach Feierabend gemacht haben. Jeder TN sollte 3–4 Aktivitäten sammeln. Dann berichten die TN von ihren Aktivitäten und formulieren Sätze mit *nachdem*. Hören Sie zu. Achten Sie besonders auf Verbstellung und Tempusformen.
	2	EA	Die TN lesen still die Situationen 1–5. Erklären Sie die neuen Wörter. Dann unterstreichen die TN die Schlüsselwörter in den Sätzen.
	3	EA PL	Die TN lesen die Anzeigen a–d, unterstreichen die lösungsrelevanten Textstellen und ordnen sie den Situationen in D2 zu. Bei der Situation, für die sich keine passende Anzeige finden lässt, schreiben sie 0. Besprechen Sie zur Kontrolle die Lösungen im Plenum. Die TN nennen zur Begründung ihrer Zuordnung die entsprechenden Stellen in den Anzeigen. Klären Sie dabei auch die unbekannten Wörter dieser Textstellen.
	4	PA	Die TN lesen die Wörter 1–5 und die Definitionen a–e. Dann ordnen sie zu zweit jedem Wort die passende Definition zu.
	5	PA PL	Die TN suchen sich einen anderen Partner (nicht den in D4). Anhand der Definitionen in D4 befragen sich die TN im Wechsel nach den Wörtern. Die vorgegebenen Redemittel dienen zur Hilfe. Gehen Sie umher und hören Sie mit. Fakultativ: Besprechen Sie zur Kontrolle die Lösungen auch im Plenum und klären Sie ggf. den neuen Wortschatz.
	6	PL PA	Erklären Sie anhand des Beispiels (zu Anzeige a in D3) die Aufgabe und die unbekannten Wörter in der Tabelle. Die TN übertragen die Tabelle in ihr Heft. Dann lesen sie die Anzeigen b–d in D3 noch einmal, finden zu zweit die gesuchten Informationen und tragen sie stichwortartig in die Tabelle ein.
	7	PL	Mithilfe der Tabelle aus D6 berichten einzelne TN im Plenum über die Workshops in den Anzeigen a–d in D3. Die vorgegebenen Redemittel dienen zur Hilfe. Die anderen TN hören zu, vergleichen mit ihrer Tabelle und korrigieren bzw. ergänzen ggf.
	8	EA PA	Die TN stellen Vermutungen darüber an, welche Interessen ihr Partner hat und welchen Workshop aus D3 sie ihm vorschlagen könnten. Sie machen sich dazu Notizen in ihr Heft. Anschließend machen sie ihrem Partner einen Vorschlag für einen passenden Workshop und begründen auch ihre Wahl. Dabei können sie die vorgegebenen Redemittel verwenden. Der Partner reagiert spontan auf den Vorschlag. Gehen Sie umher, hören Sie zu und helfen Sie, wo nötig.
	9	PA PL	Die TN lesen die Satzhälften 1–3 und a–c und ordnen sie zu zweit einander zu. Kontrollieren Sie im Plenum. Die TN erschließen aus dem Kontext die Bedeutung von *anstatt (dass)*. Übertragen Sie die Beispielsätze aus dem Grammatikkasten an die Tafel. Erklären Sie die Bedeutung von *sich langweilen*.

Methodisch-didaktische Hinweise

9		Gehen Sie dann auf die Bildung der Nebensätze mit *anstatt … zu* bzw. *anstatt dass* ein: – Erklären Sie, dass im Infinitivsatz mit *anstatt … zu* (wie in allen Infinitivsätzen) kein Subjekt steht. Das Subjekt aus dem Hauptsatz ist auch inhaltlich Subjekt im Nebensatz. Der Nebensatz mit *anstatt … zu* kann also nur verwendet werden, wenn die Subjekte in Haupt- und Nebensatz gleich sind. – Zeigen Sie, dass im Nebensatz mit *anstatt dass* ein Subjekt steht und das Verb am Satzende konjugiert ist. Dieser Nebensatz kann verwendet werden, egal, ob die Subjekte von Haupt- und Nebensatz gleich oder nicht sind. – Erwähnen Sie zuletzt, dass man auch *statt, dass* bzw. *statt … zu* sagen kann. Die Bedeutung der Konnektoren ist dieselbe.	
10	PA	Die TN bilden zu zweit Sätze mit *anstatt … zu*, indem sie die Vorgaben verwenden. Der Beispielsatz dient zur Hilfe. Weisen Sie die TN auf den Konjunktiv II im Hauptsatz hin. Die Partner sollten auch einen eigenen Satz (ohne Vorgabe) bilden.	
	PL	Bitten Sie zur Kontrolle einzelne TN, ihre Sätze vorzulesen.	
11	PL	Erklären Sie anhand des Beispiels die Aufgabe und in diesem Zusammenhang die Bedeutung von *Tortilla* und *traditionell*.	
	PA	Zusammen mit ihrem Partner erstellen die TN eine ähnliche Tabelle wie in D6 zu einem Workshop, den sie anbieten möchten. Sie sammeln Ideen und schreiben sie stichwortartig auf. Sie können auch das vorgegebene Beispiel erweitern, wenn es sie interessiert. Gehen Sie umher und unterstützen Sie, wo nötig.	
12	PA	Anhand ihrer Notizen aus D11 überlegen sich die TN einen Titel für ihren Workshop und schreiben eine eigene Anzeige nach den Anzeigebeispielen in D3 auf ein Blatt Papier oder posten den Text. Sie können auch das Beispiel als Modell nehmen. Gehen Sie umher und korrigieren Sie, falls nötig.	Blätter Papier / Smartphone
13	PL	Die TN hängen ihre Anzeigen aus D12 im Kursraum auf. Dann lesen die TN alle Anzeigen und sagen im Plenum, welchen Kurs sie besuchen würden. Lassen Sie mehrere TN zu Wort kommen. Alternativ: Die TN lesen die geposteten Anzeigen und äußern sich dazu.	Blätter aus D12 / Smartphone
Xtra Prüfung 1	PL	Erklären Sie die Ausgangssituation. Gehen Sie auf die Bedeutung von *Bibliotheksordnung* ein. Geben Sie dann einige Tipps, wie man bei diesem Aufgabentyp vorgehen sollte:	
	EA	– Die TN lesen zuerst die Aufgaben und unterstreichen Schlüsselwörter. Erklären Sie dabei unbekannte Wörter. Verweisen Sie auch auf die Informationen in *Extras*. – Die TN lesen dann die Titel der einzelnen Textabschnitte, um sich relativ schnell zu orientieren, wo die Lösung für die jeweilige Aufgabe wahrscheinlich zu finden ist. Sie notieren neben jeden lösungsrelevanten Textabschnitt die Aufgabennummer. – Zu jeder Aufgabe lesen die TN als Nächstes die entsprechende Textstelle (also nicht den ganzen Text) und kreuzen die richtige Satzhälfte in der Aufgabe an.	
	PL	Besprechen Sie zur Kontrolle die Lösungen im Plenum und bitten Sie die TN ihre Ergebnisse durch Textstellen zu begründen.	

Methodisch-didaktische Hinweise

Aufgabe	Form	Ablauf im Kurs	Material
Xtra Prüfung 1		Hinweis: Diese Aufgabe entspricht in der Prüfung für das Goethe Zertifikat B1 bzw. das ÖSD Zertifikat B1 Teil 5 des Moduls Lesen. Hier soll der Kandidat einen Informationstext, wie z. B. eine Anleitung oder Vorschrift mit instruktivem Charakter, lesen und dazu **vier** Multiple-Choice-Aufgaben mit je drei Distraktoren lösen. In den Aufgaben geht es um Einzelheiten des Textes. Für Lesen Teil 5 stehen ca. 10 Minuten zur Verfügung.	
	GA	Fakultativ: Teilen Sie die TN in 3er-Gruppen ein. Jede Gruppe bekommt einen Satz mit achtzehn (ausgeschnittenen) Dreiecken (Kopiervorlage 22). Die Dreiecke werden verdeckt auf den Tisch gelegt und gemischt. Auf Ihr Zeichen hin drehen die TN die Dreiecke um und legen sie so zusammen, dass zusammengesetzte Nomen (Komposita) aneinander liegen und die Figur einer Sanduhr entsteht. Dazu sollen die TN die beiden Dreiecke mit dem Sand so zusammenlegen wie bei einer Sanduhr. Sieger ist die Gruppe, die am schnellsten die Dreiecke richtig zu einer Sanduhr aneinandergefügt hat. **Lösungen:** Textskizze, Crowdfunding, Mannschaftssportart, Personalausweis, Teamfähigkeit, Schriftsteller, Bibliotheksordnung, Reisepass, Fristverlängerung, Berufstätige, Kreditkarte, Zielgruppe, Mitgliedsbeitrag, Drehbuch, Umweltschutzverein, Weltmeisterschaft, Tontechnikerin, Filmstudio	KV 22

12 Beste Freunde

Aufgabe	Form	Ablauf im Kurs	Material
Starten wir! 1	PL	Die TN schauen sich das Foto an und beschreiben es im Plenum. Wiederholen Sie ggf. die Bedeutung von *einschlafen* und geben Sie die unregelmäßigen Tempusformen an. Die TN stellen dann Vermutungen darüber an, warum der junge Mann eingeschlafen ist. Hören Sie zu und unterstützen Sie, wo nötig. Sorgen Sie auch dafür, dass mehrere TN zu Wort kommen.	
2	PL EA PL	Lesen Sie die Frage der Aufgabe im Kurs vor. Die TN lesen still die drei Antworten. Gehen Sie, u. a. auch mithilfe der Zeichnungen, auf die Bedeutung der unbekannten Wörter ein. Danach kreuzen die TN an, welche Antwort ihrer Meinung entspricht. Besprechen Sie die Ergebnisse im Plenum.	
3	PL PA	Erklären Sie die Aufgabe im Plenum. Dann lesen die TN die vorgegebenen Wörter und die Redemittel für sich. Erklären Sie die Bedeutung von *Enttäuschung*. Anschließend sprechen die TN mit ihrem Partner über ihre Gefühle in Bezug auf Schule bzw. Studium. Gehen Sie umher und unterstützen Sie, wo nötig.	
4	PL PA	Die TN lesen die Arbeitsanweisung und die Redemittel. Erklären Sie die Bedeutung von *Erinnerung* und *Klassenfahrt*. Dann sprechen die TN mit ihrem Partner über konkrete Erinnerungen an die Schule bzw. das Studium. Gehen Sie umher und hören Sie zu.	

Methodisch-didaktische Hinweise

A	1	PL	Lesen Sie die Frage der Aufgabe vor und gehen Sie auf die Bedeutung von *zurückbringen* ein. Die TN beantworten die Frage im Plenum. Ein TN sammelt die Ergebnisse in Form eines Wortigels an der Tafel. Möglicher Tafelanschrieb: *Lieder von damals* — *alte Kleidung* → **Erinnerungen** ← *Geräte von früher* — ...	
	2	PL PA PL	Die TN lesen die zwei Sätze für sich. Erklären Sie die Bedeutung von *Kontakt aufnehmen*. Die TN überfliegen dann die E-Mail, entscheiden zu zweit, welcher Satz richtig ist, und kreuzen entsprechend an. Besprechen Sie zum Schluss die Lösung im Plenum.	
	3	PL EA PA PL	Die TN lesen die Fragen 1–6 für sich. Erklären Sie die neuen Wörter in den Fragen im Plenum. Die TN suchen die Antworten im Text und unterstreichen die entsprechenden Textstellen. Die Information in *Extras* dient zur Hilfe. Dann fragen und antworten die TN zu zweit im Wechsel. Gehen Sie umher und helfen Sie, wo nötig. Fakultativ: Lassen Sie zum Schluss die Fragen auch im Plenum beantworten.	
	4	EA PL	Die TN lesen die Wörter 1–4, finden sie im Text in A2 und geben die jeweilige Zeile an. Dann lesen sie die Definitionen a–d und ordnen den Wörtern 1–4 die passende Erklärung zu. Besprechen Sie danach die Lösungen im Plenum. Gehen Sie zum Schluss auf noch unbekannten Wortschatz im Text in A2 ein.	
	5	PL	Stellen Sie einzelnen TN die vorgegebene Frage. Die TN äußern sich im Plenum dazu. Hören Sie zu, helfen Sie, wo nötig, und sorgen Sie dafür, dass mehrere TN zu Wort kommen.	

	6	EA
		
		PL
			Die TN lesen die Aktivitäten 1–4, ordnen sie den Zeitangaben a–d zu und ergänzen *jed-* in der richtigen Form. Dann lesen sie den Textabschnitt, überprüfen Zuordnung und Ergänzung und korrigieren ggf.
			Kontrollieren Sie im Plenum. Übertragen Sie dann die Grammatiktabelle an die Tafel und gehen Sie auf die Zeitangaben mit *jed-* im Akkusativ als Antwort auf die Frage *Wie oft?* ein. Lassen Sie die TN auch weitere Zeitangaben nennen.
			
			Möglicher erweiterter Tafelanschrieb:
			
			Wie oft? → *jed-* (+ Akkusativ)
			    jeden Tag/Abend/Monat/Sommer
			    jedes Wochenende/Jahr
			    jede Stunde/Nacht/Woche	

Methodisch-didaktische Hinweise

	7	EA	Jeder TN schreibt ca. 4 Sätze und beschreibt Aktivitäten, die er mit seiner besten Freundin / seinem besten Freund regelmäßig gemacht hat, wie im Beispiel vorgegeben. Die TN verwenden dabei Zeitangaben mit *jed-* in jedem Satz. Die Sätze stehen im Perfekt.	
		PA	Dann lesen die TN ihrem Partner die Sätze vor und vergleichen. Gehen Sie umher und unterstützen Sie, wo nötig.	
	8	EA	Die TN lesen still den Textabschnitt in A2 und ergänzen die fehlenden Artikel in der Tabelle. Übertragen Sie währenddessen die Grammatiktabelle an die Tafel.	
		PL	Lassen Sie einen TN zur Kontrolle die Tabelle an der Tafel ergänzen. Besprechen Sie dann Funktion und Gebrauch des Artikels *derselbe/ dasselbe/dieselbe*: – Erklären Sie, dass der Artikel das Gegenteil von *verschieden* bedeutet. – Zeigen Sie, dass der Artikel aus zwei Teilen besteht: Den ersten Teil bildet der definite Artikel *der/das/die* und er wird entsprechend dekliniert. Der zweite Teil *(selb-)* folgt der Adjektivdeklination mit definitem Artikel. – Betonen Sie, dass trotz der unterschiedlichen Deklinationsweise der beiden Teile der Artikel immer als <u>ein</u> Wort erscheint.	
	9	PL	Lesen Sie die Frage der Aufgabe im Kurs vor und gehen Sie auf die Bedeutung von *Gemeinsamkeit* ein.	
		PA	Dann sprechen die TN mit ihrem Partner über das Thema und benutzen dabei den neuen Artikel in der richtigen Form, wie im Beispiel vorgegeben. Die Partner sprechen im Wechsel. Gehen Sie umher und korrigieren Sie, falls nötig.	
	10	PL	Erklären Sie im Plenum die Ausgangssituation. Die TN lesen die vorgegebenen Inhaltspunkte und Redemittel für sich. Erklären Sie die neuen Wörter bzw. Ausdrücke.	
		EA	Die TN schreiben dann eine Nachricht von ca. 100–120 Wörtern an ihre Freundin / ihren Freund. Sammeln Sie anschließend die Texte, korrigieren Sie sie und besprechen Sie sie in der nächsten Unterrichtsstunde.	
B	1	PA	Die TN sagen ihrem Partner, was sie regelmäßig machen, und formulieren dabei Zeitangaben mit *jed-*, wie im Beispiel vorgegeben. Gehen Sie umher. Hören Sie mit und korrigieren Sie, falls nötig.	
	2	PL	Lassen Sie einen TN die Ausgangssituation vorlesen und erklären Sie die Bedeutung von *Austauschschüler* und *zu Gast haben*.	
		EA	Die TN schauen sich die Grafik zum deutschen Schulsystem an und lesen still die Vorgaben. Sie hören dann die Erklärungen von Jonas und schreiben während des Hörens oder danach die fehlenden Wörter in die Grafik.	CD 3/16
		PL	Kontrollieren Sie anschließend im Plenum.	
	3	EA	Die TN lesen still die Vorgaben. Sie hören dann Jonas' Beschreibung noch einmal und ordnen jedem Schultyp 1–4 die passende Erklärung a–d zu.	CD 3/16
		PL	Kontrollieren Sie zum Schluss die Lösungen im Plenum. Erklären Sie dabei auch die neuen Wörter.	
	4	PA	Erklären Sie die Aufgabe. Dann arbeiten die TN zu zweit. Partner A stellt Fragen zu Jonas' Aussagen, Partner B gibt Antwort. Gehen Sie umher und hören Sie mit.	

Methodisch-didaktische Hinweise

5		PL	Erklären Sie anhand des Beispielsatzes die Aufgabe und die Bedeutung von *kompliziert*. Im Plenum vergleichen die TN nun ihr Schulsystem mit dem deutschen. Beantworten Sie dabei ggf. weitere Fragen zum deutschen Schulsystem und stellen Sie auch Fragen zu den Schulsystemen in den Heimatländern der TN. Sorgen Sie dafür, dass mehrere TN zu Wort kommen.	
		PA	Fakultativ: Teilen Sie die Kopiervorlage 23 an jeden TN aus. Die TN bearbeiten zu zweit die Aufgaben. Sie lesen zuerst den Text und ergänzen in der Tabelle die fehlenden Informationen zum deutschen Schulsystem (Spalte 1 und 2).	KV 23
		PL	Besprechen Sie die Ergebnisse im Plenum.	
		EA	Anschließend ergänzt jeder TN in der Tabelle die Informationen zum Schulsystem in seinem Heimatland (Spalte 3 und 4). Gehen Sie umher und helfen Sie ggf.	
		PL	Lassen Sie zum Schluss bei homogenen Kursen 1–2 TN das Schulsystem ihres Heimatlandes präsentieren. Die anderen TN hören zu und geben anschließend ggf. weitere Informationen. Lassen Sie bei heterogenen Kursen die Schulsysteme aus den verschiedenen Ländern präsentieren. Die TN hören zu, geben nach jeder Präsentation Rückmeldung und stellen ggf. Fragen.	
			Lösungen: (zu *Deutschland*) Grundschule: 4 Jahre (Klasse 1 bis 4) Mittelschule/Hauptschule: 5 Jahre (Klasse 5 bis 9) Realschule: 6 Jahre (Klasse 5 bis 10) Gymnasium: 8/9 Jahre (Klasse 5 bis 12/13)	
6		PL	Die TN lesen die vorgegebenen Themen für sich.	CD 3/17
		EA	Dann hören die TN den ersten Teil des Gesprächs und nummerieren während des Hörens oder danach die Themen in der richtigen Reihenfolge.	
		PL	Kontrollieren Sie anschließend im Plenum.	
7		PL	Die TN lesen still die Vorgaben. Erklären Sie die unbekannten Wörter.	CD 3/18
		PA	Danach hören die TN den zweiten Teil des Gesprächs und unterstreichen zu zweit die Informationen, die sie gehört haben.	
		PL	Kontrollieren Sie im Plenum.	
8		PL	Erklären Sie die Aufgabe und die Bedeutung von *Laufbahn*. Lassen Sie einen TN die vorgegebenen Wörter vorlesen. Als Beispiel lesen anschließend zwei TN den vorgegebenen Dialoganfang vor und ergänzen den Antwortsatz. Erklären Sie die Bedeutung von *vorher* und im Zusammenhang damit die Bedeutung von *hinterher*. Möglicher Tafelanschrieb: *Jonas hat studiert. Vorher hat er das Abitur nachgemacht.* *Jonas hat das Abitur nachgemacht. Hinterher hat er studiert.*	
		PA	Dann sprechen die TN zu zweit und im Wechsel über Jonas' Laufbahn. Sie verwenden dabei die Informationen aus B7 und die vorgegebenen Adverbien. Gehen Sie umher, hören Sie mit und helfen Sie, wo nötig.	

Methodisch-didaktische Hinweise

	9	EA	Die TN lesen still die Aussagen 1–4 und auch die Information in *Extras*. Erklären Sie die Bedeutung von *schulisch*. Dann hören die TN den dritten Teil des Gesprächs. Während des Hörens oder danach kreuzen sie die richtigen Aussagen an.	CD 3/19
		PL	Kontrollieren Sie zum Schluss im Plenum. Fakultativ: Die TN sagen ihre Meinung über die Gesamtschule und vergleichen ggf. mit ähnlichen Schulformen in ihrem Heimatland.	
	10	PL	Die TN lesen still die Satzhälften 1–6 und a–f. Erklären Sie die Bedeutung von *mitreden*.	
		PA	Zu zweit ordnen dann die TN die Satzhälften einander zu.	
		PL	Kontrollieren Sie im Plenum. Verweisen Sie auf den Grammatikkasten und übertragen Sie ihn Schritt für Schritt an die Tafel: – Schreiben Sie das erste Satzpaar oben links an. Erklären Sie anhand dessen die Bedeutung von *haben ... zu (+ Infinitiv)* und vergleichen Sie die Struktur mit dem Satz mit *müssen*. – Schreiben Sie das Satzpaar unten links an und gehen Sie auf die Bedeutung der Struktur mit Negation ein. – Schreiben Sie das Satzpaar oben rechts an. Erklären Sie anhand dessen die Bedeutung von *sein ... zu (+ Infinitiv)* und vergleichen Sie die Struktur mit dem Satz mit *müssen*. Weisen Sie im Satz mit Modalverb auf das Subjekt *man* hin. – Schreiben Sie das Satzpaar unten rechts an und gehen Sie auf die Bedeutung der Struktur mit Negation ein. Weisen Sie im Satz mit Modalverb auf das Subjekt *man* hin.	
	11	EA	Erklären Sie die Aufgabe. Die TN lesen die Sätze 1–4 für sich. Klären Sie die Bedeutung von *Schulhof*. Die TN unterstreichen in jedem Satz die Struktur *haben/sein ... zu + Infinitiv*. Dann formen sie in ihrem Heft die Sätze mit *müssen* bzw. *dürfen* um.	
		PL	Bitten Sie einzelne TN nach vorne, die die umgeformten Sätze zur Kontrolle an die Tafel schreiben.	
	12	PL	Die TN lesen die Anweisungen und die Karten für sich. Besprechen Sie dann gemeinsam im Kurs, was die TN genau tun müssen. Erklären Sie dabei den unbekannten Wortschatz. Die TN wählen die vier Schulberater, die sich in die vier Ecken des Kursraumes stellen. Die anderen TN übernehmen die Rolle von Eltern, wählen eine der Karten und holen sich bei allen vier Schulberatern Rat. Alternativ können sie sich auch zur Situation ihrer eigenen Kinder Rat holen. Gehen Sie umher, hören Sie zu und unterstützen Sie, wo nötig. Zum Schluss wird der beste Schulberater gewählt. Die Wahl sollte auch begründet werden.	
C	1	GA	Bilden Sie Gruppen zu je 4 Personen. Die TN berichten den anderen Gruppenmitgliedern über ihre Schullaufbahn und ihre Ausbildung. Das Beispiel dient zur Hilfe. Gehen Sie an jeder Gruppe vorbei und unterstützen Sie, wo nötig.	
	2	PL	Fragen Sie zunächst die TN, ob sie wissen, was ein Start-up ist. Erklären Sie ggf. das Wort.	
		EA	Dann lesen die TN still den Test. Erklären Sie den neuen Wortschatz. Nun kreuzen die TN an, was auf sie persönlich zutrifft. Zum Schluss lesen sie die Auflösung und stellen fest, ob sie sich als Start-up-Unternehmer eignen.	

Methodisch-didaktische Hinweise

3	PL	Stellen Sie einzelnen TN die Frage im Plenum. Die TN antworten und begründen auch ihre Meinung. Die Redemittel dienen zur Hilfe. Sorgen Sie dafür, dass mehrere TN zu Wort kommen.	
4	PL	Die TN lesen zunächst die Fragen 1–6 für sich. Erklären Sie die unbekannten Wörter.	
	EA	Die TN lesen den Text und unterstreichen die lösungsrelevanten Stellen.	
	PA	Anschließend fragen und antworten die TN einander abwechselnd. Gehen Sie umher und helfen Sie, falls nötig.	
	PL	Lassen Sie die Fragen zum Schluss auch im Plenum beantworten und erklären Sie den neuen Wortschatz im Text.	
5	EA	Die TN lesen die Sätze 1–6 und ergänzen die Relativpronomen *wo* bzw. *was*. Dann finden sie die Sätze im Text in C4, überprüfen die Richtigkeit ihrer Ergänzung und korrigieren ggf.	
	PL	Besprechen Sie im Plenum, worauf sich das Pronomen *wo* bzw. *was* im jeweiligen Satz bezieht. Die TN unterstreichen das Bezugswort. Übertragen Sie danach die Sätze aus dem Grammatikkasten an die Tafel und erklären Sie Funktion und Gebrauch der Relativsätze mit *wo* bzw. *was*: – Die TN erschließen die Bedeutung der neuen Relativpronomen. – Zeigen Sie, dass es sich um Relativsätze handelt, da sie sich auf ein Wort im Hauptsatz beziehen. Weisen Sie auf Komma und Verb-Endstellung hin. – Wiederholen Sie, dass Relativsätze direkt nach dem Bezugswort stehen. Ausnahme: Es fehlt nur noch eine Verbform, um den Hauptsatz abzuschließen (s. Satz 1 und 2). – Zeigen Sie mithilfe der Sätze, dass das Relativpronomen *wo* sich immer auf einen Ort bezieht (Satz 1: *in der Werkstatt*, Satz 6: *einen Ort*, Satz aus Grammatikkasten: *da*). Erwähnen Sie, dass auch *dort* als Bezugswort in Frage kommt. – Zeigen Sie mithilfe der Sätze, dass das Relativpronomen *was* sich auf Pronomen wie *das* (Satz 3), *nichts* (Satz 2), *alles* (Satz 5), *etwas* (Satz 4, Satz aus Grammatikkasten) bezieht.	
6	EA	Die TN schreiben zu jeder Frage mindestens zwei eigene Sätze und verwenden Relativsätze mit *wo* bzw. *was*, wie in den Beispielen vorgegeben. Die Redemittel dienen zur Hilfe.	
	PL	Die TN lesen zur Kontrolle ihre Sätze im Plenum vor.	
		Alternativ: Bitten Sie die TN ihre Sätze auf ein Blatt Papier zu schreiben. Sammeln Sie die Blätter dann ein, korrigieren Sie sie und besprechen Sie sie in der nächsten Unterrichtsstunde.	Blätter Papier
7	PL	Erklären Sie die Ausgangssituation und die Aufgabe. Gehen Sie dabei auf die Bedeutung von *dringend* ein.	
	EA	Die TN lesen still die Fragen. Klären Sie den neuen Wortschatz. Danach hören die TN die Präsentation und kreuzen die Fragen an, die beantwortet werden.	CD 3/20
	PL	Kontrollieren Sie im Plenum.	
8	GA	Teilen Sie die TN in 4er-Gruppen ein. Mithilfe der Fragen in C7 sammeln die TN gemeinsam Ideen zu einer Start-up und notieren sie stichwortartig auf einem Blatt Papier. Dann planen sie eine Präsentation von ein bis zwei Minuten Dauer und üben sie ein. Dabei sollte jedes Gruppenmitglied einen Teil der Präsentation übernehmen. Gehen Sie umher und helfen Sie, wo nötig.	Blatt Papier

Methodisch-didaktische Hinweise

	9	PL	Erklären Sie die Aufgabe und die Bedeutung von *Investor*. Jede Gruppe hält nun anhand der Notizen aus C8 ihre Präsentation im Plenum. Dabei kommt jedes Gruppenmitglied zu Wort. Die anderen TN hören zu, notieren als Investoren Fragen und stellen diese am Ende jeder Präsentation. Die Gruppenmitglieder beantworten die Fragen im Wechsel. Hören Sie zu und unterstützen Sie, falls nötig.	
D	1	PA	Die TN sagen ihrem Partner, wo sie gerne/oft (usw.) sind, und bilden dabei Relativsätze mit *wo*. Gehen Sie umher und hören Sie zu.	
	2	PA	Die TN schauen sich das Bild an. Dann lesen sie die Frage und die drei möglichen Antworten. Sie stellen dann zu zweit Vermutungen darüber an, worüber die drei Freunde sprechen könnten, und kreuzen entsprechend an.	
	3	EA PL EA PL	Die TN hören das Gespräch und vergleichen mit ihrer Vermutung aus D2. Im Plenum beantworten sie dann die Frage aus D2. Die TN lesen nun die Aussagen 1–8. Erklären Sie den neuen Wortschatz. Dann hören die TN das Gespräch ein zweites Mal und kreuzen während des Hörens oder danach die richtigen Aussagen an. Besprechen Sie die Lösungen im Plenum.	CD 3/21
	4	PL	Die TN berichten im Kurs über ihre Treffen mit alten Schul- oder Studienfreunden. Lassen Sie die TN im Kurs frei sprechen, d. h. greifen Sie nicht zu oft ein, um zu korrigieren, und sorgen Sie dafür, dass mehrere TN zu Wort kommen.	
	5	PL PA PL	Die TN lesen den Auszug aus der Einladung für sich und dann die beiden Nebensätze, die zu ergänzen sind. Erklären Sie die Bedeutung von *rechtzeitig* und *Bescheid geben*. Zu zweit ergänzen die TN danach die Nebensätze in die Lücken. Kontrollieren Sie im Plenum. Schreiben Sie die zwei vollständigen Sätze aus der Einladung an die Tafel. Fragen Sie die TN, mit welchem Konnektor *da* ersetzt werden könnte. Die TN erschließen die kausale Bedeutung von *da* (*da* = *weil*). Zeigen Sie anhand der angeschriebenen Sätze, dass *da* einen Nebensatz einleitet (Verb-Endstellung) und dass der Nebensatz vor oder nach dem Hauptsatz stehen kann. Weisen Sie darauf hin, dass kausale Nebensätze mit *da* besonders in geschriebenen Texten (Textsorte hier: Einladung) vorkommen.	
	6	EA PL PA	Die TN schreiben kurze Nachrichten und machen Vorschläge für die Party, wobei sie *da*-Sätze wie im Beispiel formulieren. Die TN lesen dann ihre Nachrichten im Plenum vor. Bestimmen Sie jeweils einen TN, der mündlich Rückmeldung gibt. Alternativ: Jeder TN schickt eine Nachricht an seinen Partner. Dieser gibt per Smartphone Rückmeldung.	Smartphone
	7	PL EA PL	Die TN lesen die Sätze 1–3 und a–c für sich. Erklären Sie die Bedeutung von *aus Versehen*, *kaputt machen* und *Interesse haben an*. Dann ordnen die TN sinngemäß die Sätze einander zu. Kontrollieren Sie im Plenum. Schreiben Sie dann den ersten vollständigen Satz (1b, s. auch Grammatikkasten) an die Tafel. Fragen Sie die TN, mit welchem Konnektor *falls* ersetzt werden könnte. Die TN erschließen die konditionale Bedeutung von *falls* (*falls* = *wenn*). Zeigen Sie anhand des angeschriebenen Satzes, dass *falls* einen Nebensatz einleitet (Verb-Endstellung).	

Methodisch-didaktische Hinweise

7		Weisen Sie darauf hin, dass der Nebensatz vor oder nach dem Hauptsatz stehen kann. Lassen Sie die drei Sätze von einzelnen Schülern entsprechend umformen (Nebensatz nach Hauptsatz).	
8	EA PA	Die TN notieren 2–3 Situationen, die auf einer Party passieren können. Anhand der Notizen stellen sie ihrem Partner Fragen mit *falls* wie im Beispiel. Der Partner antwortet. Gehen Sie umher und korrigieren Sie, wo nötig.	
9	PL	Die TN lesen still die Redemittel. Erklären Sie die neuen Wörter.	Karten
	EA	Teilen Sie jedem TN 3 Karten aus. Die TN schreiben die Sprachhandlungen und malen die Symbole wie im Beispiel auf ihre Karten.	
	PL	Bitten Sie dann einen TN nach vorne. Der TN liest nun die Redemittel aus dem KB vor. Zu jedem Redemittel heben die anderen TN die passende Karte hoch. Bei Meinungsverschiedenheiten wird die Zuordnung im Plenum besprochen.	
	EA	Fakultativ: Die TN erstellen im Heft eine Liste mit 3 Spalten: Jede Spalte entspricht einer Sprachhandlung wie auf den Karten. Die TN tragen die Redemittel in die jeweils passende Spalte ein.	
10	GA	Bilden Sie 4er-Gruppen und erklären Sie die Aufgabe. Die TN sitzen im Kreis. Sie schreiben Kurznachrichten auf Zettel und tauschen diese im Uhrzeigersinn aus. Ziel ist es, zu den vorgegebenen Themen eine Entscheidung zu treffen und so die Party zu organisieren. Während der Gruppenarbeit wird nicht gesprochen. Helfen Sie, wo nötig.	
	PL	Fakultativ: Die Gruppen bestimmen einen Sprecher. Dieser berichtet kurz im Plenum vom Ergebnis der Gruppenarbeit.	
11	PA	Mithilfe der Ergebnisse aus D10 spielen die TN zu zweit ein Planungsgespräch und organisieren eine Party. Die Partner sollten dabei alle Punkte aus D10 besprechen und zu einer Einigung kommen. Gehen Sie umher und unterstützen Sie, wo nötig.	
	EA	Fakultativ: Teilen Sie die Kopiervorlage 24 an jeden TN aus. Die TN lesen still die Arbeitsanweisungen und machen sich Notizen zu den Inhaltspunkten. Sie ergänzen auch weitere Aspekte, die zur Planung notwendig sind (z. B. was besorgen? / Musik? / wer übernimmt was? usw.). Weisen Sie vor Beginn der Bearbeitung besonders auf Letzteres hin. Die Partner spielen anschließend das Planungsgespräch und kommen zu einer Einigung. Gehen Sie umher und hören Sie zu.	KV 24
	PA		
Xtra Prüfung 1	PL	Erklären Sie die Aufgabe im Plenum und verweisen Sie auf den *Tipp* zur Vorgehensweise und die Information in *Extras*. Klären Sie dabei unbekannte Wörter. Dann lesen die TN still die Ausgangssituation und die Aufgaben. Gehen Sie auch hier auf den neuen Wortschatz ein.	
	EA	Nun markieren die TN die Schlüsselwörter in den Aufgaben 1–5. Im Anschluss hören sie den Vortrag. Während des Hörens oder danach kreuzen sie die jeweils richtige Aussage an.	CD 3/22
	PL	Kontrollieren Sie zum Schluss im Plenum.	
		Hinweis: Diese Aufgabe entspricht in der Prüfung für das Goethe Zertifikat B1 bzw. das ÖSD Zertifikat B1 Teil 2 des Moduls Hören. Der Kandidat hört einen monologischen Text, wie z. B. einen Vortrag, eine Ankündigung bei einer Stadtrundfahrt oder eine Begrüßungsrede. Er hört den Text einmal. Vor dem Hören hat der Kandidat 60 Sekunden Zeit, um die Aufgaben zu lesen. Zu dem Hörtext gibt es 5 Multiple-Choice-Aufgaben mit je drei Distraktoren zum selektiven Verstehen.	

Kopiervorlage 1

den Führerschein schon gemacht haben	gerne Hip-Hop-Musik hören	oft Modemessen besuchen	eine Person aus deiner Familie berühmt sein
gerne Ski fahren	unsere Deutschlehrerin / unseren Deutschlehrer mögen	gerne Fisch essen	Geld für dich eine wichtige Rolle im Leben spielen
dich für Kultur interessieren	alte Fotos sammeln	Deutsch langweilig finden	nur Bio-Lebensmittel einkaufen
jeden Tag SMS an deine Freunde schicken	der Beruf der Kindergärtnerin / des Kindergärtners dir gefallen	bei euch zu Hause jeden Morgen alle zusammen frühstücken	jeden Monat in ein Konzert gehen
dich mit Freunden über moderne Kunst unterhalten	ein Profil auf Facebook haben	manchmal schwarze Jeans tragen	nächstes Jahr die B1-Prüfung machen wollen

Kopiervorlage 2

Wussten Sie das schon? Ergänzen Sie die Endungen.

1 Japanisch gehört zu den schwerst......... Sprachen der Welt.

2 Der größt......... Hund weltweit heißt Freddy und ist 2,30 m groß.

3 2018 wählte man die Mexikanerin Vanessa Ponce de Leon zur schönst......... Frau der Welt.

4 Die meist......... Einwohner hat die Stadt Tokio: ca. 35 Millionen.

5 ◆ Was ist das längst......... deutsche Wort? Gibt es das eigentlich?
   ○ Das ist vielleicht das Wort: Dampfschifffahrtsgesellschaftskapitänswitwe, oder?
   ◆ Ach, komm! Wirklich?

6 Das Klavier ist eins von den beliebtest......... Musikinstrumenten.

7 ◆ Du, gestern habe ich im Fernsehen Usain Bolt gesehen, den schnellst......... Menschen in der Welt. Er ist 100 Meter in 9,58 Sekunden gelaufen.
   ○ So schnell? Das glaube ich nicht.

8 Der kleinst......... Mann weltweit hieß Chandra Bahdur Dangi und war 54,6 cm groß. Er ist 2015 gestorben.

9 Viele Leute machen jeden Winter Skiurlaub auf dem höchst......... Berg Deutschlands, der Zugspitze.

10 Pyrros Dimas ist einer von den stärkst......... Männern in der Geschichte des Sports.

11 Die ältest......... Frau hat 122 Jahre und 164 Tage gelebt und kam aus Frankreich.

12 Im Jahr 2018 waren Jeff Bezos und Bill Gates die beiden reichst......... Leute auf der Erde.

13 2016 lagen die zehn ärmst......... Länder der Erde in Afrika.

14 ◆ „Faultier" heißt auf Deutsch das langsamst......... Tier in der Welt.
   ○ Das stimmt nicht. Das Faultier ist nicht so langsam. Es gibt auch langsamer......... Tiere.

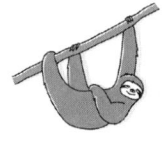

15 Viele finden, dass Wolfgang Amadeus Mozart der best......... Musiker aller Zeiten ist.

Kopiervorlage 3

Sie möchten mit Freunden aus dem Deutschkurs einen gemeinsamen Kino-Abend organisieren.

Planen Sie und machen Sie zuerst Notizen.

Kino-Abend organisieren

- Welchen Film?
- Wo (In welchem Kino) den Film sehen?
- Wer mitkommen?
- Wann und wo treffen?
- Was nach dem Film unternehmen?
- …

Zu zweit. Spielen Sie dann mit Ihrer Partnerin / Ihrem Partner ein Planungsgespräch. Machen Sie Vorschläge und reagieren Sie.

Kopiervorlage 4

Finden Sie zehn Nomen und ergänzen Sie die Sätze.

D	B	V	O	R	S	C	H	L	A	G	Ö	N	B
U	E	O	M	I	G	E	N	Ö	R	A	Z	I	E
Y	S	L	O	T	T	Ä	R	E	U	C	A	A	Z
E	C	V	O	R	H	E	R	S	A	G	E	T	I
P	H	Ü	D	V	O	K	A	D	O	Z	D	E	E
N	Ä	R	X	E	M	Ü	S	Ü	R	E	K	T	H
V	F	B	Ü	H	R	K	E	H	R	V	R	F	U
K	T	J	E	T	A	B	L	E	Z	R	A	A	N
O	I	B	K	O	N	K	U	R	R	E	N	Z	G
N	G	A	D	W	Z	O	G	R	E	Ü	K	O	E
F	U	N	E	K	B	N	L	A	A	B	H	U	Y
L	N	L	A	L	S	G	O	H	L	Ü	E	N	R
I	G	E	F	Ü	H	L	C	L	I	Ö	I	S	I
K	W	H	R	L	I	C	K	E	T	F	T	T	K
T	S	Y	H	K	G	R	I	X	Ä	F	E	A	L
E	D	M	K	Ä	F	U	E	H	T	C	V	B	E
W	G	E	L	E	G	E	N	H	E	I	T	F	N

1 Fantasy-Filme sehen war schon immer Frau Grubers liebste Freizeit_____.
2 Es ist wie eine _____: Er sitzt die ganze Zeit vor dem Bildschirm und schaut Sitcoms.
3 Es ist immer gut für eine _____, dass man sich miteinander unterhält, wenn es Probleme gibt. So kommt es selten zum Streit.
4 Wenn ich meinen Freund vermisse, sehe ich gerne Liebesfilme. Kennst du das _____?
5 Zu welcher _____ streiten die Paare häufig? Das ist heute das Thema unserer Umfrage.
6 Wenn viele Firmen 3-D-Fernseher anbieten, gibt es mit Sicherheit eine große _____.
7 In vielen Läden gibt es heute ein großes Angebot an Geräten für virtuelle _____.
8 Wenn man seine Partnerin oder seinen Partner betrügt, ist das sicher ein Grund für viele _____.
9 Beim Meeting der Firma *Focus-Pokus* hat der Chef einen interessanten _____ gemacht.
10 Die Wetter_____ für morgen: am Vormittag stark bewölkt, am Nachmittag wieder sonnig.

Kopiervorlage 5

Bei einer Mode-Veranstaltung haben Sie Gabrielle Schönmayer, die Moderatorin der Modesendung *Reich und Schön*, kennengelernt. Sie würden gerne eine Sendung live sehen, deshalb hat Frau Schönmayer Sie morgen ins Studio eingeladen. Sie können aber leider an diesem Tag nicht kommen.

Schreiben Sie Frau Schönmayer eine E-Mail (ca. 40 Wörter).

– Entschuldigen Sie sich höflich.
– Erklären Sie ihr, warum Sie nicht kommen können (Sie haben einen wichtigen Arzt-Termin) und benutzen Sie *wegen*.
– Fragen Sie, ob Sie vielleicht nächste Woche ins Studio kommen könnten.

Vergessen Sie nicht die Anrede und die Grußformel am Schluss.

An: Gabrielle Schönmayer

Kopiervorlage 6

Trotz, wegen, zum, während oder *bevor*? Ergänzen Sie.

1 _____ eines Foto-Shootings hat Torsten seine Frau, Anna, kennengelernt.

2 _____ der Vorurteile ihrer Eltern hat Julia einen Ausländer geheiratet.

3 Der Modeagent muss sich schick anziehen, _____ er zur Modemesse geht.

4 _____ Chatten benutzt Janine ihr Smartphone, aber _____ Surfen nimmt sie ihr Tablet.

5 Fabian saß im Restaurant und bestellte ein Getränk, _____ er auf seine Freundin wartete.

6 _____ des erfolgreichen Vorstellungsgesprächs hat der junge Mann den Job nicht bekommen.

7 Der berühmte Sportler konnte _____ seines Gewichts keine Karriere als Model machen.

8 Man muss es sich sehr gut überlegen, _____ man bei einer Talent-Show mitmacht.

9 _____ der neuen Entwicklungen in der Medizin können Frauen und Männer heute ihr Aussehen total ändern.

10 _____ Gabriele schlief, träumte sie von der Castingshow.

11 Braucht Joe Gruber _____ Lesen eine Brille?

12 _____ seiner idealen Körpermaße wollte das bekannte Model sich nicht bei der Modefirma bewerben.

Kopiervorlage 7

☀	Es ist nass und regnerisch.	☂🌧	Es gibt ein Gewitter.
⛈	Es ist trocken.	🌵	Es friert und es ist glatt.
❄🌡	Es hagelt.	🌧	Es ist bewölkt.
☁	Es ist neblig.	🌫	Es ist windig. Ein Sturm kommt.
🌬🌳	Der Himmel ist wolkenlos.	🛣	Es ist warm. Die Temperatur steigt bis auf 29 Grad.
29 °C 🌡	Es schneit.	🌨	Es ist sonnig.

Kopiervorlage 8

Von wem wird was gemacht? Schreiben Sie die Sätze im Passiv.

1 Viele Leute sehen mich wegen meiner Kleidung komisch an.

2 Unser Deutschkurs organisiert Anfang Dezember einen Weihnachtsbasar.

3 Millionen Touristen besuchen jedes Jahr Österreich.

4 Am Unfallort untersucht die Notärztin die verletzten Fahrer.

5 Du lädst uns manchmal zum Essen ein.

6 Sie bereiten den kranken Mann für den Transport vor.

7 Er schreibt jede Woche eine Rezension für die Zeitung.

8 Abends stellt sie den Wecker auf 6.00 Uhr.

9 Überprüfen Sie regelmäßig den Rettungswagen, Herr Geiger?

10 Ihr stellt während des Unterrichts Fragen.

Kopiervorlage 9

Die Tiere. Schreiben Sie richtig und mit Artikel. Ordnen Sie dann zu.

1 CHFAS → *das Schaf*
2 GELOV → ...
3 PUINGIN → ...
4 TSCIHDKÖELR → ...
5 DFERP → ...
6 GLESCHAN → ...
7 RÄB → ...
8 FATNELE → ...
9 SAEH → ...
10 AZKTE → ...
11 UNHD → ...
12 ICSHF → ...

A  B 1  C  D

E  F  G  H

I  J  K  L

Kopiervorlage 10

1 Ergänzen Sie die Endungen in den Anzeigen.

1 Hundebesitzerin sucht erfahren____ Hundesitter für groß____ Hunde.

2 Zuverlässig____ Mitarbeiter mit eigen____ Auto von groß____ Betrieb gesucht.

3 Erfahren____ Erzieherin bietet pädagogisch____ Tipps für jung____ Eltern.

4 Englisch____ Student sucht gemütlich____ Zwei-Zimmer-Wohnung mit sonnig____ Wohnzimmer, klein____ Küche und eigen____ Bad.

5 Gut bezahlt____ Arbeitsstelle für motiviert____ Mitarbeiter/innen bei erfolgreich____ Grafik-Design-Firma.

6 Klein____ Hündchen mit schwarz____, kurz____ Fell sucht tierfreundlich____ Frauchen oder Herrchen.

7 Engagiert____ Praktikantinnen von bekannt____ Kita gesucht!

2 Ergänzen Sie die Endungen.

1 In einem jung____ Team arbeitet man oft auch mit engagiert____ Auszubildenden zusammen.

2 Um sich um einen gut____ Praktikumsplatz zu bewerben, braucht man bestimmt____ Unterlagen.

3 Dieser Hundefriseur hat einen sehr gut____ Ruf, weil er groß____ Geduld mit Hunden hat.

4 In einer klein____ Autowerkstatt bei uns in der Nähe arbeiten sehr hilfsbereit____ Kfz-Mechatroniker.

5 In dieser Präsentation geht es um ein sehr interessant____ Thema mit viel____ Vorteilen, aber auch mit einem groß____ Nachteil.

6 Die Praktikantin arbeitet bei einem berühmt____ Mode-Magazin.

7 Für einen schwierig____ Job braucht man sicher beruflich____ Erfahrung und stark____ Nerven.

Kopiervorlage 11

Wie war es damals? Ergänzen Sie die Verben im Passiv Präteritum.

◆ Opa, erzähl mal, wie war es damals?

○ Na also, vieles war anders. Ein großer Unterschied war, dass wir kein Internet hatten. Alle Briefe (1) _____ z. B. auf Papier _____ (schreiben). E-Mails (2) _____ nie _____ (schicken). Und Handys gab es auch nicht.

◆ Wirklich? Und wie hattet ihr Kontakt zu euren Freunden ohne Handy und Internet?

○ Ich (3) _____ von meinen Freunden auf dem Festnetz _____ (anrufen). Oder wir haben uns besucht, denn fast alle meine Freunde wohnten in der Nähe. Tja, und ohne Internet haben wir unsere Freizeit natürlich auch anders verbracht. Zum Beispiel (4) _____ damals auch viel Monopoly oder Domino _____ (spielen), Brettspiele also.

◆ Cool! Und sag mal, Opa, wie (5) _____ Lebensmittel und andere Produkte _____ (einkaufen)? Ihr konntet das ja nicht per Internet machen. Musstet ihr da selbst hin?

○ Das ist richtig. Alles (6) _____ in den Läden _____ (kaufen). Aber Lebensmittel (7) _____ manchmal auch telefonisch _____ (bestellen) und nach Hause (8) _____ (liefern).

◆ Ach so! Und diese schönen Fotos von dir an der Wand? Wie (9) _____ die _____ (machen)? Sicher nicht mit dem Smartphone, oder?

○ Nein, wir (10) _____ immer mit einem Fotoapparat _____ (fotografieren). Aber die gibt es ja heute auch noch, nur sind sie jetzt digital. Und noch etwas, was du dir vielleicht nicht vorstellen kannst: Damals (11) _____ die Nachrichten in der Zeitung _____ (lesen) oder man hörte sie im Radio. Fernsehnachrichten gab es natürlich auch. Und Filme liefen im Kino oder im Fernsehen. Ach ja, und beim Autofahren (12) _____ auch kein Navi _____ (benutzen). Man fragte einfach nach dem Weg.

◆ Echt? Na so was!!!

Kopiervorlage 12

Sie sollen eine Präsentation zum Thema „Wohnen auf dem Land oder in der Stadt?" halten. Dazu finden Sie hier fünf Folien. Lesen Sie die Anweisungen links und schreiben Sie Ihre Notizen und Ideen rechts daneben.

Anweisungen	Folie	Notizen
1 Stellen Sie Ihr Thema vor. Erklären Sie Inhalt und Struktur Ihrer Präsentation.	Wohnen auf dem Land oder in der Stadt? — Wo lebt man besser?	
2 Erzählen Sie von Ihrer Situation oder einem Erlebnis im Zusammenhang mit diesem Thema.	Wohnen auf dem Land oder in der Stadt? — Meine persönlichen Erfahrungen	
3 Erzählen Sie von der Situation in Ihrem Heimatland und geben Sie Beispiele.	Wohnen auf dem Land oder in der Stadt? — Die Situation in meinem Heimatland	
4 Nennen Sie Vor- und Nachteile und sagen Sie dazu Ihre Meinung.	Wohnen auf dem Land oder in der Stadt? — Vor- und Nachteile und eigene Meinung	
5 Beenden Sie Ihre Präsentation und bedanken Sie sich bei den Zuhörern.	Wohnen auf dem Land oder in der Stadt? — Abschluss und Dank	

Kopiervorlage 13

Was ist richtig? Kreuzen Sie an.

1 Wenn es mehr Streetworker geben _____,
_____ man noch weniger Probleme auf der Straße.
  - a hätten / würden
  - b wäre / würde
  - c würde / hätte

2 Felix _____ später vielen Menschen helfen,
wenn er Sozialarbeit studieren _____.
  - a wäre / könnte
  - b würdet / könnte
  - c könnte / würde

3 Eure Klienten _____ Vertrauen zu euch, wenn ihr Empathie für sie _____.
  - a hätten / wärt
  - b hätten / hättet
  - c würden / wärt

4 Sofie _____ keine gute Polizistin, wenn sie diesen Beruf nicht lieben _____.
  - a wäre / würde
  - b wäre / hätte
  - c würde / könnten

5 Wenn man Alkoholabhängige nicht beraten _____, _____ sie den Alkoholkonsum nicht leicht reduzieren.
  - a hätte / würde
  - b würde / hätten
  - c würde / könnten

6 Wenn du mehr Disziplin _____, _____ du sicher bei dieser Firma fest angestellt.
  - a würdest / wärst
  - b hättest / wärst
  - c wärst / würdest

7 Wenn du eine feste Arbeit _____, _____ wir eine neue Wohnung suchen.
  - a wärst / würden
  - b hättest / könnten
  - c wäre / würden

8 Sicher _____ ihr Leute bei der Wohnungssuche unterstützen, wenn ihr als Streetworker arbeiten _____.
  - a könntet / wärt
  - b könntet / würdet
  - c würdet / hättet

9 Wenn David nicht geduldig _____, _____ er diesen schwierigen Beruf nicht schaffen.
  - a wäre / würde
  - b hätte / könnte
  - c hätte / würde

10 Viele Obdachlose _____ kaum Chancen auf dem Arbeitsmarkt, wenn die Zeitschrift BLICK keine Arbeitsplätze für sie schaffen _____.
  - a hätte / könnte
  - b würden / könnte
  - c hätten / würde

Kopiervorlage 14

Lösen Sie das Rätsel.

1 „Klimawandel? – Nein, danke!" Das ist ein guter … für unser Projekt.
2 Wenn man sich für die Probleme und Gefühle anderer interessiert, dann hat man … für sie.
3 Menschen ohne Wohnung sind …
4 Ein Bachelor-Studium dauert normalerweise 6 …
5 So nennt man Leute, die auf der Straße arbeiten und Menschen mit Problemen helfen.
6 Eine ökologisch gute … zu den Einwegbechern sind die Mehrwegbecher.
7 Batman ist ein beliebter Super… in der Science-Fiction-Kinowelt.
8 In einem Online-Gästebuch kann jeder seine Meinung zum … bringen.
9 Bei einem Streit kommt es manchmal zu Schlägereien, aber … ist nie eine Lösung.
10 Wenn man einen Verkehrsunfall gesehen hat und ihn der Polizei beschreibt, ist man ein …
11 Die Zähne putzt man mit einer …
12 In unserer Gesellschaft nimmt der Alkohol… leider immer mehr zu.
13 ein Synonym für Kunde

Kopiervorlage 15

Luft ballon	Kopf hörer	Steck dose
Vorder grund	Groß stadt	Bedienungs anleitung
Sound anlage	Laut sprecher	Staub sauger
Geld strafe	Fahr zeug	Führerschein pflicht
Fort schritt	Brief träger	Straf zettel

Kopiervorlage 16

Ergänzen Sie den Dialog.

◆ Weißt du, (1) _____ sich Lea zurzeit beschäftigt?

○ Ich glaube, (2) _____ Drohnen. Sie interessiert sich sehr (3) _____ . Sie guckt täglich Online-Sendungen und Videos im Internet zu diesen Geräten, liest Artikel und informiert sich so sehr genau (4) _____ .

◆ Cool! Das würde mich eigentlich auch interessieren. (5) _____ geht es denn genau in diesen Online-Sendungen?

○ Soviel ich weiß, geht es allgemein (6) _____ technische Erfindungen. Aber in den letzten Sendungen sind die Drohnen das Thema. (7) _____ beschäftigen sich diese Sendungen vor allem. Und ein Journalistenteam berichtet immer (8) _____ den neuesten Fortschritt. Lea hat mir (9) _____ erzählt.

◆ Hört sich gut an! Besonders junge Leute sind ja sehr begeistert von Drohnen, aber es gibt auch schon einige, die sich (10) _____ beschweren.

○ (11) _____ denn genau? Wie meinst du das?

◆ Na ja, (12) _____ die Gefahren dieser ... Spielzeuge.

○ Du, das sind keine Spielzeuge! Moderne Menschen sollten sich eigentlich (13) _____ die neue Technik freuen. Man muss, wie bei jedem Gerät, nur (14) _____ achten, dass die Qualitätsstandards eingehalten werden. Und natürlich spielt auch eine wichtige Rolle, wie eine Drohne eingesetzt wird, sodass keine Gefahr im Alltag entsteht. Lea meint, (15) _____ kämpfen die Reporter in den Sendungen besonders.

◆ Sag mal, ich überlege gerade ... Vielleicht wäre es ganz nützlich, eine Drohne zu besitzen.

○ Nun mal langsam. Da musst du dich aber zuerst (16) _____ einiges kümmern.

◆ Was? (17) _____ denn zum Beispiel?

○ Zum Beispiel (18) _____ einen Führerschein, die Versicherung usw. Vielleicht solltest du zuerst (19) _____ Lea (20) _____ sprechen. Die kann dich sicher gut beraten.

◆ O. K. Mache ich.

Kopiervorlage 17

Ergänzen Sie.

In der Werkstatt

K = Kunde   M = Mechaniker

K: Guten Tag, ist unser Auto fertig?
M: Moment bitte, ... ein Volkswagen mit dem (1) K_____e_____
   HD Z 3546?
K: Ja, genau.
M: Ja, der ist fertig. Wir haben die (2) B_____m_____ gecheckt und auch die
   (3) R____i_____ kontrolliert. Alles O.K. Und wie Sie uns gesagt haben, haben
   wir den (4) S____t____ des Fahrers repariert. Der war wirklich kaputt.
K: Ja, ich weiß. Vielen Dank.
M: Und die (5) B_____e_____ war fast (6) l____e____. Da brauchte das Auto eine neue.
   Die Reise würden Sie mit der alten nicht schaffen.
K: Ach, so ... Und?
M: Das war eigentlich alles. Jetzt können Sie sicher verreisen. Wohin fahren Sie denn?
K: Nach Salzburg.
M: Na, dann wünsche ich Ihnen eine gute Reise!

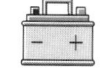

Auf der Autobahn

Auf dem Weg nach Salzburg hat plötzlich (7) der M_____o_____ unseres
Autos ein komisches (8) G_____u_____ gemacht und wir konnten
nicht weiterfahren. Wir hatten eine (9) P_____n____. Obwohl das Auto
kurz vor der Reise in der Werkstatt war!!
Wir haben sofort den ADAC angerufen und sie haben uns nach einiger Zeit den
(10) P_____d_____ geschickt. Der Techniker hat den (11) S_____d_____ überprüft,
aber er konnte leider nichts tun. Das Auto musste wieder zur Werkstatt transportiert werden.
Da kümmerten sich die Mechaniker um die (12) R____p_____. Wir
haben eine (13) S_____m_____ an unsere Versicherung geschickt und
brauchten am Ende zum Glück nichts selbst zu zahlen. Die Summe war nicht (14) g____i____.
Alles zusammen hat 630 € gekostet.

Kopiervorlage 18

Ergänzen Sie die passenden Relativpronomen.

1 Berlin ist eine Kulturstadt, _____ jedes Jahr Millionen von Touristen besuchen.

2 *Spectrum of the seas* heißt das riesige Kreuzfahrtschiff, _____ man neulich in vielen Häfen beobachtet hat.

3 Die verschmutzte Luft ist überall eine große Gefahr für die antiken Bauten, _____ von sehr vielen Leuten besichtigt werden.

4 In Venedig gibt es kaum einen Bürger, _____ der Massentourismus gefällt.

5 In unserer Stadt wird gegen den Tourismus demonstriert, _____ der Umwelt schadet.

6 Der Hamburger Hafen, _____ viele Kreuzfahrtschiffe im Sommer anfahren, ist in der ganzen Welt bekannt.

7 Lisa konnte der Touristin, _____ nach dem Weg zum Museum fragte, leider nicht helfen.

8 Die wirtschaftlichen Einnahmen, _____ die Besucher einem Ort bringen, sind manchmal gering.

9 Die Tagestouristen, _____ man in den Souvenirgeschäften begegnet, lassen nicht immer viel Geld in der Stadt.

10 Dass Athen den Besuchern ein reiches Nachtleben anbietet, ist eine Meinung, _____ niemand widerspricht.

Kopiervorlage 19

Bilden Sie Sätze im Passiv Präsens.

1. mit der Fitness-App / können / sammeln / Daten über Ihre Gesundheit

2. Geschwindigkeit und Distanz / können / messen / beim Laufen

3. die Konzentration / können / kontrollieren / auch

4. die App / können / installieren / auf einer Smartwatch

5. die Bedienungsanleitung der App / müssen / lesen / unbedingt

6. die Fitness-App / müssen / herunterladen / vom Online-App-Store

7. alle Dateien / sollen / speichern / in einem Ordner

8. nach der Installation / müssen / einrichten / ein persönliches Profil

9. interessante Themen / können / wählen / im Menü

10. der Verlauf der letzten sieben Tage / können / lesen / unter *Woche*

Ich bin ganz	anderer Meinung.
Ich möchte (auch) zu	Wort kommen.
Ich will meine Meinung zum	Ausdruck bringen.
Ich schließe mich der	Meinung von … an, dass …
Ich bin überzeugt	davon, dass …
Ich halte es	für wichtig, dass …
Es kann schlimme	Folgen haben, wenn …
Ich stimme	(nicht) zu, dass …
Ich möchte dieser Meinung	widersprechen.
Ich kann über eigene	Erfahrungen berichten.
Ich persönlich finde	es schade / positiv / …, dass …
Das hat den	Vorteil / Nachteil, dass …

Kopiervorlage 21

Ergänzen Sie *nachdem* oder *bevor* und das Verb in der richtigen Form.

1. _____ so viele Zuschauer in den *Harry-Potter*-Filmen Quidditch _____ (sehen), gründete man in vielen Ländern Quidditch-Vereine.

2. _____ Theo sein erstes Buch im Internet veröffentlicht, _____ (suchen) er zuerst nach einem Verlag.

3. Lorenz _____ (versuchen) es anfangs als Klavierspieler, _____ er sich als Sänger einen Namen machte.

4. Ein Redakteur _____ (lesen) Leas Roman, _____ sie ihn hochlädt.

5. _____ die Stadt neue Tennisplätze gebaut hat, _____ (interessieren) sich mehr Leute für diese Sportart.

6. Die Autoren hatten früher wenig Kontrolle über ihre Bücher, _____ sie sie beim Verlag _____ (abgeben).

7. Die Spielerin wirft den Ball gleich an ihre Mitspielerin weiter, _____ sie ihn _____ (fangen).

8. _____ sie ihre Gedichte ins Portal gestellt hatte, _____ (machen) sie Werbung.

9. _____ Sonboy ein berühmter Rapper _____ (werden), nahm er oft an Rap-Workshops teil, um seine Kenntnisse zu erweitern.

10. Man legte den Preis für das Buch fest, _____ der Verlag eine Party _____ (organisieren).

11. Torsten hat wenig Freizeit, _____ er in einen Tierschutzverein _____ (eintreten).

12. _____ viele Leser on demand ein Buch bestellt haben, _____ (drucken) der Verlag das Buch.

Kopiervorlage 22

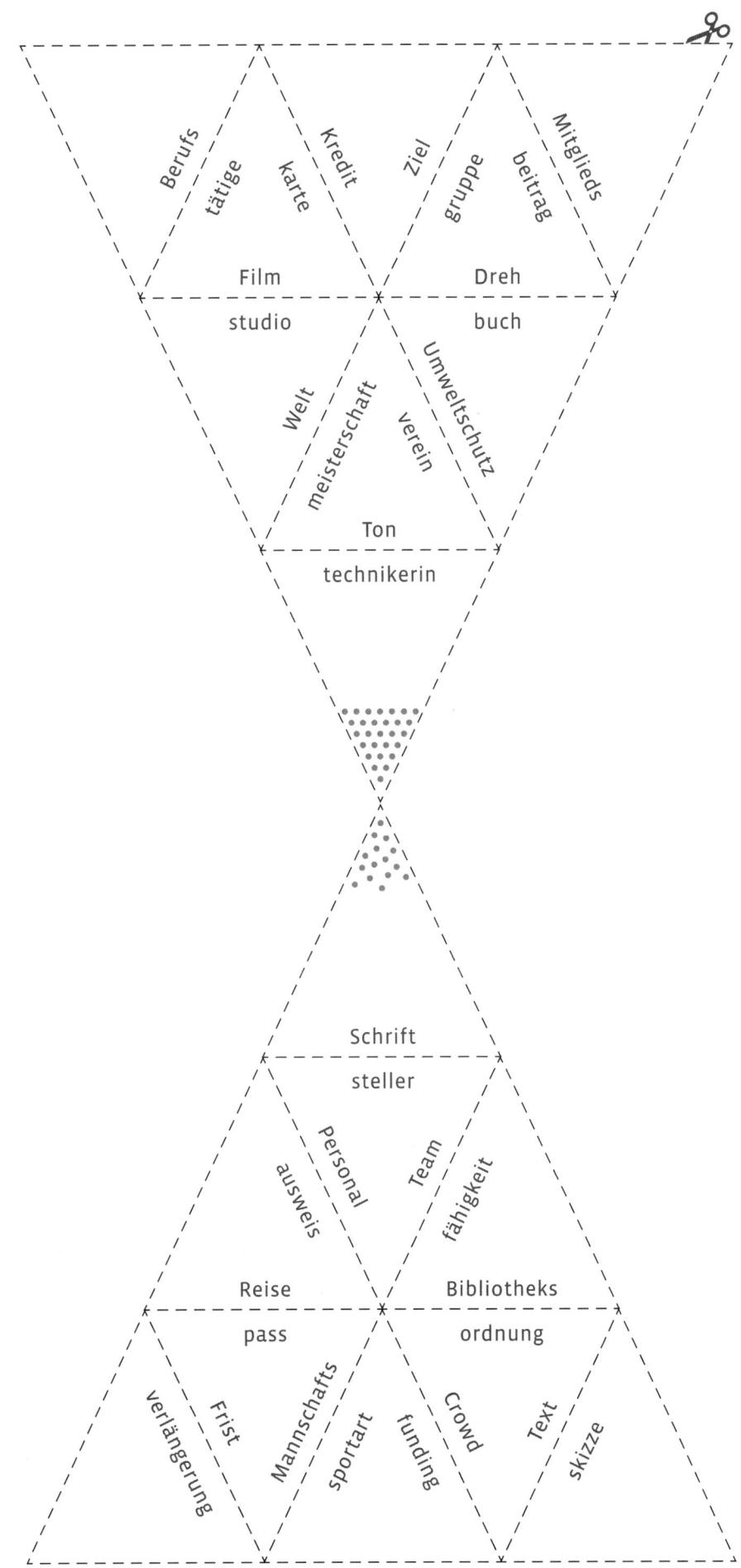

1 Zu zweit. Lesen Sie den Text und ergänzen Sie die Tabelle zu Deutschland.

Das deutsche Schulsystem

In Deutschland gibt es eine Schulpflicht, das bedeutet: Die Kinder müssen 9 bis 12 Jahre in die Schule gehen.

Mit 6 oder 7 Jahren besuchen die Kinder die Grundschule. Sie dauert 4 Jahre. Nach der vierten Klasse, also mit 9 oder 10 Jahren, haben die Schüler drei Wahlmöglichkeiten: Haupt- bzw. Mittelschule, Realschule oder Gymnasium.

Die Hauptschule dauert 5 Jahre, von der 5. bis zur 9. Klasse, und bereitet auf Berufe fürs Handwerk vor, wie z. B. Automechaniker oder Koch. Dieser Schultyp heißt auch Mittelschule. Am Ende bekommt man den Hauptschul- bzw. Mittelschulabschluss.

Die Realschule muss man 6 Jahre lang besuchen, also bis zur 10. Klasse. Sie bereitet auf kaufmännische Berufe vor, wie z. B. Bürokauffrau, Sekretärin oder Bankkaufmann. Der Realschulabschluss heißt Mittlere Reife.

Wer die Mittlere Reife oder einen Hauptschulabschluss hat, kann dann eine Ausbildung in einer Berufsschule machen. Da hat man den Vorteil des dualen Systems: Man lernt nicht nur die Theorie in der Berufsschule, sondern auch die praktische Arbeit in einer Firma.

Wenn man an einer Universität studieren möchte, muss man nach der Grundschule das Gymnasium wählen. Aufs Gymnasium gehen meistens Schüler mit guten Noten. Die Schulzeit dauert 8 oder 9 Jahre, von der 5. Klasse bis zur 12. bzw. 13. Klasse. Der Abschluss heißt Abitur.

Deutschland		Mein Heimatland	
Schultyp	Wie lange?	Schultyp	Wie lange?
Grundschule	___ Jahre (Klasse ___ bis ___)		
Hauptschule / Mittelschule	___ Jahre (Klasse ___ bis ___)		
Realschule	___ Jahre (Klasse ___ bis ___)		
Gymnasium	___ / ___ Jahre (Klasse ___ bis ___ / ___)		

2 Ergänzen Sie die Tabelle zu Ihrem Heimatland. Präsentieren Sie dann das Schulsystem im Kurs.

Kopiervorlage 24

Ihr Deutschkurs geht zu Ende und Sie wollen ein gemeinsames Abschiedsessen organisieren. Überlegen Sie, was Sie alles besprechen müssen.

Sprechen Sie über die Punkte unten, machen Sie Vorschläge und reagieren Sie auf die Vorschläge Ihrer Gesprächspartnerin / Ihres Gesprächspartners. Planen und entscheiden Sie gemeinsam, was Sie tun möchten.

Abschiedsessen planen

» Wo und wann?

» Wer und was kochen?

» Wen einladen?

» Abschiedsgeschenk für die Kursleiterin / den Kursleiter?

» ...

Test Lektion 1

Name: _____
Punkte: _____ / 35

1 Ergänzen Sie den Infinitiv mit oder ohne *zu*.

1 Michael findet es schwer, Arabisch _____ (lernen).
2 Hannah wollte schon mit 18 Modedesign _____ (studieren).
3 Auf Messen ist es nützlich, Leute _____ (kennenlernen).
4 Habt ihr vor, im Herbst in einen Intensivkurs _____ (gehen)?
5 Wenn man Spanisch spricht, hat man die Möglichkeit, sich mit vielen Menschen _____ (unterhalten).
6 Unser Deutschlehrer lässt oft Spiele wie Flüsterpost _____ (machen). Das ist lustig!

_____ / 6 Punkte

2 Ergänzen Sie in der richtigen Form. Zwei Verben passen nicht.

vorhaben   sich lohnen   verbessern   konjugieren   klingen   erleichtern

1 Diese Tipps _____ das Sprachenlernen.
2 Claudia lernt Russisch, denn sie _____, nach Russland zu reisen.
3 Frau Ramirez muss ihr Deutsch _____ und besucht deshalb einen Sprachkurs.
4 Jens hatte große Schwierigkeiten, die unregelmäßigen Verben zu _____.

_____ / 4 Punkte

3 Schreiben Sie die Adjektive bzw. die Nomen mit Artikel.

1 _____ → die Höflichkeit
2 _____ → die Schönheit
3 mehrsprachig → _____
4 frei → _____
5 sicher → _____

_____ / 5 Punkte

4 Ergänzen Sie *trotzdem* oder *deshalb*.

1 Herr Gmoch kann noch nicht gut Deutsch, _____ hat er in Köln einen guten Arbeitsplatz gefunden.
2 Es lohnt sich immer, eine neue Sprache zu lernen, _____ macht Laura einen Portugiesischkurs.
3 Japanisch ist die beste Voraussetzung für die Arbeit in dieser Firma, _____ will Jens lieber Italienisch lernen.

_____ / 3 Punkte

5 Ergänzen Sie die *trotzdem*-Sätze.

1 Thea hat lange Französisch gelernt, trotzdem _____. (heute kein Wort in dieser Sprache verstehen)
2 Herr Neuer hatte als Jugendlicher immer Angst, vor vielen Leuten zu sprechen, trotzdem _____. (Moderator geworden sein)
3 Als Musiker verdient Ben nicht gut, trotzdem _____. (viel Geld für Musikinstrumente ausgeben)

_____ / 6 Punkte

6 Ergänzen Sie die Endungen.

1 Was ist deine größt......... Schwierigkeit beim Sprachenlernen?
2 Ida hat die best......... Aussichten, in kurzer Zeit Englisch zu lernen.
3 Simon meint, der wichtigst......... Punkt bei einer Sprache ist die Grammatik.
4 Finns Vater kommt aus Deutschland, seine Mutter aus Spanien. Zwei Muttersprachen zu haben, das war für ihn das wertvollst......... Geschenk im Leben.

.... / 4 Punkte

7 Was passt? Unterstreichen Sie.

1 Martina geht oft mit ihrer Freundin auf *Ausstellungen / Konversationskurse* und andere Kulturveranstaltungen.
2 Es ist heute in Europa fast die *Ausnahme / Voraussetzung*, nur eine Sprache zu sprechen.
3 Es ist gut für die *Entwicklung / Absicht* eines Landes, wenn die Kinder in der Grundschule mehr als eine Fremdsprache lernen.

.... / 3 Punkte

8 Ordnen Sie zu. Benutzen Sie alle Verben.

1 den Nachteil   ○ **a** wecken
2 die Fantasie   ○ **b** landen
3 auf der Erde   ○ **c** unterhalten
4 sich auf Englisch   ○ **d** haben

.... / 4 Punkte

Test Lektion 2

Name: _____
Punkte: _____ / 35

1 *Obwohl*, *weil* oder *deswegen?* Ergänzen Sie.

1 Markus leiht sich oft Filme, _____ er sie im Internet sehen könnte.
2 Karin will nicht mehr mit Jan zusammen sein, _____ er sie betrügt.
3 _____ ihre Firma ein neues TV-Gerät entwickelt hat, weiß Tanja nicht, wie es funktioniert. _____ benutzt sie es auch nicht.

_____ / 4 Punkte

2 Ergänzen Sie den Artikel und das Nomen.

1 Während _____ (ein Gespräch) machte er interessante Vorschläge.
2 Axel und Ida haben sich während _____ (die Reise) mehrmals gestritten.
3 Bist du schon wieder während _____ (dieser Film) eingeschlafen?
4 Kannst du mir erklären, was während _____ (diese Game-Shows) passiert?

_____ / 4 Punkte

3 Was ist richtig? Unterstreichen Sie.

1 Auf dem Fernsehmarkt ist die *Konkurrenz / Gelegenheit* stark.
2 Emil ist ein Serienfreak. Die Serien *begleiten / verschwinden* ihn im Alltag wie gute Freunde.
3 In Zukunft wird man wahrscheinlich mehr Geräte für *virtuelle / gemütliche* Realität entwickeln.
4 Viel Zeit vor dem *Bildschirm / Angebot* zu verbringen, ist schlecht für die Gesundheit.
5 Kannst du mir zeigen, wie man diese digitale Kamera *behauptet / bedient*?

_____ / 5 Punkte

4 Schreiben Sie Sätze mit *je … desto*.

1 Man sitzt lang vor dem Fernseher. Man wird müde.

_____

2 Man geht häufig mit Freunden aus. Man benötigt das Fernsehen selten.

_____

_____ / 4 Punkte

5 Ergänzen Sie in der richtigen Form. Zwei Wörter passen nicht.

vermissen   Gelegenheit   Aktivität   fortführen   zustimmen   Grund

1 Sport treiben, Musik hören oder Sitcoms sehen – das sind alles Freizeit_____.
2 Er lebt seit 10 Jahren im Ausland, deshalb _____ er seine Verwandten.
3 Ein _____ für Konflikte sind heute die Serien.
4 Ich _____ dir _____, dass Serien zur täglichen Unterhaltung gehören.

_____ / 4 Punkte

6 Plan oder Vermutung? Unterstreichen Sie. Ergänzen Sie dann die Sätze.

1 In einigen Jahren .... das Fernsehen vermutlich vernetzt und virtuell sein. (*Plan / Vermutung*)
2 Liebe Kollegen, nächste Woche .... wir unsere neue Multimedia-Station auf dem Markt präsentieren. (*Plan / Vermutung*)
3 Manche Wissenschaftler behaupten, dass die Menschen in Zukunft in einer 4-D-Welt leben .... (*Plan / Vermutung*)

.... / 6 Punkte

7 Wie kann man es noch sagen? Ordnen Sie zu.

1 Ich nehme an, dass …
2 In Zukunft wird es wahrscheinlich …
3 Das klingt gut.
4 Ich würde lieber …
5 Das sehe ich nicht so.
6 Ich stimme gar nicht zu.

a In 10 Jahren wird es vermutlich …
b Ehrlich gesagt, ich finde es keine gute Idee.
c Ich vermute, dass …
d Auf keinen Fall.
e Einverstanden.
f Ich habe einen besseren Vorschlag.

.... / 6 Punkte

8 Ordnen Sie zu und ergänzen Sie die Sätze.

Es gibt bestimmt Streit.
Ich möchte die nächste Folge sehen.

1 Die Serie ist spannend, daher ....

2 Sie guckt heimlich die Serie, darum ....

.... / 2 Punkte

Test Lektion 3

Name: _____
Punkte: _____ / 35

1 *Während* oder *bevor*? Ergänzen Sie.

1 Anna beobachtete den Star-Fotografen lange, _____ sie ihn ansprach.
2 Man fotografierte Tim, _____ er auf dem Laufsteg auf und ab ging.

_____ / 2 Punkte

2 Schreiben Sie die Sätze noch einmal und beginnen Sie mit *während* und *bevor*.

1 Sarah war ein bisschen nervös, während sie auf das Foto-Shooting wartete.
   Während _____

2 Phil zieht seinen neuen Anzug an, bevor er zum Vorstellungsgespräch geht.
   _____

_____ / 4 Punkte

3 Ergänzen Sie die Verben im Plusquamperfekt.

1 Wir _____ Naomi Campbell immer nur im Fernsehen _____ (sehen). Aber eines Tages begegneten wir ihr auf einer Modemesse.
2 Als junge Frau _____ ich viel _____ (reisen). Ich habe erst mit 35 begonnen, als Model zu arbeiten.
3 Zunächst _____ der Moderator das Thema der Sendung _____ (ankündigen). Dann begrüßte er die Studiogäste.

_____ / 3 Punkte

4 Präteritum oder Plusquamperfekt? Ergänzen Sie die Sätze.

Paul (1) _____ (lange als Verkäufer arbeiten)
Mit 30 (2) _____ (er / sich entscheiden), Modedesign zu studieren. Mittlerweile hat Paul seine eigene Modefirma.

_____ / 4 Punkte

5 Ergänzen Sie. Ein Wort passt nicht.

Stil   Mehrheit   Körpermaße   Fotomappe   Mut   Persönlichkeit

1 Echte Schönheit bedeutet für mich gutes Aussehen und viel _____.
2 Man braucht sicher _____, wenn man mit 60 als Model arbeiten will.
3 Obwohl Arnold mehr als 90 kg wog, hatte er die idealen _____.
4 Herr Sucher hat eine _____ erstellt und der Agentur geschickt.
5 Models mit mehr dran haben ihren eigenen _____.

_____ / 5 Punkte

6 Ergänzen Sie die Endungen.

1 Wegen sein____ authentisch____ Schönheit ist Tim sehr beliebt.
2 Trotz viel____ Vorurteile machen Seniorenmodels heute Karriere.
3 Claudia Schiffer wurde wegen ihr____ attraktiv____ Aussehens in der ganzen Welt bekannt.
4 Elias nahm trotz sein____ groß____ Zeitmangels an der Mode-Kampagne teil.

____ / 7 Punkte

7 Was passt? Ordnen Sie zu.

1 nicht männlich   a zwei Kilo
2 vier Pfund   b zu Beginn
3 einfach   c treffen
4 anfangs   d weiblich
5 begegnen   e nicht schwierig

____ / 5 Punkte

8 Wozu? Bilden Sie Nomen und ergänzen Sie dann die Sätze.

mitnehmen   lesen   kochen

1 Thomas kauft manchmal seinen Kaffee „to go", also _____.
2 Anna hat nicht immer Zeit _____ und isst oft nur Salat.
3 Das Seniorenmodel braucht seit einigen Jahren eine Brille _____.

____ / 3 Punkte

9 *Wegen* oder *trotz*? Ergänzen Sie.

1 Viele Menschen haben _____ ihrer Mängel ein gutes Körpergefühl.
2 Theo sieht _____ seiner Müdigkeit die Sendung GNTM nicht bis zum Ende.

____ / 2 Punkte

Test Lektion 4

Name: _____
Punkte: _____ / 40

1 Schreiben Sie die passenden Adjektive.

1 Morgens gibt es auf dem Land viel Nebel. Es ist oft _____.
2 Am Himmel sind keine Wolken. Der Himmel ist _____.
3 Gestern war das Wetter wie im Sommer. Es war richtig _____.
4 Man kann trotz des Nebels die Bäume sehen, sie sind gut _____.

_____ / 4 Punkte

2 Ergänzen Sie die Sätze.

1 Ein Sportler muss täglich trainieren. Er hat eine gute Kondition.
  Ein Sportler muss täglich trainieren, um _____
  _____.

2 Körperliche Aktivität ist nützlich. Man bekommt starke Muskeln.
  Körperliche Aktivität ist nützlich, damit _____
  _____.

3 Viele Jugendliche treffen sich hier. Sie probieren eine neue Extremsportart aus.
  Viele Jugendliche treffen sich hier, um _____
  _____.

4 Nehmt den Wettbewerb ernst. Wir gewinnen die Stadtmeisterschaft.
  Nehmt den Wettbewerb ernst, damit _____
  _____.

_____ / 8 Punkte

3 Was passt nicht? Streichen Sie durch.

1 regnerisch – feucht – sonnig – nass
2 Transport – Verletzung – Notärztin – Abschnitt
3 wunderbar – glatt – herrlich – strahlend
4 klettern – rennen – fordern – springen

_____ / 4 Punkte

4 Schreiben Sie die Sätze im Passiv.

1 Martin überprüft das Auto.
  _____

2 Nach dem Unfall gibt Patrizia einen Bericht ab.
  _____
  _____

_____ / 4 Punkte

5 Ergänzen Sie die Sätze.

1 Der Fahrer wird am Unfallort _____ untersucht. (die Sanitäterin)
2 Der Patient wird _____ ins Krankenhaus eingeliefert. (der Notarzt)

_____ / 2 Punkte

6 Ergänzen Sie in der richtigen Form. Zwei Wörter passen nicht.

sinken Behinderung Synonym Gewitter fördern steigen Gegensatz

1 Sport in einer Mannschaft .... das Gemeinschaftsgefühl.
2 *Beschwerlich* und *anstrengend* sind ....
3 In Deutschland .... die Temperatur im Winter oft auf –10 Grad.
4 Es blitzt und donnert. Wahrscheinlich kommt bald ein ....
5 Auch Menschen mit .... können Sport machen.

.... / 5 Punkte

7 Ordnen Sie zu.

1 den Rhythmus auf dem Tisch   a fühlen
2 sich sehr einsam   b klopfen
3 abends den Wecker   c eintreten
4 einen Eindruck vom Alltag   d stellen
5 in den Tennis-Club   e geben

.... / 5 Punkte

8 Was passt? Unterstreichen Sie.

1 Wenn man regelmäßig trainiert, hat man mehr *Kreislauf / Kraft*.
2 Hat Bungee Jumping eine positive *Wirkung / Rezension* auf die Psyche?
3 Obwohl es draußen *trocken / trist* war, rutschte der Sportler beim Parkour ab.
4 In unserer Gesellschaft wird oft der *menschliche / leise* Kontakt vergessen.
5 Es *dauerte / klingelte* nicht lange, bis der erste Notruf kam.

.... / 5 Punkte

9 Was passt? Unterstreichen Sie.

1 Es ist seit *über / weniger als* 5 Minuten sehr windig. Kommt ein Sturm?
2 Wir warten schon *über / weniger als* einen Monat auf den Brief. Was ist los?
3 Er trainierte von zwei Uhr bis halb vier für den Trachtenlauf. Das sind *über / weniger als* 2 Stunden. Ist das genug?

.... / 3 Punkte

Test Lektion 5

Name: _____
Punkte: _____ / 45

1 Schreiben Sie die Nomen mit Artikel.

1 _____ → das Bierchen
2 der Herr → _____
3 _____ → das Sümmchen
4 die Maus → _____

_____ / 4 Punkte

2 Schreiben Sie Sätze mit *nicht nur ... sondern auch*.

1 Haustiere / Vorteile / Nachteile / haben
_____
_____

2 Bei *Maximedia* / Sie / spannende Aufgaben / nette Kollegen / erwarten
_____
_____

_____ / 4 Punkte

3 Ergänzen Sie in der richtigen Form.

Eigenschaft   Schulabschluss   Ruf   Erzieherin   Vorschrift   Betreuung   Kenntnisse   Netzwerk

1 Für unser Team suchen wir zuverlässige und hoch motivierte Mitarbeiter. Haben Sie diese _____ ?
2 In unserer Kita ist Ihre Hauptaufgabe die _____ der Kinder. Natürlich gibt es auch bestimmte _____, wenn Sie als _____ hier arbeiten wollen, z. B. das Krankenmelden per E-Mail.
3 Als Hundesitter möchte sich David ein _____ aufbauen.
4 Für dieses Studium braucht man einen guten _____ und geeignete Computer_____.
5 Die Mode-Firma *Kouros* hat einen sehr guten _____ auf dem Arbeitsmarkt.

_____ / 8 Punkte

4 Schreiben Sie Sätze mit *sowohl ... als auch*.

1 In unserem Betrieb / Auszubildende / die Theorie / die Praxis / lernen
_____
_____

2 Hanna / analytisch denken / selbstständig arbeiten / können
_____
_____

_____ / 4 Punkte

5 Was ist richtig? Unterstreichen Sie.

1 eine Aufgabe *erledigen / basteln / zutreffen*
2 sich selbstständig *haben / gehen / machen*
3 Ärger *haben / unterstützen / austauschen*
4 Berufserfahrung *erstellen / behandeln / sammeln*
5 die Fische *erziehen / füttern / erweitern*

_____ / 5 Punkte

6 Finden Sie noch fünf Tiere und schreiben Sie mit Artikel.

FH SCHAF KHLFPINGUILSCHLANGEKZSCHILDBÄRKRÖTE BNJELEFARTESAPFERDKASEHASEJFTVOGELNDGIBAR

das Schaf

_____ / 5 Punkte

7 Ordnen Sie zu.

1 Montags ist im Büro eine
2 In dieser Firma gibt es ein ausgezeichnetes
3 Dual studiert man an verschiedenen
4 Ina kann gut Hunde betreuen und bekommt deshalb viele
5 Als Hundebesitzer hat Ralf immer

a Betriebsklima.
b Fachhochschulen.
c Aufträge.
d Teambesprechung.
e Gesellschaft.

_____ / 5 Punkte

8 Ergänzen Sie die Endungen.

1 Im Park füttert meine Oma jeden Tag klein_____ Vögel.
2 Die Freunde nennen Boris schwarz_____ Schaf, weil er immer anders sein will.
3 Felix ist ein erfahren_____ Hundesitter mit stark_____ Nerven und hat deswegen groß_____ Geduld. Der Job macht ihm groß_____ Spaß und er verdient dabei auch ein gut_____ Sümmchen.
4 Jung_____ Frau sucht Job als Tier- oder Babysitter bei nett_____ Familie.
5 Auf den Galapagos-Inseln leben riesig_____ Schildkröten. Sie wiegen über 200 kg.

_____ / 10 Punkte

Test Lektion 6

Name: _____

Punkte: _____ / 45

1 Ergänzen Sie die Präpositionen.

1 In meinem Vortrag geht es _____ das Thema: Freizeit in der Großstadt.
2 Im Kurs sprechen wir heute _____ verschiedene Wohnformen.
3 Der Student bedankt sich am Ende seiner Präsentation _____ seinen Zuhörern _____ ihre Aufmerksamkeit.

_____ / 4 Punkte

2 Verbinden Sie die Sätze mit den Konnektoren.

In der Stadt wird es eng. Man baut in die Höhe.

1 _____ (sodass)
2 _____ (so ... dass)
3 _____ (nämlich)

_____ / 6 Punkte

3 Was passt? Unterstreichen Sie.

1 Verdichtung bedeutet, dass in den Lücken zwischen alten Häusern neue Häuser *wachsen / entstehen*.
2 Wenn es keinen Platz mehr in der Stadt gibt, dann *rechnen / ziehen* die Leute aufs Land.
3 In China sitzt man in manchen Häusern mit Kissen auf dem *Gleichgewicht / Boden*.
4 In Afrika hat die Bevölkerung andere *Traditionen / Breiten* als in Europa.

_____ / 4 Punkte

4 Ergänzen Sie *innerhalb* oder *außerhalb* und das Nomen mit Artikel.

1 _____ (das Museum) darf man nichts essen.
2 Nur _____ (die Wohnung) darf geraucht werden. Die Luft in den Zimmern sollte sauber bleiben.
3 Das Haus sollte _____ (ein Jahr) gebaut werden.
4 _____ (die Arbeitszeiten) darf niemand in den Büroräumen bleiben.

_____ / 8 Punkte

5 Ordnen Sie zu.

1 Typisch für Hochhäuser sind   a Werkzeuge.
2 Hammer und Säge sind   b Arbeiten im Haushalt.
3 Nägel und Holz sind   c die vielen Stockwerke.
4 Staubsaugen und Abwaschen sind   d Materialien.
5 Eine ungewöhnliche Wohnform sind e die Baumhäuser.

_____ / 5 Punkte

6 Ergänzen Sie. Zwei Wörter passen nicht.

Mitschülern   danach   hält   Inhalt   Schluss   Zusammenhang
bedankt   unterschiedlich   Beispiele   Anweisungen

Leo (1) _____ einen Vortrag zum Thema „Die Metropole". Zu Beginn erklärt er den (2) _____ seiner Präsentation. Dann erzählt er von seinen persönlichen Erlebnissen im (3) _____ mit dem Thema. (4) _____ berichtet er von der Situation in seinem Heimatland und gibt auch (5) _____. Anschließend nennt er die Vor- und Nachteile der Metropolen und sagt auch seine eigene Meinung dazu. Zum (6) _____ (7) _____ er sich bei seinen (8) _____ für ihr Interesse.

_____ / 8 Punkte

7 Ergänzen Sie die Verben im Passiv Präteritum.

1 ◆ _____ du als Kind von deinen Eltern oft _____ (bitten), den Abfalleimer zu leeren?
  ○ Nein, bei uns zu Hause _____ alle Abfalleimer immer von meinem Bruder _____ (leeren). Das war seine Aufgabe.
2 1967 _____ in Deutschland das Farbfernsehen _____ (einführen).

_____ / 6 Punkte

8 Was ist richtig? Unterstreichen Sie.

1 Leider kümmert sich niemand in dieser WG um *den / dem* Haushalt.
2 Hasan erzählt im Blog von *dem / das* Klima in Afrika.
3 Herr Städtler hält nicht viel von *diesen / diese* Baumhäusern.
4 Karl spricht zuerst über *die / der* Struktur seiner Präsentation.

_____ / 4 Punkte

Test Lektion 7

Name: _____

Punkte: _____ / 35

1 a Ergänzen Sie die Verben in Konjunktiv II.

1 Es gäbe nicht so viel Lärm in den Städten, wenn wir weniger Autos _____ (haben).
2 Man _____ seinen Kaffee nachhaltig und fair _____ (genießen), wenn man auf Plastikbecher verzichten könnte.

_____ / 2 Punkte

b Schreiben Sie Satz 1 aus 1a noch einmal. Beginnen Sie mit *wenn*.

Wenn _____

_____ / 2 Punkte

2 Was ist richtig? Unterstreichen Sie.

1 Streetworker helfen Menschen, schwierige Situationen im Alltag zu *bewältigen / schaden / verurteilen*.
2 Der Drogenkonsum muss unbedingt *eingebracht / reduziert / gerettet* werden.
3 Es ist die Aufgabe der Polizisten, uns vor Verbrechern zu *schützen / behalten / erfordern*.
4 Ohne Wohnung ist es schwierig, auf dem Arbeitsmarkt eine Chance zu *haben / zerstören / wecken*.

_____ / 4 Punkte

3 Ergänzen Sie die Sätze.

1 Frau Kurz kann den Tag nicht vergessen, als _____ (Zeugin eines Unfalls werden)
2 Es war eine kalte Nacht, als _____ (die Flüchtlingshelfer den Jungen im Mittelmeer finden)
3 Als David _____ (zum ersten Mal als Superheld auftreten), war er erst 20 Jahre alt.

_____ / 6 Punkte

4 Verbinden Sie die Sätze mit *indem*.

1 Man kann Energie sparen. Man reduziert den globalen Transport.
_____, *den globalen Transport* _____
2 Du kannst etwas Gutes für die Umwelt tun. Du benutzt keine Einwegbecher.
_____ *keine Einwegbecher* _____,
3 Wir können ökologisch korrekt einkaufen. Wir achten auf die richtige Menge.
Wir _____,

_____ / 6 Punkte

5 Ordnen Sie zu.

1. die Nummer der Polizei
2. Wünsche bei den Klienten
3. einen modernen Lebensstil
4. bei einem Betrieb fest angestellt

a. wählen
b. führen
c. wecken
d. sein

___ / 4 Punkte

6 Ergänzen Sie. Ein Wort bleibt übrig.

Alternative   Kreuzfahrtschiffe   Empathie   Schlägerei   Vertrauen   Bauer

1. Wenn so viele _____ an Venedig vorbeifahren, zerstören sie die Stadt.
2. Eine gute _____, um weniger Müll zu produzieren, sind die Mehrwegdosen.
3. Julian zeigt Interesse für die Probleme anderer, er hat also _____ für sie.
4. Die meisten Obdachlosen glauben, dass Streetworker zuverlässig sind, sie haben _____ zu ihnen.
5. Zwei Männer haben sich gestritten und es gab leider eine _____.

___ / 5 Punkte

7 Schreiben Sie die Sätze mit weder ... noch.

1. Müllberge helfen der Umwelt nicht. Müllberge helfen auch nicht dem Portemonnaie.

2. Er ist nicht alkoholabhängig. Er ist auch nicht drogenabhängig.

3. Man sollte keine Lebensmittel wegwerfen. Man sollte auch nicht zu viel Wasser verbrauchen.

___ / 6 Punkte

Test Lektion 8

Name: _____
Punkte: _____ / 40

1 Ergänzen Sie die Verben im Passiv Perfekt.

Alles ist fertig für die Party:
1 Die Einladungen _____ von unseren Mitarbeitern _____ (verteilen).
2 Der DJ _____ über die Silent Party _____ (informieren).
3 Stecker und Steckdosen _____ (checken).
4 Die Lautsprecher _____ an die Soundanlage _____ (anschließen).

_____ / 4 Punkte

2 Ergänzen Sie die Fragen.

1 ◆ _____ diskutiert Torsten in der Redaktionssitzung?
  ○ Mit seinen Kollegen.
2 ◆ _____ beschäftigt sich der Reporter?
  ○ Mit kulturellen Themen.
3 ◆ _____ wird bei diesem Sender geachtet?
  ○ Auf die Qualität der Sendungen.
4 ◆ Wer berichtete in der Redaktion über das Fest?
  ○ Ela berichtete _____ .

_____ / 4 Punkte

3 Ergänzen Sie *gegen* oder *um* und den Artikel.

1 Die Drohne ist _____ _____ Haustür geflogen und hat sie beschädigt.
2 Der Astronaut wollte schon als Kind einmal _____ Mond fliegen.

_____ / 4 Punkte

4 Was passt? Unterstreichen Sie.

1 Den Studentenausweis hat man leider nicht *gefürchtet / akzeptiert / aufgehabt*.
2 Briefträger könnte man bald durch Drohnen *ersetzen / stecken / einhalten*.
3 Ein Reporter muss häufig Menschen *testen / einsetzen / interviewen*.
4 Man kann Drohnen auch privat *gelten / verwenden / hinterfragen*.

_____ / 4 Punkte

5 Ergänzen Sie die Sätze.

1 Der Journalist hat viele Probleme mit der Redaktion. Aber er tut so, als ob er gar keine Schwierigkeiten _____ .
2 Die ethischen Standards des Journalismus werden oft nicht eingehalten. Es sieht aber so aus, _____ man sich sehr dafür interessieren _____ .
3 Sind Drohnen nicht gefährlich? Ich habe manchmal den Eindruck, als ob mir eine auf den Kopf fallen _____ .

_____ / 4 Punkte

6 Verbinden Sie die Sätze.

1 Man kann Pakete mit Drohnen liefern. Briefträger haben weniger Arbeit. (seitdem)
_____,
_____ *Arbeit*.

2 Drohnen retten Menschenleben. Sie können auch eine Gefahr sein. (zwar ... aber)
_____ *Menschenleben*,
_____.

3 Es kommt immer wieder zu Unfällen. Man braucht einen Führerschein für Drohnen. (seit)
_____ *für Drohnen*,
_____.

.... / 6 Punkte

7 Ergänzen Sie das Gegenteil (↔).

1 draußen ↔ d_____
2 im Vordergrund ↔ im H_____
3 mit Kabel ↔ k_____
4 verboten sein ↔ e_____ sein

.... / 4 Punkte

8 Schreiben Sie Sätze mit *sondern*.

1 die meisten Jugendlichen – Musik – hören: im Radio 👎 / auf YouTube 👍
_____
_____

2 man – für diesen Kopfhörer – brauchen: Kabel 👎 / Akku 👍
_____
_____

.... / 4 Punkte

9 Sortieren und ergänzen Sie.

| Verkehrs | Ein | lage | Aus | Spiel | lad | ung | sicher | fahrt | gramm | Ver | Kilo | ung | zeug |

1 Bei Unfällen zahlt normalerweise die _____ r _____ u _____.
2 Heute wird die _____ k _____ l _____ oft durch Drohnen kontrolliert.
3 Tausend Gramm sind ein _____ i _____ a _____.
4 Jens hat eine _____ i _____ l _____ zu einer Silent Party.
5 An der _____ u _____ t _____ Holledau fuhr der PKW nach links.
6 Viele glauben, dass die Drohne ein _____ l _____ u _____ ist.

.... / 6 Punkte

Test Lektion 9

Name: _____
Punkte: _____ / 40

1 Schreiben Sie die Sätze neu mit *brauchen nicht / kein-*.

1 Herr Roth muss für die Reparatur seines Wohnmobils nicht viel zahlen.
_____

2 Du musst keine neuen Reifen für dein Auto kaufen.
_____

_____ / 4 Punkte

2 Ergänzen Sie *durch* oder *zwischen*.

1 Im Herbst machen wir eine Wanderung _____ unbekannte Regionen Nordspaniens.
2 Augsburg ist eine Stadt, die _____ München und Stuttgart liegt.
3 _____ 17.00 und 17.30 Uhr komme ich am Hotel vorbei und hole dich ab.
4 Jeden Tag läuft Mina mit ihrem Hund _____ den Wald.

_____ / 4 Punkte

3 Was passt? Ordnen Sie zu.

1 die Post per Boot   a ablegen
2 den Alltagsstress   b zurücklegen
3 die Pilgerreise für wichtig   c zustellen
4 den Weg zu Fuß   d lösen
5 die Probleme der Stadt   e halten

_____ / 5 Punkte

4 Wer reist? Bilden Sie aus *reisen* ein Nomen und ergänzen Sie.

1 Der Frühling ist eine beliebte Jahreszeit für _____ aus Europa.
2 Die _____ ging auf Pilgerwegen oft zu Fuß.
3 Am Flughafen hat ein _____ aus Italien sein Gepäck verloren.
4 Herr Heimer ist mit vier anderen _____ aus Berlin nach Peru geflogen.

_____ / 4 Punkte

5 Ergänzen Sie die Relativpronomen.

1 Der Jakobsweg, _____ viele Pilger entlanggehen, führt nach Santiago de Compostela.
2 Die Ruhe, _____ wir alle in der Natur suchen, kann man im Spreewald finden.
3 Der Tourist, _____ die Gegend nicht gefiel, beschwerte sich.
4 Die Demonstrationen gegen den Massentourismus, _____ man geplant hatte, waren erfolgreich.
5 Auf dem Schiff luden mich die Passagiere, _____ ich mit den Koffern geholfen hatte, zum Essen ein.
6 Der moderne Hafen, _____ gebaut wurde, ist eine Sehenswürdigkeit für die Stadt.

_____ / 6 Punkte

6 Was passt nicht? Streichen Sie durch.

1 Fahrzeug: Bremse – Motor – Wiese
2 Schaden: Reparatur – Grab – Panne
3 Spreewald: Ursache – Gurke – Kanal
4 Tourismus: Erholung – Lage – Einnahmen

.... / 4 Punkte

7 Bilden Sie 7 Nomen und schreiben Sie sie mit Artikel.

Bürger   Pannen   Pflanzen   Rad   Fest   Schadens   Kenn
art   meister   dienst   fahrer   zeichen   meldung   land

.... / 7 Punkte

8 Ergänzen Sie.

anderer   Langeweile   ablehnen   andererseits   wirtschaftliche   Fall

1 Kinder haben im Spreewald ein buntes Programm und auf jeden .... keine ....
2 Einerseits bringt der Massentourismus .... Sicherheit, ... hat er auch negative Seiten.
3 Deinen Vorschlag zu einer Autoreise muss ich leider .... , denn da bin ich ganz .... Meinung.

.... / 6 Punkte

Test Lektion 10

Name: _____
Punkte: _____ / 35

1 Ergänzen Sie die Relativpronomen.

1 Der Alltag als Video-Blogger, von _____ Jan berichtet, ist nicht einfach.
2 Die Ausrüstung, ohne _____ er nicht filmen könnte, muss er kaufen.
3 Kameras, mit _____ er vertraut ist, sind für ihn eine große Hilfe.
4 Viele Fans, zu _____ er engen Kontakt hält, erkennen seine seriöse Arbeit an.
5 Die Video-Qualität, mit _____ Jans Fans rechnen, braucht gute Vorbereitung.
6 Den Blog, für _____ sich viele Leute interessieren, besuchen auch „Hater".

_____ / 6 Punkte

2 Ordnen Sie zu.

1 ins Suchfenster
2 auf „Status"
3 mit der App die Geschwindigkeit
4 sich am Computer
5 Fitnessdaten von der App
6 Dateien im Ordner

a drücken
b tippen
c anmelden
d messen
e speichern
f abrufen

_____ / 6 Punkte

3 Regeln. Bilden Sie Sätze im Passiv.

1 während des Vortrags / Handys / müssen / auf stumm / stellen

_____

2 beim Essen / sollen / ausschalten / der Laptop

_____

3 zum Recherchieren / können / verwenden / das Smartphone

_____

_____ / 6 Punkte

4 Was ist richtig? Unterstreichen Sie.

1 Vielen Menschen ist der *Begriff / Kritiker* „Slam-Poetry" unbekannt.
2 Früher fand der *Austausch / Zustand* von Liebesgrüßen per Post statt.
3 In Gedichtsstrophen kann man oft *Reklamen / Metaphern* finden.
4 Heute nehmen nur noch wenige Leute *Filzstifte / Kassetten* auf.
5 Fast alle Lieder haben einen *Refrain / Dienst,* der sich wiederholt.
6 Den Computer muss man oft auf *Hütten / Viren* prüfen.

_____ / 6 Punkte

5 Verbinden Sie die Sätze, wenn möglich, mit *ohne … zu*. Wenn nicht, verbinden Sie mit *ohne dass*.

1 Viele Jogger genießen ihren Lauf. Sie benutzen keine Smartwatch.

2 Die Bloggerin dreht ihre Videos. Kein Angestellter hilft ihr.

3 Karl sitzt immer am Computer. Er nimmt keine Mahlzeit mit der Familie ein.

_____ / 6 Punkte

6 Stimmen. Wie heißt das Gegenteil? Ergänzen Sie.

1 Die Stimme von Joe ist wirklich *hart*. Aber sein Freund Frank hat eine ganz _____e Stimme.
2 Michaelas Stimme ist sehr *hoch*. Ihr Vater Barry hat eine _____e Stimme.
3 Luciano singt gern _____e Lieder, Bono liebt den *modernen* Stil.
4 Leonard hat eine _____e Stimme, im Gegensatz dazu finde ich Annas Stimme *kalt*.
5 Julias Stimme klingt eigentlich _____. Bei der Castingshow „The Noise" hat sie aber *nicht so schön* gesungen. Hatte sie Stress?

_____ / 5 Punkte

Test Lektion 11

Name: ....
Punkte: .... / 35

1 Verbinden Sie die Sätze mit *nachdem*.

1 Claudia veröffentlichte ihren Roman. Sie machte dann eine Buchparty.
....
.... *Buchparty.*

2 Claudia investierte Geld in Werbung. Sie verkauft so mehr Bücher.
Claudia ....
....

.... / 4 Punkte

2 Ordnen Sie zu.

1 Interesse an Literatur   a fangen
2 den Ball   b haben
3 ein Thema zur Diskussion   c verlängern
4 die Leihfrist   d eintreten
5 in einen Verein   e stellen
6 sich an einem Projekt   f beteiligen

.... / 6 Punkte

3 Bilden Sie Sätze mit *entweder … oder*.

1 wir: Rugby spielen / Quidditch lernen
....
....

2 ich: Bienen züchten / beim Tierschutzverein mitmachen
....
....

.... / 4 Punkte

4 Ergänzen Sie die Endung, wo nötig.

1 Der Projektleiter trifft sich heute mit den Medien-Experte........ der Firma.
2 „Der gute Mensch........ von Sezuan" ist ein bekanntes Theaterstück von Bertold Brecht.
3 Er fragte seinen Kollege........ in der Redaktion, was Self Publishing bedeutet.
4 Die Arbeit des Praktikant........ war sehr interessant.
5 Hast du schon mit unserem Nachbar........ über den Rasen gesprochen?

.... / 5 Punkte

5 Ergänzen Sie *anstatt dass* bzw. *anstatt* und *zu*, wo nötig.

1 Nimm einen Hund aus einem Tierschutzverein, ... du einen .... kaufst!
2 Wollen wir zusammen traditionell deutsch kochen, ... Sie Tortillas .... zubereiten?
3 .... alles selbst .... bezahlen, kann sie ihre Idee per Crowdfunding finanzieren.
4 Die Quidditchspieler behalten den Besen zwischen den Beinen, ... wie im Film damit .... fliegen.

.... / 4 Punkte

6 Ergänzen Sie. Ein Wort passt nicht.

Zauberer   Teamfähigkeit   Mannschaftssportart   Gesang   Ausleihe   Mitgliedsbeitrag

1 Handball ist eine _____, bei der der Ball mit der Hand geworfen wird.
2 Harry Potter heißt der junge _____ in den Büchern von J. K. Rowling.
3 In einem _____verein kann man mit anderen gemeinsam singen.
4 Sportarten wie Fußball oder Rugby fördern die _____ der Spieler.
5 Der _____ ist der Betrag, den man als Teilnehmer einem Verein zahlen muss.

_____ / 5 Punkte

7 Was ist richtig? Unterstreichen Sie.

1 Wenn man regelmäßig *ausleiht / reitet*, sollte man eine gute Beziehung zu seinem Pferd haben.
2 Wenn ein Buch nicht verkauft wird, hat der Autor *finanzielle / freiwillige* Probleme.
3 In einem *Drehbuch / Filmstudio* arbeiten viele Schauspieler.
4 Bei der Diskussion sind alle Punkte *bewundert / besprochen* worden.
5 Berufstätige machen ihre Arbeit *professionell / gründlich*, sie verdienen also Geld davon.
6 Der Erfolg eines Buches hat immer mit der Zahl der *Leser / Zeugen* zu tun.
7 Teamarbeit weckt das Gefühl der *Einzelheit / Gemeinschaft*.

_____ / 7 Punkte

Test Lektion 12

Name: _____
Punkte: _____ / 35

1 *da* oder *falls?* Verbinden Sie die Sätze.

1 Ela möchte auf jeden Fall einen kaufmännischen Beruf lernen. Sie macht die Mittlere Reife.
_____ *Reife.*

2 Ein Schüler braucht vielleicht Beratung. Dann kann er sie beim Schulberater einholen.
_____ *beim Schulberater* _____

3 Markus hat das Abitur gemacht. Er kann jetzt mit dem Studium anfangen.
Markus kann _____

_____ / 6 Punkte

2 Ergänzen Sie *wo* oder *was*.

1 Zurzeit lebt Pia in Berlin, _____ sie als Industriekauffrau arbeitet.
2 Für die Party koche ich etwas, _____ ihr noch nie gegessen habt.
3 Für ihn als Firmengründer gibt es nichts, _____ er nicht übernehmen würde.
4 Treffen wir uns wieder da, _____ wir uns letzte Woche getroffen haben?

_____ / 4 Punkte

3 Ergänzen Sie. Ein Wort passt nicht.

Tatsache   Gemeinsamkeiten   Enttäuschung   Selbstvertrauen   Kontakt   Germanistik

1 Alina wartete über eine Stunde an der Bushaltestelle auf ihren Freund, aber er kam nie. Das war für sie eine große _____.
2 Zwischen guten Freunden gibt es häufig viele _____. So haben Niklas und Luca beide in Heidelberg _____ studiert.
3 Es ist eine _____, dass Jonas und David nicht mehr ganz jung sind.
4 Wir haben uns lange aus den Augen verloren und sollten wieder _____ aufnehmen.

_____ / 5 Punkte

4 Schreiben Sie die Sätze noch einmal mit dem passenden Modalverb.

1 In dieser Firma ist auf Pünktlichkeit zu achten.
_____
_____

2 Bei Fragen zum Businessplan haben wir nicht mitzureden.
_____
_____

_____ / 4 Punkte

5 Ergänzen Sie.

derselben   derselbe   dieselbe   dieselben   denselben   demselben

1 Kim und Justus sind in _____ Realschule gegangen, haben dann in _____ Berufsschule eine Ausbildung gemacht und hatten sogar fast _____ Leistungen.
2 Du, der Berufscoach hat uns _____ Ratschlag gegeben.
3 Pia und Mia machen ihre Mittagspause immer in _____ Café. Und _____ attraktive Kellner bringt ihnen ihre Bestellung.

_____ / 6 Punkte

6 Ordnen Sie zu.

1 ein geringes Risiko   a rufen
2 die Studienzeit in Erinnerung   b eingehen
3 sich für seine Freunde Zeit   c geben
4 den Investoren Bescheid   d nehmen

_____ / 4 Punkte

7 Was ist richtig? Unterstreichen Sie.

1 Die Stühle können wir leicht zur Seite *schieben / merken*. Helft bitte mit!
2 Na gut, ich stimme zu. Ihr habt mich *nachgemacht / überredet*.
3 Warum bist du so sauer? Was ist *geschehen / bedauert*?

_____ / 3 Punkte

8 Ergänzen Sie die Endungen.

1 Jed_____ Jahr machen wir eine Klassenfahrt ins Ausland.
2 Jed_____ Nacht, bevor er einschläft, denkt Theo über seine berufliche Laufbahn nach.
3 Die Freunde treffen sich jed_____ Nachmittag auf dem Schulhof und unterhalten sich.

_____ / 3 Punkte

Transkriptionen Kursbuch

Lektion 1

A Aufgabe 2 und 3

Seminarleiter: So, jetzt bitte wieder ein bisschen Ruhe. Hannah möchte sich jetzt kurz auch vorstellen. Hannah, bitte …

Hannah: Ja, hallo, mein Name ist Hannah, und ich komme aus München. Ich lebe mit meinem Freund zusammen, er heißt Daniel, und er, ehm, wir haben einen Hund. Ich bin Kinderkrankenschwester und arbeite in einer Klinik hier in der Stadt. Also, ich liebe meinen Job sehr und vielleicht gehe ich mal nach Südamerika, in ein Krankenhaus. Ich möchte den Kindern da helfen.
Hm … ja … ich spreche gut Englisch und meine Muttersprachen sind Deutsch und Spanisch. Ja, Spanisch, weil mein Vater Spanier ist und er zu Hause immer Spanisch mit mir gesprochen hat.
Ja, und ich interessiere mich für Mode. Also, mit 18 wollte ich eigentlich Modedesign studieren. Aber das ist schwer: An den Fachhochschulen für Mode gibt es nur wenig Plätze, und ich habe kein Glück gehabt. Aber einmal pro Woche besuche ich abends einen Kurs für Modedesign an der Volkshochschule. Ich gehe gern auf Ausstellungen und Modemessen. Daniel mag auch Mode und kommt oft mit.
Ja, okay, und im Winter fahre ich manchmal mit meinem Vater Ski. Ich glaube, ich fahre ganz gut. Ich habe schon mit 5 Skifahren gelernt.

Seminarleiter: Vielen Dank, Hannah. Sehr interessant, und jetzt hören wir …

C Aufgabe 4
Teil 1

Moderator: Guten Tag, meine sehr geehrten Damen und Herren, und willkommen zu einer neuen Ausgabe von „Wissen global" hier auf M93.4. Wir sprechen heute über „Mehrsprachigkeit", also, das ist das vielleicht wichtigste Thema in unserer globalisierten Welt.
Dazu haben wir heute zwei tolle Gäste im Studio. Zum einen Frau Hannah Ramirez, eine Kinderkrankenschwester aus München, die mit einem spanischen Vater und einer deutschen Mutter zweisprachig aufgewachsen ist und uns von ihren Erfahrungen berichten wird.
Außerdem haben wir Herrn Prof. Dr. Dieter Fromm zu Gast. Er ist Fachmann für Psycholinguistik und wird uns das Phänomen aus wissenschaftlicher Perspektive erklären.
Herzlich willkommen, Frau Ramirez und Herr Fromm. Schön, dass Sie beide da sind.

Fromm: Guten Tag, vielen Dank.
Hannah: Danke sehr. Ich freue mich, hier zu sein.
Moderator: Beginnen wir erst einmal mit der Frage: Was ist Mehrsprachigkeit? Herr Fromm, worüber sprechen wir überhaupt, wenn wir diesen Begriff benutzen?
Fromm: Nun, es gibt drei Arten von Mehrsprachigkeit.
Zum einen meint Mehrsprachigkeit das Erlernen mehrerer Muttersprachen von Geburt an, wie z. B. bei Frau Ramirez. Zweitens reden wir von Mehrsprachigkeit, wenn jemand in seiner Familie eine Sprache gelernt hat und im Kindergarten, in der Schule dann mit einer zusätzlichen Zweitsprache in Kontakt kommt. Eine Zweitsprache lernt man übrigens auch, wenn man zum Beispiel als Erwachsener Deutsch in Deutschland lernt, um in Deutschland zu leben und zu arbeiten.
Drittens liegt auch Mehrsprachigkeit vor, wenn jemand als Kind, Jugendlicher oder Erwachsener ganz normal eine Fremdsprache in der Schule lernt. Also bei uns wären das in der Regel Englisch, Französisch, Spanisch …

C Aufgabe 6 und 7
Teil 2

Moderator: Oh, das ist ja eine sehr breite Definition. Herr Fromm, also sind wahrscheinlich sehr viele Menschen mehrsprachig, oder?

Fromm: Das stimmt, das ist der interessanteste Punkt. Weltweit sprechen mehr als die Hälfte der Menschen mindestens zwei Sprachen. In vielen Ländern gibt es sogar mehrere offizielle Sprachen. Indien hat zum Beispiel die meisten Landessprachen mit insgesamt 23. Danach kommt Südafrika mit 11 offiziellen Landessprachen. Es ist eher die Ausnahme, nur eine Sprache zu sprechen und fast schon ein Nachteil. Weltweit ist es mittlerweile normal, eine der Weltsprachen wie Englisch, Chinesisch, Hindi, Spanisch oder Arabisch zu lernen.

Transkriptionen Kursbuch

Moderator: Sie haben gesagt, nur eine Sprache zu sprechen, ist eher schon ein Nachteil. Frau Ramirez, würden Sie dem zustimmen?

Hannah: Also, ich weiß nicht, ob es wirklich ein Nachteil ist, wenn man nur eine Sprache spricht. Offiziell wird bei uns ja sehr viel Wert zum Beispiel auf Englischkenntnisse gelegt. Aber sehen Sie sich mal die Realität an!

Moderator: Ja, das ist schon richtig. Selbst viele Spitzenpolitiker und Topmanager machen eine schlechte Figur, wenn es um Englisch geht, und brauchen Dolmetscher und Übersetzer. Scheinbar kann man in diesem Land aber nach wie vor ganz groß Karriere machen, auch ohne Sprachkenntnisse. Leider! Aber Sie, Frau Ramirez haben ja zwei Muttersprachen …

Hannah: Ja, und das ist gut so. Der größte Vorteil ist, dass ich mich in zwei Ländern zu Hause fühlen kann. Zwar ist Deutschland meine Heimat, aber wenn ich nach Spanien reise, komme ich auch schnell in Kontakt mit den Menschen dort. So habe ich gelernt, in und mit verschiedenen Kulturen zu leben und das ist für mich das schönste Geschenk. Gleichzeitig habe ich mit meinen zwei Sprachen die flexibleren Jobchancen und kann auch im Ausland arbeiten. Ich möchte demnächst für „Ärzte ohne Grenzen" nach Kolumbien gehen. Ich möchte vor Ort den Kindern helfen und in einem Krankenhaus arbeiten. Da braucht man uns Krankenschwestern dringend. Und mein Spanisch ist dafür die beste Voraussetzung.

Moderator: Das stimmt. Aber wie war das als Kind? Ich kann mir vorstellen, dass es nicht immer leicht war, zwei Sprachen gleichzeitig zu lernen, oder?

Hannah: Ja, das stimmt. Die größte Herausforderung war, immer zwischen den Sprachen zu wechseln. Wenn ich zum Beispiel etwas auf Deutsch sagen wollte, ist mir nur das spanische Wort eingefallen oder nur das deutsche, wenn ich Spanisch sprechen wollte. Oftmals habe ich einfach beide Sprachen in einem Satz benutzt. Das hat dann natürlich lustig geklungen.

Moderator: Oh, das glaube ich. Herr Fromm, wie sieht die Wissenschaft das? Schadet es den Kindern nicht, wenn sie schon früh viele Sprachen lernen müssen?

Fromm: Nein, das hat man früher gedacht, aber durch zahlreiche Studien weiß man heute, dass das falsch ist. Im Gegenteil, der Mensch ist der talentierteste Sprachenlerner und von Natur aus polyglott. Mehrsprachigkeit ist gut für die Entwicklung des Kindes. Zweisprachige Kinder haben in den einzelnen Sprachen anfangs zwar etwas weniger Wortschatz als einsprachige Kinder. Aber dafür lernen sie in der gleichen Zeit doppelt so viel. Dreisprachige sogar das Dreifache.

Moderator: Was empfehlen Sie Eltern, die ihr Kind mehrsprachig erziehen wollen? Worauf sollten sie achten?

Fromm: Die besten Aussichten, die Sprache gut zu lernen, hat das Kind, wenn Eltern die Sprache fließend sprechen. Sonst sollten sie diese Sprache mit dem Kind nicht sprechen. Außerdem sollte das Ganze spielerisch geschehen, man sollte die Kinder nicht zwingen. Kinder lernen bis zu fünf oder sechs Jahren ohne Mühe mehrere Sprachen. Danach wird es schwieriger.

Hannah: Richtig, zwingen sollte man die Kinder nicht. Aber die Eltern sollten immer wieder klar machen, dass ihnen die zweite Sprache wichtig ist. Und sie sollten ständig daran erinnern, dass das Kind auch in der jeweiligen Sprache des Elternteils antwortet. Das kommt nämlich nicht von alleine, und wenn die Eltern sich nicht kümmern und konsequent sind, dann passiert gar nichts. Ich weiß noch, dass ich als kleines Mädchen eigentlich gar keine Lust hatte, Spanisch zu sprechen. Ich wollte so sein wie alle anderen hier in Deutschland. Aber mein Vater hat immer wieder gesagt „Du musst auch Spanisch lernen.", und er hat konsequent Spanisch mit mir gesprochen. Und dafür danke ich ihm heute.

Moderator: Ja, das kann ich mir vorstellen. Und später …?

Hannah: Also, die Vorteile sieht man tatsächlich erst später. Manche, wie ich gehört habe, erkennen erst als Erwachsene, welch ein Vorteil es sein kann, zweisprachig aufgewachsen zu sein. Bei mir kam die Erkenntnis zum Glück schon in der Schule. Da hat mir meine Zweisprachigkeit sehr geholfen, als ich Englisch und Französisch als Fremdsprachen

Transkriptionen Kursbuch

Moderator: dazubekommen habe. Im Vergleich zu meinen Mitschülerinnen und Mitschülern hatte ich die größere Erfahrung beim Sprachenlernen und war flexibler beim Wechseln zwischen den Sprachen. Und jetzt denke ich sogar darüber nach, wie ich mein Spanisch auch beruflich nutzen kann.

Moderator: Liebe Frau Ramirez, lieber Herr Fromm, leider sind wir mit unserer Zeit schon wieder am Ende. Ich danke Ihnen herzlich für dieses Gespräch und natürlich auch Ihnen, verehrte Zuhörerinnen und Zuhörer, für Ihre Aufmerksamkeit. Auf Wiedersehen und bis zum nächsten Mal bei „Wissen global" hier auf M93.4.

Lektion 2

Starten wir! Aufgabe 2

Florian: Du, Lisa. Was ist los? Warum bist du nicht im Bett?

Lisa: Ich konnte einfach nicht schlafen und da …

Florian: Sag mal, was siehst du denn da? Ist das nicht …?

Lisa: Ja, „Manhunt" ist das. Ich wollte unbedingt …

Florian: Du, das ist doch die letzte Folge. Wollten wir die nicht zusammen sehen? Also, das finde ich ja nicht lustig!

Lisa: Du, tut mir leid, ich konnte es nicht mehr aushalten. Das ist doch so spannend.

Florian: Ja, aber weißt du, ich habe das Gefühl, dass du mich betrügst. Du guckst hier heimlich, ich weiß nichts davon und dann …

B Aufgabe 3, 4 und 6

Florian: Puh, das war ein langer Tag, endlich Feierabend. Ich will nur noch chillen. Du, Lisa, wir könnten doch etwas essen und einen Film anschauen.

Lisa: Ja, wieso nicht? Einverstanden! Aber ich will während des Essens nichts anschauen, denn das ist ungesund, weißt du. Man isst schneller und auch mehr. Und klar, je schneller man isst, desto mehr nimmt man zu. Also, man sollte während einer Mahlzeit nichts anderes nebenbei machen …

Florian: Okay. Ja, da hast du recht. Also, erst essen und dann einen Film, ja?

Lisa: Ja, genau … Sag mal, Florian, auf welchen Film hättest du denn Lust?

Florian: Bei Netflix gibt es schon den neuen Spinnerman-Film. Auf den hätte ich richtig Bock. Ich habe gehört, dass er gut sein soll.

Lisa: Och, nee, du immer mit deinen Superhelden-Filmen. Die Filme sind immer so langweilig. Das letzte Mal bin ich während des Films eingeschlafen. Können wir nicht einmal was für Erwachsene sehen?

Florian: Was für Erwachsene? Du meinst irgend so eine Liebesschnulze? Nee, Lisa, auf so was habe ich keine Lust. Außerdem sind das keine Kinderfilme. Da geht es auch immer um Philosophie und Politik. Das sind eben Metaphern.

Lisa: Haha, wohl Metaphern in Strumpfhosen! Lass mal, dann schau lieber alleine. Ich gucke dann etwas anderes. Je länger wir jetzt noch streiten, desto müder werde ich. Oh cool, der neue Film mit Scarlett Johansson ist schon in der Mediathek.

Florian: Was, Scarlett Johansson?! Na, wenn das so ist, schaue ich mit! Sag's doch gleich!

Melissa: David, bist du das?

David: Ja. Hallo Schatz, ich bin da. Wie geht's dir?

Melissa: Gut, und dir? Wie war dein Tag?

David: Gut. Hör mal, Melissa. Während eines Meetings hat meine Kollegin Andrea uns übrigens spontan zum Essen eingeladen. Wir sollen heute Abend um 20 Uhr bei ihr zu Hause sein. Hast du Lust?

Melissa: Hm, klingt super, eigentlich immer gern, aber mir ist heute nicht danach. Ich möchte lieber hier bleiben und meine Serie weiterschauen. Die ist gerade so spannend.

David: Och, das sagst du immer. Du und deine Serien! Du lebst nur noch in deiner Netflix-Welt! Je öfter du deine Serien guckst, desto seltener gehst du mit mir aus. Und während einer Folge kann man dich gar nicht mehr ansprechen.

Melissa: Gar nicht wahr. Nur heute bin ich eben nicht in der Stimmung. Ich hatte eine anstrengende Woche. Je mehr Stress ich bei der Arbeit habe, desto weniger Aktivität brauche ich am Wochenende.

David: Nur heute? Und was war neulich, als Tina und Simon mit uns weggehen wollten? Da konntest du auch nicht, weil die neue Staffel von „Games and Bones" rausgekommen ist. Und als mein Bruder neulich zu Besuch kam, bist du nicht

Transkriptionen Kursbuch

	mal aus dem Schlafzimmer herausgekommen, um „Hallo" zu sagen. Weil deine Serie so „spannend" war. Während eines Besuchs kann man doch wenigstens mal eine Pause machen. Ich finde, das wird langsam zum Problem.
Melissa:	Na gut. Einverstanden. Ich komme mit. Aber eine Frage: „Hat deine Arbeitskollegin einen Netflix-Zugang?"
David:	Melissa!!!
Melissa:	War nur ein Spaß!! Nur ein Spaß!
Christoph:	Hey Schatz, Jana-Liebling, guck mal! Ich habe einen Vorschlag: Hier gibt es eine tolle neue Dokumentation über Brasilien und den Regenwald. Wollen wir uns die angucken? Die ist bestimmt super und kostet nur 7,99 Euro.
Jana:	Ja, von mir aus. Wenn ich es schon nicht in echt sehen kann, dann wenigstens im Film.
Christoph:	Was? Was soll das heißen: „wenn schon nicht in echt"?
Jana:	Na, was soll das schon heißen? Christoph, überleg mal! Würdest du denn mit mir nach Brasilien fahren? Du sitzt doch immer nur vor dem Fernseher oder mit dem Laptop auf dem Balkon und schaust eine Reisereportage nach der andern. Aber eine echte Reise machst du nie mit mir. Und je mehr du online für Filme ausgibst, desto weniger Geld haben wir für Reisen. Während einer Reise könntest du all das sehen, was du sonst nur auf dem Bildschirm erlebst.
Christoph:	Ja, aber weißt du noch, die Reisen nach Mallorca und Holland im letzten und vorletzten Jahr. Während dieser Reisen ist so viel passiert! Zu Hause ist es wenigstens sicher und trotzdem immer noch günstiger.
Jana:	Ja, Christoph, das Leben ist eben ein Abenteuer. Je länger du zu Hause sitzt und nichts tust, desto ängstlicher wirst du. Komm, lass uns nach Brasilien fahren. Ich habe neulich einen Artikel gelesen. Da stand drin: „Je öfter man verreist, desto glücklicher ist man." Und während des Flugs kannst du ja auch Filme und Reportagen sehen. In Flugzeugen gibt es immer Bord-Fernseher.
Christoph:	Na, gut! Aber können wir uns dann jetzt trotzdem die Reportage ansehen? Als Vorbereitung?
Jana:	Natürlich, mein Schatz! Hurra, wir fahren nach Brasilien!!!

C Aufgabe 4 und 5

Frau Edlinger:	Guten Morgen, Frau Kratz. Guten Morgen, Herr Biberger. Schön, dass Sie die Zeit gefunden haben. Kaffee? Wasser? Bitte, bedienen Sie sich. Okay, nun, unser Meeting heute ist sehr wichtig, weil wir hier bei *Sirius* dringend ein neues Produkt für den Fernsehmarkt brauchen. Das wissen Sie bereits. Sagen Sie, wo ist denn unsere Frau Bach? Sie ist noch nicht da!? ... Na ja, sie wird aber noch kommen, hm, glaube ich jedenfalls. Weiß sie denn, dass wir hier im Konferenzraum 2 sind?
Frau Kratz:	Ja, ja.
Herr Biberger:	Ja, sicher.
Frau Edlinger:	Gut, dann machen wir einfach weiter. Also, wir brauchen dringend ein neues Produkt. Sie wissen auch, die Konkurrenz ist stark, sehr stark sogar.
Frau Kratz / Herr Biberger:	Hm. / Jaja.
Frau Edlinger:	Das Fernsehen und die Wünsche der Kunden haben sich in den letzten Jahren rasant verändert, und wir benötigen ein Gerät, das auf dem neuesten Stand der Technik ist. Das Ziel dieses Meetings ist es, einen Überblick über die Trends der Zukunft zu bekommen, damit wir ein passendes Gerät entwickeln können.
Frau Kratz / Herr Biberger:	Ja. / Hm, sicher.
Frau Edlinger:	Also, meine Fragen an Sie sind folgende: Wie wird das Fernsehen der Zukunft aussehen? Wird es das Fernsehen, wie wir es kennen, überhaupt noch geben? Welche Medien werden in Zukunft die wichtigsten auf dem Markt sein? Sie sind die Experten! Was sind Ihre Prognosen, wie sehen Ihre Vorhersagen aus? Schießen Sie los! Herr Biberger, möchten Sie anfangen?
Herr Biberger:	Ja, sicher. Also, das Fernsehen der Zukunft muss und wird wahrscheinlich digital, virtuell und vernetzt sein. Das heißt, es wird wohl keine klare Trennung mehr zwischen Fernsehgerät und Computer geben. Die neuen Smart-TVs haben bereits Internetanschluss und unterstützen Streamingdienste mit entsprechenden Apps. Das ist Standard. Wir haben also bereits Smart-TVs, aber der Trend geht zu ganzen Smart-Homes. Der Fernseher wird dabei so etwas wie die Multimedia-Station im Wohnzimmer sein, mit der man alles im Haus

Frau Kratz: bedienen kann. Die Menschen werden wahrscheinlich mit dem Fernseher im Internet surfen oder arbeiten und gleichzeitig Filme und Serien anschauen.

Frau Kratz: Ja, genau. Und das Programm wird auch immer interaktiver werden. Man wird zum Beispiel Dinge kaufen können, die man gerade in einem Film sieht. Wenn einem die Jacke von Leonardo DiCaprio gefällt, wird man sie gleich mit einem Klick bestellen können.

Herr Biberger: Richtig, und man wird wohl auch online in Fernsehzeitschriften nach Programmen suchen. Das gewünschte Programm wird man dann direkt anklicken und sehen. On demand und Video-Streaming werden wahrscheinlich noch wichtiger werden. So kann jeder flexibel entscheiden, wann er einen Film, eine Serie oder eine Doku anschauen möchte. Dennoch wird es bestimmt auch in Zukunft noch Leute geben, die auf klassischen TV-Sendern abends um 20 Uhr ihre Nachrichtensendung oder sonntags den „Tatort" sehen wollen.

Frau Kratz: Stimmt, und während des „Tatorts" oder danach werden sie dann aber wohl interaktiv im Chatroom über die neueste Folge des „Tatort" diskutieren. Bei den „Game Shows" wird sich wohl auch viel verändern. In Zukunft wird man zum Beispiel gemütlich von zu Hause aus per Webcam an solchen Shows teilnehmen. Da wird man nicht mal mehr persönlich im Studio sitzen.

Frau Edlinger: Das klingt alles sehr interessant. Wie sieht es mit 3-D-Fernsehern aus? Haben die noch eine Zukunft?

Frau Kratz: Dieses Thema ist eigentlich schon wieder vorbei. Die Menschen sehen zwar gerne 3-D-Filme im Kino, aber zu Hause setzen sich die meisten Leute nicht so gerne mit einer 3-D-Brille vor den Fernseher. Die Bildqualität und die Bildschirmtechnologie werden, wie zum Beispiel Ultra HD, immer wichtiger. Die Größe des Geräts ist für viele Kunden gar nicht so wichtig, aber die Bilder müssen scharf sein: je schärfer, desto besser.

Herr Biberger: Da gebe ich Ihnen recht. Aber virtuelle Realität ist ein großes Thema, ich denke, VR-Brillen werden ein riesiger Zukunftsmarkt sein. Mit ihnen kann man komplett in Videospiele, Filme und Serien eintauchen. Die Filmbranche wird immer mehr Filme für diese Geräte entwickeln.

Frau Edlinger: Wenn ich alle unsere Ergebnisse einmal zusammenfassen darf, wird die Zukunft wohl so aussehen: Fernseher werden smarte Multimedia-Zentralen mit Internetzugang und hoher Bildqualität sein. Das Fernsehprogramm wird aus einer Mischung aus Video-on-Demand-Angeboten, klassischen TV-Sendern, Online-Streamingdiensten, Videoportalen wie YouTube und speziellen Nachrichtenportalen bestehen.

Frau Kratz / Herr Biberger: Ja, genau. / Ja, so wird es sein …

Aufgabe 6

Teil 2

Herr Biberger: Also, das Fernsehen der Zukunft muss und wird wahrscheinlich digital, virtuell und vernetzt sein. Das heißt, es wird wohl keine klare Trennung mehr zwischen Fernsehgerät und Computer geben. Die neuen Smart-TVs haben bereits Internetanschluss und unterstützen Streamingdienste mit entsprechenden Apps. Das ist Standard. Wir haben also bereits Smart-TVs, aber der Trend geht zu ganzen Smart-Homes. Der Fernseher wird dabei so etwas wie die Multimedia-Station im Wohnzimmer sein, mit der man alles im Haus bedienen kann. Die Menschen werden wahrscheinlich mit dem Fernseher im Internet surfen oder arbeiten und gleichzeitig Filme und Serien anschauen.

Frau Kratz: Ja, genau. Und das Programm wird auch immer interaktiver werden. Man wird zum Beispiel Dinge kaufen können, die man gerade in einem Film sieht. Wenn einem die Jacke von Leonardo DiCaprio gefällt, wird man sie gleich mit einem Klick bestellen können.

Herr Biberger: Richtig, und man wird wohl auch online in Fernsehzeitschriften nach Programmen suchen. Das gewünschte Programm wird man dann direkt anklicken und sehen. On demand und Video-Streaming werden wahrscheinlich noch wichtiger werden. So kann jeder flexibel entscheiden, wann er einen Film, eine Serie oder eine Doku anschauen möchte. Dennoch wird es bestimmt auch in Zukunft noch Leute geben, die auf klassischen TV-Sendern abends um 20 Uhr ihre Nachrichtensendung oder sonntags den „Tatort" sehen wollen.

Transkriptionen Kursbuch

Frau Kratz: Stimmt, und während des „Tatorts" oder danach werden sie dann aber wohl interaktiv im Chatroom über die neueste Folge des „Tatort" diskutieren. Bei den „Game Shows" wird sich wohl auch viel verändern. In Zukunft wird man zum Beispiel gemütlich von zu Hause aus per Webcam an solchen Shows teilnehmen. Da wird man nicht mal mehr persönlich im Studio sitzen.

Frau Edlinger: Das klingt alles sehr interessant. Wie sieht es mit 3-D-Fernsehern aus? Haben die noch eine Zukunft?

Frau Kratz: Dieses Thema ist eigentlich schon wieder vorbei. Die Menschen sehen zwar gerne 3-D-Filme im Kino, aber zu Hause setzen sich die meisten Leute nicht so gerne mit einer 3-D-Brille vor den Fernseher. Die Bildqualität und die Bildschirmtechnologie werden, wie zum Beispiel Ultra HD, immer wichtiger. Die Größe des Geräts ist für viele Kunden gar nicht so wichtig, aber die Bilder müssen scharf sein: je schärfer, desto besser.

Herr Biberger: Da gebe ich Ihnen recht. Aber virtuelle Realität ist ein großes Thema, ich denke, VR-Brillen werden ein riesiger Zukunftsmarkt sein. Mit ihnen kann man komplett in Videospiele, Filme und Serien eintauchen. Die Filmbranche wird immer mehr Filme für diese Geräte entwickeln.

Frau Edlinger: Wenn ich alle unsere Ergebnisse einmal zusammenfassen darf, wird die Zukunft wohl so aussehen: Fernseher werden smarte Multimedia-Zentralen mit Internetzugang und hoher Bildqualität sein. Das Fernsehprogramm wird aus einer Mischung aus Video-on-Demand-Angeboten, klassischen TV-Sendern, Online-Streamingdiensten, Videoportalen wie YouTube und speziellen Nachrichtenportalen bestehen.

Frau Kratz / Herr Biberger: Ja, genau. / Ja, so wird es sein …

 **Aufgabe 11**

Teil 3

Frau Edlinger: Gut, sehr schön, ich danke Ihnen. Und was passiert jetzt? Was werden wir ganz konkret tun? Herr Biberger?

Herr Biberger: Also, ich werde mit den Ingenieuren sprechen. Gleich morgen. Wir werden die Pläne für die laufende Produktion durchgehen, und wir werden die Möglichkeiten prüfen.

Frau Edlinger: Sehr gut. Und Sie, Frau Kratz?

Frau Kratz: Ja, schade, dass Frau Bach jetzt nicht da ist. Sie ist ja die Verkaufschefin und wird sicher mit den Verkäufern sprechen. Ja, wir werden das Thema diskutieren. Und wir werden auch über Preise, Qualität etc. sprechen. Also, ich denke auch, dass Aspekte wie Stromverbrauch und Material der Geräte wichtig für den Verkauf sind. Wissen Sie, die Menschen wollen ökologische Lösungen und achten heute ganz besonders …

Lektion 3

Starten wir, Aufgabe 1 und 2

Text 1

Frau: Top-Model-Studio. Sie rufen außerhalb unserer Geschäftszeiten an. Bitte hinterlassen Sie eine Nachricht nach dem Signalton. Wir rufen Sie umgehend zurück.

Mann: Guten Abend, Martin DeLon von der Zeitschrift *Für Männer only* am Apparat. Wir müssen kurzfristig neu planen und eigene Fotos für unser Special „Männer und Sommermode" schießen. Dafür brauchen wir jetzt dringend noch ein Model. Ein männliches Model also, und bitte nicht zu jung oder einer, der so hungrig und nervös aussieht. Eher reif, denn das entspricht unseren Lesern, die auch eher älter sind. Ein schöner Körper, ja! Und ein Model mit viel Persönlichkeit und Charakter, wissen Sie, das ist unserem neuen Chefredakteur wirklich wichtig. Bitte rufen Sie mich zurück. Ich bin morgen früh ab etwa 8.30 Uhr wieder erreichbar.

Text 2

Frau 1: Top-Model-Studio. Sie rufen außerhalb unserer Geschäftszeiten an. Bitte hinterlassen Sie eine Nachricht nach dem Signalton. Wir rufen Sie umgehend zurück.

Frau 2: Hallo, guten Abend. Annette von Holt von der Zeitschrift *Für Frauen only* hier. Wir haben heute Morgen schon miteinander telefoniert. Sie erinnern sich? Ja? … Was ich noch vergessen habe: Könnten Sie uns am Samstag für das Shooting noch ein Plus-Size-Model schicken? Ja? Bitte … Verstehen Sie, auf keinen Fall eine von den superschlanken jungen Damen, die wir beim letzten Mal hatten.

161

Da ist unsere Redaktion absolut dagegen. Also, ein paar Pfunde mehr sind kein Problem. Und sie sollte viel Körpergefühl mitbringen und Ruhe, ja, sie sollte unbedingt ruhig wirken, und mit sich selbst zufrieden und sehr, sehr attraktiv. Bitte melden Sie sich! Bis bald.

B Aufgabe 3

Moderator: Willkommen, meine sehr verehrten Hörerinnen und Hörer. Es ist wieder Freitag, 23 Uhr, und Zeit für unsere wöchentliche Sendung „Trends in Kultur und Gesellschaft" hier auf Radio *ich-fm*. Wo immer Sie auch gerade sind, machen Sie es sich einfach bequem, entspannen Sie sich ein wenig und hören Sie uns zu. Denn wir haben heute wieder ein ganz besonders spannendes Thema für Sie. … und brandaktuell! Es lohnt sich bestimmt! Ja klar! Mit wirklich tollen und sehr, sehr sympathischen Gästen, das kann ich Ihnen versprechen! Bei uns im Studio sind – und darüber freuen wir uns wirklich sehr – das weltberühmte Model Anna Graf und der Shootingstar unter den Modefotografen, Joe Gruber. Frau Graf, Herr Gruber, schön, dass Sie heute bei uns im Studio sind.

Anna Graf: Vielen Dank, schön heute hier zu sein.

Joe Gruber: Ich freue mich auch hier zu sein. Danke.

Moderator: Und die beiden sprechen mit uns über die Themen „Körpergefühl" und „Schönheitsideale". Ja, genau das sind unsere Themen! Die sozialen Netzwerke sind voll davon, jeder redet mit und diskutiert. Frau Graf, Sie sind sehr gefragt. Es war nicht einfach, Sie in die Sendung zu bekommen.

Anna Graf: Ja, tut mir leid. Sie hatten mich ja schon vor zwei Wochen eingeladen, und ich wäre auch so gern gekommen. Aber wegen eines wichtigen Termins musste ich absagen. Leider, leider! Das passiert.

Moderator: Kein Problem! Sie sind ein Model, das mittlerweile überall auf der Welt arbeitet. Waren Sie von Anfang an so erfolgreich?

Anna Graf: Nein, nein, natürlich nicht. So ein Erfolg kommt selten über Nacht. In meinem Fall war es sogar noch etwas schwieriger. Ich war und bin ja kein „normales" Model, sondern ein sogenanntes Plus-Size-Model. Wegen meiner Körpermaße war es am Anfang nicht leicht, Castings zu bekommen.

Moderator: Wegen Ihrer Körpermaße? Ja, verstehe. Also, die Model-Agenturen haben damals offensichtlich noch nicht viel Interesse für Plus-Size-Models gehabt. Oder?

Anna Graf: Ja, genau. Du musst so und so viel Kilo wiegen, so und so groß sein …

Moderator: … und fertig. Typisch Agentur! Kann ich mir vorstellen.

Anna Graf: Richtig. Die Agenturen folgen einfach den Trends und experimentieren überhaupt nicht. Die haben ganz feste Vorstellungen, da kann man nichts machen. Na ja, aber obwohl es nur so wenig Nachfrage gab, habe ich immer weitergemacht.

Moderator: Super! Einfach weitermachen! Sie haben also sehr viel Geduld gebraucht …?

Anna Graf: Ja, und ich habe hart gearbeitet, sehr, sehr hart gearbeitet. Jeden Job angenommen, alles perfekt gemacht und …

Moderator: Da bin ich sicher …

Anna Graf: … und wegen meiner großen Disziplin und Geduld konnte ich mir ein gutes Netzwerk aufbauen. Dann, mit den Jahren habe ich mehr Arbeit bekommen, weil sich die öffentliche Meinung verändert hat. Und heute, schauen Sie, bin ich hier.

Moderator: Schön. Was glauben Sie? Warum und wie hat sich das Denken in den letzten Jahren verändert? Was ist anders geworden? Können Sie das beschreiben?

Anna Graf: Nun ja, man hat unter anderem herausgefunden, dass viele Menschen wegen so einer Sendung wie GNTM …

Moderator: … also, Germany's next Topmodel, ja?

Anna Graf: Ja genau, also, wegen einer erfolgreichen Sendung haben plötzlich viele große Probleme mit sich selbst und ihrem Körpergefühl bekommen.

Moderator: Ach?!

Anna Graf: Ja, es ist ganz einfach so, dass Frauen noch unzufriedener mit sich selbst werden, wenn sie ständig solche Sendungen sehen. Ist ja auch klar, denn die Art, wie vor allem weibliche Körper in den Medien präsentiert wurden und werden, hat das Denken und Tun der meisten von uns negativ verändert. Immer mehr Menschen haben gesagt, dass sie das nicht mehr wollen, und nach Alternativen verlangt. Es findet langsam ein Umdenken statt.

Moderator: Ich verstehe. Frau Graf, das heißt also, immer mehr Menschen haben überlegt, was es überhaupt bedeutet, „schön" und „sexy" zu sein.

Transkriptionen Kursbuch

Anna Graf:	Ja genau. Immer mehr sehen jetzt, dass auch Menschen mit ein paar Pfunden mehr auf der Waage gut aussehen. Wer bestimmt denn, was schön ist? In manchen Ländern ist es sogar sehr attraktiv, wenn man etwas runder ist.
Moderator:	Herr Gruber, was glauben Sie? Sind Sie auch der Meinung, dass das, was wir uns unter Schönheit vorstellen, falsch ist?
Joe Gruber:	Nun, ich denke, viele Leute glauben, dass schön sein bedeutet, jung und perfekt auszusehen. Aber wer ist denn schon perfekt? Immer und ewige Jugend, davon träumen alle, aber das geht ja nicht.
Moderator:	Das stimmt allerdings. Das geht nicht.
Joe Gruber:	Nein, natürlich nicht. Und Schönheit hat auch sehr viel mit Persönlichkeit und Charakter zu tun.
Moderator:	Haben Sie da Beispiele? Ich meine, Models, Schauspieler, Sportler ...?
Joe Gruber:	Na ja, Beispiele, ich weiß nicht. Es gibt viele Menschen, die attraktiv sind, obwohl sie sichtbare Fehler haben und ..., also, nicht eigentlich schön sind. Hier jetzt Namen zu nennen, wäre vielleicht nicht sehr diplomatisch, aber jeder kennt da Beispiele, auch bei Schauspielern. Die sind vielleicht als Frauen oder Männer nicht wahnsinnig schön, aber haben eine tolle Persönlichkeit und sind super sympathisch. Wissen Sie, ich denke hier genau wie Ralph Thinnes, ein wirklich großer Modefotograf, der mich immer wieder fasziniert und begeistert. Wegen seiner Arbeit habe ich auch angefangen zu fotografieren.
Moderator:	Das ist auch in manchen Arbeiten von Ihnen sichtbar. Was genau hat Sie an Thinnes' Fotos so fasziniert?
Joe Gruber:	Oh, natürlich seine berühmten Aufnahmen von Supermodels wie Naomi Campbell oder Cindy Crawford. Wegen seiner tollen Arbeit sind ja viele Models erst so erfolgreich geworden. Und nicht zu vergessen: bei seinen Arbeiten geht und ging es ihm zu keinem Zeitpunkt um Jugend und Perfektion. Er braucht keine Photoshop- oder andere Retusche-Programme.
Moderator:	Das ist ein gutes Stichwort. Herr Gruber, wie stehen Sie zu den neuen Möglichkeiten im Bereich Fotografie und Computer? Das Smartphone ist hier ja mittlerweile auch ein ganz wichtiges Gerät. Jeder kann heutzutage immer und überall Fotos machen, sie bearbeiten und ins Netz stellen. Ist das eine gute Entwicklung?
Joe Gruber:	Also, zum einen ist es natürlich super, dass jeder nun selbst schöne Bilder schießen kann und keine teure Fotokamera mehr dazu braucht. Was sich da in der Technik getan hat, ist wirklich enorm. Viele Smartphones machen ja schon bessere Bilder als meine teure Kamera. Das bedeutet viel Freiheit, aber auch viel Konkurrenz für den Beruf des Fotografen. Wegen der zahlreichen Möglichkeiten vergessen die Menschen aber auch den Moment. Es geht nur noch darum, dass alles perfekt aussieht, und vor allem darum, dass man anderen jedes Ereignis zeigt und alles, was passiert, gleich auf Plattformen wie Instagram stellt ...
Moderator:	Ja, das sind wirklich sehr interessante Gedanken. Liebe Hörerinnen und Hörer ...

B Aufgabe 4

Teil 1

Moderator:	Willkommen, meine sehr verehrten Hörerinnen und Hörer. Es ist wieder Freitag, 23 Uhr, und Zeit für unsere wöchentliche Sendung „Trends in Kultur und Gesellschaft" hier auf Radio *ich-fm*. Wo immer Sie auch gerade sind, machen Sie es sich einfach bequem, entspannen Sie sich ein wenig und hören Sie uns zu. Denn wir haben heute wieder ein ganz besonders spannendes Thema für Sie. ... und brandaktuell! Es lohnt sich bestimmt! Ja klar! Mit wirklich tollen und sehr, sehr sympathischen Gästen, das kann ich Ihnen versprechen! Bei uns im Studio sind – und darüber freuen wir uns wirklich sehr – das weltberühmte Model Anna Graf und der Shootingstar unter den Modefotografen, Joe Gruber. Frau Graf, Herr Gruber, schön, dass Sie heute bei uns im Studio sind.
Anna Graf:	Vielen Dank, schön heute hier zu sein.
Joe Gruber:	Ich freue mich auch hier zu sein. Danke.
Moderator:	Und die beiden sprechen mit uns über die Themen „Körpergefühl" und „Schönheitsideale". Ja, genau das sind unsere Themen! Die sozialen Netzwerke sind voll davon, jeder redet mit und diskutiert.

Transkriptionen Kursbuch

B Aufgabe 5
Teil 2

Moderator: Frau Graf, Sie sind sehr gefragt. Es war nicht einfach, Sie in die Sendung zu bekommen.

Anna Graf: Ja, tut mir leid. Sie hatten mich ja schon vor zwei Wochen eingeladen, und ich wäre auch so gern gekommen. Aber wegen eines wichtigen Termins musste ich absagen. Leider, leider! Das passiert.

Moderator: Kein Problem! Sie sind ein Model, das mittlerweile überall auf der Welt arbeitet. Waren Sie von Anfang an so erfolgreich?

Anna Graf: Nein, nein, natürlich nicht. So ein Erfolg kommt selten über Nacht. In meinem Fall war es sogar noch etwas schwieriger. Ich war und bin ja kein „normales" Model, sondern ein sogenanntes Plus-Size-Model. Wegen meiner Körpermaße war es am Anfang nicht leicht, Castings zu bekommen.

Moderator: Wegen Ihrer Körpermaße? Ja, verstehe. Also, die Model-Agenturen haben damals offensichtlich noch nicht viel Interesse für Plus-Size-Models gehabt. Oder?

Anna Graf: Ja, genau. Du musst so und so viel Kilo wiegen, so und so groß sein …

Moderator: … und fertig. Typisch Agentur! Kann ich mir vorstellen.

Anna Graf: Richtig. Die Agenturen folgen einfach den Trends und experimentieren überhaupt nicht. Die haben ganz feste Vorstellungen, da kann man nichts machen. Na ja, aber obwohl es nur so wenig Nachfrage gab, habe ich immer weitergemacht.

Moderator: Super! Einfach weitermachen! Sie haben also sehr viel Geduld gebraucht …?

Anna Graf: Ja, und ich habe hart gearbeitet, sehr, sehr hart gearbeitet. Jeden Job angenommen, alles perfekt gemacht und …

Moderator: Da bin ich sicher …

Anna Graf: … und wegen meiner großen Disziplin und Geduld konnte ich mir ein gutes Netzwerk aufbauen. Dann, mit den Jahren habe ich mehr Arbeit bekommen, weil sich die öffentliche Meinung verändert hat. Und heute, schauen Sie, bin ich hier.

Moderator: Schön. Was glauben Sie? Warum und wie hat sich das Denken in den letzten Jahren verändert? Was ist anders geworden? Können Sie das beschreiben?

Anna Graf: Nun ja, man hat unter anderem herausgefunden, dass viele Menschen wegen so einer Sendung wie GNTM …

Moderator: … also, Germany's next Topmodel, ja?

Anna Graf: Ja genau, also, wegen einer erfolgreichen Sendung haben plötzlich viele große Probleme mit sich selbst und ihrem Körpergefühl bekommen.

Moderator: Ach?!

Anna Graf: Ja, es ist ganz einfach so, dass Frauen noch unzufriedener mit sich selbst werden, wenn sie ständig solche Sendungen sehen. Ist ja auch klar, denn die Art, wie vor allem weibliche Körper in den Medien präsentiert wurden und werden, hat das Denken und Tun der meisten von uns negativ verändert. Immer mehr Menschen haben gesagt, dass sie das nicht mehr wollen, und nach Alternativen verlangt. Es findet langsam ein Umdenken statt.

Moderator: Ich verstehe. Frau Graf, das heißt also, immer mehr Menschen haben überlegt, was es überhaupt bedeutet, „schön" und „sexy" zu sein.

Anna Graf: Ja genau. Immer mehr sehen jetzt, dass auch Menschen mit ein paar Pfunden mehr auf der Waage gut aussehen. Wer bestimmt denn, was schön ist? In manchen Ländern ist es sogar sehr attraktiv, wenn man etwas runder ist.

B Aufgabe 6
Teil 3

Moderator: Herr Gruber, was glauben Sie? Sind Sie auch der Meinung, dass das, was wir uns unter Schönheit vorstellen, falsch ist?

Joe Gruber: Nun, ich denke, viele Leute glauben, dass schön sein bedeutet, jung und perfekt auszusehen. Aber wer ist denn schon perfekt? Immer und ewige Jugend, davon träumen alle, aber das geht ja nicht.

Moderator: Das stimmt allerdings. Das geht nicht.

Joe Gruber: Nein, natürlich nicht. Und Schönheit hat auch sehr viel mit Persönlichkeit und Charakter zu tun.

Moderator: Haben Sie da Beispiele? Ich meine, Models, Schauspieler, Sportler …?

Joe Gruber: Na ja, Beispiele, ich weiß nicht. Es gibt viele Menschen, die attraktiv sind, obwohl sie sichtbare Fehler haben und …, also, nicht eigentlich schön sind. Hier jetzt Namen zu nennen, wäre vielleicht nicht sehr diplomatisch, aber jeder kennt da Beispiele, auch bei Schauspielern. Die sind vielleicht als Frauen oder Männer nicht wahnsinnig schön, aber haben eine tolle Persönlichkeit und

Transkriptionen Kursbuch

	sind super sympathisch. Wissen Sie, ich denke hier genau wie Ralph Thinnes, ein wirklich großer Modefotograf, der mich immer wieder fasziniert und begeistert. Wegen seiner Arbeit habe ich auch angefangen zu fotografieren.
Moderator:	Das ist auch in manchen Arbeiten von Ihnen sichtbar. Was genau hat Sie an Thinnes' Fotos so fasziniert?
Joe Gruber:	Oh, natürlich seine berühmten Aufnahmen von Supermodels wie Naomi Campbell oder Cindy Crawford. Wegen seiner tollen Arbeit sind ja viele Models erst so erfolgreich geworden. Und nicht zu vergessen: bei seinen Arbeiten geht und ging es ihm zu keinem Zeitpunkt um Jugend und Perfektion. Er braucht keine Photoshop- oder andere Retusche-Programme.
Moderator:	Das ist ein gutes Stichwort. Herr Gruber, wie stehen Sie zu den neuen Möglichkeiten im Bereich Fotografie und Computer? Das Smartphone ist hier ja mittlerweile auch ein ganz wichtiges Gerät. Jeder kann heutzutage immer und überall Fotos machen, sie bearbeiten und ins Netz stellen. Ist das eine gute Entwicklung?
Joe Gruber:	Also, zum einen ist es natürlich super, dass jeder nun selbst schöne Bilder schießen kann und keine teure Fotokamera mehr dazu braucht. Was sich da in der Technik getan hat, ist wirklich enorm. Viele Smartphones machen ja schon bessere Bilder als meine teure Kamera. Das bedeutet viel Freiheit, aber auch viel Konkurrenz für den Beruf des Fotografen. Wegen der zahlreichen Möglichkeiten vergessen die Menschen aber auch den Moment. Es geht nur noch darum, dass alles perfekt aussieht, und vor allem darum, dass man anderen jedes Ereignis zeigt und alles, was passiert, gleich auf Plattformen wie Instagram stellt …
Moderator:	Ja, das sind wirklich sehr interessante Gedanken. Liebe Hörerinnen und Hörer …

C Aufgabe 9

Frau:	… Ja, soweit zum Inhalt und zur Struktur meiner Präsentation.
Mann:	Pstststststst leise, bitte. Ich hör' hier hinten nichts.
Frau:	Nun möchte ich zunächst über meine persönlichen Erfahrungen zu diesem Thema sprechen.
Mann:	Ein bisschen lauter, bitte!
Frau:	Ja, okay. Also, ich habe eine sehr gute Schulfreundin. Sie ist groß, wirklich richtig hübsch und ein ganz toller und lieber Mensch. Vielleicht könnte sie ein paar Kilo weniger haben, okay, und genau das ist ihr Problem. Sie will unbedingt Model werden, glaubt aber, dass sie keine Chance hat. Und deshalb ist sie immer traurig und total frustriert.
Zuhörer:	Oh! / Oje! / Wie schade!
Frau:	Ja, genau, ein großes Problem also. Und ich persönlich finde, dass hier die Medien keine gute Arbeit leisten. Denn sie zeigen uns jeden Tag die falschen Vorbilder: Alle müssen super schlank, schön und ewig jung sein. Meine Freundin sieht im Fernsehen immer diese Casting Shows und das tut ihr nicht gut. In meinem nächsten Punkt geht es dann um die Situation in meinem Heimatland. Also, …

Lektion 4

Starten wir! Aufgabe 2

1
Frau:	Was ist das denn? Hörst du das?
Mann:	Es hagelt.

2
Frau:	Vorsicht! Es ist total glatt.
Mann:	Ja, ich glaube, es friert.

3
Mann:	Boah, ist das windig! Und der Himmel wird ganz schwarz.
Frau:	Ja, es kommt ein Sturm.

A Aufgabe 3 und 4

Der Himmel ist heut wolkenlos,
darum ist meine Freude groß

gestern war er fahl und grau,
doch heute ist er strahlend blau

und so sonnig warm und nicht bewölkt,
darum mach' ich heut, was mir gefällt

denn oftmals ist das Leben trist,
und es ist regnerisch und neblig auf dieser Welt

doch auch wenn's hier windig ist und friert,
ich verliere meine Hoffnung nicht

vielleicht ist es grad nicht sichtbar,
und alles wolkig, doch ich weiß, da ist noch Licht da

und bald wieder alles sorgenlos,
das ist der Kreislauf zwischen Abendrot und Morgenrot

auch wenn es manchmal sehr beschwerlich ist,
dreht die Erde sich weiter, bis das Wetter wieder herrlich ist

B Aufgabe 1 und 3

Und nun der Wetterbericht für morgen Freitag, den 13. 07., im Großraum München. In der Nacht auf Freitag kommt es im Süden vereinzelt zu Niederschlägen und Gewittern. Im Norden, Osten und Westen ist es bewölkt, jedoch meist trocken. Am Vormittag klart der Himmel dann allmählich wieder auf und die Sonne kommt zum Vorschein. Tagsüber bleibt es sonnig und sommerlich und die Temperatur steigt bis auf 25 Grad. Zum Abend hin wird es dann wieder regnerisch, windig und kühler mit bis zu 13 Grad. Im Westen ist auch mit Nebel zu rechnen. Am Wochenende setzt sich die Sonne aber dann durch und beschert uns Durchschnittstemperaturen von bis zu 27 Grad. Der nächste Wetterbericht dann wieder um 20 Uhr mit den Nachrichten. Wir wünschen Ihnen einen schönen Feierabend.

C Aufgabe 2

(Rettungswagen mit Sirenen)

C Aufgabe 3 und 4

Hallo zusammen und willkommen auf meinem Videoblog „Notärzte heute". Mein Name ist Patrizia Ernst und ich bin Notärztin von Beruf. Ich zeige euch jetzt ein paar Bilder und berichte euch dabei von meinem Tagesablauf. Ich möchte euch einen Eindruck davon geben, was eine Notärztin so alles macht, und was an einem Tag so alles passiert.
So, das bin ich. Seht ihr! Jeden Morgen klingelt der Wecker um 5 Uhr. Er klingelt zweimal, damit ich nicht zu spät aufwache und pünktlich zur Arbeit komme. Puh, es ist ganz schön anstrengend, so früh aufzustehen, aber mittlerweile habe ich mich daran gewöhnt. Und hier seht ihr meinen Arbeitsplatz. Um 6 Uhr komme ich täglich in der Rettungswache an. Ich muss sehr leise reingehen, damit ich die Kollegen von der Nachtschicht nicht wecke. Manchmal schlafen die um die Uhrzeit noch ein wenig. Ich ziehe meine Berufskleidung an, hole meinen Melder und gehe in die Wagenhalle. Da ist dann schon Martin. Er ist bei uns Sanitäter und mein Lieblingskollege. Morgens checkt er immer unser Auto. Das muss regelmäßig überprüft werden, damit wir auf dem Weg zu einem Unfall keine Probleme bekommen. So, hier reden Martin und ich noch ein bisschen über Familie und so. Martin hat Kinder, die schon zur Schule gehen. Aber wir reden nicht lange, denn schon nach kurzer Zeit kommt der erste Notruf. Über den Melder informiert mich die Leitstelle über den Unfallort und die Art des Problems. Sofort machen sich Martin und ich auf den Weg, damit wir so schnell wie möglich am Unfallort helfen können.
Wir fahren mit lauter Sirene zum Unfallort, damit die anderen Autofahrer uns hören und den Weg freimachen können. Am Unfallort nehme ich mir sofort den Notfallkoffer und Martin das EKG. Dann informieren wir die Leitstelle über unsere Ankunft am Notfallort. Und wenn wir am Unfallort ankommen, nehmen wir Kontakt mit dem Patienten auf, damit wir uns ein Bild von der Situation und der Verletzung machen können. Auf dem Foto hier seht ihr einen Parkour-Sportler. Hm, komisch, dass jemand so früh schon trainiert!? Und ganz allein! Na ja, aber es ist ja Sommer und früh hell. Der wollte wohl springen und ist dabei abgerutscht und gestürzt. Er hat auch eine Verletzung am Kopf. Also bereiten wir alles vor, denn wir müssen ihn ins Krankenhaus bringen.
Die Entscheidung, ob Krankenhaus oder nicht, treffe ich als Notärztin. Hier ist der Fall klar, denn eine Kopfverletzung müssen unbedingt die Spezialisten sehen und eventuell röntgen. Unterwegs informieren wir über Funk die Leitstelle, zu welchem Krankenhaus wir den Patienten bringen. Martin fährt, und ich fülle das Formular fürs Krankenhaus aus und mache Notizen. Es ist wichtig, detailliert zu berichten, damit der Arzt im Krankenhaus keine Zeit verliert und sofort informiert ist. Im Krankenhaus angekommen übergeben wir den Patienten dem zuständigen Arzt. Danach fahren wir zurück in die Zentrale, bereiten wieder alles vor und warten, bis der nächste Notruf reinkommt. Der lässt leider meistens nicht lange auf sich warten.

Xtra-Prüfung Hören, Aufgabe 2

Beispiel

Sie hören eine Durchsage in einem Sportfachgeschäft.
Wir begrüßen Sie, verehrte Kundschaft, in unserem Sportfachgeschäft *Bergmax*. In unserem Sommerschlussverkauf haben wir super Angebote für Sie. Rund um das Thema Sport und Wellness warten auf drei Etagen besondere Schnäppchenpreise auf Sie! Damit auch Yoga- und Pilates-Fans auf ihre Kosten kommen, haben wir Yogahosen der Marke *Om Navanda* um bis zu 50 % reduziert. Oder haben Sie mehr Lust auf Aktivitäten im Freien, um etwas für Ihr Herz-Kreislauf-System zu tun? Dann besuchen Sie uns im ersten Stock. Dort erwartet Sie lockere Outdoor Bekleidung zu Spitzenpreisen. Egal ob Wandern, Walken oder Joggen, für jeden ist etwas dabei. Auch für unsere kleinen Freunde haben wir im Erdgeschoss einen kleinen Wettbewerb organisiert. Zu gewinnen gibt es einen original *Adilas*-Fußball!

Text 1

Sie hören den Wetterbericht im Radio.
Sie hören nun den Wetterbericht für morgen, den 15. Mai. Morgen wird es schon fast sommerlich, denn in weiten Teilen Deutschlands erwartet uns ein

Transkriptionen Kursbuch

strahlender Himmel! Die Badehose muss also nicht mehr im Schrank bleiben! Vor allem im Süden und Südosten erreichen die Temperaturen bis zu 25 Grad. Im Norden und Nordwesten bleibt es dagegen bewölkt, hin und wieder ist sogar mit leichten Regenschauern zu rechnen. Im Westen kann es gegen Abend zu vereinzelten Gewittern kommen, generell bleibt es aber in den nächsten Tagen insgesamt eher trocken.

Text 2
Sie hören eine Durchsage im Radio.
Bist du akrobatisch, fit und voller Power? Dann meld' dich doch bei den „Trickern" an! Aber worum geht es bei Tricking eigentlich genau? Beim Sportverein Gelsenkirchen treffen sich jede Woche die Tricker mehrmals, um ihre neuesten Tricks auszuprobieren. Dabei wirst du nicht von Trainern unterrichtet, du lernst einfach von deinen Freunden! Beim „Martial Arts Tricking" oder einfach kurz Tricking genannt, mischen wir Kämpfen, Tanzen und Gymnastik. Kicks, Flips und Twists! Komm vorbei und probier es einfach mal aus! Infos unter www.tricking-gelsenkirchen.de.

Text 3
Sie hören eine Nachricht auf dem Anrufbeantworter.
Hi, Sven! Lukas hier. Danke für deine E-Mail. Nadja und ich wären gerne zum Mittagessen gekommen, aber unsere Firma nimmt am Samstag am Trachtenlauf im Olympiapark teil! Aber weißt du was, warum machst du nicht einfach auch mit? Zieh deine Lederhosen an und wir treffen uns um 10.30 Uhr an der Arena der Olympiahalle. Keine Angst, du musst keinen Marathon laufen! Der Lauf geht nur über drei Kilometer. Es werden Trachten und Kleidung aus aller Welt getragen ... auch Kilts und Kimonos ... Alle nehmen es nicht so ernst und nehmen nur daran teil, um Spaß zu haben. Du, das wird superlustig! Gib mir einfach Bescheid, nach dem Lauf können wir dann noch ein spätes Weißwurstfrühstück auf dem Oktoberfest machen ...

Lektion 5

Starten wir! Aufgabe 1
Langsam, langsam! Henri, du bleibst bei uns, sonst kommst du direkt wieder an die Leine! Nelli, jetzt komm mal her! Platz! Ja, sitz! Ja, meine Brave ...

Starten wir! Aufgabe 2
Moderator: Danke, danke und ganz herzlich willkommen hier beim Beruferaten auf TRL2, liebe Zuschauerinnen und Zuschauer daheim und hier im Studio. Unser erster Gast ist Leon. Und mehr verrate ich nicht. Leon, nennen Sie zum Start drei Eigenschaften, die wichtig sind in Ihrem Beruf.
Leon: Ja, gerne. Also, Nummer 1: Man muss sehr starke Nerven haben, darf nie nervös werden, muss ganz ruhig bleiben, auch wenn alles drunter und drüber geht.
Moderator: Nummer 1, starke Nerven haben, liebe Zuschauer, haben Sie gehört?
Leon: Und zweitens, es ist ganz wichtig, dass du Geduld hast, dass du warten kannst ...
Moderator: Geduld, Nummer 2, alles klar und, Leon?
Leon: Du musst zuverlässig sein, also regelmäßig kommen und pünktlich sein. Die Leute verlassen sich auf dich.
Moderator: Leon, das war wunderbar. Vielen Dank. Und einen ganz großen Applaus ...

A ▸ Aufgabe 2 und 3
Sophie: Leon? Hey Leon! Das ist ja witzig, dich hier zu treffen!
Leon: Hey, Sophie, was machst du denn hier? Schön, dich zu sehen!
Sophie: Ich bin gerade auf dem Weg zur Arbeit und wollte mir nur schnell einen Kaffee holen. Und du? Was machst du?
Leon: Och, ich sitze gerade am Laptop und bastle an meiner neuen Webseite. Ich arbeite doch jetzt frei und bin nicht mehr angestellt.
Sophie: Echt? Das klingt ja spannend! Du bist nicht mehr bei deiner Firma? Ja, sag mal, was machst du denn?
Leon: Also, du wirst es nicht glauben, aber ich habe mein tolles Hobby zum Beruf gemacht. Meine alte Arbeit im Büro hat mir keinen Spaß gemacht, und da dachte ich, warum probierst du es nicht einfach mal. Nun ja, und jetzt bin ich ein richtiger Hundesitter!
Sophie: Wow, das klingt ja cool! Hundesitter? Ja, für Hunde hattest du ja wirklich schon immer eine große Schwäche. Super, und was macht man so als Hundesitter?
Leon: Na, die Aufgaben sind vielfältig und die Wünsche der Kunden sind zahlreich. Vom Gassi-Service über Ausflüge bis hin zum Hundeschulbesuch ist alles dabei. Ich mache eigentlich alles, was Frauchen oder Herrchen auch tun würden. Ich putze ihr schmutziges Fell, gebe ihnen Medikamente und erziehe sie auch. Je nachdem, was die Hundebesitzer von mir wollen.
Sophie: Puh, das klingt nach viel Arbeit.
Leon: Ja, das stimmt manchmal. Du brauchst richtig starke Nerven, wenn du die

Transkriptionen Kursbuch

	Hunde erziehen willst. Und du musst viel Geduld haben, vor allem, wenn du vier, fünf oder sechs Hunde gleichzeitig betreust. Ich muss die Tiere ja auch füttern. Und dann gehen wir natürlich Gassi, also beim Gassigehen brauche ich ganz schön viele Tütchen. Viele Hunde machen auch viele Häufchen! Aber es macht auch furchtbar viel Spaß. Das ist jeden Stress wert.
Sophie:	Wie schön. Und wer sind so deine Kunden?
Leon:	Also, das ist unterschiedlich. Kranke und sehr alte Menschen, die nicht mehr Gassi gehen können. Menschen, die tagsüber arbeiten und jemanden brauchen, der ihrem Tierchen Gesellschaft leistet oder sie zum Tierarzt bringt. Familien, die in den Urlaub fliegen und ihren Liebling nicht mitnehmen können. Oder frische Tierbesitzer, die Hilfe bei der Erziehung ihrer Hunde brauchen.
Sophie:	Ah ja, und hast du viele Kunden, die deinen Service wollen? Kommt man denn als Hundesitter gut über die Runden?
Leon:	Also, ich kann mich bisher nicht beklagen. Es gibt in Deutschland ja schätzungsweise 10 Millionen Hundebesitzer. Das ist schon ein respektables Sümmchen, oder? Da gibt es schon genügend Arbeit und Leute, die Hilfe brauchen und mich anrufen und mir Jobs anbieten. Ja, ich habe schon einige Aufträge, was natürlich schön ist.
Sophie:	Sag mal, und was zahlt man so für deine Dienste?
Leon:	Nun, auch das variiert. Je nach Tätigkeit schwankt der Preis zwischen zehn bis dreißig Euro pro Stunde. Das ist also gar nicht so schlecht.
Sophie:	Das freut mich! Schön, dass du so glücklich mit deiner neuen Arbeit bist. Oh, nein, ich habe ja die Zeit ganz vergessen! Tut mir leid, Leon, aber ich muss jetzt los. Ich habe heute ein wichtiges Meeting. War schön, dich zu sehen! Lass uns bald treffen und in Ruhe reden, okay? Ich muss dir nämlich auch ganz viel Neues und Spannendes erzählen …
Leon:	Oh, ja, unbedingt! Dann rufe ich dich am Wochenende gleich an! Jetzt bin ich aber neugierig! Einen schönen Tag dir! Und bis dann …
Sophie:	Bis dann …

A Aufgabe 6

Ich habe mich selbstständig gemacht.
Ich habe ein schönes Hobby und einen schönen Beruf.
Jetzt bin ich ein richtiger Hundesitter!
Meine alte Arbeit im Büro hat mir keinen großen Spaß mehr gemacht.
Ich helfe einer kranken Nachbarin. Und ich helfe einem berufstätigen Freund.
Ich helfe Menschen und Tieren, verdiene gut und bin glücklich.

Ich helfe einer kranken Nachbarin. Und ich helfe einem berufstätigen Freund.
Ich helfe Menschen und Tieren, verdiene gut und bin glücklich.
Ich habe mich selbstständig gemacht.
Ich habe ein schönes Hobby und einen schönen Beruf.
Jetzt bin ich ein richtiger Hundesitter!
Meine alte Arbeit im Büro hat mir keinen großen Spaß mehr gemacht.

Jetzt bin ich ein richtiger Hundesitter!
Meine alte Arbeit im Büro hat mir keinen großen Spaß mehr gemacht.
Ich helfe einer kranken Nachbarin. Und ich helfe einem berufstätigen Freund.
Ich helfe Menschen und Tieren, verdiene gut und bin glücklich.
Ich habe mich selbstständig gemacht.
Ich habe ein schönes Hobby und einen schönen Beruf.

B Aufgabe 10

Personalleiterin:	Kindertagesstätte Pumucklhaus, schönen guten Tag, mein Name ist Hohenkamp.
Madina:	Guten Tag, mein Name ist Madina Ahmadi.
Personalleiterin:	Guten Tag, Frau Ahmadi. Was kann ich für Sie tun?
Madina:	Ich möchte eine Ausbildung zur Erzieherin machen. Und ich bin derzeit auf der Suche nach Praktika, um verschiedene Betriebe kennenzulernen. Bei meiner Recherche bin ich auf Ihre Einrichtung gestoßen und ich wollte fragen, ob es möglich wäre, bei Ihnen ein Praktikum und im Anschluss eine Ausbildung zu machen.
Personalleiterin:	Ja, Frau Ahmadi, das freut mich und beides ist bei uns möglich. Und zufälligerweise sind wir gerade auch auf der Suche nach Praktikantinnen.
Madina:	Oh, das trifft sich ja super! Ihre Einrichtung hat einen sehr guten Ruf, und ich finde Ihr pädagogisches Konzept sehr interessant.

Transkriptionen Kursbuch

Personalleiterin:	Danke, das hören wir natürlich gerne. Hm, welchen Schulabschluss haben Sie denn?
Madina:	Ich habe den mittleren Schulabschluss an der Deutschen Schule in Kairo gemacht. Wie und wo kann ich mich denn am besten bewerben?
Personalleiterin:	Nun, am besten schicken Sie uns Ihre vollständige Bewerbung mit Anschreiben, Lebenslauf, Foto und Zeugnissen per E-Mail an bewerbung@pumuckl-haus.de. Und wenn Sie wollen, könnten Sie dann gleich noch diese Woche zum Vorstellungsgespräch kommen.
Madina:	Das klingt toll. Dann schicke ich Ihnen gleich heute noch meine Unterlagen. Sollen wir dann noch mal wegen des Bewerbungsgesprächs telefonieren oder wollen Sie es lieber gleich ausmachen?
Personalleiterin:	Wenn ich Ihre Unterlagen erhalten habe, würde ich mich sofort bei Ihnen melden und einen Termin vereinbaren. Bis dahin habe ich dann ein paar Terminvorschläge für Sie. In Ordnung?
Madina:	In Ordnung. Dann gebe ich Ihnen am besten meine Handynummer.
Personalleiterin:	Ja, gut.
Madina:	Also meine Telefonnumer ist 0176/785319 …

C Aufgabe 2

Elias:	Hm, hast du schon das mit Lachs probiert? Echt lecker!
Avia:	Ja, und erst die California Roll. Du, bestell doch noch zwei!
Elias:	Klar! Mach' ich … Bitte noch zwei California Rolls. … Und, wie läuft's so bei dir, Avia?
Avia:	Cool, ich mache jetzt ein duales Studium. In Medieninformatik.
Elias:	Hey, cool. Und warum gerade ein duales Studium?
Avia:	Na, da studiert man nicht nur an der Hochschule, sondern lernt und arbeitet auch in einem Betrieb. Und da kannst du so viel bei der richtigen Arbeit lernen und bist nicht dauernd von der Uni frustriert, wo alles theoretisch, tot langweilig und grau ist. Na ja, das kennst du ja.
Elias:	Stimmt. Sag mal, ist das wirklich so, dass man beim dualen Studium von Anfang an Geld verdient?
Avia:	Ja, das ist so. Und das ist mega gut. Und weißt du, du findest im Anschluss an das Studium auch leichter einen Job. Also, ich würde ja am liebsten gleich bei *Maxmedia* bleiben.
Elias:	*Maxmedia?*
Avia:	Ja, so heißt die Firma, bei der ich die Praxisphasen mache. Das Team ist super nett und total international. *Maxmedia* ist ja auch eine der ersten Adressen hier in München.
Elias:	Du, ich bin die Uni so leid. Vielleicht …

C Aufgabe 9 und 10

Seminarleiter:	Bevor wir beginnen, würde ich Sie gern bitten, zum Thema „Betriebsklima" kurz aus Ihren Betrieben zu berichten. Beginnen wir gleich hier vorne rechts mit Herrn Thomas Grave. Herr Grave, bitte …
Thomas Grave:	Puuuuh, Betriebsklima. Ja, was soll ich dazu sagen. Also mit einigen Kolleginnen und Kollegen verstehe ich mich ja ganz gut. Aber ansonsten!? Also, die meisten von uns haben sowieso Angst, ihren Job zu verlieren. Die Konkurrenz ist stark, unsere Produkte schwach. Also, Katastrophe! Und wir wissen auch nicht, wohin die Reise geht, was ganz konkret gemacht werden soll, um die Situation zu verbessern. Also niemand scheint einen Plan zu haben. Und kaum jemand arbeitet noch wirklich gerne für die Firma oder spricht positiv über die Firma. Alle beschweren sich und sind frustriert. Und unsere Chefs kümmern sich nur um sich selbst. Sie haben auch immer schlechte Laune, loben nicht und behandeln manche gut, manche nicht. Aber das hat alles kein System …
Seminarleiter:	Danke, Herr Grave. Ja, darüber müssen wir dann noch im Detail sprechen. Aber erst einmal zur nächsten Teilnehmerin, Frau Avia Goldberg …
Avia Goldberg:	Also, bei uns ist das Betriebsklima richtig, richtig gut. Wir kommen alle gerne zur Arbeit und sind total engagiert, ja, weil ich glaube, wir wissen genau, wie die Zukunft der Firma aussehen soll und welche Ziele wir haben. Und die wollen wir alle gemeinsam erreichen. Außerdem sind wir unglaublich stark im Markt. Wir haben überhaupt keine Angst vor

Transkriptionen Kursbuch

der Konkurrenz. Bei uns sind fast alle zufrieden und sprechen mit großem Stolz über die Firma. Wir glauben alle, dass es ein großer Vorteil ist, für eine so erfolgreiche Firma zu arbeiten. Mein Chef ist super cool. Er kann viel und gibt uns wahnsinnig viel. Er ist ein großes Vorbild. Und er behandelt uns immer fair. Also, wir arbeiten gerne für unseren Chef und unterstützen ihn.

D Aufgabe 2 und 3

Steffi: Hallo, Madina. Welch ein Zufall! Ich habe gerade an dich gedacht.
Madina: Hallo, Steffi. Ich freu' mich so, dich zu sehen.
Steffi: Du machst auch einen Spaziergang?! So ganz allein?
Madina: Ja, ich brauche die frische Luft und ein bisschen Entspannung.
Steffi: Ja, klar! Sag mal, wie läuft's denn so im Praktikum? Bist du schon fertig?
Madina: Nein, ich habe noch zwei Wochen. Und es läuft super!
Steffi: Ach, das ist ja toll! Erzähl mal! Wie sieht dein Tag denn so aus?
Madina: Mein Tag? Also, am Morgen kommen die Kinder zu unterschiedlichen Zeiten. Aber ich bin so ab 8 Uhr in der Kita.
Steffi: Okay …
Madina: So gegen zehn sind dann alle da; die Kinder beschäftigen sich erst einmal allein. Ab elf geht's dann mit dem Programm los. Wir basteln und spielen. Um zwölf gibt es Mittagessen und dann machen die Kinder Mittagsschlaf. Danach gehen wir in den Garten … Ja, und am späten Nachmittag lese ich ihnen dann Geschichten vor und wir singen. Also, ich fühle mich sehr wohl.
Steffi: Wie schön!
Madina: Und jeden Donnerstag haben die Erzieherinnen Teambesprechung. Ich darf natürlich dabei sein, was wirklich sehr interessant ist, denn …

D Aufgabe 9

Frau: Hier ist der Anrufbeantworter der Kindertagesstätte Pumuckl. Unsere Mitarbeiterinnen und Mitarbeiter sind im Moment alle beschäftigt. Bitte hinterlassen Sie eine Nachricht und sprechen Sie nach dem Signalton.
Madina: Hallo, guten Morgen, Frau Hohenkamp. Ich muss mich leider für den Rest der Woche krankmelden. Jetzt hat mich die Grippe auch erwischt, leider mit Fieber. Ich komme gerade vom Arzt, und der hat mich für heute – Mittwoch – und sowohl für den Donnerstag als auch für den Freitag krankgeschrieben. Tut mir wirklich leid. Wir sehen uns dann nächste Woche Montag, dann geht's mir bestimmt besser. Auf Wiederhören. Und bis bald.

Lektion 6

B Aufgabe 4 und 5
Teil 1

Lisa: Opa, sag mal, wie war es eigentlich auf der Welt, als du so alt warst wie ich jetzt? Wie hat man gelebt, als du 14 warst?
Opa: Oh, liebe Lisa, das ist eine gute Frage. Das war ganz anders als heute. Die Welt hat sich in den letzten 60 Jahren so stark verändert. Du würdest dich wundern, was man damals, also so um 2020, alles gemacht hat.
Lisa: Echt? Was denn zum Beispiel?

B Aufgabe 6 und 7
Teil 2

Opa: Nun, schon alleine im Haushalt wurde alles anders gemacht. Ich musste meiner Mutter auch manchmal im Haushalt helfen.
Lisa: Im Haushalt helfen?
Opa: Ja, meine Mutter war berufstätig und musste jeden Tag ins Büro. Und der Dreck und der Staub in der Wohnung ging nicht von alleine weg. Das hat zu der Zeit noch kein Roboter gemacht wie heute. Selbst war der Mann! Die Wohnung wurde gestaubsaugt.
Lisa: Ge… was?
Opa: Gestaubsaugt. Das war ein Gerät, mit dem der Staub gesaugt wurde.
Lisa: Ich verstehe.
Opa: Und manchmal, also wenn die Spülmaschine kaputt war, musste ich sogar abwaschen.
Lisa: Was noch? Was war noch anders?
Opa: Na, die Post zum Beispiel. Die wurde vom Postboten gebracht, also von einem echten Menschen, nicht so wie heute von einer Drohne. Und Lebensmittel wurden früher im Supermarkt eingekauft und nicht einfach per Lufttransport an die Haustür geliefert. Und

Transkriptionen Kursbuch

	Bilder wurden nicht einfach wie heute an die Wand projiziert, sondern man musste sie selbst mit Nagel und Hammer an die Wand hängen. Mit dem Hammer wurde der Nagel für das Bild in die Wand geschlagen.
Lisa:	Wow, wie anstrengend!
Opa:	Haha, das ist noch gar nichts. Ich musste sogar die Blumen gießen.
Lisa:	Ehrlich? Und wie hat man gekocht?
Opa:	Nun, das Essen wurde noch von Hand am Herd gekocht und nicht von einer Maschine zubereitet. Ja, und nach dem Kochen musste ich raus und den Abfalleimer leeren.
Lisa:	Und wie ist man zur Arbeit gekommen?
Opa:	Mit dem Auto, wie heute. Nur wurden Autos damals noch von Hand gesteuert. Sie fuhren noch nicht von ganz allein.
Lisa:	Oh, Mann, das ist wirklich spannend. Ich will mehr wissen! Was war noch anders?
Opa:	Nun, zu meiner Zeit wurde noch mit einem Smartphone telefoniert. Das war eine Mischung aus Telefon und Computer. Man konnte nicht per Hologramm im selben Raum wie der Gesprächspartner sein.
Lisa:	Das klingt schrecklich. Zum Glück lebe ich jetzt und nicht damals!
Opa:	Haha, meine Kleine, jede Zeit hat ihre Vor- und Nachteile ...

D Aufgabe 3 und 4

Hallo liebe Mitschülerinnen und Mitschüler. Ich möchte heute eine Präsentation für euch halten ...
In meiner Präsentation geht es um „Wohnen in einer WG".
Zum Inhalt meiner Präsentation: Zuerst möchte ich euch von meinen persönlichen Erfahrungen erzählen. Danach beschreibe ich die Situation in meinem Heimatland. Anschließend möchte ich über Vor- und Nachteile sprechen. Zum Schluss sage ich meine eigene Meinung dazu.
Viele junge, aber auch immer mehr ältere Menschen leben heutzutage in einer Wohngemeinschaft oder sogenannten WG, weil sie sich alleine keine eigene Wohnung leisten können. Die Mieten sind mittlerweile einfach zu hoch. Manche wollen aber auch einfach nicht alleine wohnen. Vor allem in Deutschland, in der Slowakei und in Irland ist dieses Wohnmodell sehr beliebt.
So, jetzt geht es um meine persönlichen Erfahrungen. Ich selbst lebe seit 2 Jahren in einer Studenten-WG mit drei anderen Mitbewohnern und habe bisher fast nur gute Erfahrungen gemacht. Natürlich gibt es manchmal Streit und man ärgert sich über seine Mitbewohnerinnen und Mitbewohner, aber meistens verstehen wir uns gut. Wir sind in den letzten Jahren richtig gute Freunde geworden oder fast schon wie eine kleine Familie. Man schaut aufeinander, hilft sich gegenseitig und macht vieles gemeinsam.
Und damit komme ich zum nächsten Punkt. Ich möchte von der Situation in meinem Heimatland berichten. In meinem Heimatland, Italien, leben die meisten Studentinnen und Studenten während des Studiums zu Hause bei den Eltern. Das liegt daran, dass in Italien Wohnheime selten sind und es in den kleinen Altstädten kaum kleine Wohnungen gibt. Außerdem sind die Mieten sehr hoch.
Und nun komme ich zu den Vor- und Nachteilen. Ein Vorteil von WGs ist, dass man nicht alleine wohnen muss. Vor allem, wenn man aus einem anderen Land gekommen ist, fühlt man sich oft einsam und da ist es oft schon sehr hilfreich, wenn man Gleichaltrige um sich herum hat, mit denen man sprechen und etwas unternehmen kann. Außerdem lernt man viel über das Zusammenleben mit anderen Menschen. Man lernt, wie man den Alltag gemeinsam strukturiert und Aufgaben verteilt, Kompromisse findet und Konflikte löst. Wenn man noch zu Hause wohnt, macht man eher das, was die Eltern sagen. In einer WG ist man selbst verantwortlich für alles.
Das kann aber auch ein Nachteil sein. Es ist sehr anstrengend, wenn man sich immer selbst um alles kümmern und an alles denken muss. Ich kümmere mich zum Beispiel viel um den Haushalt, denn meine Mitbewohner können da oft auch schwierig sein. Wenn man sich nicht gut versteht, kann das WG-Leben auch ein Problem sein.
Zum Abschluss möchte ich nun meine eigene Meinung zum Thema sagen. Ich persönlich halte sehr viel von dem Leben in einer WG. Es bedeutet zwar viel Arbeit und Verantwortung, aber auch viel Freiheit und Autonomie. Man lernt erwachsen zu werden und sein Leben selbst in die Hand zu nehmen. Ach ja, und man kann natürlich super tolle Partys feiern, ohne irgendjemand um Erlaubnis fragen zu müssen.
Das war meine Präsentation. Ich bedanke mich bei euch für eure Aufmerksamkeit.

Xtra-Prüfung Hören, Aufgabe 2

Moderator:	Wir haben uns gefragt, was ist besser? Leben auf dem Land oder in einer Großstadt? Und was braucht eine Stadt, um wirklich lebenswert zu sein? Dazu haben wir Interviews geführt. Hören Sie hier einige Stellungnahmen.
1	
Frau:	Mein Favorit? Ganz klar: Großstadt. Ich lebe in Berlin. Nirgendwo sonst fühle ich mich so wohl wie in dieser

Transkriptionen Kursbuch

lebenslustigen Stadt. Berlin hat Stil, Berlin ist frisch und die Wohnungen sind nicht ganz so teuer im Gegensatz zu vielen anderen deutschen Städten. Es gibt unglaublich viele Freizeitangebote, aber auch viele Grünanlagen, sodass es einem nie wirklich langweilig werden kann. Zudem soll Berlin bis 2050 klimaneutral werden, sodass auch die Luftqualität noch viel besser werden wird in Zukunft! Wer will da noch auf dem Land leben?

2
Mann: Für mich ist das Landleben eindeutig besser! Ich lebe nun in der Nähe von Zürich auf einem alten Bauernhof und arbeite als Freelancer von zu Hause aus. Davor habe ich in einem stressigen Job in Zürich gearbeitet und hatte fast nie Zeit für mich selbst. Klar, es ist wahnsinnig sauber in Zürich und alles ist super geregelt. Außerdem verdient man wirklich sehr gut! Aber: Auf dem Land habe ich die Natur, die Berge, die Flüsse … Das kann mir ein Leben in der Stadt nicht bieten.

3
Frau: Eigentlich mag ich das Landleben schon, aber ich ziehe diesen September für meinen Master in Fotografie nach London. Ich war dort schon einige Male, und ich liebe, wie kreativ und vielfältig diese Metropole ist. Leben auf dem Land ist einfach nicht so spannend, man kann dort nicht viel machen. Aber in einer Stadt wie London? Es gibt so viele Museen und tolle Cafés, außerdem an fast jeder Ecke einen Pop-Up-Store. Was das ist? Das sind Geschäfte und Cafés, die nur für eine kurze Zeit eröffnet werden. Das ist so cool! Aber: In London zu leben ist sehr, sehr teuer, sodass die meisten dort mindestens zwei Jobs brauchen, um sich die Stadt leisten zu können.

4
Mann: Meine Frau und ich haben jahrelang in Paris gewohnt. Die schönste Stadt der Welt? Nicht so ganz. Nun leben wir auf dem Land und hier gefällt es uns eindeutig besser. Die frische Luft, die grünen Wiesen und: Wir bauen unser Gemüse selbst an in unserem eigenen Garten. Ich will nicht mehr zurück in die Großstadt. Ja, ja, ich weiß, ein großes Kulturangebot und eine tolle Architektur erwartet einen in Paris … Aber dort zu leben ist sehr teuer, vor allem im Zentrum und im Westen der Stadt. Die Stadt ist laut und hektisch, und man muss schon einen guten Job haben, um dort gut leben zu können.

5
Frau: Berlin, Paris, New York … das sind alles großartige Städte …, aber für mich ist Kopenhagen die attraktivste Stadt. Nirgendwo sonst ist es so gemütlich, oder wie die Dänen sagen würden: „hygge". Das Leben in Kopenhagen ist geprägt von Offenheit, Toleranz und Vielfalt. 2025 will Kopenhagen außerdem CO_2-neutral sein, das heißt die Dänen machen viel für das Klima. Meine Familie und ich haben auf unserem Dach einen Garten, wo wir Obst und Gemüse anbauen … Das machen ziemlich viele in Kopenhagen, denn Urban Gardening liegt total im Trend. Also müssen wir gar nicht auf dem Land leben, um die Natur genießen zu können.

Lektion 7

Starten wir! Aufgabe 3

Julian: … also, wie gesagt, als Streetworker kümmere ich mich vor allem um junge Leute, auch um Obdachlose, die keine Chance haben, eine Wohnung zu finden. Um Leute mit vielen, vielen Problemen also. Da ist ja nicht nur das Trinken, sondern da sind die Drogen, die fürchterliche Sucht und die damit verbundene Kriminalität. Ein Kreislauf, aus dem die Jugendlichen nicht herauskommen, jedenfalls nicht alleine. Stellt euch vor, alle Türen sind verschlossen. Du hast keine Chance. Und genau da fängt mein Job an. Ich will die Jugendlichen da rausholen, ins Leben zurückbringen und Türen öffnen. … Ja, soweit mein Vortrag …

Kursleiter: Ich danke Ihnen ganz herzlich, Herr Peters. Das war sicherlich sehr interessant für unsere Teilnehmer. Gibt es Fragen?

Teilnehmerin: Ja, eine kleine Frage nur: Ist man als Streetworker fest angestellt?

Julian: Ja, ich bin für die Suchthilfe Wien tätig. Wir leisten Straßensozialarbeit in ganz Wien … Ja, bitte?

Teilnehmer: Ich hätte auch eine Frage, Herr Peters. Sind Sie eigentlich Sozialarbeiter von Beruf?

Transkriptionen Kursbuch

Julian: Nein, ich habe Psychologie studiert und gerade meinen Master an der Universität Wien gemacht. Also, Ihre Frage passt schon, denn die meisten Streetworker haben einen Abschluss in Sozialarbeit oder Sozialpädagogik. Aber ich bin da eine Ausnahme, ich habe schon während des Studiums bei der Suchthilfe und an anderen Einrichtungen geholfen und …

Aufgabe 3 und 4

Moderator: Guten Tag, meine sehr verehrten Damen und Herren, und ganz herzlich willkommen zu unserer Sendung „Jetzt sprechen Sie!" Wie Sie wissen, befragen wir Leute zu aktuellen Themen. Wir waren heute auf dem Marienplatz und haben mehr als 50 Menschen mit der Frage konfrontiert: „Was sind Helden für Sie?". Hören Sie einige Stellungnahmen:

Sprecherin 1: Also, bei Helden denkt man natürlich direkt an Mutter Teresa oder Martin Luther King. Aber es gibt auch Alltagshelden überall um uns herum. Nehmen Sie die Flüchtlingshelfer, die im Mittelmeer Menschen vor dem sicheren Tod retten. Das sind für mich die Helden von heute.

Sprecher 2: Helden sind für mich Menschen, die etwas Gutes tun und helfen. Da wären zum Beispiel die unzähligen Krankenschwestern, die schwere Arbeit für sehr wenig Geld leisten, vor allem die Krankenschwestern, die in Afrika arbeiten und kranken Kindern helfen. Das sind Menschen, die ich bewundere.

Sprecherin 3: Wenn's um Heldinnen und Helden geht, sollte man auch die Polizistinnen und Polizisten nicht vergessen. Ich meine die, die schnell da sind, wenn Menschen in Gefahr sind, die uns schützen und Verbrecher festnehmen.

Aufgabe 6 und 7

Teil 1

Moderator: Hallo liebe Zuhörerinnen und Zuhörer und willkommen zu einer neuen Ausgabe von *Fakt und Fiktion*, unserem Kultur- und Gesellschaftsmagazin hier auf *84.8 FM*. Wie jede Woche haben wir für Sie wieder spannende Themen vorbereitet und beginnen wollen wir gleich richtig interessant mit dem Thema „Echte Superhelden?". Seit ungefähr 10 Jahren tauchen überall auf der Welt echte Superhelden auf, d. h. ganz normale Menschen, die sich mit Kostümen verkleiden und in ihrer Stadt auf Verbrecherjagd gehen, Obdachlosen helfen oder andere Dinge für ihre Mitbürgerinnen und Mitbürger tun. Es gibt sogar schon ein Online-Branchenbuch, in das sich die Superhelden eintragen und registrieren können. Unter www.superhelden.com findet man zurzeit circa 200 registrierte Superhelden. Aber es gibt natürlich noch viel mehr. Einer der bekanntesten von ihnen lebt zum Beispiel in Seattle und ist seit 2011 nachts als Phoenix Jones unterwegs, um Menschen zu helfen. Und auch in Deutschland gab es bereits vereinzelt Berichte über Auftritte von verkleideten Helfern. Über eine solche Begegnung berichtet uns heute unser Studiogast, Frau Annette Klein. Sie war vor ein paar Wochen Zeugin bei einer Schlägerei, die von einem unbekannten maskierten Mann beendet wurde. Liebe Frau Klein, schön, dass Sie zu uns kommen konnten. Erzählen Sie mal, was genau ist neulich geschehen?

Aufgabe 8 und 10

Teil 2

Frau Klein: Vielen Dank, ich freue mich, hier zu sein. Nun, es war in der Nacht vom 11.8. auf den 12.8. gegen 2.00 Uhr. Ich war auf dem Weg nach Hause in einer Unterführung in der Nähe des Bahnhofs, als ich plötzlich laute Schreie hörte. Ein bisschen weiter vor mir war in einer Gruppe von jungen Leuten ein Streit ausgebrochen. Als ich etwas näher kam, sah ich, wie sich mehrere Menschen miteinander prügelten und schlugen. Frauen schrien, Männer brüllten. Ich hatte große Angst und konnte nicht an der Gruppe vorbei. Einen anderen Weg gab es aber nicht. Also wartete ich in sicherer Entfernung und entschied, die Polizei zu rufen. Als ich gerade die Nummer wählen wollte, hörte ich plötzlich einen lauten Schrei. „Stopp! Auseinander!" rief eine tiefe Männerstimme. Als ich mich umdrehte, sah ich einen starken, muskulösen Mann. Er trug einen schwarzblauen Super-Helden-Anzug und eine goldene Maske. Der maskierte Mann schrie die Gruppe an, sie sollten aufhören oder er würde sein Pfefferspray

Transkriptionen Kursbuch

	benutzen. Die Schläger bekamen Angst und rannten sofort weg, als sie ihn sahen. Ich war sehr froh, dass nichts Schlimmeres passiert ist und der Kampf vorbei war. Die Polizei musste ich jetzt ja nicht mehr rufen, also packte ich mein Handy weg. Ich wollte mich bei dem Mann bedanken, aber als ich wieder hinschaute, war er schon weg. Ich weiß also leider nicht mal seinen Namen.
Moderator:	Also, Frau Klein, das klingt wirklich sehr aufregend. Ich weiß nicht, ob ich in dieser Situation so cool geblieben wäre wie Sie. Vielen Dank für Ihre Erzählung.
Frau Klein:	Gern geschehen! Vielen Dank für die Einladung.
Moderator:	Liebe Zuhörerinnen und Zuhörer, wie geht es Ihnen mit dem, was Frau Klein erzählt hat? Wie hätten Sie reagiert, was hätten Sie gemacht? Oder haben Sie bereits selbst so eine Erfahrung mit einem „echten" Superhelden gemacht? Rufen Sie uns an und teilen Sie Ihre Erlebnisse mit uns unter 0180...

D Aufgabe 3

Moderator:	... so, jetzt unsere nächste Kandidatin, Petra, aus Heilbronn. Petra, herzlich willkommen bei uns im Quizmarathon!
Kandidatin:	Danke, Klaus.
Moderator:	Oh, du bist ein bisschen nervös, Petra. Ganz ruhig und entspannt ... Die erste Frage ist wirklich leicht. Bist du bereit?
Kandidatin:	Ja.
Moderator:	Gut, dann die Frage: Wie viele Kreuzfahrtschiffe fahren pro Jahr an Venedig vorbei und zerstören die Stadt? 2.500, 5.000 oder 10.000? Ich wiederhole: Wie viele Kreuzfahrtschiffe fahren pro Jahr an Venedig vorbei und zerstören die Stadt? Sind es 2.500, 5.000 oder 10.000?
Kandidatin:	Vermutlich sind es 10.000. Ja, ich entscheide mich für 10.000.
Moderator:	Leider ist das nicht richtig. Es sind 5.000.
Publikum:	Ohhhhhhhhhh!
Moderator:	Hören wir unseren Experten.
Experte:	Ungefähr 5.000 Kreuzfahrtschiffe fahren im Jahr an Venedig vorbei. Die bis zu 70.000 Tonnen schweren Schiffe sind mitverantwortlich für die Erosion des Stadtuntergrunds. Auf diese Weise ist die Lagune in den letzten Jahrzehnten um einen Meter tiefer geworden. Wenn es weiter so geht, wird es in den nächsten Jahren schlimmer werden.
Moderator:	Danke an unseren Experten. Und Petra, hier die Frage 2: Was haben Schnitzel mit dem Klimawandel zu tun? Hör genau zu. Noch einmal ... Was haben Schnitzel mit dem Klimawandel zu tun? a Die Fleischproduktion verbraucht viel Wasser, und das schadet der Umwelt. b Nichts. Schnitzel schmecken so gut. Daran kann nichts falsch sein. c Von Schnitzeln bekommt man Blähungen, und die sind schädlich für die Umwelt.
Kandidatin:	a ist richtig.
Moderator:	Ja, das stimmt. Zur Sicherheit unser Experte ...
Experte:	Antwort a ist richtig. Für die Produktion eines Kilo Fleisches benötigt man 16.000 Liter Wasser. Das ist sehr, sehr viel und überhaupt nicht gut, wenn es darum geht, die weltweite Erwärmung der Erde zu stoppen.
Moderator:	Dann geht's gleich weiter mit Frage 3, Petra. Welche Tierart wird es bald nicht mehr geben? a den Hund, b den Pinguin oder c den Gorilla?
Kandidatin:	... c, den Gorilla.
Moderator:	Absolut richtig! Was sagt unser Experte?
Experte:	Die Antwort c stimmt, denn alle vier Gorilla-Arten stehen momentan auf der Roten Liste. Die Hauptbedrohungen sind Wilderei und die Zerstörung der Wälder, die der natürliche Lebensraum der Gorillas sind.
Moderator:	Ja, dankeschön. Und nun die vierte und letzte Frage für Petra: Wie viele Kilometer reist ein T-Shirt ungefähr, bevor es bei uns im Laden hängt? 280 km, 2.800 km oder 28.000 km? Ich wiederhole: Wie viele Kilometer reist ein T-Shirt ungefähr, bevor es bei uns im Laden hängt? 280 km, 2.800 km oder 28.000 km?
Kandidatin:	Also, 28.000 km erscheint mir sehr viel. Aber das ist wahrscheinlich richtig. Ja, genau ...
Moderator:	Und das ist ... richtig, Petra. Der Experte, bitte.
Experte:	Die Reise eines normalen T-Shirts beginnt auf einer amerikanischen Baumwollplantage. Die Baumwolle wird etwa 10.000 km in die Türkei transportiert und dort zum Faden gesponnen. Das Garn wird dann über 8.000 km nach Taiwan gebracht. Dort wird Stoff hergestellt, der dann 2.000 km nach China geschifft wird. In China wird in der Fabrik ein

Transkriptionen Kursbuch

T-Shirt daraus gemacht. Am Ende hat das T-Shirt eine Reise von fast 28.000 km hinter sich.

Xtra Prüfung Hören, Aufgabe 2

Sie sitzen in einem Café und hören, wie sich zwei junge Leute über ehrenamtliche Arbeit unterhalten.

Rudi: Hi, Lotta. Lang nicht gesehen ... Wie waren deine Semesterferien?

Lotta: Hi, Rudi. Ja, ist schon ein paar Wochen her, was? Das letzte Mal waren wir doch an der Isar und haben gegrillt ... Wahnsinn, das ist auch schon wieder drei Monate her ... Ja, meine Ferien waren toll, aber auch anstrengend.

Rudi: Echt? Erzähl mal, warum?

Lotta: Na ja, ich weiß nicht, ob ich dir schon mal davon erzählt habe, aber ich engagiere mich gerne ehrenamtlich und während des Semesters habe ich nicht so viel Zeit dafür, nebenbei zu arbeiten ... du weißt schon ... Prüfungen usw. Deswegen arbeite ich in den Semesterferien immer für unterschiedliche soziale Projekte.

Rudi: Wow, das klingt spannend. Was hast du gemacht?

Lotta: Ich war Lesescout in Kindergärten und Altersheimen.

Rudi: Was? Lesescout, was ist das denn?

Lotta: Ich bin ausgebildete Vorleserin. Das heißt, ich habe an einem Workshop teilgenommen, der mich zum Lesescout ausbildet, und damit kann ich für die Organisation *Initiative Vorlesen* überall als Vorleserin helfen.

Rudi: Ja, und was bringt das??

Lotta: Ganz viel. In Kindergärten und Schulen zum Beispiel gibt es offenbar Kinder, deren Eltern zu Hause nicht vorlesen wollen oder können. Das hat verschiedene Gründe. Manche können selbst nicht so gut Deutsch und trauen sich nicht, ihren Kindern vorzulesen, weil sie Angst haben, Fehler zu machen. Andere müssen so viel arbeiten, dass sie einfach zu müde dafür sind oder keine Zeit haben.

Rudi: Oh, verstehe. Ja, da hab ich wohl großes Glück gehabt, dass meine Eltern mir immer vorgelesen haben ...

Lotta: Ja, eben. Nicht alle Kinder haben dieses Glück.

Rudi: Und warum lest ihr auch alten Leuten im Heim vor?

Lotta: Na ja, du glaubst gar nicht, wie einsam manche alte Menschen sind. Oft haben sie keine Familie mehr und wenig Freunde, die noch leben. Wir besuchen sie ein- oder zweimal die Woche und verbringen zwei Stunden mit ihnen, lesen ihnen aus ihrem Lieblingsbuch vor und unterhalten uns mit ihnen.

Rudi: Ist das nicht super langweilig?

Lotta: Nein, ich kann so viel von den Senioren lernen. Das macht mir sogar noch mehr Spaß als im Kindergarten vorzulesen.

Rudi: Wow, du bist ganz schön fleißig. Ich will nicht auf meine Freizeit verzichten! Ich gehe lieber schwimmen und faulenze in den Ferien. Warum machst du das eigentlich? Ist die Uni nicht schon anstrengend genug?

Lotta: Ich studiere doch Sozialarbeit und alles, was ich jetzt mache, ist gut für mein Studium. Ich kann meine Arbeit sogar als Praktikum einbringen. Damit habe ich schon mal große Vorteile und verbinde Arbeit und Vergnügen! Mir macht das Vorlesen nämlich total Spaß.

Rudi: Hm, vielleicht könntest du mich in den nächsten Ferien mal mitnehmen?

Lotta: Ja, gern. Schau es dir einfach mal an.

Lektion 8

Starten wir! Aufgabe 2

(Silent Disco)

A Aufgabe 6

Moderator: Kian, du warst gerade auf der Silent Party hier im Olympiapark. Wie ist dein Eindruck? Komisch oder cool?

Kian: Die Silent-Party? Nein, nicht komisch, überhaupt nicht komisch, sondern cool. Man fühlt sich so richtig hip und mittendrin. Auch die Technik war megastark. Aber ich fand es übertrieben, dass man sich die DJs aussuchen kann. Muss nicht sein, fand ich eher komisch.

Moderator: Anna, und dein Eindruck von der Silent Party? Komisch oder cool?

Anna: Hm, nein, nicht cool. Mein Gefühl war, dass ich die ganze Zeit allein war und wegen der Kopfhörer keinen Kontakt zu den anderen hatte. Und wenn man die Kopfhörer abnimmt, dann sehen die anderen schon ein bisschen komisch aus. Wie die sich so bewegen, so ohne Musik! Und die Technik war furchtbar. Meine Kopfhörer waren viel zu laut, auf beiden Kanälen übrigens. Ich konnte sie nicht leiser machen. Da habe ich direkt Kopfschmerzen bekommen. Was ich ganz gut fand, war, dass man die DJs wählen konnte. Ich habe ziemlich viel hin und her gewechselt. Ja, das war schon cool.

C Aufgabe 3

Moderator: Guten Abend, verehrte Zuhörerinnen und Zuhörer, zu einer neuen Ausgabe unserer Sendung *Skepsis*, dem kritischen Gesellschaftsmagazin auf Radio 1. Heute Abend beschäftigen wir uns mit dem Thema „Drohnen – Chancen und Gefahren". Die Drohnentechnik hat sich in den letzten Jahren rapide weiterentwickelt und viele Menschen benutzen bereits privat oder auch beruflich ein solches Gerät. Wir von *Skepsis* haben uns gefragt, ob Drohnen wirklich ein Fortschritt sind. Oder sind sie am Ende vielleicht doch bloß ein gefährliches Spielzeug? Deshalb sind wir auf die Straße gegangen und haben Passanten nach ihrer Meinung gefragt. Dabei haben wir spannende Antworten bekommen. Aber hören Sie selbst …

Brinkmann: Guten Tag, ich bin Torsten Brinkmann vom Radiomagazin *Skepsis*. Dürfte ich Ihnen ein paar Fragen stellen?

Passant 1: Ja, gerne. Ich bin ein Fan Ihrer Sendung. Worum geht es denn?

Brinkmann: Das Thema unserer Sendung sind Drohnen. Was halten Sie von Drohnen? Sehen Sie sie eher als Fortschritt oder als Gefahr?

Passant 1: Oh, eine interessante Frage. Also ich weiß nicht, ob man das so pauschal sagen kann. Drohnen haben sicherlich Vor- und Nachteile. Ich habe neulich einen Artikel über Drohnen bei der Verkehrs- und Unfallkontrolle gelesen. Das ist wahrscheinlich sinnvoll und gut. Und auch bei der Rettung von Menschen und der medizinischen Versorgung können Drohnen bestimmt hilfreich sein. Da kommt man schnell an viele Orte hin. Allerdings habe ich neulich auch gelesen, dass eine Drohne einen Unfall verursacht hat. Auf der Autobahn ist sie gegen ein Auto geprallt. Das ist natürlich gefährlich.

Brinkmann: Vielen Dank für Ihre Meinung. … Guten Tag, Brinkmann vom Radiomagazin *Skepsis*. Wir machen eine Umfrage zum Thema „Drohnen". Was halten Sie davon?

Passantin 2: Na ja, ich denke, mit Drohnen kann man zwar schöne Bilder aus der Luft machen, aber ich fühle mich mit dieser Technik nicht wohl. Das erinnert mich alles ein bisschen zu sehr an George Orwell. Wissen Sie? Wie in seinem Roman „1984", wo alles überwacht wird. Manchmal habe ich den Eindruck, als ob sein Roman schon Wirklichkeit wäre. Ich frage mich, wie oft am Tag wir fotografiert und gefilmt werden, ohne es zu merken. Die Dinger fliegen doch ständig um uns herum. Ich fühle mich manchmal schon so, als ob mich jemand beobachten würde.

Brinkmann: Also, Sie sehen diese Entwicklung eher kritisch. Danke für Ihre Einschätzung … Guten Tag, Brinkmann vom Radiomagazin *Skepsis*. Wir fragen heute Menschen nach ihrer Meinung zu „Drohnen". Wie stehen Sie zu diesem Thema?

Passantin 3: Ah, also ich bin sehr dankbar für diese neue Technik. Ich bin Musikerin und muss oft Musikvideos drehen. Als es noch keine Drohnen gab, war es sehr schwer und teuer gute Musikvideos zu drehen. Mit den Drohnen kann man relativ günstig und mit wenig Budget tolle Bilder schießen. Es sieht aber so aus, als ob man viel Geld ausgeben würde. Es gibt zwar bestimmt auch Gefahren, aber für mich gibt es mehr Vorteile. Ich glaube zum Beispiel nicht an diese ganze Überwachungspanik. Außerdem habe ich nichts zu verstecken.

Brinkmann: Danke für Ihre Meinung. Also ganz klar eine Befürworterin dieser neuen Technik. … Guten Tag, mein Name ist Brinkmann vom Radiomagazin *Skepsis*. Was denken Sie über den Einsatz von Drohnen?

Passant 4: Ich halte nicht viel von Drohnen. Heute wollen die Leute alles mit Drohnen machen. Die Leute tun so, als ob Drohnen unser Leben besser machen würden. Ich glaube nicht, dass das stimmt. Und sie bringen sogar manche Jobs in Gefahr. Zum Beispiel bei der Post. Jetzt wollen die schon Pakete per Drohne liefern. Das klingt zwar praktisch, aber in der Realität sieht das doch ganz anders aus. Da wäre der Himmel doch schwarz, wenn alle Pakete nur noch von Drohnen gebracht werden würden. Und dann fliegen sie bestimmt noch gegen die Haustür oder im Kreis um das Haus.

Transkriptionen Kursbuch

Es gibt doch immer technische Probleme. Als ich noch jünger war, wurde die Post nur von Menschen gebracht und das hat immer gut funktioniert. Man hatte persönlichen Kontakt und nette Gespräche. Überall wollen sie Menschen durch Maschinen ersetzen und Arbeitsplätze abbauen. Warum? ...

Moderator: Ja, warum, liebe Zuhörerinnen und Zuhörer? Rufen Sie uns an und teilen Sie uns Ihre Meinung mit unter 030 / 47 38 29 ...

Aufgabe 4
Teil 1

Moderator: Guten Abend, verehrte Zuhörerinnen und Zuhörer, zu einer neuen Ausgabe unserer Sendung *Skepsis*, dem kritischen Gesellschaftsmagazin auf Radio 1. Heute Abend beschäftigen wir uns mit dem Thema „Drohnen – Chancen und Gefahren". Die Drohnentechnik hat sich in den letzten Jahren rapide weiterentwickelt und viele Menschen benutzen bereits privat oder auch beruflich ein solches Gerät. Wir von *Skepsis* haben uns gefragt, ob Drohnen wirklich ein Fortschritt sind. Oder sind sie am Ende vielleicht doch bloß ein gefährliches Spielzeug? Deshalb sind wir auf die Straße gegangen und haben Passanten nach ihrer Meinung gefragt. Dabei haben wir spannende Antworten bekommen. Aber hören Sie selbst ...

Aufgabe 5
Teil 2

Brinkmann: Guten Tag, ich bin Torsten Brinkmann vom Radiomagazin *Skepsis*. Dürfte ich Ihnen ein paar Fragen stellen?

Passant 1: Ja, gerne. Ich bin ein Fan Ihrer Sendung. Worum geht es denn?

Brinkmann: Das Thema unserer Sendung sind Drohnen. Was halten Sie von Drohnen? Sehen Sie sie eher als Fortschritt oder als Gefahr?

Passant 1: Oh, eine interessante Frage. Also ich weiß nicht, ob man das so pauschal sagen kann. Drohnen haben sicherlich Vor- und Nachteile. Ich habe neulich einen Artikel über Drohnen bei der Verkehrs- und Unfallkontrolle gelesen. Das ist wahrscheinlich sinnvoll und gut. Und auch bei der Rettung von Menschen und der medizinischen Versorgung können Drohnen bestimmt hilfreich sein. Da kommt man schnell an viele Orte hin. Allerdings habe ich neulich auch gelesen, dass eine Drohne einen Unfall verursacht hat. Auf der Autobahn ist sie gegen ein Auto geprallt. Das ist natürlich gefährlich.

Brinkmann: Vielen Dank für Ihre Meinung. ... Guten Tag, Brinkmann vom Radiomagazin *Skepsis*. Wir machen eine Umfrage zum Thema „Drohnen". Was halten Sie davon?

Passantin 2: Na ja, ich denke, mit Drohnen kann man zwar schöne Bilder aus der Luft machen, aber ich fühle mich mit dieser Technik nicht wohl. Das erinnert mich alles ein bisschen zu sehr an George Orwell. Wissen Sie? Wie in seinem Roman „1984", wo alles überwacht wird. Manchmal habe ich den Eindruck, als ob sein Roman schon Wirklichkeit wäre. Ich frage mich, wie oft am Tag wir fotografiert und gefilmt werden, ohne es zu merken. Die Dinger fliegen doch ständig um uns herum. Ich fühle mich manchmal schon so, als ob mich jemand beobachten würde.

Brinkmann: Also, Sie sehen diese Entwicklung eher kritisch. Danke für Ihre Einschätzung ...

Aufgabe 6
Teil 3

Brinkmann: Guten Tag, Brinkmann vom Radiomagazin *Skepsis*. Wir fragen heute Menschen nach ihrer Meinung zu „Drohnen". Wie stehen Sie zu diesem Thema?

Passantin 3: Ah, also ich bin sehr dankbar für diese neue Technik. Ich bin Musikerin und muss oft Musikvideos drehen. Als es noch keine Drohnen gab, war es sehr schwer und teuer gute Musikvideos zu drehen. Mit den Drohnen kann man relativ günstig und mit wenig Budget tolle Bilder schießen. Es sieht aber so aus, als ob man viel Geld ausgeben würde. Es gibt zwar bestimmt auch Gefahren, aber für mich gibt es mehr Vorteile. Ich glaube zum Beispiel nicht an diese ganze Überwachungspanik. Außerdem habe ich nichts zu verstecken.

Brinkmann: Danke für Ihre Meinung. Also ganz klar eine Befürworterin dieser neuen Technik. ... Guten Tag, mein Name ist Brinkmann vom Radiomagazin *Skepsis*. Was denken Sie über den Einsatz von Drohnen?

Transkriptionen Kursbuch

Passant 4: Ich halte nicht viel von Drohnen. Heute wollen die Leute alles mit Drohnen machen. Die Leute tun so, als ob Drohnen unser Leben besser machen würden. Ich glaube nicht, dass das stimmt. Und sie bringen sogar manche Jobs in Gefahr. Zum Beispiel bei der Post. Jetzt wollen die schon Pakete per Drohne liefern. Das klingt zwar praktisch, aber in der Realität sieht das doch ganz anders aus. Da wäre der Himmel doch schwarz, wenn alle Pakete nur noch von Drohnen gebracht werden würden. Und dann fliegen sie bestimmt noch gegen die Haustür oder im Kreis um das Haus. Es gibt doch immer technische Probleme. Als ich noch jünger war, wurde die Post nur von Menschen gebracht und das hat immer gut funktioniert. Man hatte persönlichen Kontakt und nette Gespräche. Überall wollen sie Menschen durch Maschinen ersetzen und Arbeitsplätze abbauen. Warum? ...

Moderator: Ja, warum, liebe Zuhörerinnen und Zuhörer? Rufen Sie uns an und teilen Sie uns Ihre Meinung mit unter 030 / 47 38 29 ...

D Aufgabe 10

Brinkmann: Ich grüße Sie, mein Name ist Torsten Brinkmann vom Radiomagazin *Skepsis*. Darf ich Ihnen eine Frage stellen?
Passant: Ja, klar, schießen Sie los!
Brinkmann: Ist Umweltpolitik ein Thema für Sie? Interessieren Sie sich für die aktuelle Umweltpolitik der Bundesregierung?
Passant: Ja, sicher interessiere ich mich dafür. Aber ich habe nicht das Gefühl, dass da viel passiert.
Brinkmann: Warum?
Passant: Na ja, wir haben einen Umweltminister, das ist richtig, aber ...
Brinkmann: Ah, sagen Sie, interessieren Sie sich wirklich für den Umweltminister? Den kennt doch kaum jemand und ...
Passant: Ja klar, ich interessiere mich für ihn, das Problem ist nur, dass er immer der Industrie hilft und nicht wirklich Ziele verfolgt, die mit der Verbesserung zum Beispiel unserer Luft zu tun haben ...

Xtra-Prüfung Hören, Aufgabe 2

Sie nehmen an einer Führung im Deutschen Museum teil.
Herzlich willkommen, meine Damen und Herren, im Deutschen Museum – dem weltweit größten Technikmuseum! Mein Name ist Watzmann und wir werden zusammen in den nächsten 90 Minuten durch die Abteilungen Raumfahrt und Flugzeugtechnik gehen. Insgesamt erwarten Sie im Deutschen Museum auf 25.000 qm mehr als 30 Ausstellungen!
Das Deutsche Museum wurde 1903 gebaut und 1944 zu 80 Prozent zerstört. 1948 wurde es aber wiedereröffnet! Seitdem zeigen wir unseren Besuchern den Fortschritt der Menschheit auf insgesamt fünf Stockwerken!
Doch bevor wir mit der Führung beginnen, möchte ich Ihnen noch einige wichtige Informationen geben. Bitte nehmen Sie keine großen Taschen oder Rucksäcke mit in das Museum. Essen und Trinken ist dort auch nicht erlaubt. Die Toiletten finden Sie im zweiten und dritten Stock, gleich neben der Treppe. Nach unserer Führung können Sie sich gerne im Museumscafé im Erdgeschoss stärken. Es gibt heiße und kalte Getränke, Suppen, kleine Snacks und immer frische Kuchen.
Also, los geht's! Unsere Tour geht zuerst nach oben in den Weltraum, nämlich zu den Maschinen und Fahrzeugen, mit denen die Menschen bisher versucht haben, den Weltraum zu untersuchen. Im zweiten Stock können Sie auch alte Flugzeuge sehen. Weiter hinten im dritten Stock können Sie einen Blick auf traditionelle Fischerboote und Schiffe aus dem 16. Jahrhundert werfen ...

Lektion 9

Starten wir! Aufgabe 2 und 3

Luisa: Und? Hast du eine Zugverbindung?
Manu: Ja, um kurz nach drei geht's los, von Bahnsteig 7.
Luisa: Nach Fribourg?
Manu: Genau!
Luisa: Cool! Und dann der Jakobsweg ...
Manu: Exakt. Zu Fuß nach Genf und dann nach Frankreich rein und immer weiter.
Luisa: Du, Manu, ich freu mich riesig! Ein Traum ... Und, wie ist unser Selfie? Zeig mal ... Wow, super Foto!
Manu: Wollen wir es meinen Eltern schicken?
Luisa: Ja, klar! Und meinen auch ...

B Aufgabe 2 und 3

Verkäufer: ... ich kann diesen Wagen hier nur empfehlen, ideal für die Stadt und für längere Strecken! Und sehr sparsam, das Auto verbraucht nur wenig. Und es ist wendig und sehr sicher, denn es hat fantastische Bremsen.
Johanna: Gibt es den Wagen auch mit Elektroantrieb?
Verkäufer: Ja, sicher. Käme das in Frage für Sie? Ich meine, das kommt dann schon etwas teurer.

Transkriptionen Kursbuch

Johanna: Na ja, ich bin mir nicht sicher. Wir möchten damit auch demnächst nach Frankreich …, einen Teil des Jakobswegs abfahren. Da ist ein Elektroauto vielleicht doch nicht so günstig.

Verkäufer: Stimmt, denn ob Sie dort überall schon die Akkus aufladen können … Ich weiß nicht … Übrigens, sehr schön sind auch die Sitze aus Leder. Und sehen Sie, der Fahrersitz stellt sich automatisch auf Ihre Größe ein.

Johanna: Oh, das ist ja toll!

Verkäufer: Ja, und auch die Einstellung der Spiegel kann auf Ihre Größe programmiert werden. Und … sehen Sie, der Motor. Also die Tests sind wirklich sehr gut, besser geht's nicht.

Johanna: Und wo ist die Batterie?

Verkäufer: Hier unten, die ist ein bisschen versteckt. Aber da brauchen Sie auch nie ran. Übrigens die Reifen sind Ganzjahresreifen …

Johanna: Was ist das?

Verkäufer: Das sind Reifen, die Sie im Sommer und auch im Winter fahren können. Sehr bequem, denn Sie brauchen sie nicht zu wechseln. Und die Qualität ist super. Damit werden Sie bestimmt auch keine Panne mehr haben.

Johanna: Ja, vielen Dank. Ich denke da mal drüber nach und …

B Aufgabe 5 und 6

Herr Reuter: ADAC Pannendienst. Mein Name ist Reuter. Was kann ich für Sie tun?

Johanna: Ja, guten Tag, mein Name ist Jung, Johanna Jung. Mein Mann und ich sind auf dem Weg nach Frankreich und hatten gerade eine Autopanne. Könnten Sie bitte den Pannendienst schicken?

Herr Reuter: Einen Moment bitte, ich bräuchte erst noch ein paar Informationen von Ihnen. Wie lautet Ihre Kundennummer?

Johanna: Oh ja, also die Kundennummer lautet 54768930.

Herr Reuter: Vielen Dank. Ich wiederhole: 57468930 … hm …

Johanna: Nein, nein, 54768930.

Herr Reuter: Ah, jetzt habe ich Sie hier. Frau Johanna Jung aus 81 547 München. Ist das richtig?

Johanna: Ja, das ist richtig.

Herr Reuter: Gut, Frau Jung. Was genau ist passiert, und wer ist die Person, die das Auto gefahren hat? Ihr Mann oder Sie?

Johanna: Also ich bin gefahren und plötzlich hat das Auto komische Geräusche gemacht. Es hat gebrummt und gedröhnt. Wir hatten Angst, dass das Auto gleich auseinanderbricht und sind sofort bei der nächsten Gelegenheit von der Autobahn abgefahren.

Herr Reuter: Okay, hm, Frau Jung, und haben Sie einen Schaden gesehen?

Johanna: Ich bin mir nicht sicher. Wir haben unter das Auto geguckt. Es ist wohl der Motor, der Probleme macht. Da war überall wahnsinnig viel Öl, also ich glaube, dass der Motor Öl verliert. Da ist vielleicht ein Loch. Aber ich weiß nicht, wo.

Herr Reuter: Danke, und was für ein Auto ist das? Und welche Farbe hat es?

Johanna: Es ist ein grauer Mercedes.

Herr Reuter: Wie ist das Kennzeichen?

Johanna: Das Kennzeichen ist M BJ 2505.

Herr Reuter: Und wo genau stehen Sie mit dem Wagen?

Johanna: Wir waren auf der Autobahn, auf der A8 Richtung Karlsruhe. Wir sind von der Autobahn abgefahren, an der Ausfahrt Heimsheim. Und genau da stehen wir, direkt bei der Ausfahrt.

Herr Reuter: Gut. Und zum Schluss brauche ich noch Ihre Handynummer.

Johanna: Alles klar. Das ist die 0177 85349768.

Herr Reuter: So jetzt habe ich das Wichtigste, Frau Jung. Der Techniker, der sich Ihr Auto anschaut, ist schon auf dem Weg zu Ihnen und wird innerhalb der nächsten 90 Minuten bei Ihnen sein. Fünf Minuten vor Ankunft wird er sich bei Ihnen auf dem Handy melden.

Johanna: Vielen Dank und auf Wiederhören.

Herr Reuter: Auf Wiederhören.

Lektion 10

A Aufgabe 1

Hannah: Hallo, Lukas! Wie geht's? Ich hab dich hier aber lange nicht gesehen.

Lukas: Hallo, Hannah. Mir geht's sehr gut. Du, ich war viel unterwegs, geschäftlich und so. Aber jetzt geht's wieder voll los mit dem Training. Und wie geht's dir?

Hannah: Super! Aber sag mal, was machst du da? Spielst du mit deiner Uhr?

Lukas: Nein, nein. Das ist meine neue Smartwatch. Eine Wahnsinns-Technik. Mit GPS-Navigation, Kamera, einer App fürs Krafttraining …

Hannah:	Klingt aber auch kompliziert. Brauchst du das denn alles für den Sport?
Lukas:	Ja, klar. Sieh mal hier. Ich zeig's dir. Die misst sogar meinen aktuellen Stresslevel und mein Fitnessalter. Siehst du … Na, was ist das denn? Warum geht das heute nicht?
Hannah:	Also, ich seh nichts. Vielleicht solltest du doch erst mal die Bedienungsanleitung lesen.
Lukas:	Blödes Ding …
Hannah:	So, und jetzt geht's los. Ich fang heute mit dem Laufen an. Und du … ?

B ▶ Aufgabe 4, 5 und 6

Moderator:	Einen wunderschönen guten Abend … Liebe Zuschauerinnen und Zuschauer zu Hause, liebe Gäste hier im Studio … und willkommen zu *Mikroskop*, dem Kulturmagazin hier auf Kultur TV. Heute widmen wir unsere Sendung dem Thema „Soziale Medien und Smartphones". Seit das erste iPhone 2007 den Markt eroberte, kann wohl von einer digitalen Revolution gesprochen werden. Die Entwicklung von Smartphones, Tablets und PCs hat sich so stark beschleunigt, dass es schwer ist, überhaupt noch mitzukommen. Man hat manchmal den Eindruck, dass das Ganze auch eine Überforderung für die Leute ist. Und immer mehr Menschen stellen sich die Frage, ob das alles überhaupt so gut ist. Brauchen wir nicht auch manchmal Pause? Müssen wir nicht auch manchmal „offline" sein? Alles spannende Fragen, die wir heute mit unseren beiden Gästen diskutieren möchten. Unser erster Gast ist Professorin für Soziologie an der Universität Bielefeld und forscht zum Thema „Soziale Medien und ihre Effekte". Guten Abend, Frau Milan.
Frau Milan:	Guten Abend und vielen Dank für die Einladung.
Moderator:	Unser zweiter Gast arbeitet als Ingenieur und hat an einer Studie von Frau Milan zur Nutzung von sozialen Medien teilgenommen. Er hat die negativen Folgen der neuen Technologien selbst erlebt und wird uns heute davon berichten. Schön, dass Sie da sind, Herr Ring.
Herr Ring:	Schön, hier zu sein. Guten Abend.
Moderator:	Frau Milan, was denken Sie? Sind soziale Medien und Smartphones gut oder schlecht für den Menschen?
Frau Milan:	Nun, ich denke, diese Frage kann nicht so pauschal beantwortet werden. Hier muss genauer hingesehen werden. Wie die meisten Dinge haben Smartphones und soziale Medien zwei Seiten, Vor- und Nachteile. Ich denke, die Vorteile liegen auf der Hand. Informationen sind jederzeit und überall in Echtzeit erhältlich. Die Welt scheint so nah und klein wie nie zuvor. Mit nur einem Klick kann man mit allen Menschen auf der Welt in Kontakt treten. Ein Video kann in guter Qualität mit dem Handy gemacht werden und sofort ins Netz gestellt werden. Die Möglichkeiten sind riesig. Es gibt keine Grenzen.
Moderator:	Herr Ring, was sagen Sie dazu? Wie schätzen Sie die Vor- und Nachteile dieser Technologie ein?
Herr Ring:	Ich stimme Frau Milan in dieser Hinsicht zu. Über die Nachteile kann im Moment jedoch noch nicht viel gesagt werden. Dazu ist diese Technologie noch zu jung. Studien können erst nach vielen Jahren klare Ergebnisse liefern. Ich stimme Ihnen zu, die Kommunikation zwischen Menschen hat sich unheimlich verändert und beschleunigt. E-Mails und andere Nachrichten können von überall auf der Welt sofort beantwortet werden. Entscheidungen fallen blitzschnell, niemand muss mehr warten. Dennoch zeigen ein paar Studien bereits jetzt, dass bei Smartphones und sozialen Medien gut aufgepasst werden muss. Es gibt ein paar Probleme, die nicht unterschätzt werden können. Und ich habe sie ja schließlich selbst erlebt.
Moderator:	Nun, wir erleben ja alle, dass die Menschen permanent erreichbar und online sein können und es auch wollen. Termine und Verabredungen können problemlos überall organisiert werden. Da möchte niemand außen vor sein, und viele Menschen werden offenbar richtig süchtig und halten es nicht aus, wenn sie ihr Handy nicht bei sich haben oder kein Netz. Oder?
Frau Milan:	Ja, das ist der Fall. Eine Studie einer Krankenkasse zeigte zum Beispiel, dass 2,6 Prozent der Jugendlichen zwischen 12 und 17 bereits online-süchtig sind. Laut der Studie kann auch davon ausgegangen werden, dass diese

Transkriptionen Kursbuch

	Jugendlichen eher depressiv werden. Die Smartphone-Nutzung wirkt sich zudem auch auf das Schlafverhalten vieler Menschen aus. Eine britische Studie hat gezeigt, dass jeder fünfte Teenager nachts nicht mehr durchschläft, weil er seine Social-Media-Accounts checken will oder etwas auf Google sucht. Diese Teenager sind in der Schule dreimal müder als andere.
Moderator:	Sie sprechen von Depressionen im Zusammenhang mit Social Media und Smartphone. Herr Ring, Sie haben dies am eigenen Leib erfahren. Wie kam es dazu?
Herr Ring:	Also, mir ging es ähnlich wie den Jugendlichen, von denen Frau Milan gerade gesprochen hat. Ich war onlinesüchtig und musste immer im Netz sein und verfolgen, was passiert. Nachts hatte ich das Handy mit im Bett, um ja nichts zu versäumen. Wenn ich das Handy mal vergessen oder kein Netz hatte, löste das richtigen Stress, Panik und Wut bei mir aus. Gleichzeitig wurde ich mit der Zeit immer unzufriedener und zeigte depressive Symptome. Soziale Medien bieten ja die Möglichkeit sich zu vergleichen.
Moderator:	Ah, ich verstehe. Auf Instagram sehen Freunde immer so glücklich und erfolgreich aus. Fotos können immer und überall gesendet werden: ein Foto vom Strand hier, ein Foto aus dem Fitness-Studio dort. Da kann einem sein Leben natürlich auf einmal langweilig und unwichtig vorkommen.
Herr Ring:	Genau. Das stimmte natürlich nicht, aber ich war so gefangen in der Online-Blase.
Moderator:	Und wie sind Sie da wieder herausgekommen?
Herr Ring:	Ich habe eine Verhaltenstherapie gemacht und an meinem Selbstbild gearbeitet. Mit der Zeit habe ich erkannt, dass bei den anderen auch nicht immer alles Gold ist, was glänzt. Außerdem habe ich einen Plan gemacht, wie und wann ich mein Handy benutze. Es muss darauf geachtet werden, wie man das Handy und die sozialen Medien nutzt, sonst kann man sehr schnell süchtig werden. Das ist wie bei Zigaretten und Alkohol.
Frau Milan:	Das stimmt absolut und kann nicht genug betont werden. Die Abhängigkeit hat aber auch noch eine andere Dimension. Das merke ich auch an der Universität bei meinen Studentinnen und Studenten. Das Fakten- und Weltwissen vieler Menschen wird immer weniger.
Moderator:	Sie meinen, wir müssen uns eigentlich nichts mehr merken und nichts in unserem Gehirn abspeichern.
Frau Milan:	Genauso ist es, weil ja jede Information zu jeder Zeit mit Google gefunden werden kann. Und leider vergessen wir vieles auch gleich wieder. Kreativität und Originalität brauchen aber ein großes Weltwissen. Ideen kommen meistens spontan und entstehen oft in der Langeweile mithilfe von unserem Weltwissen. Das geht immer mehr verloren. Auch in den Schulen und Universitäten brauchen wir deshalb klare Regeln für die Nutzung von Smartphones.
Moderator:	Vielen Dank für dieses Gespräch, Frau Milan und Herr Ring. Leider sind wir mit unserer Sendezeit schon wieder am Ende, aber wir hoffen, diese Diskussion hat Sie, liebe Hörerinnen und Hörer inspiriert. Wir freuen uns, wenn Sie auch nächstes Mal wieder einschalten. Dann wird es um das Thema „Bitcoins – Zukunft oder kurzer Hype" gehen. Einen schönen Abend noch für Sie und denken Sie daran, das Smartphone auch einmal abzuschalten ...

B Aufgabe 10 und 11

Moderator:	So, meine Damen und Herren, ich gehe jetzt mal mit dem Mikrofon unter unsere Gäste, denn die sollen ja auch zu Wort kommen ... Ja, da hinten hat sich eine junge Dame gemeldet. Geduld! Ich bin gleich bei Ihnen. ... Hallo, guten Abend, Sie sind ...?
Luise:	Mein Name ist Luise Stein.
Moderator:	Und Sie kommen aus ...?
Luise:	Aus Berlin, aus Berlin Mitte.
Moderator:	Applaus bitte, meine Damen und Herren für Frau Luise Stein aus Berlin Mitte. ... Frau Stein, bitte.
Luise:	Also, ich schließe mich der Meinung von Herrn Ring an, dass man leicht internetsüchtig wird. Das stimmt schon, obwohl uns die neuen Medien auf der anderen Seite auch so viele Vorteile bringen. Ich persönlich finde es schade, dass wir, also die jungen Leute, immer weniger Kontakt miteinander im richtigen Leben haben. Ich habe das selbst

erfahren, ich habe immer nur vor dem Computer gesessen, war total einsam und habe langsam auch meine Freunde verloren. Die digitale Welt kann uns krank machen. Deshalb halte ich es für wichtig, dass sich Freunde regelmäßig sehen. Ich habe jedenfalls mein Leben geändert, bin öfter offline, treffe meine Freunde wieder und genieße gemeinsam mit ihnen die schönen Dinge des Lebens.

Moderator: Danke, ganz herzlichen Dank. Und wo gibt es noch eine Meldung? Ah, da drüben ...

D Aufgabe 6 und 7

Früher und heute
Früher schrieb ich Liebesbriefe
heute schick ich dir per WhatsApp Liebesgrüße
chatte mit dir bei Instagram
und schreib dir bei Facebook: „Ich bin dein Fan"
früher nahm ich dir Kassetten auf
und schrieb für dich die Lieder mit nem Filzstift drauf
heute schick ich dir bei Spotify ne Playlist,
um dir zu sagen, dass du mehr als okay bist

D Aufgabe 8 und 10

Früher und heute
Früher schrieb ich Liebesbriefe
heute schick ich dir per WhatsApp Liebesgrüße
chatte mit dir bei Instagram
und schreib dir bei Facebook: „Ich bin dein Fan"
früher nahm ich dir Kassetten auf
und schrieb für dich die Lieder mit nem Filzstift drauf
heute schick ich dir bei Spotify ne Playlist,
um dir zu sagen, dass du mehr als okay bist

Die Welt hat sich sehr stark verändert
und zeigt sich heute von ner ganz andern Seite
doch egal, was sich in Zukunft ändert
eins ist klar: meine Liebe bleibt die gleiche

Die Welt hat sich sehr stark verändert
und zeigt sich heute von ner ganz andern Seite
doch egal, was sich in Zukunft ändert
eins ist klar: meine Liebe bleibt die gleiche

Früher war ich auf Wolke 7
heute sind wir alle in der Cloud
früher schrieb ich tolle Briefe
heute sag ich es mit 140 Zeichen aus
früher war meine Brille rosarot
heute ist sie 3-D
doch egal, ob ich es so oder so sag
eins bleibt gleich, solange sich die Welt dreht

Xtra-Prüfung Hören, Aufgabe 1

Eine Moderatorin diskutiert mit zwei jungen Leuten, Sarah und Leon, die ein Start-up gegründet haben.

Moderatorin: Guten Abend, liebe Zuhörerinnen und Zuhörer. Heute Abend habe ich zwei Studiogäste, die mit einem spannenden Thema hier sind: Sarah und Leon, beide Gründer von Motiv-App! Die App, die vor allem Studenten bei der Organisation und Motivation für ihr Studium helfen soll. Herzlich willkommen, Sarah und Leon. Schön, dass ihr da seid.
Leon: Hi, freut mich auch.
Sarah: Ich freu mich auch hier zu sein.
Moderatorin: Nun erzählt doch mal, wie ist es dazu gekommen, dass ihr dieses Start-up gegründet habt? Sarah?
Sarah: Nun ja, wir beide hatten während unseres Studiums lange Phasen, in denen wir uns nur schwer motivieren konnten und wo wir dachten, jetzt hören wir auf, wir haben keine Lust mehr. Nicht wahr, Leon?
Leon: Stimmt. Aber ich war da viel tiefer drin, als ich dachte. Ich hatte große Schwierigkeiten, mein Studium und die Herausforderungen zu strukturieren. Es gab einen Mangel an Selbstdisziplin. Dann wurde der Stress immer größer und ich hatte immer mehr Schwierigkeiten, mich zu konzentrieren. Ich bekam Schlafprobleme und hatte kaum noch Appetit.
Sarah: Ja. Man kann sagen, es gab also schon vorher Warnsignale, die andeuteten, dass mit Leon etwas nicht stimmt und er Hilfe benötigt.
Moderatorin: Oh, das hört sich nicht gut an. Aber so geht es bestimmt vielen Studenten! Und wie ging es weiter, Sarah?
Sarah: Wir haben daraus gelernt. Leon hat sich Unterstützung geholt und verschiedene Selbstmanagement-Techniken ausprobiert. Dann auf einmal, als wir beide beim Abendessen saßen und überlegten, warum wir nicht früher schon etwas gemerkt haben, kam Leon selbst die Idee mit der App.
Leon: Ja, ich hatte das Gefühl, eine App, die mir beim Organisieren und Motivieren hilft, hätte Schlimmeres verhindern können und Warnsignale schon vorher erkannt.
Moderatorin: Hm, ich weiß nicht recht, wie soll denn eine App erkennen, dass es einem nicht

Transkriptionen Kursbuch

	gut geht? Ich glaube, das können nur Menschen …
Sarah:	Nun ja, unsere App hat zwei Bausteine. Einerseits ist sie ein richtig gutes Selbstmanagement-Tool, andererseits beantwortet man wöchentlich Fragen, z. B. „Wie geht es dir heute?", „Bist du zufrieden mit deinen Teilzielen diese Woche?". Mithilfe der App kann man sich nämlich Teilziele setzen, damit das große Ziel, nämlich der Studienabschluss, nicht so überfordert.
Leon:	Und wenn die App merkt, dass die Laune und die Motivation immer schlechter werden, und andere Sachen, wie Schlaflosigkeit oder Angst hinzukommen, empfiehlt die App, mit Freunden zu sprechen und einen Arzt zu kontaktieren.
Moderatorin:	Fünf Studenten testen die App bereits seit drei Monaten, Leon. Würdest du sagen, sie hat ihnen geholfen?
Leon:	Auf jeden Fall. Vorher meinten die Studenten, sie waren chaotisch und wussten vor Prüfungen überhaupt nicht, wo sie anfangen sollen.
Sarah:	Außerdem hat sie die Fülle an Seminararbeiten und Prüfungen verwirrt und sie konnten ihre Semester überhaupt nicht strukturieren.
Leon:	Ja, mit der App ging das Studieren viel einfacher und die kleinen Teilziele, die sie sich gesetzt haben, wie zum Beispiel, „diese Woche lese ich zwei Kapitel zu diesem Thema und schreibe die Einleitung zu dieser Seminararbeit", haben alle funktioniert! Den Studenten geht es nun viel besser insgesamt!
Moderatorin:	Das hört sich wirklich gut an! Vielleicht kaufe ich mir die App auch … ich studiere nicht mehr, aber ich kann Hilfe bei anderen Sachen brauchen!
Sarah:	Oh ja, auch für uns läuft es super! Dank unserer App konnten wir ein kleines Start-up gründen und beschäftigen sogar fünf weitere Mitarbeiter hier in Hamburg. Allerdings … hatten wir dann beide keine Zeit mehr, unser Studium abzuschließen!

Lektion 11

Starten wir! Aufgabe 2

Hier ist eine super Stimmung, ich schätze, dass mehr als fünfhundert Zuschauer gekommen sind, um dieses außergewöhnliche Quidditch-Spiel zu sehen. … Und das Spiel läuft! Auf dem Rasen sind die gegnerischen Mannschaften. Der Spieler mit der Nummer 12 ist unglaublich schnell und scheint nur so durch die Luft zu fliegen. Wahnsinn, die Geschwindigkeit! Er fängt den Ball und läuft nach rechts. Aber was ist denn da los? Da hat doch ein Spieler seinen Besen verloren. Das ist doch gegen die Spielregeln. Ich versteh's nicht, dass der Schiedsrichter das Spiel einfach weiterlaufen lässt … Jetzt wirft die Nummer 11 den Ball, eine ganz besondere Spielerin, die uns schon …

A Aufgabe 9

Berni:	Und was meinst du, Kerstin?
Kerstin:	Also, wie gesagt, Berni, ich würde dazu raten, einen Verein zu gründen. Das wäre das Beste und das Einfachste für uns.
Berni:	Einen Verein? Ja, okay, warum nicht! Das kann ja nicht so schwer sein.
Kerstin:	Ja, einen Quidditch-Verein. Da brauchen wir zunächst mal einen attraktiven Namen …
Berni:	Einen Namen für unseren Verein … hm, da möchte ich „Kölner Besen" zur Diskussion stellen. Was meinst du?
Kerstin:	Ja, hört sich nicht schlecht an.
Berni:	Also unser Verein heißt dann „Kölner Besen". Abgemacht?
Kerstin:	Abgemacht! Dann sollten wir uns noch über unsere Vereinsregeln verständigen.
Berni:	Vereinsregeln?
Kerstin:	Ja, haben wir ein Ziel? Was wollen wir mit unserem Verein? Viel Geld verdienen?
Berni:	Nein, wir wollen den Sport bekannt und attraktiv machen. Aber Geld verdienen, nein, das wird nicht funktionieren.
Kerstin:	Klar, du hast ja recht. Als Verein macht das wenig Sinn …

C Aufgabe 2 und 3

Henri:	Hallo, Lea? Wie geht's?
Lea:	Sehr gut, Henri! Schön, dass du anrufst.
Henri:	Wow! Sehr gut!? Das habe ich lange nicht mehr von dir gehört. Dein Buchprojekt?
Lea:	Du, das läuft prima. Ich habe jetzt das Geld zusammen und kann veröffentlichen.
Henri:	Hey, ich gratuliere. Ich freue mich riesig. Und wie machst du's jetzt? Suchst du einen Verlag?
Lea:	Nein, ich glaube nicht, ich mach das im Self-Publishing.
Henri:	Im Self… was?

Lea:	Self-Publishing. Ich veröffentliche das Buch im Internet und lasse erst einmal nur ein paar Exemplare drucken, für Werbung und so. Also, im Prinzip mache ich alles selber.
Henri:	Okay, und wie läuft das? Was musst du tun?
Lea:	Also, ich brauche zunächst einmal ein Portal für Self-Publisher, da gibt es einige, zum Beispiel *Amazon*, *buch.com* usw.
Henri:	Ah, ja!? Ein Portal für Self-Publisher bei *Amazon*. Hab ich noch nie gehört.
Lea:	Doch! Doch! Das gibt's! Und dann, weißt du, dann muss ich einen Redakteur suchen. Ein guter Redakteur ist besonders wichtig, damit noch einmal jemand den Text objektiv liest.
Henri:	Ja, ganz klar.
Lea:	Dann lade ich den Roman hoch, das ist eine rein technische Sache und geht super schnell. Kein Problem ...
Henri:	Hm, hört sich gut an. Und dann?
Lea:	Dann schreibe ich einen Werbetext ...
Henri:	Einen Werbetext?
Lea:	Ja, klar. Nicht viel, nur ein paar Zeilen, damit die Leser wissen, worum es geht. Aber der Text muss gut sein. ... Okay, und dann muss ich noch einen Preis festlegen, weißt du, nicht zu billig, nicht zu teuer ...
Henri:	Mann, das klingt spannend!
Lea:	Ja, und dann muss ich eine Buchparty organisieren ...
Henri:	Das ist ja cool. Hey, Lea, bin ich eingeladen? ...

Aufgabe 5

Guten Tag, meine Damen und Herren. Ich begrüße Sie ganz herzlich und freue mich sehr, dass ich heute bei Ihnen in Frankfurt sein kann und Ihnen das Thema „Vor- und Nachteile des Self-Publishings" vorstellen darf. Mein Name ist Melanie Springer. Ich habe, wie viele von Ihnen wissen, mein Geschäftsmodell radikal geändert und gründe heute gerne neue Firmen, die mit dem Internet zu tun haben. Und nachdem ich vor zwei Jahren meine alten Buchhandlungen verkauft hatte, gründete ich *buch.com*, ein Internet-Portal für Self-Publisher, einen Service also für Autoren, die ihre Arbeiten ohne Verlag veröffentlichen und verkaufen möchten.

Aufgabe 6 und 7

Guten Tag, meine Damen und Herren. Ich begrüße Sie ganz herzlich und freue mich sehr, dass ich heute bei Ihnen in Frankfurt sein kann und Ihnen das Thema „Vor- und Nachteile des Self-Publishings" vorstellen darf. Mein Name ist Melanie Springer. Ich habe, wie viele von Ihnen wissen, mein Geschäftsmodell radikal geändert und gründe heute gerne neue Firmen, die mit dem Internet zu tun haben. Und nachdem ich vor zwei Jahren meine alten Buchhandlungen verkauft hatte, gründete ich *buch.com*, ein Internet-Portal für Self-Publisher, einen Service also für Autoren, die ihre Arbeiten ohne Verlag veröffentlichen und verkaufen möchten.

Vielen Dank ... danke schön ... Ja, der Buchmarkt ist schon ein ganz besonderer Markt. Nachdem sich lange nichts geändert hat, stehen wir nun vor einer riesigen Herausforderung. Das gilt auch für Autoren, denn immer mehr Autoren haben mit Self-Publishing im Internet Erfolg. Deshalb ist es interessant, sich das Thema einmal genauer anzuschauen.

Meine Präsentation besteht aus folgenden Teilen: Zuerst möchte ich Ihnen einen kurzen Überblick geben. Nachdem ich Ihnen allgemeine Informationen zum Self-Publishing gegeben habe, präsentiere ich ein paar aktuelle Zahlen. Danach werde ich über die Vor- und Nachteile sprechen. Nachdem wir diese Punkte besprochen haben, diskutieren wir gerne Ihre Fragen. Haben Sie schon einmal den Namen Poppy J. Anderson gehört? Nein? Das sollten Sie aber! Denn sie ist eine der erfolgreichsten Autorinnen von E-Books mit 400.000 Exemplaren. Das ist enorm viel! Wussten Sie, dass die typische Startauflage von einem gedruckten Buch normalerweise 5.000 bis 10.000 Exemplare beträgt? Das ist ein großer Unterschied. Und dennoch tauchen Autoren wie Anderson in keiner gängigen Bestsellerliste oder auf den Literaturseiten der Zeitungen auf. Außer sie schaffen es wie Hanni Münzer in den normalen Literaturbetrieb. Nachdem sie mit 295.000 verkauften E-Books berühmt geworden ist, hat sie einen Verlag gefunden. Heute ist sie eine gefeierte Buchautorin.

Aber warum gibt es diese zwei Seiten in der Literaturwelt?

Nun, um das zu verstehen, müssen wir uns die Vor- und Nachteile des Self-Publishings ansehen.

Ich beginne mit den Vorteilen. Ein großer Vorteil ist, dass Sie die Leser über das Internet direkt und schnell erreichen können. Nachdem Sie Ihren Text geschrieben haben, müssen Sie nicht lange warten. Sie können ihn theoretisch gleich veröffentlichen.

Ein weiterer Vorteil ist, dass Sie nicht in Vorkasse gehen müssen und die Gefahr gering ist, Geld zu verlieren. Die Leser können das Buch „on demand" bestellen. Nachdem sie es bestellt haben, druckt der Verlag erst das Buch.

Außerdem haben Sie als Autor mehr Möglichkeiten Einfluss zu nehmen, wenn es um den Inhalt, das Design und die Werbung geht. Früher hatte der Autor nur noch wenig Kontrolle über sein Buch, nachdem er es beim Verlag abgegeben hatte. Beim Self-Publishing

Transkriptionen Kursbuch

kann er eigentlich alles selbst entscheiden. Zudem verdient er auch mehr am Verkauf. Per Eigenverlag können Autoren bis zu 70 % der Einnahmen bekommen. Bei einem traditionellen Verlag sind es gerade mal 10 %, wenn Sie gut verhandeln.
Das klingt alles sehr gut, nicht wahr? Was sind nun aber die Nachteile des Self-Publishings? Also …

C Aufgabe 9

Henri: Aber sag mal, ganz im Ernst, so einfach ist das Ganze ja nicht, oder?
Lea: Nein, bestimmt nicht. Es gibt auch Nachteile. Ich muss ja alles machen, was sonst ein Verlag für seine Autoren tut, auch mit Lesern und Buchhändlern in Kontakt bleiben, Fragen beantworten und, und, und … Das ist viel Arbeit.
Henri: Und die Werbung? Ich meine, Kataloge, Prospekte …
Lea: Du, Henri, das ist doch alles viel zu teuer. Viel Werbung kann ich mir nicht leisten, was bestimmt auch ein Nachteil ist …
Henri: Stehen die Bücher eigentlich auch in den Buchhandlungen in der Stadt, am Bahnhof und so?
Lea: Nein, wahrscheinlich nicht, nur im Internet. Aber weißt du, vielleicht wird der Roman ja ein ganz großer Erfolg und irgendein Verlag meldet sich und will ihn haben. Ja, und dann …

Lektion 12

B Aufgabe 2 und 3

Jonas: Ich möchte Sie noch einmal ganz herzlich willkommen heißen und freue mich sehr, dass Sie nun einige Wochen an unserer schönen Berufsschule verbringen werden. Bevor wir nun einen Rundgang machen und ich Ihnen die Schule zeige, möchte ich ein paar Worte über unser Schulsystem hier in Deutschland sagen.
Schüler: Ja, super. / Gute Idee. / Okay.
Jonas: Also, ich versuche das so einfach wie möglich zu erklären, denn unser Schulsystem ist recht kompliziert und je nach Region unterschiedlich.
Wir haben in Deutschland Schulpflicht, und alle Kinder gehen zunächst in die Grundschule. Schon am Ende der Grundschule, also die Kinder sind dann gerade mal 9 oder 10 Jahre alt, müssen die Kinder gemeinsam mit ihren Eltern und Lehrern eine Entscheidung fürs Leben treffen: Haupt- bzw. Mittelschule, Realschule oder Gymnasium. Das sind die drei Schultypen, mit denen es weitergeht.
Die Mittelschule, in manchen Bundesländern sagt man noch Hauptschule, bereitet auf Berufe fürs Handwerk vor. Wenn man also zum Beispiel Automechaniker werden möchte, dann kann das der richtige Weg sein. Die Realschule bereitet auf kaufmännische Berufe vor, ist also geeignet für Schüler, die eine Ausbildung als Industriekaufmann oder Ähnliches anstreben.
Nach dem Haupt- oder Mittelschulabschluss und nach der Mittleren Reife, also dem Realschulabschluss, fängt man dann eine Ausbildung in seinem Wunschberuf an und geht auch in die Berufsschule. Das ist einzigartig in Deutschland, das sogenannte duale System: praktische Arbeit in der Firma und daneben die nötige Theorie und Allgemeinbildung in der Berufsschule. Aber dazu später mehr.
Viele Schüler in Deutschland, fast die Hälfte sind's mittlerweile, gehen aufs Gymnasium und machen Abitur. Mit dem Abitur kann man dann eine Universität oder Hochschule besuchen und ein Studium aufnehmen. Soweit im Groben das Schulsystem in diesem Land … Haben Sie dazu Fragen?

B Aufgabe 6

Teil 1

David: … schön euch zu sehen. Jonas! Julian! Hallo! Toll, dass es so schnell mit einem Treffen geklappt hat. Wir haben so viel zu besprechen! Gut seht ihr aus! Habt euch gut gehalten!
Jonas: Danke, du aber auch, David! Ja, auf die Gesundheit ist gut zu achten, vor allem mit zunehmendem Alter. Aber ich merke schon, dass ich nicht mehr so fit bin wie mit Mitte 20. Wisst ihr noch, unsere langen Partynächte? Wenn ich heute mal einen draufmache, brauche ich drei Tage, um mich wieder zu erholen.
Julian: Ja, das kenne ich. Damit ist nicht zu spaßen. Ich muss heute auch zweimal überlegen, ob ich das Bier noch trinke oder nicht. Mit Arbeit, Familie und Kindern muss man am nächsten Tag einfach funktionieren. Apropos Arbeit, wie läuft's bei dir, Jonas? Habe gehört, du bist jetzt Berufsschullehrer! Das kann ich ja kaum glauben!

Transkriptionen Kursbuch

Jonas: Ja, das stimmt. Ich hätte auch nicht gedacht, dass ich mal in die Fußstapfen meiner Mutter treten würde und Lehrer werde. So ist das Leben!

B Aufgabe 7

Teil 2

Julian: Jonas, du bist doch ein bisschen älter als wir. Oder?

Jonas: Ach nee!?

Julian: Aber doch! Du, Jonas, ich habe dich damals nie gefragt, was du vor dem Studium gemacht hast.

Jonas: Stimmt. Na ja, ich war ja auf der Realschule und habe dann meine Mittlere Reife gemacht. Mehr ging damals nicht, ich war in dem Alter einfach nicht fürs Gymnasium geeignet. Danach habe ich erstmal ein bisschen gejobbt, eine Zeit lang auch gar nichts gemacht und mich dann für eine Ausbildung zum Fremdsprachenkorrespondenten entschieden. Nach der Ausbildung wollte ich aber noch weitermachen, das war dann klar für mich, und ich habe mein Abitur an der Abendschule nachgemacht. Oh Mann, das war echt hart! Ich hatte so viel nachzuholen! Aber ich hab's geschafft! Ja, und dann kam das Germanistik-Studium mit euch! Die wilden Jahre. Nach der Uni bin ich durch Zufall an der Volkshochschule gelandet und habe Deutschkurse für Erwachsene gegeben. Da habe ich gemerkt, dass mir das Lehrer-Ding total gut gefällt. Und jetzt bin ich Deutschlehrer an einer Berufsschule und eigentlich ganz glücklich mit meinem Job!

B Aufgabe 9

Teil 3

David: Eigentlich? Was heißt denn das, Jonas?

Jonas: Hm, manchmal frage ich mich doch, ob das wirklich alles gewesen sein kann. Verstehst du, David?

David: Ja, ja, verstehe! Aber Wahnsinn, was du schon alles gemacht hast! Mein Weg war da, glaub ich, etwas langweiliger. Ich bin nach der Grundschule direkt aufs Gymnasium gegangen und habe nach dem Abitur gleich mit dem Studium begonnen. Ihr erinnert euch, während meines Studiums habe ich dann viele Praktika bei Verlagen gemacht und wurde dann zum Glück auch nach meinem Studium gleich von einem übernommen. Und seitdem arbeite ich dort. Ich habe da viel gelernt, auch geschäftlich, und bin heute wieder für alles offen. ... Und wie war das bei dir, Julian? Abitur, Studium, Job ... immer schön geradeaus, wie sich's gehört?

Julian: Ja, ja, genau. Mein Weg war ähnlich geradlinig wie deiner. Zum Glück! Ich finde, vielen Schülern wird es in Deutschland zu schwer gemacht. Vor allem, wenn es darum geht, auf welche Schule man gehen möchte. Nach der vierten Klasse hat man sich schon zu entscheiden. Aber wer weiß in diesem Alter schon, wohin er im Leben will? Man hat in diesem Alter doch noch so viel zu lernen, zu erleben, bevor man weiß, was der richtige Weg für einen ist. Oder? – Jonas, du bist so nachdenklich!

Jonas: Doch, doch, das finde ich auch. Deshalb gefällt mir das Konzept der Gesamtschule ganz gut. Da ist es leichter zwischen Mittelschule, Realschule und Gymnasium zu wechseln und die Schüler sind länger zusammen.

David: Das stimmt! Und wer möchte, kann nach der Mittel- oder Realschule eine Ausbildung machen oder sein Abitur machen und studieren. Schön wäre es, wenn es die Gesamtschulen überall geben würde. Dass es hier zum Beispiel keine gibt, ist nicht zu entschuldigen, finde ich. Aber da haben wir ja nicht mitzureden.

Jonas: Ach, schön, euch wiederzusehen! Fast wie in alten Zeiten! Darauf trinken wir erstmal, oder? Prost, Jungs!

David, Julian: Prost!

C Aufgabe 7

Moderator: Und als Nächstes kommt das Team der Firma *Elektro-Esel*, die uns etwas ganz Besonderes vorstellt. Eine tolle Firma und ein Produkt, auf das unsere Investoren in der Show lange gewartet haben ... Hallo, ihr drei, die Bühne ist frei.

Jonas: Hallo! Hier neben mir sind David Klein und Julian Mittermaier. Und mein Name ist Jonas Lang. Wir sind ein Team und unsere Firma, *Elektro-Esel*, haben wir im November des letzten Jahres ins Leben gerufen.

David: Am Anfang, da war ein Traum. Schwerelos durch die Straßen einer Großstadt gleiten. Vorbei an grünen Parks und glitzernden Hochhäusern. Mit einem

Transkriptionen Kursbuch

Julian: wunderschönen Fahrrad, schneller als alle anderen, sauberer als alle anderen und mit ganz viel Stil. Alle schauen dich an, alle bewundern und beneiden dich.

Julian: Ja, und das soll kein Traum mehr bleiben. Denn *Elektro-Esel* hat die Lösung! Unser Elektrofahrrad ist ökologisch und stylish zugleich. Das ultimative Fahrrad für den urbanen Menschen, der umweltbewusst ist und einen modernen Lebensstil führt.

Jonas: Und was ist neu an unserem Fahrrad? Nun, es ist schlank, cool und absolut sportlich, denn der neue Elektromotor ist nicht sichtbar; er ist klein, leicht und verschwindet vollständig im Rahmen.

David: Das gab es noch nie! Das ist absolut neu! Ein Elektro-Fahrrad, das wie ein normales Fahrrad aussieht und immer funktioniert, auch wenn der Akku mal leer ist.

Julian: Die Fahrverbote in unseren Großstädten werden zunehmen. Das Autofahren wird immer schwieriger und immer teurer. Deshalb werden immer mehr Menschen Alternativen zum Auto suchen und Elektro-Fahrräder sind die erste Wahl.

Jonas: So ist es! Und wir von *Elektro-Esel* garantieren Mobilität für die Zukunft. Unser Ziel: Wir möchten unser Fahrrad so schnell wie möglich in Serie bauen und auf den Markt bringen.

Alle drei: Liebe Investoren, dafür brauchen wir Sie und Sie und Sie!

David: Investieren Sie mit uns in Maschinen und Marketing ...

D Aufgabe 3

Jonas: ... da habt ihr recht. Das sehe ich auch so. Das müssen wir uns noch mal genauer ansehen. Jetzt aber mal noch was anderes, was nichts mit der Arbeit zu tun hat. Wir wollten doch ein Treffen mit alten Studienfreunden organisieren. Habt ihr Ideen dafür? Was wollen wir machen, und wo soll das Ganze stattfinden?

Julian: Ich schlage vor, wir machen eine klassische Party, weil es dann nicht so steif wird. Wenn wir in ein Restaurant gehen, dann sitzt jeder nur wieder gelangweilt herum und unterhält sich mit der Person, die gerade neben ihm sitzt. Auf einer Party mischt es sich so schön durch.

David: Das ist eine gute Idee. Falls man sich im Gespräch langweilt, kann man so viel leichter den Gesprächspartner wechseln. Außerdem gibt es Musik und man kann tanzen. Aber wo sollen wir die Party machen? Wir brauchen Platz, denn da sind ja ziemlich viele auf der Gästeliste.

Julian: Das stimmt. Wir könnten die Party doch hier bei uns in der Werkstatt machen. Wir haben viel Platz und das wäre eine coole Party-Location. Mal was anderes und nicht das Übliche. Was haltet ihr davon?

Jonas: Also, ich bin dagegen. Das gibt nur Ärger. Da wir hier viele teure Maschinen und Geräte haben, ist das zu gefährlich. Falls jemand ohne Absicht etwas kaputt macht, wäre das echt blöd. Und teuer!

David: Ich bin da anderer Meinung. Ich denke, das ist kein großes Problem. Unsere Maschinen stehen doch alle auf Rollen, und wir können sie leicht zur Seite schieben. Außerdem können wir die Geräte alle abdecken. So sind sie geschützt und werden nicht schmutzig. Falls doch jemand etwas beschädigt, kann doch die Versicherung zahlen.

Julian: Ich stimme David zu. Außerdem wäre es eine gute Gelegenheit, nebenbei ein bisschen Werbung für unsere Firma zu machen. So schlagen wir quasi zwei Fliegen mit einer Klappe. Falls einer unserer ehemaligen Kommilitonen Interesse hat, kann er sich gleich bei uns informieren.

Jonas: Okay, ich bin einverstanden. Ihr habt mich überredet. Und wer kümmert sich um die Musik?

David: Das mache ich. Ich frage meinen Freund Stevie. Er ist ein super DJ und hat bestimmt Lust, auf unserer Party aufzulegen.

Julian: Oh, das wäre cool. Und ich kümmere mich um die Getränke. Ich bekomme die günstig, da mein Onkel einen Getränkemarkt hat.

Jonas: Super. Und wie machen wir das mit dem Essen? Was haltet ihr davon, wenn einfach jeder Gast etwas mitbringt?

David: Das ist eine gute Idee. Dann haben wir eine größere Auswahl an verschiedenem Essen. Und falls jemand eine Allergie hat oder irgendetwas nicht isst, kann er einfach etwas Passendes für sich selbst mitbringen. Und wer kümmert sich um die Einladungen?

Jonas:	Julian, das kannst du doch übernehmen, oder? Da du der Werbetexter hier bist, solltest du vielleicht auch den Einladungstext schreiben.
Julian:	Na gut, na gut! Das macht Sinn. Ach so, aber wann soll die Party denn überhaupt stattfinden? ...

Xtra Prüfung Hören, Aufgabe 1

In der Oberstufe eines Gymnasiums hält der Berufscoach Herr Münzinger einen Vortrag für Schülerinnen und Schüler.

Guten Tag, mein Name ist Münzinger und ich arbeite als Berufsberatungscoach für das Jobcenter in Münster. Ich bin heute hier, um Ihnen ein paar Tipps und Anregungen für die Zeit nach dem Abitur zu geben. Zu mir kommen viele junge Schülerinnen und Schüler, die noch keine richtige Idee davon haben, was sie nach der Schule einmal machen wollen. Das ist total normal und auch wichtig. Denn wenn die Schule zu Ende geht, entsteht erst einmal eine Unsicherheit, wie es weitergehen wird. Nur die wenigsten wissen genau, was sie später einmal werden wollen. Ich gebe Ihnen den ersten, wertvollen Tipp: Lassen Sie sich Zeit! Denn die Entscheidungen, die Sie jetzt treffen, beeinflussen Ihre Zukunft. Nicht die Ihrer Eltern, nicht die Ihrer Freunde, sondern es geht einzig und allein um Sie. Stellen Sie sich zunächst folgende Fragen:
- Welche Talente und Vorlieben habe ich? Hier können Sie zum Beispiel auch überlegen, was Ihre Lieblingsfächer sind.
- Was sind Ihre Interessen, Stärken und Schwächen?
- Welche Wünsche und Erwartungen haben Sie an Ihren Traumjob?
- Welche beruflichen Erfahrungen haben Sie bereits? Haben Sie schon mal ein Praktikum gemacht oder in den Ferien gearbeitet?

Diese Fragen können Ihnen und mir dabei helfen, eine berufliche Orientierung zu finden und Ihren Berufswunsch zu realisieren.

Aber ich bin nicht nur dafür da, mit Ihnen einen passenden Beruf oder ein Studium zu finden. Sie können auch schon vorher, bei schulischen Schwierigkeiten zum Beispiel, zu mir in die Beratung im Jobcenter kommen. Auch bei gesundheitlichen Problemen können wir Hilfe anbieten. Außerdem können Sie mir in diesem Beratungsgespräch alle möglichen Fragen stellen, auch zum Thema Ausbildung und Arbeitsmarkt. Wussten Sie zum Beispiel, dass Sie an manchen Universitäten in Deutschland auch ohne Abitur studieren können? Oder es gibt auch die Möglichkeit ein duales Studium zu machen, so kann man arbeiten und studieren. Das bedeutet, man verdient schon sein eigenes Geld und hat trotzdem nach drei Jahren einen Universitätsabschluss.

Sie haben verschiedene Möglichkeiten, um mit mir oder meinen Kollegen von der Berufsberatung in Kontakt zu treten. Wir bieten Sprechstunden an den Schulen an oder auch Termine im Jobcenter. Fragen Sie entweder im Sekretariat hier bei Ihnen an der Schule nach oder vereinbaren Sie online einen Termin bei der Agentur für Arbeit.

Ich hoffe, diese Informationen waren hilfreich für Sie und ich freue mich schon auf Ihr Feedback!

Transkriptionen Arbeitsbuch

Lektion 1

A ▸ Übung 9d
Sehr geehrte Mitarbeiterinnen und Mitarbeiter
den Urlaub beenden
Musikinstrument
die uninteressante Veranstaltung geht zu Ende
Geschenkidee
Landarzt
Südamerika

B ▸ Übung 11
1
Wir haben nur wenig Zeit, uns auf die Prüfung vorzubereiten.
2
Hast du Lust, mit ins Kino zu kommen?
3
Ich finde es gut, Luise und Tom zu besuchen. Es wäre schön, gemeinsam zu grillen, mit den Kindern im Garten zu spielen, über unsere Pläne für den Sommer zu sprechen oder einfach mal nichts zu tun.
4
Wäre es Ihnen möglich, heute etwas früher zu kommen?
5
Ich hätte Interesse, auch noch den B2-Kurs zu machen.

C ▸ Übung 6a
Mann:	Wann fährt Paula mit dem Auto nach Berlin?
Frau:	Morgen fährt Paula mit dem Auto nach Berlin.
Mann:	Wer fährt morgen mit dem Auto nach Berlin?
Frau:	Morgen fährt Paula mit dem Auto nach Berlin.
Mann:	Wie fährt Paula morgen nach Berlin?
Frau:	Morgen fährt Paula mit dem Auto nach Berlin.
Mann:	Wohin fährt Paula morgen mit dem Auto?
Frau:	Morgen fährt Paula mit dem Auto nach Berlin.

C ▸ Übung 6b
Mann:	Wann fährt Paula mit dem Auto nach Berlin?
Frau:	Morgen fährt Paula mit dem Auto nach Berlin.
Mann:	Wer fährt morgen mit dem Auto nach Berlin?
Frau:	Morgen fährt Paula mit dem Auto nach Berlin.
Mann:	Wie fährt Paula morgen nach Berlin?
Frau:	Morgen fährt Paula mit dem Auto nach Berlin.
Mann:	Wohin fährt Paula morgen mit dem Auto?
Frau:	Morgen fährt Paula mit dem Auto nach Berlin.

D ▸ Übung 10a und 10c
Peter und Paul
Das passt prima.
Pia und Patrick sind ein Paar.
Papa putzt.

Lektion 2

B ▸ Übung 9 und 10
maximal, Hexe, unterwegs, wechseln, sechs, Exposition, abwechselnd, Experte, dienstags, Erwachsene, Taxi

C ▸ Übung 12
1
intelligent — wahnsinnig intelligent
2
regelmäßig — wirklich regelmäßig
3
flexibel — gar nicht flexibel
4
virtuell — total virtuell
5
neugierig — ziemlich neugierig

C ▸ Übung 13
1
intelligent — wahnsinnig intelligent
2
regelmäßig — wirklich regelmäßig
3
flexibel — gar nicht flexibel
4
virtuell — total virtuell
5
neugierig — ziemlich neugierig

D ▸ Übung 10a und 10b
Deutschschweizer
Kauffrau
im Mai
annehmen
ein Name

Transkriptionen Arbeitsbuch

Lektion 4

B Übung 1a und 1b

täglich, sonnig, windig, neblig, herrlich, beschwerlich, beruflich, stressig, männlich

B Übung 13c und 13d

neulich, poetisch, herrlich, Arabisch, frisch, komisch, realistisch, täglich, möglich

Lektion 5

A Übung 4c

der Baum – das Bäumchen
die Maus – das Mäuschen
das Haus – das Häuschen
die Pause – das Päuschen
Klaus – Kläuschen

A Übung 4d

Bäumchen, Bäumchen, Bäumchen
Mäuschen, Mäuschen, Mäuschen
Häuschen, Häuschen, Häuschen
Päuschen, Päuschen, Päuschen
Kläuschen, Kläuschen, Kläuschen

C Übung 1a und 1b

jung, Jahr, Jacke, jährlich, jetzt
Jan isst jedes Jahr im Januar und im Juni Joghurt.

C Übung 1c

Jeans, Job, joggen

D Übung 1 und 2

Fest, Fenster, Fell, füttern
verlangen, Vater, Verkehr, vernetzt
warm, Wasser, wir, wunderbar
Vampir, Video, vegetarisch, Version

Lektion 6

B Übung 1a und 1b

Regen – legen
reicht – leicht
führen – fühlen
Reise – leise
Betrieb – beliebt

Lektion 7

B Übung 1a und 1b

Empathie, Serie, Fotografie, Energie, Familie, Folie, Fantasie, Linie

Lektion 8

B Übung 10a und 10b

frei, Schrei, Mai, seit, Polizei, kein Ei im Mai in der Türkei
Kai! Oh, nein! Das kann nicht sein!
häufig, heute, neugierig, Bäuerin, Deutsch
Wir träumen heute unter Bäumen.

Lektion 10

D Übung 14 und 15

Guten Tag, mein Kind.
Hörst du den Wind?
Er flog in den Urlaub.
Das Rad ist gelb.
Der Aufzug ist außer Betrieb.

Lektion 11

A Übung 9

November, falls, vorher, aktivieren, verlieren, Umwelt, folgen, Service, werden

A Übung 10d

Wollen wir einen Verein gründen?
Wir möchten vorschlagen, einen Verein zu gründen.
Ja, ich würde dazu raten.
Genau, das wollte ich auch zur Diskussion stellen.

A Übung 10e

Wollen wir einen Verein gründen?
Wir möchten vorschlagen, einen Verein zu gründen.
Ja, ich würde dazu raten.
Genau, das wollte ich auch zur Diskussion stellen.

Transkriptionen Arbeitsbuch

Lektion 12

A Übung 1

1
Pfund
2
Portal
3
Frist
4
April
5
Hafen
6
schimpfen

B Übung 1a und 1b

1
ein Tag
manche Tage
2
mein Kind
meine Kinder
3
ein Betrieb
viele Betriebe

D Übung 9 und 10

1
Ich schlage vor, wir machen eine Party.
2
Das sehe ich auch so.
3
Und wer kümmert sich um die Gäste?
4
Ja, das macht Sinn.
5
Also, ich bin dagegen.
6
Das ist eine gute Idee.
7
Wo soll das Ganze stattfinden?
8
Das kannst du doch übernehmen.
9
Das ist ganz eindeutig falsch.
10
Was haltet ihr davon?
11
Ich bin da anderer Meinung.
12
Okay, ich bin einverstanden.
13
Ihr habt mich überredet.
14
Was wollen wir machen?
15
Ich stimme dir zu.
16
Habt ihr Ideen dafür?

Lösungen Kursbuch

Lektion 1   Fremde Sprachen

Starten wir!

1   **1** c **2** a **3** b

A

1   **Lösungsvorschlag:** Sie fährt gerne Ski. Sie und ihr Mann haben einen Hund. Sie zeichnet gerne Kleidung und arbeitet mit Babys.
3   **2** eine Katze – einen Hund **3** Kindergärtnerin – Kinderkrankenschwester **5** Afrika – Südamerika **8** zweimal – einmal **10** Frühling – Winter **11** 8 – 5
8   **Lösungsvorschlag: 2** ..., ob du ein Auto hast. **3** ..., ob du Kinder hast. **4** ..., ob du mehr als zwei Sprachen sprichst. **5** ..., ob du ein Musikinstrument spielst. **6** ..., ob du gerne kochst. **7** ..., ob du moderne Kunst magst. **8** ..., ob du gerne Spaghetti isst. **9** ..., ob du mehr Geld verdienen willst.

B

1   Chinesisch – Spanisch – Englisch
3   1 – 4 – 5
4   **Lösungsvorschlag:** 600 Millionen Menschen auf drei Kontinenten diese Sprache sprechen. Spanisch hat den Vorteil, dass Wörter so gesprochen werden, wie man sie schreibt und dass die Grammatik regelmäßiger als in anderen Sprachen ist.
7   **1** c **2** a **3** b
8   **Verben:** planen – sich lohnen **Adjektive + sein / finden:** möglich sein – leichter sein – toll finden **Nomen + haben:** die Möglichkeit geben – Lust haben
9   **Lösungsvorschlag:** Hast du Zeit, einen Intensivkurs zu machen? – Hast du Lust, eine Fantasie-Sprache zu lernen? – Hast du vor, Französisch zu lernen? – Planst du, noch eine Sprache zu lernen? – Lohnt es sich, einen Konversationskurs zu besuchen? – Ist es leicht, ein Buch auf Deutsch zu lesen? – Findest du es toll, einen Sprachkurs im Ausland zu besuchen? – Findest du es langweilig, die B1-Prüfung zu machen?

C

2   **Lösungsvorschlag:** Mehrsprachigkeit hat den Vorteil, dass man mit mehr Menschen kommunizieren kann. Mehrsprachigkeit hat den Vorteil, dass man Zeitungen, Bücher und Filme in anderen Sprachen verstehen kann. Mehrsprachigkeit hat den Nachteil, dass man Zeit für die Sprachen braucht.
3   Jemand lernt mehrere Muttersprachen von Geburt an. – Jemand lernt eine Zweitsprache oder eine Fremdsprache.

6   **1** Herr Fromm **2** Moderator **3** Hannah Ramirez **4** Herr Fromm **5** Herr Fromm **6** Hannah Ramirez
7   **1** f **2** e **3** a **4** d **5** c **6** b
8   **Lösungsvorschlag: 1** (Herr Fromm nennt) Indien und Südafrika. – Die Schweiz hat vier offizielle Sprachen, Belgien hat zwei offizielle Sprachen.
9   interessant<u>este</u> – größ<u>te</u> – best<u>en</u>
10 **2** Die größte Herausforderung für mich ist, eine Fremdsprache zu lernen.

D

2   **1** Das Ziel ist wichtig! **2** Hab keine Angst vor Fehlern! **3** Such dir eine Lernpartnerin oder einen Lernpartner! **4** Sei kreativ und lerne mit allen Mitteln! **5** Weniger ist mehr!
3   **Tipp 2:** keine Angst vor Fehlern haben **Tipp 3:** eine Lernpartnerin oder einen Lernpartner suchen **Tipp 4:** kreativ sein **Tipp 5:** sich ein bisschen Zeit nehmen
5   <u>Schwierigkeit</u> – <u>Möglichkeit</u> – <u>Sicherheit</u> – <u>Freiheit</u> möglich – sicher – frei
6   **1** Gesundheit **2** Öffentlichkeit **3** Schönheit
7   trotzdem waren die Leute immer nett und freundlich. – trotzdem muss Deutschlernen nicht langweilig sein. – trotzdem lerne ich zehn Vokabeln am Tag.
8   **2** Du bist am Abend müde, trotzdem solltest du regelmäßig in den Deutschkurs gehen. **3** Du machst viele Fehler, trotzdem solltest du mit den Leuten sprechen. **4** Du magst keine Grammatik, trotzdem solltest du immer mal wieder Übungen machen.

Grammatik Xpress

1   **2** einen Yogakurs zu besuchen **3** früh aufzustehen **4** deine Mutter anzurufen **5** einen Kuchen zu backen
2   **1** best<u>en</u> **2** größ<u>ten</u> **3** wichtig<u>ste</u> **4** schöns<u>ten</u> **5** glücklich<u>ste</u>
3   **2** deshalb **3** trotzdem **4** deshalb **5** trotzdem
4   **1** freundlich **2** die – offen **3** die – möglich **4** die – höflich **5** die – sicher **6** die – gemeinsam

Xtra Prüfung

1   **1** falsch
2   **2** falsch **3** falsch **4** richtig **5** richtig **6** falsch

Lektion 2   Paare, Serien & mehr

Starten wir!

1   **Lösungsvorschlag:** fernsieht und im Bett liegt.

Lösungen Kursbuch

A

1. Serien und das Leben von Paaren
2. **1** in ihrer Freizeit. **2** gucken abends am liebsten Serien. **3** man über sie reden kann. **4** können der Grund sein, dass Paare sich streiten. **5** ohne Partner weiter.
5. **1** weil **2** obwohl **3** weil **4** obwohl

B

2. **1** C **2** B **3** A
4. **1** richtig **2** falsch **3** richtig **4** richtig **5** falsch **6** falsch
6. **1** c **2** f **3** b **4** a **5** d **6** e Je – desto
10. ☺ **reagieren**: Das ist ein guter Vorschlag.
    ☹ **reagieren**: Klingt super, aber …

C

5. **1** ~~kein~~ – ein **2** ~~schwach~~ – stark **3** ~~Geschäft~~ – Gerät **4** ~~Smartphone~~ – Computer **5** ~~Schlafzimmer~~ – Wohnzimmer **6** ~~Jacken~~ – Programm **7** ~~vom Büro~~ – von zu Hause
6. 1 – 3
8. wird … geben – werden … wählen
11. 1 – 3 – 4 **2** werde … suchen **3** werden … prüfen **4** werden … diskutieren

D

1. **Lösungsvorschlag**: Krimis – Sitcoms – romantische Serien
2. **Lösungsvorschlag**: Sie wollen wissen, warum junge Menschen gerne Serien sehen und was den Reiz von Serien ausmacht. Und sie wollen wissen, warum Serien für viele so wichtig sind.
3. **Was?**: gotham089: Science Fiction und Fantasy brooklyn84: Krimis seinfield25: Sitcoms starquest99: Familien-Sitcoms kingofdreams36: eine amerikanische Serie
Warum?: gotham089: Sie helfen dabei, sich zu entspannen und die Arbeit zu vergessen. Man kann sich einfach wegträumen und in fremde Welten tauchen. brooklyn84: Er / Sie liebt es, zu raten, wer der Täter ist. seinfield25: Weil sie einen zum Lachen bringen. starquest99: Die Schauspieler sind manchmal eine kleine Ersatz-Familie. kingofdreams36: Man kann so gut Sprachen lernen.
4. **2** (Zeile 9) **3** (Zeile 15 – 16) **4** (Zeile 21) **5** (Zeile 29 – 30)
6. darum – deswegen – daher
7. **Lösungsvorschlag**: Ich möchte mein Französisch verbessern, darum mache ich in Frankreich Urlaub. – Ich vermisse meine Freunde, deswegen bin ich oft traurig. – Meine Arbeit ist langweilig, darum suche ich einen neuen Job.
8. **Das sehe ich auch so. (+)**: Das Gefühl kenne ich gut. – Das verstehe ich. – Ich denke, das ist richtig. **Das sehe ich nicht so. (–)**: Ich finde es schlimm, dass … – Ehrlich gesagt, ich finde es keine gute Idee, …

Grammatik Xpress

1. **2** obwohl er nur wenig Geld hat. **3** obwohl ich nur wenig Zeit habe. **4** obwohl wir keine Serien sehen.
2. **2** eines Films **3** der Arbeitszeit **4** eines Gesprächs
3. **1** schneller – dicker <u>werde</u> **2** öfter – glücklicher <u>reise</u> – <u>bin</u> **3** länger – mehr <u>arbeitet</u> – <u>verdient</u>
4. **1** P **2** V **3** V **4** P
5. **2** Manchmal habe ich abends noch ein bisschen Hunger, deswegen esse ich vor dem Fernseher. **3** Die Serie ist spannend, darum muss ich sofort noch eine Folge sehen. **4** Ich habe hier noch keine Freunde, deshalb sitze ich oft allein vor dem Bildschirm. **5** Ich habe kein Geld mehr, daher bleibe ich zu Hause und sehe fern, denn das kostet nichts.

Xtra Prüfung

1. **1** e **2** f **3** c

Lektion 3 Auch anders schön

Starten wir!

1. **Text 1**: Foto A **Text 2**: Foto B
2. **Anrufer 1**: männlich – reif – mit einem schönen Körper – mit viel Persönlichkeit **Anruferin 2**: weiblich – mit ein paar Pfunden mehr – mit viel Körpergefühl – attraktiv

A

2. Nur wer schlank ist, kann schön und erfolgreich sein. – Alte gehören ins Altersheim.
3. **Lösungsvorschlag**: **1** Von einer Karriere als Model. **2** An eine Chance als Model. **3** Weil sie ein Model ist und trotzdem nicht sehr dünn ist. **4** Mit 65 Jahren. **5** Gegen das Vorurteil, dass reife Männer kein Model sein können. **6** Es ist Zeit für ein neues Schönheitsideal.
4. **Lösungsvorschlag**: **Partner A**: Anna Graf. Sie ist nicht so schlank wie ein typisches Model. Eine Agentur hat sie gefunden und nun arbeitet sie als Plus-Size-Model. Sie möchte allen zeigen, dass man für diesen Beruf nicht schlank sein muss. **Partner B**: einem älteren männlichen Model. Tim Oßwald war Lehrer und hat mit 65 Jahren mit der Modelkarriere begonnen. Zuerst war das schwierig, aber jetzt hat er viele Angebote und die Menschen wissen, dass diese Models auch normal sind.

Lösungen Kursbuch

5 **2** (Zeile 20) **3** (Zeile 28) **4** (Zeile 16) **5** (Zeile 4)
   6 (Zeile 30) **7** (Zeile 31) **8** (Zeile 30)
7 Das passierte zuerst. – Das passierte dann.

B

3 **1** AG **2** AG **3** JG **4** JG **5** JG **6** AG
4 **2** ~~langweiliges~~ – spannendes **3** ~~Kollegen~~ – Gäste
   4 ~~Jugend~~ – Schönheitsideale
5 1 – 3 – 5
6 **2** Mängel **3** Vorbild **4** nie **5** Ereignis
7 **1** c **2** a **3** b
8 ein<u>es</u> wichtig<u>en</u> Termins – erfolgreich<u>er</u> Sendungen – sein<u>er</u> toll<u>en</u> Arbeit
9 **1** wegen eines plötzlichen Streiks
   2 wegen eines wichtigen Foto-Shootings

C

2 **2** d **3** a **4** b **5** e **6** c
3 **1** (Zeile 1) **2** (Zeile 3) **3** (Zeile 6) **4** (Zeile 10)
4 b
6 **1** falsch **2** richtig **3** richtig **4** falsch
7 **1** wegen **2** Trotz
8 **Lösungsvorschlag:** Ich möchte mehr Stunden arbeiten. – Wirklich? Trotz deines Zeitmangels?
   Ich möchte in einem Fitness-Studio trainieren. – Wirklich? Trotz deiner Rückenprobleme?
   Ich möchte nie wieder als Moderator arbeiten. – Wirklich? Trotz deiner erfolgreichen Sendung?
9 3 – 2 – 1

D

2 **1** d **2** a **3** c **4** b
3 **2** Anzug **3** neuen Bikini
5 **1** b **2** d **3** a
6 während – bevor – Während – Bevor
7 **1** Bestell einfach und bequem, während du zu Hause auf der Couch liegst. **2** Erst braucht sie einen schicken Hut. Dann kann sie die Fotos machen.
8 **1** B **2** A
9 Kai auf der Couch liegt, telefoniert Lisa. – Bevor Lisa wegfliegt, möchte sie einen neuen Bikini kaufen.

Grammatik Xpress

1 **2** Anna war früh aufgestanden.
   3 Anna hatte sehr gut geschlafen.
2 **2** Wegen des schlechten Wetters. **3** Wegen kleiner Mängel. **4** Wegen einer starken Grippe.
   5 Wegen der ewigen Probleme.
3 **Lösungsvorschlag:** Zum Telefonieren. – Zum Fotografieren. – Zum Zeitung-Lesen.

4 **2** trotz seines Fiebers **3** trotz ihres Hustens
   4 trotz meiner Grippe
5 **1** nicht gleichzeitig **2** gleichzeitig
   3 gleichzeitig **4** nicht gleichzeitig
6 **Lösungsvorschlag: 2** Zum Bezahlen.
   3 Zum Reisen. **4** Zum Laufen.

Xtra Prüfung

1 **1** nein **2** ja **3** nein **4** ja

Lektion 4   Wetter, Sport und Extreme

Starten wir!

1 **Lösungsvorschlag:** Es regnet. Das Wetter ist schlecht.
2 **1** B **2** C **3** A

A

4 **linke Spalte, von oben nach unten:** 2 – 1 – 5 – 3
   rechte Spalte, von oben nach unten: 6 – 8 – 4 – 7
5 **Lösungsvorschlag: A** 1 – 2 – 3 **B** 5 – 6 **C** 2 – 4
9 **Lösungsvorschlag:** heiß → kalt → heiß gesund → krank → gesund langsam → schnell → langsam
10 herr<u>lich</u> – sonn<u>ig</u> – wolken<u>los</u> – sicht<u>bar</u>
11 **2** kostenlos **3** arbeit **4** trinkbar **5** essbar

B

1 sonn<u>ig</u> – sommer<u>lich</u> – wind<u>ig</u>
2 **1** B **2** A
3 **1** ~~31~~ – 13 **2** ~~aber meist nass.~~ – jedoch meist trocken. **3** ~~neblig~~ – sonnig **4** Nebel / neblig
5 Extremsport
6 **2** man muss laufen und klettern. **3** ich so gerne renne und springe. **4** man kann leicht abrutschen und fallen.
7 **Lösungsvorschlag:** Er hatte einen Unfall. Er liegt im Bett.
8 1 – 4
9 um zu (Zeile 2) – um zu (Zeile 14) – um … auf<u>zu</u>stehen (Zeile 18)
10 **2** Man muss trainieren, um eine gute Balance zu haben. **3** Man muss trainieren, um eine gute Kondition zu bekommen. **4** Man muss trainieren, um beweglich zu werden.

C

3 **1** D **2** C **3** B **4** A **5** F **6** E
4 **1** richtig **2** falsch **3** falsch **4** falsch **5** richtig
5 **1** d **2** c **3** a **4** b

Lösungen Kursbuch

6   1 etwas über ihre Arbeit als Notärztin erfahren.
    2 um pünktlich zur Arbeit zu kommen. / damit sie
    pünktlich zur Arbeit kommt. 3 Sie trinkt Kaffee,
    um nicht so müde zu sein. / damit sie nicht so
    müde ist. 4 Sie macht Notizen, damit der Arzt im
    Krankenhaus informiert ist. 5 Sie untersucht den
    Patienten, damit er so schnell wie möglich ins
    Krankenhaus kommt.

D

3   1 b 2 c 3 a
4   **Lösungsvorschlag: 1** Er macht Basketball im Rollstuhl. **2** Ja, sie haben gewonnen. **3** Es ist hart und oft sehr anstrengend. **4** Es hält die Muskeln, das Herz-Kreislauf-System und die Psyche der Sportler fit. **5** Er vermisst sie und ist traurig.
5   1 b 2 c 3 a
7   1 (Zeile 5 – 6) 2 Von der Familie und deinen Freunden. (Zeile 12 – 14) 3 Von dem Trainer. (Zeile 20 – 21) 4 Von uns. (Zeile 37 – 38)

Grammatik Xpress

1   **Lösungsvorschlag:** Man braucht ein Handy, um zu telefonieren. – Man braucht eine Kreditkarte, um zu bezahlen. – Man braucht Schuhe, um zu laufen. – Man braucht einen Computer, um eine E-Mail zu schreiben.
2   2 über drei Wochen 3 über dreißig Minuten
3   **2** Das Flugzeug wird gerade von einer Mechanikerin repariert. Dann können wir starten. **3** Die Pizza wird bestimmt von einem Pizzabäcker gebacken. Sie schmeckt perfekt. **4** Wir werden manchmal zum Abendessen von einer Kollegin eingeladen. Sie kocht selbst. **5** Wir kommen morgen in Italien an und werden von Freunden am Flughafen abgeholt.
4   2 d 3 e 4 c 5 g 6 f 7 a
5   2 Wind 3 Beruf 4 Nebel

Xtra Prüfung

1   1 bewölkt 2 fallen 3 feucht 4 beschwerlich
2   3 falsch 4 a 5 falsch 6 b 7 richtig 8 a

Lektion 5   Leben und Arbeiten

Starten wir!

1   **Lösungsvorschlag:** Hundesitter
2   1 c 2 a 3 b
4   **Lösungsvorschlag: Haustiere:** der Vogel – die Schildkröte – der Hase – das Pferd – die Schlange **keine Haustiere:** der Bär – das Schaf – der Pinguin – der Elefant

A

1   **1** (Er betreut) sechs (Hunde.) **2** Er geht mit den Hunden spazieren.
2   das Fell putzen – füttern – Gassi gehen – erziehen – zum Tierarzt bringen
3   1 richtig 2 falsch 3 richtig 4 falsch 5 richtig
4   1 G 2 H 3 A 4 B 5 C 6 D 7 E 8 F
5   Häschen – Mäuschen – Bärchen – Kätzchen
6   **Lösungsvorschlag:** Ich habe mich selbstständig <u>gemacht</u>. – Ich habe ein schönes Hobby und einen schönen <u>Beruf</u>. – Jetzt bin ich ein richtiger <u>Hundesitter</u>. – Meine alte Arbeit im Büro hat mir keinen Spaß mehr <u>gemacht</u>. – Und ich helfe einem berufstätigen <u>Freund</u>. – Ich helfe Menschen und Tieren, verdiene gut und bin <u>glücklich</u>.
8   **Lösungsvorschlag: Vorteile:** man hat einen Freund – man lernt andere Haustierbesitzer kennen – man kann Liebe geben und bekommen – man hat Unterhaltung **Nachteile:** man braucht Zeit – Kosten – Schäden in der Wohnung – man kann nicht mehr so einfach verreisen

B

2   **Lösungsvorschlag: Anzeige a:** man eine Praktikantin / einen Praktikanten in der Grafikabteilung sucht. Die Arbeit ist für ein Musikmagazin. **Anzeige c:** Ich lese, dass man hier eine erfahrene Erzieherin / einen erfahrenen Erzieher sucht. Die Arbeit ist in einer kleinen Kita.
3   **Lösungsvorschlag: 1** Kfz-Mechatroniker – ob ihm die Arbeit in einer Werkstatt gefällt. **2** Ausbildung zur Erzieherin – verschiedene Kitas kennenlernen **3** studiert Grafik-Design – Berufserfahrungen sammeln
4   1 b 2 d 3 a
5   **Nominativ:** jung<u>es</u> Musik-Magazin – groß<u>e</u> Autowerkstatt **Akkusativ:** musikinteressiert<u>en</u> Praktikanten – musikinteressiert<u>e</u> Praktikantin – engagiert<u>e</u> Auszubildende **Dativ:** erfahren<u>em</u> Kollegen – erfahren<u>er</u> Kollegin
6   **1** Sympathisch<u>er</u> **2** bezahlbar<u>es</u> – klein<u>er</u> **3** Engagiert<u>e</u> – neu<u>e</u> – jung<u>em</u> **4** Hipp<u>es</u> – erfahren<u>e</u> **5** Erfolgreich<u>er</u> – nett<u>e</u> **6** schön<u>em</u> – groß<u>em</u>
10 **Madina:** Ich wollte fragen, ob es möglich wäre, bei Ihnen ein Praktikum und im Anschluss eine Ausbildung als Erzieherin zu machen. – Ihre Einrichtung hat einen sehr guten Ruf, und ich finde Ihr pädagogisches Konzept sehr interessant. **Personalleiterin:** Welchen Schulabschluss haben Sie denn? – Am besten schicken Sie uns Ihre vollständige Bewerbung mit Anschreiben, Lebenslauf, Foto und Zeugnissen. – Wenn ich Ihre Unterlagen erhalten habe, würde ich mich sofort bei Ihnen melden.

Lösungen Kursbuch

C

2 1 – 2 – 4 – 5
3 **2** Das erwartet Sie **3** Das sind Ihre Qualifikationen, Ihre Interessen **4** Über *Maximedia*
4 **Lösungsvorschlag: 1** Die Praxis in der digitalen Branche. **2** Einen modernen Arbeitsplatz, nette Kolleginnen und Kollegen und ein ausgezeichnetes Betriebsklima. **3** Die berufliche Qualifikation und das eigene Netzwerk. **4** Man lernt Anzeigenmanagement, digitale Marketing-Strategien und vieles andere.
5 **Schulbildung und Kenntnisse:** gutes Abitur – sehr gute MS-Office-Kenntnisse **Interessen:** Online-Themen – Technik – Werbung **Eigenschaften:** Aufgaben schnell verstehen – analytisches Denken – hohe Motivation – technisches Talent
7 nicht nur Ihre berufliche Qualifikation, sondern auch Ihr Netzwerk. – nicht nur zuverlässig, sondern auch selbstständig.
9 **Thomas Grave:** ☹ **Avia Goldberg:** ☺
10 **1** trifft eher zu: Avia **2** trifft eher zu: Avia – trifft eher nicht zu: Thomas **3** trifft eher zu: Avia – trifft eher nicht zu: Thomas **4** trifft eher zu: Avia – trifft eher nicht zu: Thomas

D

2 A
3 **linke Spalte, von oben nach unten:** 6 – 4 – 3 **rechte Spalte, von oben nach unten:** 5 – 2 – 1
5 3 – 2 – 1
6 **Lösungsvorschlag: 1** Vier Wochen lang. **2** Vorbereitung und Betreuung der Mahlzeiten und Betreuung von Spiel- und Sportangeboten. **3** Sehr gut. **4** Sie war engagiert und sehr motiviert. **5** Ja.
7 **1** b **2** c **3** a
8 **Lösungsvorschlag: 2** In Anzeige 2 sollte die Person sowohl freundlich als auch teamorientiert sein. **3** In Anzeige 3 sollte die Person sowohl erfahren als auch kundenorientiert sein. **4** In Anzeige 4 sollte die Person sowohl engagiert als auch motiviert sein.
9 Rest der Woche – krankmelden – Arzt – krankgeschrieben

Grammatik Xpress

1 **2** schwarz*er* **3** klein*er* **4** schön*es* **5** schwarz*es* **6** weiß*es* **7** klein*e* **8** alt*e* **9** lieb*e* **10** groß*e* **11** lustig*e* **12** klein*e*
2 **maskulin:** erfahren*er* Programmierer – sympathisch*er* Lehrer **neutral:** jung*es* Team – klein*es* Haus **feminin:** nett*e* Kollegin **Plural:** groß*e* Büros – freundlich*e* Kindergärtner

3 **2** Meine Kollegin ist nicht nur hilfsbereit, sondern auch sympathisch. **3** Schöne Museen gibt es nicht nur in Hamburg, sondern auch in Berlin. **4** Tim verkauft nicht nur seine Möbel, sondern auch sein Auto.
4 **2** Meine Kollegin ist sowohl hilfsbereit als auch sympathisch. **3** Schöne Museen gibt es sowohl in Hamburg als auch in Berlin. **4** Tim verkauft sowohl seine Möbel als auch sein Auto.
5 **1** Tütchen **2** das Häschen **3** das Mäuschen **4** das Schäfchen **5** das Bierchen **6** das Küsschen

Xtra Prüfung

1 **1** a **2** c **3** c

Lektion 6 Urban und grün

Starten wir!

3 **1** C **2** A **3** B **4** E **5** F **6** D

A

2 **1** b **2** c **3** a
3 **Lösungsvorschlag: 1** Dass das Wohnen eine der größten Herausforderungen unserer Zeit ist. **2** Sie möchten sehr hohe Häuser bauen. **3** Dann müssen viele Menschen draußen schlafen, weil sie nicht in ihre Wohnungen kommen. **4** Dass auch die Lücken zwischen alten Häusern genutzt werden. **5** Sie werden kleiner sein.
4 2 – 4
6 Die Bevölkerung wächst so schnell, dass die UNO mit 30 % mehr Menschen rechnet. – Der Platz wird immer knapper, sodass man schnell Lösungen braucht. – Sie möchten nach oben bauen, sodass viele Menschen auf wenig Raum wohnen können. – In Lücken sollen Häuser entstehen, sodass mehr Menschen in der Stadt Platz haben. – Die Wohnungen werden so klein, dass nur noch die wichtigsten Möbel Platz finden.
7 **1** in Zukunft viele Menschen lieber auf dem Land wohnen. **2** Unsere Stadt ist beliebt bei jungen Leuten, sodass die Wohnungen immer teurer werden. – Unsere Stadt ist so beliebt bei jungen Leuten, dass die Wohnungen immer teurer werden.

B

2 Opa und Enkelin
3 **Lösungsvorschlag:** der Enkelin etwas. Sie unterhalten sich.
4 2080
5 **1** richtig **2** falsch

Lösungen Kursbuch

6   **1** im Haushalt helfen **2** staubsaugen **3** abwaschen **4** Blumen gießen **5** Abfalleimer leeren

7   **1** das damals die Roboter noch nicht machten. **2** selbst gekocht. **3** fahren Autos automatisch und ganz allein. **4** braucht man kein Smartphone mehr.

8   **Lösungsvorschlag: Opas Jugend:** In Opas Jugend musste man alles selbst machen und im Haushalt helfen. Das Essen musste man von Hand kochen. **Lisas Jugend:** In Lisas Jugend geht vieles automatisch. Die Wohnung wird von Robotern sauber gemacht und das Essen wird von Maschinen gekocht.

10   **1** gemacht **2** gestaubsaugt **3** gekocht **4** gebracht **5** eingekauft – wurde

11   **oben:** Festnetz-Telefon **unten:** Smartphone

12   **Lösungsvorschlag:** 2010 wurde das Festnetz von 100 % der Bevölkerung benutzt und das Smartphone von 40 % der Bevölkerung. 2000 wurde das Smartphone von 10 % der Bevölkerung benutzt.

14   **2** Wann wurde der Euro eingeführt? **3** Wann wurde das Rad erfunden?

C

3   **Ada:** B **Kimi:** A **Yang Mei:** C

4   **1** vielen Ländern. **2** dunkel und aus Holz. **3** am Rand von Helsinki. **4** befindet sich eine Sauna. **5** soll sich der Mensch wohlfühlen. **6** sitzt man mit dem Kissen auf dem Boden.

5   **2** e <u>nämlich</u> 18 Stockwerke. **3** d <u>nämlich</u> Werkzeuge und Materialien. **4** a <u>nämlich</u> große Fenster **5** c <u>nämlich</u> zu klein.

6   **2** eines Jahres. **3** der Stadt. **4** Innerhalb einer Stunde.

D

2   D

3   **2** C **3** E **4** B **5** D

4   **Lösungsvorschlag: 1** Weil sie sich alleine keine eigene Wohnung leisten können. **2** Er hat fast nur gute Erfahrungen gemacht. **3** WGs spielen in Italien kaum eine Rolle. **4** Ein Vorteil ist, dass man nicht alleine wohnt und das Zusammenleben mit anderen lernt. Ein Nachteil ist, dass man sich um alles selbst kümmern muss.

5   **2** c **3** g **4** e **5** d **6** f **7** b

6   **Akkusativ:** über – um – um – für   **Dativ:** von – bei – von

8   **Redemittel: 2** 3, 4 **3** 5 **4** 6, 7, 8, 9, 10 **5** 11

Grammatik Xpress

1   **1** sodass **2** dass **3** sodass **4** dass

2   **2** wurde … gewaschen **3** wurde … gestaubsaugt **4** wurden … gekauft

3   **2** In China kann man viel sehen. China ist nämlich ein riesiges Land. **3** Ich habe nur noch wenig Zeit. Der Deutschkurs beginnt nämlich in einer Stunde.

4   **2** außerhalb des Landes **3** Innerhalb der Kirche **4** Außerhalb des Parks

5   **1** ihrem **2** seine **3** dir **4** den **5** ihn **6** dem **7** den

Xtra Prüfung

1   Umwelt – viel unternehmen – Stadt

2   **1** richtig **2** richtig **3** falsch **4** falsch **5** falsch

Lektion 7   Stark im Leben

Starten wir!

2   **1** c **2** a **3** b

3   Julian kümmert sich um Obdachlose. – Er kümmert sich um Menschen mit Suchtproblemen. – Er arbeitet als Streetworker bei der Suchthilfe Wien.

A

2   2

3   **Lösungsvorschlag:** Sie kochen und geben den Obdachlosen Suppe. – Sie sprechen mit Leuten auf der Straße.

5   **Lösungsvorschlag: Probleme der Menschen:** Drogensucht – können den Alltag nicht bewältigen **Was tut Julian tatsächlich?** bei Problemen helfen – beraten – mit Obdachlosen sprechen – beim Alltag helfen – Medikamente, Lebensmittel und Kleidung verteilen – Sportevents organisieren – bei der Wohnungssuche helfen **Was erfordert die Arbeit von ihm?** Menschen zuhören und sie ernst nehmen – Empathie zeigen – geduldig sein – bei jedem Wetter draußen sein

7   wäre ich kein guter Streetworker (Zeile 24) – würden sie mir nichts erzählen (Zeile 26 – 27) – ich nicht geduldig wäre (Zeile 33) – wäre das der falsche Job für mich (Zeile 38)

B

2   **1** B **2** C **3** A

3   **2** Krankenschwestern **3** Polizistinnen und Polizisten

4   **1** c **2** b **3** a

6   führt eine Radiosendung ein.

7   1 – 3

Lösungen Kursbuch

8 **1** Bahnhofs **2** ~~ältere~~ – junge **3** ~~kleinen~~ – starken **4** ~~hellrotes~~ – schwarzblaues **5** ~~Das Alter~~ – Der Name

10 **1** c **2** a **3** b

12 **Lösungsvorschlag: 1** Über Gewalt und Streit auf der Straße. **2** Sie meint, dass es abends gefährlich ist.

C

2 **1** Weniger Fleisch essen **2** Regionale Produkte kaufen **3** Weniger Lebensmittel wegwerfen **4** Weniger Wasser verbrauchen

4 **Lösungsvorschlag: Was machen wir falsch?** **2** Waren aus anderen Ländern kaufen **3** viele Lebensmittel wegwerfen **4** zu viel Wasser verbrauchen **Welche Folgen hat das? 1** verschwinden **2** viel globaler Transport **3** viel Müll **4** Schäden für die Umwelt. **Was können wir besser machen?** **1** essen **2** mehr regionale Produkte kaufen **3** weniger einkaufen **4** weniger Wasser verbrauchen

7 1

8 weder Fisch noch Fleisch. – Ich habe weder Bruder noch Schwester. – Ich trinke weder Kaffee noch Tee.

D

2 **1** b **2** a **3** c **4** c

4 Aufmerksamkeit – Interesse – kaufen

5 Schritt 2 – Schritt 4 – Schritt 3

7 **1** b **2** c **3** a

Grammatik Xpress

1 **2** c <u>würden ... bleiben</u> <u>wäre</u> **3** d <u>hätte – wäre</u> **4** a <u>hätte – würde ... arbeiten</u> **5** b <u>hätten – würden ... helfen</u>

2 **2** Lisa sah eine ältere Frau, als sie sich umdrehte. **3** Die Jugendlichen rannten weg, als sie den Superhelden sahen. **4** Ich war auf dem Weg nach Hause, als ich plötzlich Schreie hörte.

3 **2** weder Italienisch noch Französisch. **3** weder nass noch kalt. **4** weder Vater noch Mutter. **5** weder essen noch trinken. **6** weder Reis noch Kartoffeln. **7** weder groß noch teuer.

4 **2** Indem wir das Produkt kaufen, bleiben wir hip. **3** Indem man langsamer fährt, kann man Benzin sparen.

Xtra Prüfung

1 b

2 **1** falsch **2** falsch **3** richtig **4** richtig **5** falsch **6** richtig **7** richtig

Lektion 8   Chancen und Gefahren

Starten wir!

2 2 – 4

A

1 **1** C **2** A **3** B

2 Silent Party im Olympiapark

3 **1** richtig **2** falsch **3** falsch **4** richtig

5 **1** sondern **2** nicht – sondern **3** nicht – sondern **4** keine – sondern

6 **Allgemeines Gefühl:** Kian ☺ – Anna ☹ **Die Technik:** Kian ☺ – Anna ☹ **Die Möglichkeit, die DJs auszuwählen:** Kian ☹ – Anna ☺

B

2 **1** e **2** a **3** d **4** b

3 **Text 1:** b **Text 2:** c **Text 3:** f **Text 4:** h, i

5 **1** in Paketen geliefert worden. **2** ist leicht beschädigt worden. **3** sind Flugzeuge fotografiert worden.

6 **a** der Autobahnpolizei getestet worden **c** Häuser und Straßen sind von Drohnen beschädigt worden **d** Ein Wagen ist von einer Drohne beschädigt worden

7 **1** b **2** c **3** a

C

2 **Lösungsvorschlag: Chancen:** Staus werden beobachtet und die Autofahrer werden informiert. – Unfälle in den Bergen werden gesehen. **Gefahren:** Menschen werden durch Drohnen verletzt. – Durch Drohnen kann es Unfälle geben.

4 **1** ~~Das Seminar~~ – Die Sendung **3** ~~Handys~~ – Drohnen

5 2 – 3

6 **1** günstig **2** das Haus **3** Menschen

7 **1** c **2** a **3** b

8 **2** Sie können zwar Pakete liefern, aber auch Unfälle verursachen. **3** Sie können zwar schöne Fotos machen, aber auch Menschen heimlich beobachten.

9 mich jemand beobachten würde – man viel Geld ausgeben würde

10 Ja, und er tut so, als ob die neue Technik keine Probleme machen würde. – Ja, und er tut so, als ob die Zukunft schon Wirklichkeit wäre. – Ja, und er tut so, als ob Drohnen nur Vorteile hätten. – Ja, und er tut so, als ob er sich mit der Technik wohlfühlen würde.

Lösungen Kursbuch

D

2   Journalismus – Reporter – Sender Journalismus (Zeile 17) – Journalismus (Zeile 21) – Reporters (Zeile 26 – 27) – Journalismus (Zeile 28) – Reporter (Zeile 30) – Sender (Zeile 31)
4   **1** einmal pro Woche gesendet. **2** die alles genau wissen wollen. **3** die Qualität gut ist.
5   **Lösungsvorschlag:** sich über aktuelle Themen informieren – recherchieren – mit Kolleginnen und Kollegen diskutieren – Orte und Veranstaltungen besuchen – Meinungen sammeln
7   **1** für **2** für **3** auf **4** über **5** mit **6** über **7** von **8** auf **9** über **10** für
8   **Lösungsvorschlag: 1** Für jeden kritischen und interessierten Menschen. **2** Für seriösen Journalismus. **3** Über aktuelle Themen. **4** Mit seinen Kolleginnen und Kollegen. **5** Von ihren Gedanken und Problemen.
9   **3** Worüber **4** Mit wem **5** Wovon Wofür? – Worüber? – Mit wem?
10 **1** politik **2** minister

Grammatik Xpress

1   **2** Die Party findet nicht heute statt, sondern morgen. **3** Helen kommt nicht im Juni, sondern im Juli. **4** Wir bestellen keine Cola, sondern Wasser.
2   lerne ich Deutsch
3   zwar kalt, aber sonnig. – zwar Zeit, aber kein Geld.
4   wäre – gewinnen würde
5   unterschrieben worden.
6   **2** um **3** gegen

Xtra Prüfung

1   **A** Mond **B** Erde **C** Astronaut **D** Satellit
2   **1** c **2** b **3** c **4** a **5** b

Lektion 9   Ich bin dann mal weg!

Starten wir!

3   **Lösungsvorschlag:** Ich fahre um kurz nach drei mit dem Zug nach Fribourg. Gleich fahren wir los. Hier ist mein Selfie.

A

1   **Lösungsvorschlag: 1** Die Religion und sie möchten ihren Alltag vergessen und nachdenken. **2** Nach Santiago de Compostela. **3** Seit über 1.000 Jahren.
2   **1** Ja **2** Nein **3** Ja **4** Ja
3   4
4   **1** die wunderschöne Landschaft Nordspaniens **2** die unbekannten Regionen **3** den Wald oder über Wiesen
6   nicht – zu keine – zu
8   **eine Meinung richtig und gut finden:** Ich stimme … zu, dass … – Das kann ich nur unterstützen, denn …
    eine Meinung nicht gut finden: Das lehne ich ab. – Ich würde das nie machen. – Für mich ist das nichts. – Also, ich bin da ganz anderer Meinung.

B

2   Autohändler
3   **1** Bremse **2** Sitz **3** Spiegel **4** Motor **5** Batterie **6** Reifen **7** Panne
4   b
5   **A:** 2 – 4 – 6 **B:** 1 – 3 – 5
6   81547 – M BJ 2505
8   **1** c **2** a **3** b
9   der – das – die
10 **Lösungsvorschlag:** Der Staubsauger! Es ist schon wieder der Staubsauger, der Probleme macht. – Das Telefon! Es ist schon wieder das Telefon, das nicht funktioniert. – Die Heizung! Es ist schon wieder die Heizung, die Probleme macht. – Die Lautsprecher! Es sind schon wieder die Lautsprecher, die nicht funktionieren.
11 3 – 2 – 1 **1** das **2** die **3** der **4** das **5** die
12 **1** einen Unfall **2** einen Schaden **3** gering **4** Unterlagen
13 **1** Er verliert Öl und macht komische Geräusche. **2** Die Batterie ist leer. **3** Der Reifen hinten links hat keine Luft mehr. / verliert Luft. **4** Die Bremsen funktionieren nicht.

C

2   **Lösungsvorschlag:** viele Menschen – große Hotels – bekannte Sehenswürdigkeiten
3   **1** Herr Giuriati, wie ist die Lage in Venedig? **2** Wie fühlen sich die Einwohner der Stadt? **3** Welche Pläne gibt es, um das Problem mit den Schiffen zu lösen?
4   **1** sie wirtschaftliche Sicherheit, Einnahmen und Arbeit bringen. **2** haben wir nicht mehr genügend Platz für all die Menschen hier. **3** sie lassen kein Geld in der Stadt. **4** sie unsere Luft verschmutzen und die antiken Bauten zerstören. **5** gegen den Massentourismus. **6** …, den die Schiffe dann in Zukunft benutzen.
5   benutzen – kennen – lieben – begrüßen
6   ein Ort – Menschen

Lösungen Kursbuch

D

2. **1** Kanal **2** Kahn
3. Post
4. **Lösungsvorschlag:** Der Spreewald ist ein Gebiet in Brandenburg, er liegt südlich von Berlin.
5. **1** b **2** b **3** a **4** a
6. **1** Lara **2** Joachim **3** Melania **4** Joan
7. **1** b **2** c die Frau, die studiert **3** a

Grammatik Xpress

1. **2** Das sind Lautsprecher, die sehr gut klingen. **3** Das ist ein Handy, das eine gute Batterie hat. **4** Das ist ein Pannendienst, der ganz kostenlos ist. **5** Das ist eine Waschmaschine, die nie Probleme macht.
2. den – dem – denen
3. **2** Johannes ist durch die Stadt gefahren. **3** Lisa und ich sind durch die Länder Südeuropas gereist. **4** Ich bin durch den Schnee gerannt. **5** Wir sind durch das Haus gegangen.
4. **1** l **2** t **3** l
5. **1** Reisend**er** **2** Teilnehmend**en** **3** Studierend**e** **4** Reisend**e** **5** Teilnehmend**e**

Xtra Prüfung

1. **Lösungsvorschlag: 1** Auto – in den Urlaub fahren **2** auf Mallorca Urlaub – Viele Touristen stören nicht **3** möchte Ruhe finden **4** fahren gerne Ski – in Österreich Urlaub machen
2. **1** c **2** X **3** b **4** a

Lektion 10 Kommunikation und Medien

Starten wir!

1. **A** Wiese **B** Hütte **C** Smartphone **D** Weg
3. **Lösungsvorschlag:** Hose – T-Shirt – Laufschuhe

A

1. b
2. **Lösungsvorschlag:** in das Suchfenster tippen – auf das Logo klicken – die Fitness-App installieren – auf „Status" drücken
3. **1** Fitness-App installieren **2** Fitnessdaten abrufen **3** Kundenservice
4. **1** richtig **2** richtig **3** falsch **4** falsch **5** falsch **6** richtig **7** richtig
6. für – um – über – den Ordner – das Profil – die Geschwindigkeit

B

4. **Lösungsvorschlag:** 2 – 3 – 10
5. **Moderator:** 1 – 2 – 7 **Frau Milan:** 3 – 5 – 9 – 10 **Herr Ring:** 4 – 6 – 8
6. 1 – 2 – 3 – 5 – 6
7. werden – können – werden
8. **1** B **2** A
9. **Lösungsvorschlag: 1** Laute Musik darf nicht gehört werden. Fahrräder dürfen zwischen 16 und 18 Uhr nicht mitgenommen werden. **2** Der Fernseher muss ausgeschaltet werden. Messer und Gabel müssen benutzt werden. **3** Handys müssen ausgeschaltet werden.
10. 3 – 2 – 1
11. Ich schließe mich der Meinung von … an, dass … – Deshalb halte ich es für wichtig, dass … – Ich persönlich finde es schade, dass … – Ich habe das selbst erfahren.

C

2. **1** C **2** B **3** A
3. Sie brauchen nie das Haus zu verlassen.
4. **1** r **2** f **3** f **4** r **5** f **6** f **7** f **8** r **9** f
5. **1** b **2** c **3** a
6. **1** Jan kann kein Geld verdienen, ohne zu arbeiten. **2** Er kann nicht so regelmäßig Videos hochladen, ohne sich einen Arbeitsplan zu machen. **3** Er kann nicht filmen, ohne einen passenden Drehort zu finden. **4** Er hätte keinen Erfolg, ohne engen Kontakt zu seinen Freunden zu halten.
7. **1** die Fans begrüßen **2** sagen, was Sie (beruflich) tun **3** beschreiben, was bei Ihrer Arbeit / Ihrem Studium wichtig ist **4** sich bedanken und sich verabschieden
8. **1 Fans begrüßen:** Hallo, Ihr Lieben da draußen **2 sagen, was Sie (beruflich) tun:** Ich bin Lehrer von Beruf, … **3 beschreiben, was bei Ihrer Arbeit wichtig ist:** Ich könnte keinen guten Unterricht machen, ohne mich vorzubereiten. **4 sich bedanken und sich verabschieden:** So, das war's für heute. – Ich danke euch, dass ihr so aufmerksam zugehört habt.

D

4. **Lösungsvorschlag:** zusammen ausgehen – küssen – umarmen – zusammen leben – sich unterstützen
5. **Lösungsvorschlag:** Instagram – Facebook – E-Mail – WhatsApp
7. **1** schrieb **2** schreib(e) **3** schrieb
8. 3 – 2 – 1

Lösungen Kursbuch

11 **Lösungsvorschlag: a** Ich war sehr glücklich. **b** Ich schicke eine Nachricht auf Twitter. **c** Ich habe alles positiv gesehen. **d** Solange man lebt.
12 **1** c **2** a **3** d **4** b
13 **Lösungsvorschlag:** Nichts ist ewig, nur die Liebe bleibt.

Grammatik Xpress

1 um den – mit dem – mit denen
2 **1** die **2** das **3** den **4** der **5** denen **6** dem
3 **2** Kunden müssen angerufen werden. **3** Verträge müssen unterschrieben werden. **4** Kaffee muss gekocht werden. **5** Neue Software muss heruntergeladen werden. **6** Präsentationen müssen vorbereitet werden.
4 **1** ohne dass **2** ohne **3** ohne dass **4** ohne **5** ohne **6** ohne dass

Xtra Prüfung

1 **2** Leon **3** Sarah **4** Leon **5** Moderatorin **6** Leon **7** Moderatorin **8** Leon **9** Sarah

Lektion 11 Dabei sein

Starten wir!

1 Quidditch
2 Zuschauer – Rasen – Spieler – fängt – Besen
3 **A** Rasen **B** Spieler **C** Besen **D** Zuschauer

A

1 **Lösungsvorschlag: 1** Die Geschichte von Harry Potter. **2** Ein paar Studenten in den USA. **3** Es gibt eine Deutsche Meisterschaft, eine Europa- und eine Weltmeisterschaft. **4** Nein, von Männern und Frauen. **5** Die Spieler behalten während des Spiels einen Besen zwischen den Beinen. **6** Ein Mannschaftssport. / Ein Team-Sport. **7** Sie wollen Spaß haben oder sich für einen neuen Sport engagieren.
2 **1** b – Zeile 1 **2** c – Zeile 3 **3** d – Zeile 14 **4** a – Zeile 15
3 1
5 **Lösungsvorschlag:** eine sinnvolle Beschäftigung haben – aus dem Haus kommen – mitmachen bei interessanten / schönen Aktivitäten
7 **1** b **2** a **3** c Entweder – oder
8 **1** ich mache einen Sprachkurs. **2** Entweder ich mache bei der Flüchtlingshilfe mit oder ich helfe meiner alten Nachbarin. **3** Entweder ich mache einen Malkurs oder ich besuche einen Yogakurs. **4** Entweder ich züchte Bienen oder ich reite.
9 Ich würde dazu raten, ... – Ich möchte ... zur Diskussion stellen. – Abgemacht. – Nein, das wird nicht funktionieren.

B

2 Ein Modell, um ein Projekt zu finanzieren: Viele Leute zahlen kleine Beträge und beteiligen sich.
3 Was sind die Ziele, und wer ist die Zielgruppe? – Was passiert mit dem Geld? – Über mich
4 **Lösungsvorschlag: Thema des Romans:** er ist ein Sänger und will Karriere in der Musikbranche machen **Zielgruppe:** neugierige Leser, die die Natur des Menschen interessiert **Ziele des Romans:** zum Nachdenken anregen, inspirieren, dazu ermuntern, für mehr Menschlichkeit zu kämpfen **Investition wofür:** einen professionellen Redakteur und einen Grafiker bezahlen, Werbung zu machen **Autorin:** Lea Saling, 27 Jahre alt, Redakteurin einer Online-Zeitung
6 **1** Mensch<u>en</u> **2** Mensch **3** Mensch<u>en</u> **4** Mensch **5** Mensch<u>en</u> **6** Mensch
7 Hast du schon mit dem Kollegen aus der Redaktion gesprochen? – Hast du schon mit dem Praktikanten gesprochen? – Hast du schon mit dem Zeugen des Unfalls gesprochen? – Hast du schon mit dem Experten der Abteilung gesprochen? – Hast du schon mit dem Studenten gesprochen?

C

2 **linke Spalte, von oben nach unten:** 6 – 5 – 2 **rechte Spalte, von oben nach unten:** 3 – 4
3 Die Autoren brauchen keinen Verlag, sie veröffentlichen ihr Buch selbst im Internet.
5 a
6 **1** c **2** a **3** b **4** c
7 die Leser schneller und direkt erreichen – die Kontrolle über den Inhalt haben – mehr verdienen
9 **Lösungsvorschlag:** man braucht gute Computer-Kenntnisse – das Buch kommt nicht auf die Bestseller-Listen – man erreicht nur Käufer, die ins Internet gehen – man muss die Werbung selbst machen
11 **1** präsentiere **2** haben – diskutieren
12 **1** fand ich endlich einen Verlag. **2** druckte der Verlag das Buch. **3** kauften viele Leser das Buch.
13 einen Redakteur. Nachdem sie den Roman hochgeladen hat, schreibt sie einen Werbetext. Nachdem sie einen Preis festgelegt hat, organisiert sie eine Buchparty.
14 **1** Nachdem **2** Bevor **3** nachdem

D

2 **Lösungsvorschlag: 1** <u>liest gerne</u> – <u>über Bücher reden</u> **2** <u>hört ... Hip-Hop-Musik</u> – <u>lernen, wie man rappt</u> **3** <u>Tontechnikerin werden</u> – <u>in Filmstudios arbeiten</u> **4** <u>Karriere als Drehbuchautor</u> **5** <u>liebt Literatur und möchte schreiben</u>
3 **1** d **2** c **3** 0 **4** b **5** a
4 **1** d **2** a **3** b **4** e **5** c

Lösungen Kursbuch

5 **Lösungsvorschlag:** Finde ein anderes Wort für *fertig*. – Wie heißt jemand, der Bücher schreibt? – Finde ein anderes Wort für *wichtig*. – Wie nennt man Bücher von Goethe, Shakespeare etc.? – Finde ein anderes Wort für *genau prüfen und untersuchen*.

6 **Workshop: a** als Schriftstellerin **b** Wie schreibe ich einen Kinohit? **c** Poesie, Reim und Rhythmus **d** Club der lebendigen Bücherwürmer **das lernt man: b** Drehbücher schreiben **c** Rapper werden **d** keine Angabe **das tut man: b** gemeinsam Filme sehen und analysieren – gemeinsam Drehbücher schreiben **c** keine Angabe **d** tolle Leute treffen und mit ihnen sprechen **bei Anmeldung mitschicken: b** Drehbuchskizze **c** keine Angabe **d** keine Angabe

9 **1** b **2** c **3** a

10 Ich würde gerne Rapper werden, anstatt im Büro zu arbeiten. – Ich würde gerne Romane schreiben, anstatt Karriere in der Firma zu machen.

Grammatik Xpress

1 **2** Entweder ich bekomme mehr Geld oder ich suche einen neuen Job. **3** Entweder ich lese das Buch oder ich sehe den Film.

2 **1** Kollege – Kollegen **2** Kollegen **3** Kollegen **4** Kollege – Kollege

3 **2** beantworte ich die E-Mails. **3** Nachdem ich die E-Mails beantwortet habe, telefoniere ich mit einer Kundin. **4** Nachdem ich mit einer Kundin telefoniert habe, koche ich Kaffee. **5** Nachdem ich Kaffee gekocht habe, lese ich die Verkäuferberichte. **6** Nachdem ich die Verkäuferberichte gelesen habe, gehe ich in die Kantine.

4 **1** anstatt **2** anstatt dass **3** anstatt

Xtra Prüfung

1 **1** c **2** b **3** a

Lektion 12 Beste Freunde

Starten wir!

1 **Lösungsvorschlag:** Ein Schüler schläft im Unterricht, vielleicht hat er nachts nicht viel geschlafen. Jemand hat von dem Schüler ein Foto gemacht.

A

2 Er möchte wieder Kontakt zu einem alten Studienfreund aufnehmen.

3 **Lösungsvorschlag: 1** (Er hat) eine Kiste mit alten Fotos (entdeckt.) **2** Sie haben sich aus den Augen verloren. **3** (Sie haben) in einer WG (gewohnt.) **4** Als eine wunderbare Zeit. **5** Dass sich die Wege getrennt haben. **6** Nächste Woche in dem alten Lieblingscafé.

4 **1** d (Zeile 2) **2** c (Zeile 2) **3** b (Zeile 6) **4** a (Zeile 6 – 7)

6 **1** c – jeden **2** d – jeden **3** a – jedes **4** b – jeden

8 **Akkusativ:** denselben – dasselbe – dieselben
Dativ: demselben – denselben

B

2 **Hochschule:** Universität **Mittelschule:** Hauptschule **(Mittlere Reife):** Realschule **(Abitur):** Gymnasium **unterer Balken:** Grundschule

3 **1** b **2** d **3** a **4** c

6 3 – 1 – 2

7 die Realschule besucht – Mittlere Reife gemacht – gejobbt – eine Ausbildung zum Fremdsprachenkorrespondenten gemacht – das Abitur an der Abendschule nachgemacht – Germanistik studiert

9 1 – 3 – 4

10 **1** d **2** c **3** e **4** b **5** f **6** a

11 **1** Ich muss noch viele Hefte korrigieren. **2** Man muss die Hausaufgaben machen. **3** Auf dem Schulhof dürft ihr nicht rauchen. **4** Während der Tests darf man Handys nicht benutzen.

C

4 **Lösungsvorschlag: 1** Sie gründeten ein Start-up. **2** (Sie heißt) Elektro-Esel. **3** Er verbindet neu und alt. **4** Ökologie und Stil. **5** Man kann mit dem Fahrrad normal fahren. **6** (Die Voraussetzungen sind) ein innovatives Produkt und ein guter Businessplan.

5 **1** wo **2** was **3** was **4** was **5** was **6** wo

7 Name der Firma – Jahr der Gründung – Besonderheit des Produkts – Gründe, das Produkt zu kaufen – Zukunftspläne

D

3 1 – 3 – 5 – 6 – 8

5 **1** Da wir eine große Gästeliste haben **2** da wir rechtzeitig planen möchten

7 **1** b **2** c **3** a

Grammatik Xpress

1 **1** jede **2** jeden **3** jedes

2 **2** demselben **3** dieselben **4** dasselbe **5** denselben **6** derselben

3 **1** a **2** b **3** a

4 **1** wo **2** was **3** was **4** wo

5 **2** Wir machen eine Party, da das lustiger ist. **3** Julian kümmert sich um die Einladung, da er gute Texte schreiben kann.

6 **2** Wir bieten auch Obst an, falls jemand keinen Käse mag. **3** Wir machen auch Cocktails ohne Alkohol, falls unsere Freunde mit dem Auto kommen.

Xtra Prüfung

1 **1** b **2** a **3** c **4** a **5** b

Lösungen Arbeitsbuch

Lektion 1 Fremde Sprachen

Starten wir!

1 **a** 2 Sehenswürdigkeit 3 Lieblingswort 4 Frieden 5 Leben **b** 1 unglaublich 2 wunderschön 3 lustig
2 *individuelle Lösung*

A

1 1 erfahren 2 gefahren 3 erfahren 4 abgefahren
2 1 erfahren 2 erfährt 3 erfährt 4 erfahren 5 erfahrt
3 **a** 1 fahren – Ski 2 fahren – Rad 3 fahren – Zug 4 fahren – nach Hause **b** 1 Skifahren 2 Muttersprache 3 Modedesign 4 Klinik 5 korrigieren 2 manche 6 Ausstellung
4 1 Klinik 2 Muttersprache 3 Modedesign 4 Ausstellung 5 Skifahren
5 **a** 2 arbeiten 3 sprechen 4 studieren 5 besuchen 6 fahren **b** *individuelle Lösung*
6 *individuelle Lösung*
7 **a** 2 Sara hat mit neunzehn den Führerschein gemacht. 3 Mia ist mit zweiundzwanzig durch Südamerika gereist. 4 David hat mit fünf Radfahren gelernt. 5 Frank hat mit achtzehn Abitur gemacht. 6 Lisa ist mit sechs in die Schule gegangen. **b** 1 Mit – nach 2 bis – mit 3 Um 4 In – mit 5 Am 6 von – bis **c** *individuelle Lösung*
8 **a** Fußball – ein Musikinstrument – Klavier – Golf – Gitarre **b** 2 Sprichst du mehr als zwei Sprachen? 3 Spielen Sie auch ein Musikinstrument? 4 Frühstückt Jan wirklich länger als eine Stunde? 5 Hat Anna jetzt wirklich vier Kinder? 6 Ist Deutsch Theos Muttersprache?
9 **a** diagonal – waagerecht – senkrecht **b** 1 umher 2 vorbei 3 vorbei 4 umher **c** 2 Susan ist gerne im Garten umhergegangen. 3 Dein Vater ist immer an unserem Haus vorbeigefahren. 4 Wir sind einfach in der Stadt umhergegangen. 5 Paul ist in den engen Gassen des Dorfes umhergegangen.

B

1 **Sprache:** Portugiesisch – Bengalisch – Arabisch **Land:** China – Japan – Russland
2 1 Buch<u>ha</u>ndlung – <u>Ab</u>sicht 2 flie<u>ß</u>end – unter<u>ha</u>lten – <u>Mu</u>tter<u>sp</u>ra<u>ch</u>ler – <u>V</u>er<u>bk</u>onju<u>ga</u>ti<u>o</u>nen – <u>r</u>egel<u>mä</u>ßigen – <u>u</u>nregel<u>mä</u>ßigen 3 <u>A</u>liens – <u>F</u>antasie – <u>l</u>anden – <u>E</u>rde – l<u>oh</u>nt 4 w<u>e</u>cken 5 h<u>a</u>ben v<u>o</u>r – l<u>ei</u>cht 6 f<u>u</u>nkt<u>io</u>nieren
3 **a** 2 landen 3 schlafen 4 kochen 5 austragen 6 tragen 7 verteilen 8 setzen **b** *individuelle Lösung*
4 **a** 2 München hat den Vorteil, dass die Berge in der Nähe sind. 3 Berlin hat den Vorteil, dass dort viele Wohnungen gebaut werden. 4 Wien hat den Vorteil, dass man überall schöne Cafés findet.
b 1 überall auf der Welt spricht. 2 Spanisch hat den Vorteil, dass man es in vielen Ländern benutzt. 3 Deutsch hat den Vorteil, dass es in Deutschland, Österreich und der Schweiz gesprochen wird.
5 *individuelle Lösung*
6 *individuelle Lösung*
7 2 zu sprechen 3 zu benutzen 4 zu landen 5 zu reservieren 6 abzufahren 7 zu erfahren 8 kennenzulernen 9 aufzustehen 10 einzuschlafen 11 sich zu unterhalten 12 auszuwählen 13 spazieren zu gehen 14 zu verstehen 15 Fahrrad zu fahren 16 anzurufen
8 2 Es lohnt sich – zu 3 Es ist hier möglich – kennenzulernen 4 Wir finden es leicht – zu 5 Ich habe Lust – zu 6 Wir haben keine Lust – zu 7 Sara hat vor – zu 8 Wir planen – zu 9 Es ist nützlich – zu 10 Wir finden es toll – zu
9 **a** 2 nach Asien zu reisen 3 auf Deutsch zu sehen 4 vorzubereiten 5 genau zu vergleichen 6 zu Hause zu bleiben 7 aufzustehen 8 ein Fahrrad zu haben 9 Physik zu studieren 10 einzukaufen 11 fernzusehen **b** **Körper:** Rücken und Bauch – Yogakurs für Anfänger **Sprache:** Grammatikkurs Französisch – Konversationskurs Deutsch **Haushalt:** Holzmöbel reparieren **c** *individuelle Lösung* **d** 2 Was? Habt ihr wirklich vor, mit dem Auto nach Portugal zu fahren? 3 Was? Planst du wirklich, heute noch deine Selfies zu posten? 4 Was? Habt ihr wirklich Lust, am Wochenende eine Städtereise zu machen? 5 Was? Lohnt es sich wirklich, Lebensmittel im MEGAMARKT einzukaufen?
10 **a** 2 Ich finde es gut, zusammen mit Aliens in einem Sprachkurs zu sitzen und Spanisch zu lernen. 3 Es lohnt sich, Informationen über das Leben der Aliens zu bekommen. 4 Carla findet es komisch, Aliens als Nachbarn zu haben. 5 Findest du es gut, mit Aliens im Park spazieren zu gehen? **b** *individuelle Lösung* **c** 2 b 3 a 4 c **d** *individuelle Lösung* **e** 1 tun 2 zu kommen 3 haben 4 zu kommen 5 zu verschieben 6 zu gehen 7 kommen

C

1 *individuelle Lösung*
2 **a Vorteil:** fließend zwei oder mehr Sprachen sprechen – sich mit vielen Menschen unterhalten können **Nachteil:** in keiner Sprache perfekt sein – die Kinder vielleicht Probleme in der Schule haben **b Lösungsvorschlag:** dass man zwei oder mehr Sprachen spricht. – dass man sich mit vielen Menschen unterhalten kann. – man in keiner Sprache perfekt ist. – Sie hat auch den Nachteil, dass die Kinder vielleicht Probleme in der Schule haben.
3 1 ein Muttersprachler 2 von Geburt an 3 Fremdsprachen 4 Zweitsprache 5 spricht man von Mehrsprachigkeit

Lösungen Arbeitsbuch

4   1 Ergebnis 2 Erdgeschoss 3 ein Rezept
    4 eine Rezeption
5   *individuelle Lösung*
6   a Morgen fährt <u>Paula</u> mit dem Auto nach Berlin. –
    Morgen fährt Paula <u>mit dem Auto</u> nach Berlin. –
    Morgen fährt Paula mit dem Auto <u>nach Berlin</u>.
7   a 1 bekommen 2 sehr gute Aussichten 3 fließend
    sprechen 4 Mehrsprachigkeit b 1 Moderator
    2 mehrsprachig 3 Kolumbien 4 Lebensjahr
    5 Voraussetzung 6 Herausforderung 7 Ausnahme
    8 Entwicklung
8   a 1 eine große Herausforderung 2 die besten
    Aussichten 3 die Voraussetzung 4 die Ausnahme
    5 offiziellen Sprachen 6 die Entwicklung des
    Kindes b **Lösungsvorschlag**: Indien, Belgien,
    Spanien, China
9   2 beste 3 wichtigste 4 interessanteste
    5 einfachste 6 schlechteste
10 a 2 besten 3 einfachsten 4 lustigsten 5 interessantesten 6 fleißigsten 7 größte 8 modernste
    b 2 bessere 3 größte – leckerste 4 bessere –
    billigsten 5 frisch(e)ste 6 bequemere 7 besten –
    interessantesten 8 nettesten 9 besseren
    10 sympathischsten 11 schönere – größere
    12 aktuellsten 13 aufregendste – coolste
11 1 lecker 2 die Suppe 3 fleißig 4 schmecken
12 a 1 höchst<u>en</u> 2 schönst<u>en</u> 3 engst<u>en</u> 4 kleinst<u>en</u>
    5 höchst<u>en</u> b 1 besser<u>en</u> – netter<u>en</u> – höher<u>e</u> –
    wichtigst<u>e</u> – besser<u>en</u> – größer<u>e</u> 2 schönst<u>en</u> –
    älter<u>e</u> 3 älter<u>e</u> – neuer<u>en</u> – best<u>e</u> – modernst<u>e</u>

D

1   a 1 haben 2 spielen 3 konjugieren 4 besuchen
    5 wecken b 2 c, g, h 3 a, d, e, f, i 4 c 5 d, e f, i
    6 b 7 g, i
2   1 Schwierigkeit 2 Möglichkeit 3 verbessern
    4 Landung 5 erleichtern 6 Sicherheit 7 Mitteln
    8 Freiheit 9 Vergnügen
3   2 Benutz jedes Wort sofort! 3 Such dir einen Lernpartner! 4 Sei kreativ! 5 Hilf deinem Partner!
4   2 Seien Sie offen für Neues! 3 Treffen Sie sich mit
    Freunden! 4 Sehen Sie sich einen schönen Film
    an! 5 Suchen Sie sich ein neues Hobby!
5   2 die Möglichkeit – möglich 3 die Pünktlichkeit –
    pünktlich 4 die Sicherheit – sicher 5 die Gesundheit – gesund 6 die Höflichkeit – höflich die
    Freundlichkeit – freundlich
6   2 <u>Schwierig</u>keit – Das ist nicht schwierig, das ist
    leicht. 3 <u>Fröhlich</u>keit – Das ist nicht fröhlich, das
    ist traurig. 4 <u>Schön</u>heit – Das ist nicht schön, das
    ist hässlich. 5 <u>Faul</u>heit – Das ist nicht faul, das ist
    fleißig.
7   **Lösungsvorschlag**: 2 trotzdem müssen wir uns
    jetzt schon vorbereiten. 3 trotzdem solltest du
    regelmäßig in den Kurs kommen. 4 trotzdem
    sprichst du schon ganz gut. 5 trotzdem ist es
    wichtig, dass du die Hausaufgaben machst.

8   a 1 täglich 2 regelmäßig 3 immer mal wieder
    b 2 Landung 3 Prüfung 4 Übung c 2 Es war
    schrecklich kalt, trotzdem bin ich an den Strand
    gegangen. 3 Am Abend hat es geschneit, trotzdem ist Mario mit dem Auto gefahren. 4 Überall
    in Frankfurt liegt Schnee, trotzdem landen die
    Flugzeuge pünktlich.
9   2 deshalb 3 wenn 4 trotzdem 5 trotzdem
    6 trotzdem 7 deshalb 8 trotzdem 9 wenn
    10 deshalb

Xtra Prüfung

1   1 M<u>e</u>hrspr<u>a</u>chigk<u>ei</u>t 2 V<u>o</u>rteil 3 H<u>e</u>rausf<u>o</u>rderung
    4 M<u>u</u>ttersprache 5 Gespr<u>ä</u>che 6 Erf<u>a</u>hr<u>u</u>ngen
2   2 die Erfahrung 3 die Bewerbung 4 die
    Unterschrift

Lektion 2   Paare, Serien & mehr

Starten wir!

1   a 1 Feierabend – D 2 schlafen – C 3 Serie – A
    4 betrügen – B b der Monitor – der Krimi – die
    Nachrichten – das Gerät – die Kamera – der Film
    c 1 nach Feierabend 2 vermuten 3 der Nachteil
    4 das Vergnügen
2   a 2 Ich vermute / glaube, dass die Frau nicht schlafen kann. – 3 Ich vermute / glaube, dass die Frau
    heimlich eine Serie guckt. – 4 Ich vermute / glaube,
    dass der Mann seine Partnerin betrügt.
    b **Lösungsvorschlag**: den Partner betrügen – die
    Serie gucken – die Möglichkeit haben / nutzen –
    die Sprache sprechen – den Vorteil haben / nutzen
    c 2 bewerben 3 die Reinigung 4 entschuldigen
    5 die Vermutung 6 senden
3   a 1 c 2 a 3 b b *individuelle Lösung*

A

1   1 spazieren gehen – lesen 2 kochen 3 hören –
    besuchen 4 besuchen – treffen 5 hören
    6 hören – lesen 7 gehen 8 fahren 9 gucken
2   a 1 Streit 2 Erlebnis 3 Grund 4 Aktivität
    b 1 überfliege 2 wütend 3 weitersehen 4 Folge
    5 neugierig 6 amüsieren 7 Beziehung
3   1 Beschäftigung – Beziehung 2 amüsieren – Folge
    3 Fremdschauen – Konflikte 4 Häufig – neugierig
4   *individuelle Lösung*
5   2 d 3 b 4 c 5 a
6   2 Sara liest gerne Geschichten von Inge Lindberg,
    obwohl man ihre Bücher in Deutschland selten
    findet. 3 Ich sehe den Film heimlich, obwohl mein
    Freund dann wütend wird. 4 David geht nie in
    Konzerte, obwohl er die Musik von Mozart, Wagner
    etc. mag. 5 Wir lieben uns sehr, obwohl wir wenig
    Zeit zusammen verbringen.
7   1 obwohl 2 obwohl 3 weil 4 obwohl 5 obwohl
    6 weil 7 weil 8 obwohl

Lösungen Arbeitsbuch

8 **a** 1 weil 2 obwohl 3 deshalb 4 obwohl 5 obwohl 6 deshalb 7 obwohl 8 weil 9 weil 10 deshalb **b** 1 c 2 a 3 b

9 **a** 2 Marion fährt gerne große Autos, obwohl das teuer und nicht gut für die Umwelt ist. 3 Paul sieht gerne noch spät abends fern, obwohl er am nächsten Morgen Termine hat. 4 Emilia spielt gerne Computerspiele im Büro, obwohl das ihre Kollegin wütend macht. **b** *individuelle Lösung*

B

1 1 Feierabend 2 Serien gucken 3 nutzen 4 immer mal wieder 5 reisen

2 1 werden 2 sein 3 haben 4 nutzen 5 haben 6 planen 7 beitragen

3 1 Serie 2 Beziehung 3 langweilig 4 Folgen 5 spannend 6 wütend

4 1 H<u>u</u>rra – B<u>i</u>ldsch<u>i</u>rm 2 S<u>u</u>perhelden 3 b<u>e</u>hauptet – v<u>e</u>rbr<u>i</u>ngen – n<u>e</u>hm<u>e</u>n – z<u>u</u> 4 k<u>a</u>um

5 **a** 1 vermuten 2 Folgen 3 Gelegenheit 4 vermutlich **b** 1 eines 2 eines 3 eines 4 einer 5 einer 6 eines **c** 2 Die Angestellten der Bank 3 Die Farbe des Autos 4 Das Ende des Films

6 **a** 1 verreise 2 selten 3 vermutlich 4 Erlebnis 5 ängstlich 6 ausgehen 7 Beziehung **b** 1 besser 2 länger – mehr 3 öfter – besser 4 mehr – seltener 5 seltener – ängstlicher 6 weniger – neugieriger 7 besser – beliebter 8 später – müder

7 **a** *individuelle Lösung* **b** 1 Kosten. 2 Arbeit. 3 Sie arbeitet ohne Pause. 4 Das Gerät funktioniert ohne Probleme. **c** 2 Je länger man schläft, desto müder wird man. 3 Je mehr man arbeitet, desto ärmer wird man. 4 Je jünger man ist, desto gesünder ist man. 5 Je älter man wird, desto realistischer wird man. 6 Je schneller man läuft, desto weniger sieht man. 7 Je mehr man reist, desto zufriedener ist man.

8 **a** 1 müde 2 Dienst 3 Abenteuer 4 direkt 5 überall 6 begonnen 7 fortführen **b** 2 Je häufiger man Freunde trifft, desto glücklicher man ist. 3 Je mehr die Eltern arbeiten, desto öfter sind die Kinder allein. 4 Je seltener der Vater zu Hause ist, desto unglücklicher sind die Kinder. 5 Je regelmäßiger die Familie einen Ausflug macht, desto zufriedener sind alle. **c** 2 Je mehr Zeit wir zusammen verbringen, desto besser ist unsere Beziehung. 3 Je besser unsere Beziehung ist, desto regelmäßiger gehen wir gemeinsam aus. 4 Je regelmäßiger wir gemeinsam ausgehen, desto mehr Freunde haben wir. 5 Je mehr Freunde wir haben, desto zufriedener sind wir. 6 Je zufriedener wir sind, desto weniger Konflikte haben wir.

9 He<u>x</u>e – unterwegs – we<u>chs</u>eln – se<u>chs</u> – E<u>x</u>position – abwe<u>chs</u>elnd – E<u>x</u>perte – dienstags – Erwa<u>chs</u>ene – Ta<u>x</u>i

11 1 nicht reagiert 2 Einverstanden 3 guter Vorschlag 4 Wir könnten doch 5 wieso 6 auf keinen Fall

C

1 *individuelle Lösung*

2 *individuelle Lösung*

3 **a** 1 flexibel 2 mobil 3 vernetzt 4 interaktiv 5 virtuell **b** 1 ein Kettenspiel 2 ein Ring 3 Streit 4 Medien

4 1 c, d, g 2 a 3 b, c, d, g 4 c, f 5 c, d, f 6 c, e 7 c, d, g

5 1 Multimedia-Station 2 Zeitschriften 3 Konkurrenz 4 Game-Show 5 Schlafzimmer 6 Trennung

6 1 Angebot 2 Konkurrenz 3 Trennung 4 gemütlich 5 Realität

7 1 ausgehen 2 verbringen 3 gemütlich 4 Folgen 5 neugierig 6 reagieren 7 wütend 8 Streit 9 Beziehung

8 1 wird ... nicht mehr geben 2 wird wahrscheinlich ... benötigen 3 wird vermutlich ... reagieren 4 werden wohl ... entwickeln 5 werden gute Chancen haben

9 2 Es schneit wohl am Nachmittag. 3 Lisa bekommt wahrscheinlich den Job. 4 Paula macht vielleicht das Abitur schon mit siebzehn. 5 Maja und Niklas kommen vermutlich ein bisschen später.

10 **a** 1 wirst 2 werde 3 werden 4 wird 5 werdet 6 werden 7 werden 8 wird **b** weniger Probleme haben. Es wird heute und morgen nicht mehr so viel schneien. Und es wird auch nicht mehr so kalt sein. Am Nachmittag wird vermutlich auch die Sonne ein wenig scheinen. Erst am Mittwoch wird es wieder Wolken und dann auch Schnee geben. **c** *individuelle Lösung*

11 **a** 1 Plan 2 Vorhersage 3 Vermutung 4 Vermutung 5 Plan **b** *individuelle Lösung* **c** 1 wirst 2 wird 3 wird 4 werdet 5 werde 6 werden 7 werden **d** *individuelle Lösung*

12 2 reg<u>e</u>lmäßig – w<u>i</u>rklich regelmäßig 3 fl<u>e</u>xibel – g<u>a</u>r nicht flexibel 4 virt<u>u</u>ell – tot<u>a</u>l virtuell 5 n<u>e</u>ugierig – z<u>ie</u>mlich neugierig

14 1 d 2 c, g 3 c, e 4 c, e, g 5 b, c, e, g 6 a, g 7 b, f

D

1 1 d 2 c 3 b 4 a

2 **a** 1 unglaublich 2 Unterhaltung 3 Reiz 4 Gründe 5 gucken **b** 1 verbringen 2 gucken 3 beenden 4 sitzen

3 **a** 1 zustimmen 2 süchtig 3 schaffen 4 treue 5 begleiten 6 Ersatz 7 vermisse 8 Sitcoms **b** 1 Science-Fiction 2 Originalton 3 lese 4 Fantasy 5 tauche 6 Täter 7 schlafen 8 Seite

4 1 <u>E</u>ntert<u>ai</u>nment 2 <u>E</u>rsatz 3 <u>U</u>nterh<u>a</u>ltung 4 Kr<u>a</u>nkh<u>ei</u>ten

5 *individuelle Lösung*

Lösungen Arbeitsbuch

6 **a** 2 c – <u>daher</u> 3 b – <u>darum</u> 4 a – <u>deshalb</u>
5 d – <u>deswegen</u> **b** 1 <u>deshalb</u> 2 <u>darum</u> 3 <u>deswegen</u>
4 <u>daher</u> **c** 1 Wieso – deshalb 2 Warum – darum
3 deswegen 4 daher

7 **a**

		2			Ende
2. Das Parken in der Stadt wird für Tim zu teuer,	darum	verkauft	er	sein Auto.	
3. Carla findet die Filme im Fernsehen langweilig,	deswegen	sieht	sie	Filme nur noch auf Netflix	an.
4. Peter versteht sich nicht mit seinem Chef,	daher	kündigt	er	seinen Arbeitsvertrag.	
5. Paula möchte einen guten Job,	deswegen	macht	sie	eine Ausbildung.	
6. Steffie arbeitet gerne bei großen Firmen,	darum	fängt	sie	bei Microsoft	an.
7. Jan ist ein großer Frankreich-Fan,	daher	bewirbt	er	sich gerne bei Firmen in Paris.	

b 1 deshalb / deswegen / daher / darum 2 trotzdem
3 weil 4 deshalb / deswegen / daher / darum
5 weil 6 deshalb / deswegen / daher / darum
7 weil 8 deshalb / deswegen / daher / darum
9 weil 10 deshalb / deswegen / daher / darum
11 trotzdem

8 1 Ehrlich gesagt 2 finde es schlimm – hast ja recht
3 verstehe ich 4 sehe ich auch 5 Gefühl kenne ich
6 das ist richtig

9 1 Kommentar 2 Gefühl 3 Bildschirm 4 Beiträge

Xtra Prüfung

1 **a** 1 die <u>Ü</u>berschrift 2 das Schl<u>ü</u>sselwort
3 das W<u>i</u>ssen 4 m<u>a</u>rkieren 5 <u>a</u>bsprechen
b 1 absprechen 2 Wissen 3 markieren
4 Überschrift 5 Schlüsselwort

Lektion 3   Auch anders schön

Starten wir!

1 die Redakteurin – die Bäckerin – der Krankenpfleger – das Model – der Schauspieler

2 1 weiblich 2 mit ein paar Pfunden mehr
3 männlich 4 reif 5 mit viel Körpergefühl
6 mit einem schönen Körper

3 **a** 1 weiblich 2 attraktiv 3 ungewöhnlich
b 1 alltägliches 2 Persönlichkeit 3 Pfunde
4 genug 5 anders **c** *individuelle Lösung*

A

1 **a** 1 b 2 c 3 a **b** ein ideales Gewicht haben – jung sein – einen schönen Körper haben – schlank sein
c *individuelle Lösung*

2 1 Modezeitschrift 2 Porträt 3 Altersheim
4 Spiegel 5 Laufsteg

3 1 Vorbild 2 Anfangs 3 bekannt 4 Gewicht
5 Zweifel 6 Spiegel

4 *individuelle Lösung*

5 **a** 1 d 2 f 3 a 4 e 5 b 6 c **b** 1 gehören in 2 Zweifel
3 ernst 4 Ausländer 5 Vorurteile 6 begeistert
7 mittlerweile **c** 1 Vorurteilen 2 kämpfen 3 ernst
4 Sportler 5 trainieren 6 kaum 7 zahlreiche
8 Stress 9 bekannt 10 Angst

6 **a** *individuelle Lösung* **b** 1 e 2 f 3 d 4 c 5 a 6 b

7 **a** Das passierte zuerst: 1 Er hatte am Vormittag viel gearbeitet. 2 Sofia hatte sich mit ihrem Mann verabredet. 3 Sie hatte nichts fürs Mittagessen eingepackt. 4 Emilia hatte am Morgen einen Obstsalat vorbereitet. **Das passierte dann:** 1 spazieren.
2 Sie ging ins Café in der Goethestraße.
3 Lea musste sich ein Brötchen mit Käse kaufen.
4 Sie setzte sich mit ihren Kollegen an einen Tisch und aß ihn. **b** 2 hatte … gemacht – war … gelaufen
3 hatte … verloren 4 war … geblieben 5 hatte vergessen **c** 1 hatte … betrogen 2 hatte … verbracht
3 hatte … zugenommen 4 waren … ausgegangen
5 hatten … teilgenommen 6 hatte … unterstrichen … übersetzt

8 **a** 2 Ich wollte die Kinder in die Schule bringen, aber leider hatte meine Frau das Auto nicht von der Werkstatt abgeholt. 3 Ich wollte meinem Sohn bei den Hausaufgaben helfen, aber leider hatte er sein Buch in der Schule vergessen.
4 Ich wollte meine Jeans waschen, aber leider hatte der Mechaniker die Waschmaschine nicht repariert. 5 Ich wollte einkaufen, aber leider hatte meine Frau kein Geld auf den Tisch gelegt.
b 2 hatte … getroffen 3 unterschrieb … –
4 hatte … geträumt 5 hatte … beworben
6 hatte … gemacht 7 hatte … gearbeitet

9 2 Ich habe die Grammatikübung problemlos gemacht, weil ich mich gut vorbereitet hatte.
3 Wir haben lange auf den Lehrer gewartet, weil er den Bus verpasst hatte. 4 Wir haben die Übung 1 im Kurs nur korrigiert, weil wir sie schon zu Hause gemacht hatten. 5 Ich habe in der Pause nichts gegessen, weil ich kein Brot eingepackt hatte.
6 Ich habe mit Laura zusammen in ein Buch geschaut, weil ich mein Buch vergessen hatte.

10 **a** 3 – 1 – 2 1 Rückmeldung 2 Vergangenheit
3 erfunden 4 sieht … aus 5 Modeagentin 6 hat … angesprochen 7 Wendepunkt **b Lösungsvorschlag:** Meine Freundin Mia ist DJ. So ist sie gerne in Clubs und ist begeistert von Musik und Technik.

Lösungen Arbeitsbuch

Sie ist cool und sieht gut aus. Vor fünf Jahren hat sie als Kellnerin in einem Club gearbeitet. Eines Tages hat sie ... getroffen. – *individuelle Lösung* – Schon als Kind hatte sie Musik geliebt. Sie hatte Musik auf ihrem Laptop produziert und davon geträumt ... – *individuelle Lösung* – Heute bekommt sie viele Angebote. Sie reist viel und ist sehr erfolgreich.

B

1 *individuelle Lösung*
2 a ängstlich – fröhlich – selbstständig – pünktlich
b 1 Jugend 2 Katastrophe 3 Wahn 4 Aussage
5 Illusion 6 Mut c 1 ganz 2 absolut 3 total
d 2 die Schönheit 3 die Sicherheit 4 die Möglichkeit 5 die Persönlichkeit 6 die Schwierigkeit
e 1 Aussage zustimmen 2 ich vermute
3 Mut machen
3 a 1 d 2 b 3 a 4 c b **Menschen:** ängstlich – schwierig – reif – authentisch – ernst – attraktiv – weiblich – realistisch – wütend – vernetzt – neugierig **Dinge / Gegenstände:** technisch – authentisch – attraktiv – interaktiv
4 1 riesig 2 Ausgabe 3 Politik 4 angekündigt
5 begrüße 6 Beginn
5 1 Beginn 2 Mehrheit 3 Agenturen 4 aufgeben
5 verändert 6 erkennen
6 1 ewig 2 Mehrheit 3 Mangel 4 Ereignis 5 riesig
6 Medien
7 1 c 2 d 3 a 4 e 5 b
8 1 des ewigen 2 meiner netten 3 seiner neuen
4 meines kleinen 5 zahlreicher technischer
6 der guten 7 ihres neuen 8 eines attraktiven
9 einer schlechten
9 2 Wegen des schlechten Wetters muss ich leider absagen. 3 Wegen einer furchtbaren Grippe kann ich leider heute nicht mitspielen. 4 Wegen kleiner Fehler muss ich leider die ganze Übung neu schreiben. 5 Wegen eines plötzlichen Streiks der Lufthansa muss ich leider den Zug nehmen.
10 1 Anrede 2 Grußformel 3 Möglichkeiten
11 4 – 3 – 1 – 2 1 Körpermaße 2 begründen 3 streikt
4 plötzlich 5 Erlaubnis 6 Streiks 7 Foto-Shooting

C

1 *individuelle Lösung*
2 1 Neulich 2 Normalerweise 3 diesmal
4 entschieden 5 Wörterbuch 6 Strand
7 beobachte 8 begegnet
3 1 Mitnehmen – fallen – auf 2 müde – Probleme – Müdigkeit 3 Trotz – kaufen – mehrmals
4 a 1 die Gabel 2 die Regenjacke 3 das Spiel
b 2 a zum 3 d zum 4 c zum 5 f zum 6 b zur
5 a 1 zum Spaß 2 zur Sicherheit 3 zum Arbeiten
4 zum Wandern 5 Zum Kochen 6 zur Hochzeit
7 zum Mitnehmen b **Lösungsvorschlag:**
1 Zum Sehen. 2 Zum Wandern. 3 Zum Reisen.
4 Zum Gehen. 5 Zum Kochen. 6 Zum Leben.
6 a 1 Neugier 2 nervös 3 Stimme 4 überlegen
5 versuchen 6 Kampagne 7 wahr b *individuelle Lösung*
7 a 1 f 2 c 3 d 4 b 5 g 6 e 7 a
b meines – meiner – meiner
8 a 1 trotz 2 während 3 wegen 4 trotz 5 Wegen
6 trotz 7 Während b **Lösungsvorschlag:** Trotz seines Alters sucht er einen neuen Job. – Trotz des Films gehe ich ins Fitness-Studio. – Wegen des Streiks fahren die S-Bahnen nicht. – Wegen des Schnees sollte man langsam fahren. – Während des Films sollte man das Handy ausmachen. – Während der Arbeitszeit dürfen wir nicht privat telefonieren.
9 1 zunächst 2 Thema 3 Schönheitsideale
4 Erfahrungen 5 Ausschnitt 6 Zeitmangel
10 1 persönlich finde 2 täglich die Erfahrung
3 persönlichen Erfahrungen würde ich 4 selbst habe keine große Erfahrung 5 Meine Meinung
11 *individuelle Lösung*
12 1 vortragen 2 begegnen 3 leisten 4 bitten
5 machen

D

1 a *individuelle Lösung* b 2 d gelungen
3 a getrunken 4 c verschwunden 5 b erfunden
6 e gesungen c trinken – trank erfinden – erfand verschwinden – verschwand gelingen – gelang singen – sang
2 1 d 2 b, c, f 3 b, c, f 4 b 5 a 6 e
3 1 Anzug 2 Bikini 3 schick 4 Stil 5 Hut
4 1 schätze 2 vorstellen 3 Mappe 4 vortragen
5 Erlaubnis 6 begegnet
5 1 Accessoire 2 Stil 3 Hut 4 Model 5 attraktiv
6 authentisch 7 Illusion 8 Agentur
6 2 Elias hört gerne Musik, während er für die Prüfung lernt. 3 Thomas telefoniert mit seiner Mutter, während er eine Suppe kocht. 4 Marie liest ihre E-Mails, während sie mit dem Bus zur Arbeit fährt.
7 a 1 WhatsApp-Nachrichten, während Kai bequem auf der Couch liegt. 2 Kai putzt die Fenster, während Lisa die Küche sauber macht. – Lisa macht die Küche sauber, während Kai die Fenster putzt. 3 Kai macht Computerspiele, während Lisa einen Modeprospekt anschaut. – Lisa schaut einen Modeprospekt an, während Kai Computerspiele macht. 4 Kai sieht eine Serie auf Netflix, während Lisa einen Flug nach Rom bucht. – Lisa bucht einen Flug nach Rom, während Kai eine Serie auf Netflix sieht. b *individuelle Lösung*

Lösungen Arbeitsbuch

8   **2** bevor – nicht gleichzeitig **3** während – gleichzeitig **4** bevor – nicht gleichzeitig **5** bevor – nicht gleichzeitig

9   **2** Schauen Sie nach links und rechts, bevor Sie über die Straße gehen! **3** Bitten Sie den Chef um Erlaubnis, bevor Sie einen Flug buchen! **4** Halten Sie einen Schönheitsschlaf, bevor Sie zum Foto-Shooting gehen! **5** Sehen Sie keinen Krimi, bevor Sie ins Bett gehen! **6** Kaufen Sie eine Krawatte, bevor Sie zum Vorstellungsgespräch gehen!

10 **a 2** Bevor sie sich bei der Agentur bewirbt, erstellt sie noch eine Fotomappe. **3** Bevor sie auf die Party geht, kauft sie sich noch einen schicken Hut. **4** Bevor sie zum Kunden fährt, schreibt sie noch den Text für den Prospekt. **b 1** Während **2** Bevor **3** Während **4** Während **5** bevor

11 **Lösungsvorschlag: 2** du nie Hausaufgaben machst? **3** Ist es wirklich sinnvoll, dass du nur Horrorfilme siehst? **4** Macht es wirklich Sinn, dass du nicht mehr zur Arbeit gehst? **5** Ist es wirklich sinnvoll, dass du die E-Mail nicht beantwortest?

Xtra Prüfung

1   **a Lösungsvorschlag: 2** Wir sind dafür, dass eine neue Autobahn gebaut wird. **3** Wir sind dagegen, dass das Stadttheater geschlossen wird. **4** Wir sind dafür, dass am Wochenende gekocht wird. **5** Wir sind dagegen, dass bei der Lufthansa wieder gestreikt wird. **6** Wir sind dafür, dass Elektroautos entwickelt werden. **7** Wir sind dagegen, dass das Haus vermietet wird. **b 1** anfangs **2** ewig **3** zahlreiche **4** neulich **5** dünn **6** schwierig **7** alltäglich **8** wahr **c 1** wiegen **2** kurvige **3** Kurven **4** erziehen **5** Magersucht **d dafür:** Ich finde es super, dass … – Deswegen begrüße ich … sehr. – Es macht Sinn, dass … – Das finde ich persönlich attraktiv. **dagegen:** Ich persönlich habe keine Lust mehr … – Schrecklich, wie …! – Ich habe da so meine ernsten Zweifel. – Das ist kein gutes Vorbild.

Lektion 4 Wetter, Sport und Extreme

Starten wir!

1   **Lösungsvorschlag: Nomen:** der Sturm, der Schnee, der Wind, die Sonne **Verben:** schneien, blitzen, donnern, hageln, frieren **Adjektive:** windig, warm, heiß, glatt, nass, regnerisch

2   **1** Es hagelt. **2** Der Himmel ist grau. **3** Es ist glatt. **4** Es friert. **5** Es kommt ein Sturm. **6** Es blitzt und donnert. **7** Es ist nass und regnerisch.

3   **a 2** Ich fühle mich wunderbar. **3** Ich fühle mich einsam. **b** individuelle Lösung **c** individuelle Lösung

A

1   **a 1** wolkenlos **2** Freude **3** fahl **4** strahlend **b 1** Kritik **2** klopfen **3** Rhythmus **4** Lied **5** klatschen **c bei Morgenrot:** Ein neuer Tag beginnt. **bei Abendrot:** Endlich ist mein Arbeitstag vorbei. – Die Sonne ist fast schon weg.

2   **1** klatschen **2** singen **3** rappen **4** klopfen

3   **a 1** Sonne **2** Regen **3** Sturm **4** grau **5** blau **6** warm **7** heiß **8** kühl **9** Schnee **10** schneit **b** individuelle Lösung

4   **a 1** e **2** f **3** d **4** b **5** g **6** a **7** c **b 1** Kreislauf **2** Hoffnung **3** Strophe **4** fühlt **5** dreht **6** beschwerlich **7** wunderbar **8** Rhythmus

5   **1** zuordnen **2** Freude **3** sichtbar **4** herrlich **5** sorgenlos **6** trist

6   **1** ein Ohrwurm **2** poetisch **3** Hit **4** peinlich **5** von Klischees **6** lässt mich kalt

7   **1** der Sturm **2** der Himmel **3** klatschen **4** sichtbar **5** der Gegensatz **6** das Lied

8   **1** wolkig **2** herrlich **3** Abendrot **4** beschwerlich

9   ☺: fit – sorgenlos – herrlich – strahlend – glücklich – wunderbar ☹: müde – traurig – trist – beschwerlich – einsam

10 **a** sonnig **b 2** die Angst **3** die Freude **4** die Person **5** die Neugier **6** die Sonne **7** der Beruf **8** der Mann **9** das Glück **10** der Stress **11** der Wahnsinn **12** der Sport

11 **a 2** kostenlos **3** arbeitslos **4** wolkenlos **b 1** Den Frischmarkt kann man zu Fuß erreichen. **2** Die Spaghetti konnte man nicht essen. **3** Der Tomatensaft schmeckt nicht. Man kann ihn nicht trinken.

12 **a 1** Musikkritiker **2** Blog **3** Rezensionen **b 1** b **2** d **3** a **4** e **5** c

13 **1** b **2** c **3** a **4** d

B

2   **1** steigen **2** Osten **3** trocken **4** Süden **5** bewölkt **6** weinen

3   **a 1** der Sturm **2** die Rezension **3** der Schmuck **4** das Abendrot **b 1** das Gewitter **2** der Nebel **3** die Lücke **4** der Wetterbericht **5** die Temperatur

4   **1** donnert **2** glatt **3** neblig **4** windig **5** sommerlich

5   **1** b **2** d **3** e **4** a **5** c

6   **nach oben:** klettern, fliegen, steigen, gehen **nach unten:** sinken, abrutschen, klettern, fliegen, fallen, gehen **geradeaus:** rennen, laufen, fliegen, gehen

7   **1** das Dach **2** die Wand **3** die Tür **4** das Fenster

8   **1** mehr als **2** über **3** eintreten **4** ausprobieren **5** aufpassen **6** Profi **7** verletzen **8** feucht **9** gelaufen **10** Anlauf

9   **2** zu verbessern **3** zu verstehen **4** zu lernen

Lösungen Arbeitsbuch

10 **2** David fährt ins Fitness-Studio, um zu trainieren. **3** Ich bin schon sechzig und mache viel Pilates, um wieder beweglich zu werden. **4** Wir sind in einen Parkour-Club eingetreten, um zu klettern und zu springen. **5** Luisa läuft regelmäßig im Park, um eine gute Kondition zu bekommen. **6** Man muss auch im Fitness-Studio gut aufpassen, um sich nicht zu verletzen. **7** Man braucht gute Sportschuhe, um nicht abzurutschen. **8** Ich mache Yoga, um mich zu entspannen.

11 **2** Was braucht man eigentlich, um zu klettern? – Man braucht gutes Wetter und man sollte eine gute Balance haben. **3** Was braucht man eigentlich, um Yoga zu machen? – Man braucht bequeme Kleidung und man sollte sich gut bewegen können. **4** Was braucht man eigentlich, um Fußball zu spielen? – Man braucht ein gutes Team und man sollte fit sein.

12 **a 1** Heimatland **2** populär **3** Extremsportart **4** gefährlich **b** *individuelle Lösung* **c** *individuelle Lösung*

13 **a Sportart:** Bungee Jumping – Parkour – Golf **Haus:** Balkon – Wand – Mauer **Wetter:** Temperatur – Nebel – Gewitter **b 1** Ich fand das **2** Aber ich hätte **3** immer mehr **4** wirklich gut gefallen **5** eine Frage **6** in deinem Heimatland

C

1 *individuelle Lösung*

2 **1** Rettungswagen **2** Sirene **3** untersuchen

3 **a 1** der Notruf **2** der Sanitäter **3** der Bericht **4** die Notärztin **5** der Wecker **b 1** e **2** c **3** a **4** b **5** f **6** d

4 **1** Eindruck **2** überprüfen **3** dauern **4** Transport

5 **a 2 b** Der Rettungswagen braucht eine Sirene, damit er schneller fahren kann. **3 a** Ich rufe den Notruf an, damit ein Notarzt kommt. **4 c** Die Notärztin trinkt Kaffee, damit sie nicht so müde ist. **b 1** Heimatland **2** lang **3** aufwachen **4** besser als **5** weniger als **6** laut **7** einpacken **8** Fremdsprache

6 **a 2** Ich – Ich **3** Emma und Paul – Sie **4** Wir – Wir **5** Ihr – Ihr **b 2** Ich fahre schnell, um pünktlich anzukommen. = Ich fahre schnell, damit ich pünktlich ankomme. **3** Emma und Paul bleiben zusammen, um nicht einsam zu sein = Emma und Paul bleiben zusammen, damit sie nicht einsam sind. **4** Wir sparen, um genug Geld auf der Bank zu haben. = Wir sparen, damit wir genug Geld auf der Bank haben. **5** Ihr lernt zusammen, um die Prüfung zu schaffen. = Ihr lernt zusammen, damit ihr die Prüfung schafft. **c 2** Meine Eltern – Ich **3** Betty – Ihr Französisch **4** Ich – Ihr **d 2** Meine Eltern sparen, damit ich studieren kann. **3** Betty macht einen Sommerkurs in Paris, damit ihr Französisch besser wird. **4** Ich bereite heute Abend schon alles vor, damit ihr morgen ganz früh abfahren könnt.

7 **a 2** 5 **b 1** sollte trocken sein, damit du dich nicht verletzt. **2** Sie sollten regelmäßig trainieren, um fit zu sein. – Sie sollten regelmäßig trainieren, damit Sie fit sind. **3** Die Kleidung sollte locker sein, damit du dich gut bewegen kannst. **4** Ihr solltet öfter mal Bio-Qualität kaufen, damit eure Kinder gesünder essen. **5** Du solltest mehr lernen, um ein besseres Zeugnis zu bekommen. – Du solltest mehr lernen, damit du ein besseres Zeugnis bekommst.

8 **a Lösungsvorschlag:** noch genug Zeit fürs Frühstück zu haben. Sie fährt oft mit dem Auto zur Arbeit, um pünktlich zu sein. Am Vormittag überprüft ihr Kollege, Peter, den Rettungswagen, damit sie auf dem Weg zum Unfallort keine Probleme haben. Marina untersucht die Patienten am Unfallort, um ihnen schnell zu helfen. Die Berichte schreibt sie immer schon auf dem Weg ins Krankenhaus, damit der Arzt im Krankenhaus keine Zeit verliert. **b 1** verletzt **2** locker – bewegen **3** regelmäßig **4** abrutschst **5** Notruf **6** etwas

D

1 **a** 1 – 3 – 4 **b** *individuelle Lösung*

2 **a** *individuelle Lösung* **b 1** Behinderung **2** Sanitäter **3** Erfahrung

3 **a 1** Abschnitt **2** Rollstuhl **3** menschlich **4** Organisator **5** Erfolg **6** Muskeln **7** Mannschaft **b 1** Stadtmeisterschaften **2** sehr stolz auf **3** Erfolg **4** ernst nehmen **5** im Vergleich zum **6** schon stark **7** feiern **8** beginnen **9** Wettbewerb

4 **1** Wirkungen **2** Herz-Kreislauf-System **3** Psyche **4** Gemeinschaftsgefühl **5** Mitspieler **6** Lebensqualität **7** fördert **8** Aktivität **9** körperlich **10** anstrengend

5 **a 1** Wettbewerb **2** Muskel **3** Erfolg **4** Mannschaft **5** Kraft **b 1** geben **2** bitten **3** eintreten **4** machen **5** nehmen

6 **1** Mannschaft **2** fördern **3** Gefühl **4** fordern **5** Erfolg **6** hart **7** stolz

7 **a 1** wird – eingeladen **2** werden – genommen **3** wird – gefördert **4** werden – gefordert **5** werde – gebraucht **6** werden – trainiert **7** wird – verbessert **b Lösungsvorschlag:** Dann wird der Knoblauch gepresst. Das Olivenöl und der Knoblauch werden dann in die Pfanne gegeben. Jetzt wird der Fisch in die Pfanne gelegt. Dann wird der Fisch 6 bis 8 Minuten gebraten. Dann werden die Tomaten gewürfelt. Jetzt werden auch die Tomaten und die Petersilie in die Pfanne gegeben. Zum Schluss werden der Fisch und das Gemüse aus der Pfanne herausgenommen und auf große Teller verteilt. Guten Appetit!

8 **a** von dem Automechaniker – von meiner Freundin **b 2** von den Supermärkten **3** von der Stadt München **4** von einem Notarzt **5** von dem Team **6** von den Politikern **7** von den Managern **c 2** von dem **3** von dem **4** von der **5** von der **6** von dem

Lösungen Arbeitsbuch

9 **a** 1 b 2 c 3 a 4 b 5 c 6 a 7 c **b** *individuelle Lösung*

Xtra Prüfung

1 **1** das Vergnügen **2** der Mangel **3** benötigen **4** sich unterhalten **5** planen **6** die Klinik **7** die Absicht **8** die Messe

2 **1** Synonyme **2** lösen **3** tauche … auf **4** Trachtenlauf **5** zum Spaß

Lektion 5 Leben und arbeiten

Starten wir!

1 **Ich bin sehr sicher.**: Ich bin ganz sicher, dass … – Ich weiß genau, dass … – Es ist doch klar, dass … **Ich bin nicht ganz sicher.**: Ich möchte mal behaupten, dass … – Ich nehme an, dass … – Ich weiß es nicht, aber ich denke, dass …

2 **2** Sie sind fleißig. **3** Sie haben Geduld. **4** Sie haben starke Nerven. **5** Sie sind neugierig. **6** Sie sind fröhlich. **7** Sie sind intelligent. **8** Sie sind sportlich. **9** Sie sind zuverlässig.

3 *individuelle Lösung*

4 **1** der Hase **2** die Schildkröte **3** der Bär **4** der Pinguin **5** das Schaf **6** der Vogel **7** das Pferd **8** die Schlange **9** der Elefant

5 *individuelle Lösung*

A

1 **1** aufpassen **2** betreuen **3** bestellen **4** spielen **5** Essen geben

2 **1** Hundefriseur **2** Fell **3** füttern **4** Tierarzt **5** erziehen

3 **1** selbstständig gemacht **2** Aufträge **3** Gassi gehen **4** füttern **5** Tierarzt **6** Fell **7** Hundefriseur **8** Hundebesitzern **9** erziehen

4 **a** Lindau ist klein. **b 2** der Tisch **3** der Hund **4** der Hase **5** der Bär **6** die Summe **7** das Fenster **8** das Kind **9** das Bild **10** die Tüte

5 **a 2** Problemchen **3** Stückchen **b** *individuelle Lösung*

6 **1** Kos<u>e</u>name – b **2** p<u>u</u>tzen – c **3** Vers<u>io</u>n – g **4** S<u>u</u>mme – f **5** bez<u>ei</u>chnen – a **6** Bes<u>i</u>tzer – d **7** L<u>ö</u>sung – e

7 **1** großen **2** schönes **3** kleinen **4** netten **5** nettes **6** jungen **7** neue **8** neue **9** richtiger **10** kranken **11** große – spannenden **12** neuen

8 **Vorteile**: Haustiere machen die Wohnung gemütlich – man kann mit ihnen spielen – man hat immer Gesellschaft **Nachteile**: man hat manchmal Ärger mit dem Vermieter – man muss sie regelmäßig füttern – man hat Probleme, wenn man verreist – man muss mit ihnen Gassi gehen – *individuelle Lösung*

9 *individuelle Lösung*

10 **a 1** Präsentation **2** einsam **3** Erfahrung **4** allein **5** Gesellschaft **6** Luft **b 1** die persönliche Erfahrung **2** weiterer Nachteil **3** Gassi gehen **4** das stimmt **c** *individuelle Lösung*

B

1 *individuelle Lösung*

2 **a 1** die Werkstatt **2** die Kita **3** das Krankenhaus (die Kindertagesstätte) **4** das Büro **b** 3 – 2 – 4 – 1

3 **1** c **2** e **3** a **4** b **5** d

4 **1** Praktikum **2** Praktikant **3** Grafik-Design **4** helfe **5** interessiere **6** Erfahrungen **7** wichtig **8** Ausbildungsplatz **9** Praktikumsplatz

5 **Nominativ**: nett<u>er</u> – nett<u>es</u> – nett<u>e</u> – nett<u>e</u> **Akkusativ**: nett<u>en</u> – nett<u>es</u> – nett<u>e</u> – nett<u>e</u> **Dativ**: nett<u>em</u> – nett<u>em</u> – nett<u>er</u> – nett<u>en</u>

6 **a 1** Schöne **2** Schönes **3** Tolle – Großer – schöne **4** Ruhige **b 2** italienisches – grüner Punkt **3** griechischen – blauer Punkt **4** kleine – orangener Punkt **5** französisches – grüner Punkt **6** frische – roter Punkt **c 1** Ag<u>e</u>ntur **2** B<u>e</u>trieb **3** K<u>i</u>ta **4** W<u>e</u>rkstatt **5** F<u>i</u>rma

7 **1** zuverlässigen **2** musikinteressierte – musikinteressierten **3** motivierte – motivierten **4** fleißige – fleißigen **5** engagierte – engagierten **6** freundliche – freundlichen **7** kundenorientierte – kundenorientierten

8 **a 1** motiviert / engagiert **2** kundenorientiert **3** teamorientiert **4** erfahren **5** engagiert / motiviert **6** loyal **b** *individuelle Lösung*

9 **a 1** leckerem **2** italienischer **3** frischem **4** heißer **5** frischem **6** kaltem **7** schwarzem **8** starkem **9** heißen **b 1** kleines – ruhiger **2** günstige – freundlicher **3** kleines – großer **4** große – kleinem **5** schönes – großem **6** gemütliche – ruhigem **c 1** bequemes **2** neue **3** großen – schönem

10 **a 1** Anschluss **2** Einrichtung **3** Ruf **4** Konzept **5** Schulabschluss **6** pädagogischen **7** eventuell **8** Unterlagen **9** Anschreiben **10** erhalten **11** melden **b 1** d, e, f **2** h **3** a, c, h **4** c **5** c **6** a, d, f **7** b **8** c, g

11 **1** wollte mich erkundigen **2** einen Termin vereinbaren **3** es möglich wäre **4** hätten eventuell Interesse

C

2 **1** Hochschule **2** Kindertagesstätte **3** Erfahrung **4** frustriert **5** dual

3 **1** Allgemeines **2** Qualifikation und Interessen **3** Das erwartet Sie

4 **1** verbringen **2** verdienen **3** aufpassen **4** nehmen **5** holen **6** erziehen

5 **a 1** Medieninformatik **2** Fachhochschule **3** Allgemeines **4** Kompetenzen **5** vermittelt **6** Kooperation **7** Praxis **8** Digitalbranche **9** beruflichen **b 1** Werbung **2** Kenntnisse **3** analytisch **4** Talent **5** ausgezeichnet **6** Strategie **c 1** Schulbildung **2** Kooperation **3** vermitteln **4** verlangen

Lösungen Arbeitsbuch

6   1 F<u>a</u>chh<u>o</u>chsch<u>u</u>le – d<u>ua</u>les – Gr<u>a</u>phik-D<u>e</u>sign – The<u>o</u>rie – Pr<u>a</u>xis – Dig<u>i</u>talbr<u>a</u>nche 2 verm<u>i</u>tteln – Qualifik<u>a</u>tionen – Komp<u>e</u>tenz<u>e</u>n 3 erw<u>a</u>rten – ber<u>u</u>fliche

7   a 1 nicht nur 2 sondern auch 3 sondern auch 4 nicht nur 5 nicht nur b 2 Ich mag nicht nur Pizza, sondern auch Spaghetti. 3 Ich mag nicht nur Tim, sondern auch Bernie. 4 Ich mag nicht nur Musik, sondern auch Sport. 5 individuelle Lösung 6 individuelle Lösung c 2 Ich bin nicht nur geduldig, sondern auch teamorientiert. 3 Ich habe nicht nur viele Kenntnisse, sondern auch eine gute Schulbildung. 4 Ich interessiere mich nicht nur für Online-Themen, sondern auch für Technik und Werbung. 5 Ich habe nicht nur viel Erfahrung, sondern auch ein großes Netzwerk. 6 Ich habe nicht nur ein perfektes Konzept, sondern auch einen guten Ruf.

8   2 Ja. Und er ist nicht nur fleißig, sondern auch teamorientiert. 3 Ja. Und sie hat nicht nur gute Produkte, sondern auch eine gute Strategie. 4 Ja. Und Sie / dich erwartet dort nicht nur ein nettes Team, sondern auch ein gutes Gehalt. 5 Ja. Und sie hat nicht nur Kenntnisse in dem Bereich, sondern auch technisches Talent. 6 Ja. Und ihm geht es nicht nur beruflich, sondern auch privat gut. 7 Ja. Und ich spreche nicht nur Englisch, sondern auch Spanisch. 8 Ja. Und man kann nach diesem Studium nicht nur in der Digitalbranche arbeiten, sondern auch in der Werbung.

9   individuelle Lösung

10 **Thomas Grave:** 1 c 2 a 3 d 4 f 5 b 6 e
    Avia Goldberg: 1 e 2 b 3 f 4 c 5 a 6 d

11 a Lösungsvorschlag: schlechtes Betriebsklima: Angst, den Job zu verlieren, starke Konkurrenz, schwache Produkte, keinen Plan haben, frustriert sein, nicht fair **gutes Betriebsklima:** gerne zur Arbeit kommen, total engagiert, unglaublich stark im Markt, keine Angst vor der Konkurrenz haben, erfolgreiche Firma, fair behandeln b 1 Hochschule 2 Fragebogen 3 zutreffen 4 erstellen 5 Strategie 6 Praxis

D

3   1 b 2 e 3 d 4 c 5 a
4   1 Tagesablauf 2 Praktikantin 3 sieht – aus 4 Kita 5 allein 6 basteln 7 lese – vor 8 Teambesprechung 9 zufällig
5   1 f 2 d 3 a 4 e 5 c 6 b
6   1 geeignet 2 unterstützen 3 Vorbereitung 4 Mahlzeit 5 Betreuung 6 Kinderkrippe
7   Hier gibt es sowohl Obst als auch Gemüse.
8   a 2 Ich mag sowohl Wind als auch Sonne. 3 Ich mag sowohl Katzen als auch Hunde. 4 individuelle Lösung b 2 spricht sowohl Deutsch als auch Englisch. 3 Sie mag sowohl Kaffee als auch Tee. 4 Sie ist sowohl engagiert als auch teamorientiert. 5 Sie interessiert sich sowohl für Musik als auch für Kunst. 6 Sie ist sowohl geduldig als auch freundlich. 7 Sie hat sowohl gute Kenntnisse im Job als auch Talent. 8 Sie wird sowohl von den Vorgesetzten als auch von den Kollegen geschätzt. c 2 Meine Vorgesetzten sollten sowohl nett als auch fair sein. 3 Für den Job sollte man sowohl Talent als auch Geduld haben. 4 Mein Arbeitsplatz sollte sowohl ruhig und hell als auch modern sein. d 1 im Büro als auch in unserem Geschäft 2 nur engagiert, sondern auch sehr motiviert 3 nicht nur sehr gut Englisch, sondern auch ausgezeichnet Französisch 4 sowohl von Vorgesetzten als auch von Kolleg(inn)en e individuelle Lösung

9   1 Rest 2 krankmelden 3 Fieber 4 krankgeschrieben
10 individuelle Lösung
11 1 Vorschrift 2 austauschen 3 Vorgesetzte 4 schriftlich 5 hilfsbereit

Xtra Prüfung

1   1 Roboter 2 Gefahr 3 erledigen 4 konzentrieren

Lektion 6   Urban und grün

Starten wir!

1   a 1 c 2 a 3 b b 2 Straße 3 Topf 4 Apfel
    Lösungsvorschlag: 2 „Straße" passt nicht, weil man damit nicht fahren kann. 3 „Topf" passt nicht, weil man ihn nicht essen kann. 4 „Apfel" passt nicht, weil man ihn nicht lesen kann.
2   individuelle Lösung
3   a 1 Dach 2 Holz 3 Nägel 4 Säge 5 Fenster 6 Hammer b das Werkzeug – das Material
4   1 Baumhaus 2 Wohnform 3 Dach 4 gemütlich 5 bauen

A

1   1 sozial 2 vermuten 3 urban 4 Zukunft 5 grün
2   individuelle Lösung
3   1 Verdichtung 2 Bevölkerung 3 entstehen 4 Frage 5 knapp
4   a 1 z<u>u</u>rzeit – <u>au</u>ßer B<u>e</u>trieb 2 s<u>o</u>ziale – s<u>o</u>dass – w<u>ie</u>der 3 H<u>o</u>chh<u>au</u>s – App<u>a</u>rtement – St<u>o</u>ckw<u>e</u>rk
    b 1 Bevölkerung 2 wachsen 3 Platz 4 knapp 5 entstehen 6 Hochhäuser 7 Breite 8 wahrscheinlich 9 Stockwerk c 1 c 2 a 3 d 4 b
5   individuelle Lösung
6   1 c – <u>sodass</u> 2 d – <u>so dass</u> 3 a – <u>so dass</u> 4 b – <u>sodass</u>

Lösungen Arbeitsbuch

7 a

			Ende
2. Das Haus liegt in der Nähe der U-Bahn,	sodass	ich ohne Auto ins Büro	komme.
3. Die Wohnung liegt ruhig,	sodass	ich immer gut	schlafe.
4. Die Wohnung ist billig,	sodass	ich noch genug Geld zum Leben	habe.
5. Die Wohnung hat einen Balkon nach Westen,	sodass	ich abends in der Sonne	sitze.
6. Das Haus hat einen Aufzug,	sodass	ich bequem in meine Wohnung	komme.

b 1 ist es so schön 2 schmeckt so gut 3 schon so spät 4 kam so spät c 2 ich kein Geld sparen kann. 3 Die Straße vor meinem Fenster ist laut, sodass ich nachts nicht schlafen kann. – Die Straße vor meinem Fenster ist so laut, dass ich nachts nicht schlafen kann. 4 Geschäfte und Ärzte sind in der Nähe, sodass ich alles mit dem Fahrrad erledigen kann. 5 Die U-Bahnen fahren im Winter manchmal nicht, sodass ich zu spät ins Büro komme. 6 Die Stadt wächst schnell, sodass es kaum noch Platz für alle gibt. – Die Stadt wächst so schnell, dass es kaum noch Platz für alle gibt.

8 a 1 dass 2 sodass 3 weil 4 dass 5 sodass 6 weil 7 sodass 8 weil 9 dass 10 sondern auch 11 sodass 12 deshalb 13 dass b *individuelle Lösung*

9 1 die UNO 2 rechnen mit 3 Veränderung 4 die Bevölkerung 5 außer Betrieb

B

2 1 die Enkelin 2 der Cousin 3 die Tante 4 die Schwester 5 der Sohn

3 1 b 2 c 3 d 4 a

4 **Lösungsvorschlag: Kindheit:** lernen – Spaß haben – reisen – Freunde treffen – Träume haben – wachsen – zur Schule gehen **Jugend:** lernen – Spaß haben – arbeiten – reisen – Freunde treffen – Ausbildung machen – Zukunft planen – Träume haben – wachsen – ausgehen – zur Schule gehen **als Erwachsener:** lernen – Spaß haben – arbeiten – reisen – Freunde treffen – Haus bauen – Kinder erziehen – studieren – Ausbildung machen – Zukunft planen – Träume haben – Familie haben – ausgehen

5 *individuelle Lösung*

6 a 1 gießen 2 abwaschen 3 putzen 4 staubsaugen b 1 e 2 c 3 d 4 a 5 b

7 1 Dreck 2 zubereiten 3 unbedingt 4 automatisch

8 **Lösungsvorschlag: von Hand:** individuell – dauert länger – teurer – bessere Qualität **maschinell:** billiger – schneller

9 1 v<u>o</u>n H<u>a</u>nd – <u>U</u>ngefähr 2 R<u>o</u>boter – H<u>au</u>shalt – st<u>au</u>bsaugt – B<u>o</u>den – <u>au</u>tom<u>a</u>tisch 3 b<u>e</u>reiten – zu – m<u>a</u>schinell

10 a 1 d 2 a 3 b 4 c
b

	2		Ende
2. Das World Wide Web	wurde	1990 von Tim Berners-Lee	entwickelt.
3. *Romeo und Julia*	wurde	von Shakespeare	geschrieben.
4. Das Telefon	wurde	von Graham Bell	erfunden.

c 2 wurde – gestaubsaugt 3 wurden – geputzt 4 wurde – gewaschen 5 wurde – gebracht 6 wurden – eingekauft 7 wurden – gehängt 8 wurde – zubereitet d 1 wurde – gebaut 2 Wurde – bezahlt 3 wurde – repariert 4 wurden – erhöht 5 Wurde – geändert 6 Wurden – abgegeben 7 wurde – empfohlen 8 wurden – produziert

11 2 Damals wurden Schuhe im Geschäft gekauft. 3 Damals wurden deutsche Autos nur in Deutschland produziert. 4 Damals wurden nur Festnetz-Telefone benutzt. 5 Damals wurden auch Briefe geschrieben.

12 2 Damals schon wurden 12 % der Autos im Internet gekauft. 3 Damals schon wurden 40 % der Bücher bei *Amazon* bestellt. 4 Damals schon wurden 80 % der Wohnungen auf Webseiten im Internet angeboten.

13 a 2 c, f, g, j 3 a, f 4 f, h 5 c, f, j 6 i 7 b, f, g 8 e, f 9 d 10 f, g b Lösungsvorschlag: Das Essen wurde mittags zubereitet. – Die Wohnung wurde täglich gestaubsaugt. – Das Geschirr wurde von Hand abgewaschen.

14 1 das Festnetz-Telefon – kaum 2 einen Zettel 3 damals 4 die Räder – gewechselt 5 eingeführt

15 a 2 Von wem wurde das erste Auto gebaut? 3 Wann wurde der Euro eingeführt? 4 Wann wurde das Rad erfunden? 5 Wann wurde das Brandenburger Tor gebaut? 6 Von wem wurde das World Wide Web entwickelt? b 2 b 3 f 4 c 5 e 6 a c 2 Wurde das erste Auto von Carl Benz gebaut? 3 Wurde der Euro im Jahr 2002 eingeführt? 4 Wurde das Rad vor ca. 6.000 Jahren erfunden? 5 Wurde das Brandenburger Tor von 1789 bis 1793 gebaut? 6 Wurde das World Wide Web von Tim Berners-Lee entwickelt?

C

1 *individuelle Lösung*

2 1 am Meer 2 in den Bergen 3 in der Stadt 4 auf dem Land

3 1 Kissen 2 Gleichgewicht 3 Palme 4 sitzen 5 wachsen 6 Ecke

4 a 1 sitzen 2 dunkel 3 zurzeit 4 einrichten 5 unterschiedliche 6 kulturelle 7 Einflüsse 8 farbig 9 Energie 10 Rand 11 wohlfühlen b 1 <u>ei</u>nrichten – s<u>o</u>dass – w<u>o</u>hlfühlen 2 F<u>a</u>rbige – <u>Ei</u>nfluss – <u>E</u>nergie – <u>u</u>nterschiedliche 3 B<u>o</u>den – T<u>e</u>ppiche

Lösungen Arbeitsbuch

5   2 Wir müssen jetzt lernen. Wir haben nämlich morgen eine Prüfung. 3 Ich nehme am besten den Bus. Der Deutschkurs beginnt nämlich in einer Viertelstunde. 4 Wir wohnen hier gerne. Unsere Wohnung ist nämlich hell und gemütlich. 5 Das Haus ist typisch für Finnland. Es ist nämlich aus Holz. 6 Ich kann mit dem Fahrrad ins Büro fahren. Ich wohne nämlich im Zentrum.
6   a 1 B 2 A b 1 außerhalb des Gartens 2 außerhalb des Hauses 3 außerhalb der Stadt 4 außerhalb Frankfurts 5 Außerhalb des Krankenhauses 6 außerhalb der Jugendherberge 7 außerhalb des Dorfes c 1 außerhalb der Firma 2 außerhalb Europas 3 innerhalb des Betrieb(e)s 4 innerhalb des Teams 5 Außerhalb des Büros 6 außerhalb Bayerns
7   a 1 B 2 A b 1 innerhalb 2 innerhalb 3 außerhalb 4 innerhalb 5 außerhalb c 1 innerhalb eines Monat(e)s 2 außerhalb der Arbeitszeit 3 innerhalb einer Woche 4 außerhalb der Sprechstunden 5 innerhalb eines Jahres 6 innerhalb einer Stunde
8   1 Außerhalb des Hauses – innerhalb des Hauses – innerhalb eines Jahres 2 außerhalb meiner Firma – außerhalb der Stadt 3 innerhalb Chinas – innerhalb der Wohnung
9   1 Innerhalb Vietnams 2 Vietnam ist nämlich 3 befindet sich nämlich 4 selbst eingerichtet 5 alles im Gleichgewicht 6 auf dem Boden

D

1   individuelle Lösung
2   1 Abschluss 2 Meinung 3 Präsentation 4 Folie
3   1 c 2 d 3 b 4 a
4   Familie – Partner – allein
5   1 findet 2 Zusammenfassung 3 hält 4 Aufmerksamkeit 5 Mitschülern 6 Folien 7 kümmern 8 halte nicht viel 9 finde 10 Abschluss 11 bedanken
6   a 2 sich erinnern an + A 3 warten auf + A 4 sich kümmern um + A 5 sich freuen auf + A 6 sprechen über + A 7 sich bedanken bei + D 8 denken an + A 9 sich ärgern über + A 10 träumen von + D 11 sich verlieben in + A 12 gehen um + A 13 erzählen von + D 14 sich interessieren für + A 15 sich beschweren über + A 16 sich bedanken für + A b 1 über 2 bei 3 von 4 für 5 um 6 von 7 um c 1 über ein wichtiges Thema 2 von der Situation 3 um die schwierige Situation 4 vom Leben / von dem Leben 5 um den ganzen Haushalt 6 über den schrecklichen Vermieter 7 in einen netten Mitschüler 8 von einer kleinen Wohnung d 2 bei ihm 3 um sie 4 über dich 5 von ihr 6 in ihn 7 auf euch 8 an uns e individuelle Lösung
7   1 Mir hat deine Präsentation ganz ausgezeichnet gefallen. 2 Ich wusste gar nicht, dass … 3 Könntest du auch etwas über … sagen? Das habe ich vermisst. 4 Mir ist nicht ganz klar, …
8   1 die Anweisung 2 nun 3 danach 4 das Redemittel 5 der Zuhörer 6 der Dank
9   1 ein Beispiel 2 als Modell dienen 3 Vortrag 4 Inhalt 5 im Zusammenhang mit 6 zum Abschluss
10 a 1 d 2 a 3 b 4 c b 1 während des Studiums 2 seit zwei Jahren 3 zum nächsten Punkt 4 nicht alleine 5 vieles gemeinsam 6 teilt sich die Miete 7 Ich persönlich 8 für eure Aufmerksamkeit c individuelle Lösung

Xtra Prüfung

1   individuelle Lösung
2   1 e 2 d 3 b 4 c 5 a

Lektion 7   Stark im Leben

Starten wir!

1   a junge – wunderschöne – neuen – lang – kalt – dunkel – grau – ängstlich – einsam – allein – hell – warm – strahlende – wunderbaren
    b Lösungsvorschlag: ☺: wunderschön – neu – lang – hell – warm – strahlend – wunderbar
    ☹: kalt – dunkel – grau – ängstlich – einsam – allein c individuelle Lösung
2   1 C 2 A 3 B
3   1 Streetworker 2 Obdachlose 3 Drogen 4 Sucht
4   a Studienfach: Medizin – Sozialarbeit – Geschichte – Physik Beruf: Psychologe – Ärztin – Streetworker – Ingenieur b Lösungsvorschlag: Erzieher/in – Kindergärtner/in – Streetworker

A

1   individuelle Lösung
2   a 1 Alkohol 2 fest angestellt sein 3 Bayerisches Innenministerium b 1 Hat – feste Arbeit 2 Haben – eine Chance 3 schreibt - Slogans c 1 d 2 c 3 b 4 a
3   A Streetworker B Sanitäter C Erzieher D Krankenpfleger
4   1 Klient 2 Vertrauen 3 drogenabhängig 4 Aufgabe 5 Empathie
5   a 1 Konsum 2 reduzieren 3 Disziplin 4 Förderung 5 verurteilen b 1 b 2 d 3 e 4 a 5 c
6   1 c, e 2 d, f 3 a 4 e 5 a, d 6 b, d
7   a 2 Er könnte Urlaub auf den Malediven machen. 3 Ich wäre gerne wieder fest angestellt. 4 Sie würde lieber wieder in der Werbung arbeiten. 5 Ich wäre gerne wieder 30. 6 Er hätte wirklich gute Chancen. 7 Er hätte gerne wieder eine feste Arbeit. 8 Sie würden lieber im Zentrum wohnen. 9 Sie würde sich auch gerne um Obdachlose kümmern. b 2 Geduld hätte, würde ich die Arbeit nicht schaffen. 3 helfen würde, hätten sie noch mehr Probleme. 4 ich ein schlechter Streetworker. 5 würde, würden sie mich nicht akzeptieren. 6 wäre, wäre das der falsche Job für mich. 7 hätte, würden sie mir nichts erzählen.

Lösungen Arbeitsbuch

8 **a 1** wäre ich glücklich. **2** Wenn ich Geld hätte, würde ich nicht mehr arbeiten. **3** Wenn ich Spanisch könnte, würde ich in Madrid leben. **4** Wenn ich Feierabend hätte, würde ich nach Hause fahren können. **b 1** hätte – wäre **2** kümmern würde – wäre **3** zusammenarbeiten würde – würde – suchen **4** finden würde – würde machen **5** zuhören würde – hätten **6** hätte – würde – bewältigen **7** arbeiten würde – wäre

9 **a 2** Wenn du öfter das Fahrrad benutzen würdest, wärst du fitter. **3** Wenn du fitter wärst, würdest du nicht so oft ins Fitness-Studio gehen. **4** Wenn du nicht so oft ins Fitness-Studio gehen würdest, hättest du mehr Zeit für deine Familie. **5** Wenn du mehr Zeit für deine Familie hättest, könntet ihr mehr unternehmen. **6** Wenn ihr mehr unternehmen könntet, wären deine Kinder glücklicher. **7** Wenn deine Kinder glücklicher wären, wäre auch deine Frau zufriedener. **8** Wenn deine Frau zufriedener wäre, würde das Leben wieder richtig Spaß machen. **b** *individuelle Lösung*

10 **1** praktische **2** Ein wenig **3** bayerisch **4** Soziale

B

2 **1** Schnur **2** Mittelmeer **3** Verbrecher **4** Flüchtlingshelferin

3 **1** rettet Menschen im Mittelmeer **2** helfen kranken Menschen **3** schützt uns vor Verbrechern **4** kümmern sich um Obdachlose **5** bastelt und singt mit Kindern

4 **2** Amerika **3** England **4** Deutschland **5** Indien **6** *individuelle Lösung*

5 *individuelle Lösung*

6 **Lösungsvorschlag:** helfen – schützen – sich kümmern – kämpfen – aufpassen

7 **1** c **2** e **3** a **4** b **5** d

8 **1** gegen **2** Unterführung **3** Schreie **4** Lärm **5** Kampf **6** muskulös **7** Gewalt **8** Passantin **9** Offenbar **10** dabei **11** Schlägerei

9 *individuelle Lösung*

10 **a 1** Als – d **2** Als – f **3** Als – b **4** als – e **5** als – c **6** als – a

b

Hauptsatz		Nebensatz	
2. Niemand war auf der Straße,	als	ich in die Nähe der Unterführung	kam.
3. Ich hatte Angst,	als	ich die Schlägerei	sah.
4. Ich drehte mich um,	als	ich einen Schrei	hörte.
5. Ich wollte gerade 112 wählen,	als	die Polizei	kam.
6. Die Schläger rannten weg,	als	sie die Polizisten	sahen.

c

Nebensatz		Hauptsatz		
2. Als	ich in die Nähe der Unterführung kam,	war	niemand	auf der Straße.
3. Als	ich die Schlägerei sah,	hatte	ich	Angst.
4. Als	ich einen Schrei hörte,	drehte	ich	mich um.
5. Als	die Polizei kam,	wollte	ich	gerade 112 wählen.
6. Als	die Polizisten sie sahen,	rannten	die Schläger	weg.

11 **2** Als ich mein erstes Date hatte, war ich sehr nervös. **3** Als ich zum ersten Mal in Berlin war, war ich sofort von der Stadt begeistert. **4** Als wir in Urlaub waren, goss die Nachbarin die Blumen. **5** Als ich gestern eine Frage hatte, ging ich sofort zu meinem Chef. **6** Als wir in München lebten, kauften wir unser Brot in der Bäckerei. **7** Als ich neulich durch die dunkle Unterführung ging, hatte ich Angst. **8** Als ich in München war, traf ich auch Chris.

12 **1** dass **2** sondern **3** Als **4** nämlich **5** weil **6** Als **7** aber **8** dass **9** nämlich **10** Wenn

13 **a 1** eine Nummer wählen **2** Argumente **3** deutlich **4** die Schlägerei **5** Online-Gästebuch **b 1** b, e, f, g **2** a **3** d, e, g **4** e, g **5** b **6** d, g **c 1** umgedreht **2** hingeschaut **3** weggerannt

C

1 *individuelle Lösung*

2 **1** a, b, c, e **2** a, e **3** a, b, c, e **4** a, b, c, e **5** d

3 *individuelle Lösung*

4 **1** verantwortlich **2** doppelt **3** Mengen **4** Produktion **5** extrem **6** Klimawandel **7** Waren **8** achten **9** Statt **10** lieber **11** putzt **12** einseift **13** abstellen

5 **1** B<u>äu</u>er<u>i</u>nnen – B<u>au</u>ern – Südam<u>e</u>rik<u>a</u> – Kl<u>i</u>mawandel – scha<u>det</u> – <u>ex</u>tr<u>e</u>m **2** P<u>o</u>rtem<u>o</u>nn<u>ai</u>e – d<u>u</u>rchschn<u>i</u>ttl<u>i</u>ch

6 **1** schadet **2** achten **3** wegwerfen **4** verbraucht

7 **a 2** ☹ – ☹ **3** ☺ – ☺ **4** ☹ – ☹ **5** ☺ – ☺ **b 1** b **2** a **3** b

8 **a 1** weder **2** noch **3** weder **4** noch **b 1** noch Lust **2** noch für die Tiere **3** noch er **4** noch Preis **5** noch Fisch **6** noch in Berlin **7** noch in Italien **c 2** Das Gerät ist weder praktisch noch schön. **3** Mein Freund spielt weder Tennis noch Fußball. **4** Wir bekommen weder mehr Urlaub noch mehr Gehalt. **5** Er isst weder Obst noch Gemüse. **6** Lisa hat weder Husten noch Fieber. **d 2** weder Argumente noch Beispiele **3** sowohl ruhig als auch hell **4** weder einen Klimawandel noch Probleme mit der Umwelt **5** sowohl loyal als auch engagiert **6** sowohl regional als auch ohne schädliche Chemie

9 3 – 4 – 2 – **1** nicht nur – sondern auch **2** weder – noch **3** nicht nur – sondern auch

10 **1** sowohl **2** weil **3** obwohl **4** nämlich **5** weder

Lösungen Arbeitsbuch

D

1. 1 e 2 i 3 h 4 g 5 d 6 a 7 f 8 c 9 b
2. a A der Bär B der Vogel C das Pferd D der Pinguin E der Gorilla b 1 Tierart 2 zerstören 3 Kompromiss 4 schädlich 5 Blähungen 6 vorbeifahren c 1 a – b 2 a 3 c
3. 1 Quizmarathon – raten 2 Kreuzfahrtschiffe – vorbeifahren – zerstören 3 Tierarten – Klimawandel
4. 1 wecken 2 aufbauen 3 besitzen 4 vorschlagen 5 bekommen
5. 1 nachhaltigen 2 hip 3 verzichten 4 ökologisch 5 verursachen 6 Alternative 7 Mehrwegbecher 8 Einwegbecher 9 behältst 10 genießen
6. *individuelle Lösung*
7. indem er Lebensmittel wegwirft.
8. a *individuelle Lösung* b 2 Wir schaden unserem Körper, indem wir nur noch im Auto sitzen. – Indem wir nur noch im Auto sitzen, schaden wir unserem Körper. 3 Wir verbrauchen viel Energie, indem wir global statt regional kaufen. – Indem wir global statt regional kaufen, verbrauchen wir viel Energie. 4 Wir zerstören die Umwelt, indem wir Einwegbecher benutzen. – Indem wir Einwegbecher benutzen, zerstören wir die Umwelt.
9. 1 indem ich öfter mal zu Fuß gehe. 2 indem ich keine Lebensmittel mehr wegwerfe. 3 indem ich nachts die Heizung abstelle. 4 indem ich auf Schnitzel und Pommes frites verzichte. 5 indem ich weniger arbeite. 6 indem ich der alten Nachbarin beim Einkaufen helfe. 7 indem ich faire Produkte kaufe.
10. 1 indem Sie ihm Beispiele 2 indem Sie ihm eine Lösung 3 indem er Ihr Produkt 4 indem er ins Geschäft geht
11. a 1 führen 2 wecken 3 putzen 4 genießen 5 besitzen 6 wecken b 1 b 2 c 3 a

Xtra Prüfung

1. 1 hilfreich 2 zahlreiche 3 erfolgreich
2. **Lösungsvorschlag: Studium:** Semester – Workshop – Uni – Hochschule – Bewerbung – Fach – Projekt – Student – Präsentation **Arbeit bei einer Firma:** Workshop – Vorgesetzte – Gehalt – Bewerbung – Kaufmann – Projekt – Präsentation

Lektion 8 Chancen und Gefahren

Starten wir!

1. 1 f 2 a, e 3 a, b, e, f 4 a, e 5 c 6 c, d
2. a 1 laut 2 Vordergrund 3 beschweren 4 Hintergrund 5 ruhig 6 stören b *individuelle Lösung*

A

1. a 1 F 2 B 3 D 4 A 5 C 6 E b 1 Stecker 2 Steckdose 3 Lautsprecher 4 Kabel 5 Akku 6 Soundanlage
2. 1 Bedienungsanleitung 2 Soundanlage 3 DJ 4 drinnen 5 Einladung
3. a A Lautsprecher B CD C Kopfhörer D Schalter b 1 aufhaben 2 wechseln 3 akzeptieren 4 zeigen 5 abnehmen c 1 c 2 d 3 a 4 b
4. *individuelle Lösung*
5. a 1 sondern 2 sondern 3 kein 4 keinen 5 nicht
   b

	👎	👍
2.	Sie ist nicht arm,	sondern reich.
3.	Er fährt nicht nach Spanien,	sondern nach Italien.
4.	Sie heißt nicht Pia,	sondern Mia.
5.	Wir mögen keine Discos,	sondern Partys unter freiem Himmel.
6.	Das ist nicht die Ostsee,	sondern die Nordsee.
7.	Das ist nicht falsch,	sondern richtig.
8.	Ich bestelle kein Fleisch,	sondern nur Salat.
9.	Wir nehmen keine Vorspeise,	sondern nur eine Hauptspeise.
10.	Ich mache keinen Urlaub,	sondern eine Konzertreise.
11.	Ich mag kein Fleisch,	sondern nur Gemüse.

6. 1 b 2 e 3 d 4 g 5 c 6 h 7 a 8 f
7. 1 dein allgemeiner Eindruck 2 sich mitten drin gefühlt hat 3 Mein Gefühl war 4 beiden Kanälen 5 ziemlich oft gewechselt
8. a 1 feiern 2 lesen 3 aufhaben 4 machen 5 aufladen b Lösungsvorschlag: 1 gefeiert. 2 Ich lese immer zuerst die Bedienungsanleitung. 3 Bei der Party hatte ich den Kopfhörer auf. 4 Ich mache gerne ein Ratespiel. 5 Morgens lade ich den Akku von meinem Smartphone auf.
9. a 2 Nein, auf keinen Fall. 3 Aber sicher! 4 Wie läuft's denn so? 5 Und los geht's! 6 Super! Da bist du ja endlich! b Lösungsvorschlag: 1 im Verkehr, sie zeigt drei Farben: rot, gelb und grün. 2 Das Ding heißt Becher. Ein Becher ist oft aus Plastik und man kann aus ihm Kaffee und Tee trinken. Ich benutze ihn im Büro. 3 Das Ding heißt Kopfhörer. Mit einem Kopfhörer kann man Musik hören. Er ist mit oder ohne Kabel. Mit einem Kopfhörer ohne Kabel ist man mobil. 4 Das Ding heißt Motorrad. Es hat zwei Räder und einen Motor. Es ist sehr schnell. 5 Das Ding heißt U-Bahn. Sie sieht wie ein Zug aus und fährt unter der Erde. U-Bahnen gibt es in großen Städten.

B

1. **technische Dinge:** der Staubsauger – der Stecker – der Schalter – der Lautsprecher **menschliche Dinge:** die Liebe – das Vertrauen – der Wunsch – der Lebensstil **Stadt:** die Unterführung – der Spielplatz – das Hochhaus – die Großstadt
2. 1 Führerscheinpflicht 2 testen 3 beschädigen 4 Drohne 5 Paket

215

Lösungen Arbeitsbuch

3 **a 1** Verwenden – Ziel **2** Ausfahrt – Kilogramm – Drohne **3** Fahrzeugen – Versicherung **4** Verkehrslage – Gesetze – Geldstrafen – gelten **b A** der Pkw **B** das Motorrad **C** der Lkw **D** das Fahrrad

4 **1** einsetzen **2** Rettung **3** verwenden **4** beschädigt **5** gelten für **6** testen

5 **a**

	sein	Partizip Perfekt	worden
2. Der Akku	ist	aufgeladen	worden.
3. Die Lautsprecher	sind	angeschlossen	worden.
4. Das Kabel	ist	geprüft	worden.
5. Der Kühlschrank	ist	beschädigt	worden.
6. Der Staubsauger	ist	repariert	worden.
7. Die Schalter	sind	kontrolliert	worden.
8. Der Stecker	ist	gewechselt	worden.
9. Der Motor	ist	ausgetauscht	worden.
10. Die Maschinen	sind	entwickelt	worden.

b 1 ist – diskutiert worden **2** ist – gemacht worden **3** bin – informiert worden **4** ist – beschädigt worden **5** ist – gefunden worden **6** sind – gesehen worden

6 **a 2** Von wem ist der Pkw beschädigt worden? **3** Wann ist die Maschine entwickelt worden? **4** Wofür sind die Lkws eingesetzt worden? **5** Warum ist das Gesetz gemacht worden? **6** Wo sind die Geräte getestet worden? **b 2** Sind die Betten gemacht worden? **3** Ist die Küche geputzt worden? **4** Ist der Abfalleimer geleert worden? **5** Ist das Essen zubereitet worden? **6** Ist das Geschirr abgewaschen worden? **7** Ist das Wohnzimmer gestaubsaugt worden? **c 2** Zwei Pkws auf der Sonnenstraße sind von einer jungen Frau mit Kinderwagen beschädigt worden. **3** Ein Lebensmittelgeschäft am Südpark ist von einem Kölner Geschäftsmann für immer geschlossen worden. **4** Eine Schlägerei am Bahnhof ist von der Polizei beendet worden. **d 1** wurde geputzt. **2** ist geleert worden. **3** Die Betten wurden gemacht. **4** Das Geschirr ist abgewaschen worden. **5** Das Schlafzimmer wurde gestaubsaugt.

7 **a 2** c **3** b **4** a
b

Hauptsatz	Nebensatz
2. Ich fahre mit der U-Bahn ins Büro,	seitdem ich im Zentrum wohne.
3. Er hat das Vertrauen seiner Klienten,	seit er ihnen gut zuhört.
4. Sie ist für uns verantwortlich,	seitdem sie unsere Chefin ist.

Nebensatz	Hauptsatz
2. Seitdem ich im Zentrum wohne,	fahre ich mit der U-Bahn ins Büro.
3. Seit er ihnen gut zuhört,	hat er das Vertrauen seiner Klienten.
4. Seitdem sie unsere Chefin ist,	ist sie für uns verantwortlich.

8 **2** Seit(dem) ich in den Deutschkurs gehe, fühle ich mich hier wohl. **3** Seit(dem) ich mich hier wohlfühle, gehe ich wieder mehr aus. **4** Seit(dem) ich wieder mehr ausgehe, lerne ich nette Leute kennen. **5** Seit(dem) ich nette Leute kennenlerne, werde ich öfter auf Partys eingeladen. **6** *individuelle Lösung* **7** *individuelle Lösung*

9 **1** Strafzettel **2** Gesetz **3** Gedanke **4** pur

C

1 *individuelle Lösung*

2 **Lösungsvorschlag: Chance:** Verkehrslage kontrollieren – Pakete liefern – billig Fotos, Filme und Musikvideos machen **Gefahren:** Menschen heimlich beobachten – zu viel Verkehr am Himmel – Unfälle verursachen – Arbeitsplätze zerstören

3 *individuelle Lösung*

4 **a 1** Spielzeug **2** verwenden **3** Fortschritt **4** Gesetz **b** *individuelle Lösung*

5 **a 1** pauschal **2** Roman **3** Wirklichkeit **b 1** gegen **2** um **c 1** gegen die Ampel **2** gegen den Kühlschrank **3** gegen das Fenster **4** gegen die / eine Wand **d 1** um **2** um **3** gegen **4** um **e 1** b **2** c **3** a **4** a **5** c

6 **a 1** b **2** c **3** d **4** a **b 1** das Herz **2** der Kreis **3** der Stern

7 **a 2** ☺ – ☹ **3** ☹ – ☺ **b 1** d **2** a **3** e **4** c **5** b
c

Hauptsatz 1	Hauptsatz 2
2. Ich gehe zwar um fünf aus dem Büro,	aber ich bin erst um sechs zu Hause.
3. Mein Arbeitsplatz ist zwar hell,	aber es ist ziemlich laut dort.
4. Die Teambesprechung ist zwar wichtig,	aber sie dauert viel zu lang.
5. Wir arbeiten zwar sehr fleißig,	aber wir bekommen nicht mehr Geld.

8 **a 2** Er spricht zwar gut Englisch **3** Ich muss zwar noch lernen **4** Drohnen bedeuten zwar Fortschritt **5** Medikamente können zwar Menschen retten **b 2** Das Bad ist zwar nicht groß, aber es hat ein Fenster. **3** Die Heizung ist zwar neu, aber sie funktioniert nicht. **4** Das Haus hat zwar eine Garage, aber keinen Aufzug. **5** Die Wohnung hat zwar nur zwei Zimmer, aber beide Zimmer sind riesig. **c 1** als auch **2** weder **3** sondern auch **4** zwar **5** aber **6** noch **7** sowohl **8** zwar

9 **a 1** d **2** a **3** b **4** c
b

Hauptsatz	Nebensatz
2. Er tut so,	als ob diese Technik keine Probleme machen würde.
3. Er tut so,	als ob die Zukunft schon Wirklichkeit wäre.
4. Er tut so,	als ob Drohnen nur Vorteile hätten.

Lösungen Arbeitsbuch

10 **a 1** schneien würde **2** wäre **3** wäre **4** hätte **5** könnte **b 2** Es sieht so aus, als ob der Frühling bald kommen würde. **3** Ich fühle mich so, als ob mich niemand sehen würde. **4** Es sieht so aus, als ob auch mein Chef das Gesetz nicht kennen würde. **5** Ich fühle mich manchmal so, als ob ich träumen würde. **6** Es sieht so aus, als ob die Werkstatt die Fahrzeuge nicht testen würde. **7** Manchmal hat man den Eindruck, als ob mein Freund Eric überhaupt keine Probleme hätte.

11 **a 1** auch sinnvoll **2** Verletzte und Kranke **3** beschaffen **4** dankbar für **5** eher kritisch **6** Briefträger **7** nicht hilfreich **8** Jobs in Gefahr **b** *individuelle Lösung*

D

1 (von links nach rechts) ÜBUNG / SCHREIBEN – DRUCKEN – BUCH – HEFT – SATZ – TEXT – SCHREIBEN / ÜBUNG – LESEN
2 **1** Journalismus **2** Artikel **3** Reporter **4** Sender
3 **1** Sender **2** Artikel **3** Moderatorin **4** berichtet
4 **1** c **2** e **3** a **4** b **5** d
5 **1** Redaktion **2** wöchentlich **3** interessiert **4** Passanten **5** sorgfältige **6** recherchieren **7** Blick **8** werfen **9** hinterfragen **10** Auswahl **11** ethische **12** Standards **13** einhalten **14** seriös
6 *individuelle Lösung*
7 **2** erzählt – von – erzählen von **3** für – gekämpft – kämpfen für **4** über – informieren – sich informieren über **5** diskutiere – mit – diskutieren mit **6** über – berichten – berichten über
8 **a 2** wem **3** wen **4** wem **5** wen **6** wen **7** wem **8** wen **b 1** Für wen **2** Von wem **3** Über wen **4** Um wen **5** An wen **6** Auf wen
9 **a** Personen?: um wen – von wem – für wen – über wen – mit wem – auf wen Dinge?: worauf – wofür – worüber – wovon **b 2** Um wen kümmert er sich? – Worum kümmert er sich? **3** Für wen kämpfen sie? – Wofür kämpfen sie? **4** Von wem erzählt sie? – Wovon erzählt sie? **c 1** Woran **2** An wen **3** Wovon **4** Worauf **5** An wen **6** Woran **7** Über wen **8** Auf wen **d 2** Über wen haben Sie sich informiert? – Ich habe mich über … informiert. **3** Wovon hat Martin erzählt? – Er hat von … erzählt. **4** Mit wem diskutierst du am liebsten? – Ich diskutiere am liebsten mit … **5** Worauf achtet ihr beim Einkaufen? – Wir achten beim Einkaufen auf … **6** Um wen kümmert sie sich nachmittags? – Sie kümmert sich nachmittags um …
10 **1** um sie **2** darauf **3** über ihn **4** darüber
11 **1** darauf **2** Über ihn **3** darauf **4** mit ihnen **5** davon **6** auf ihn
12 **a 1** Mediennutzung **2** Politiker **3** Blick **b** 3 – 1 – 2 **c** *individuelle Lösung*

Xtra Prüfung

1 **A** der Astronaut **B** der Mond **C** der Satellit
2 **1** Redaktion **2** Führung **3** erlaubt sein

Lektion 9   Ich bin dann mal weg!

Starten wir!

1 **1** im Vordergrund **2** sitzen **3** unterwegs **4** Im Hintergrund **5** erkennt **6** Gleis
2 **Reisen:** der Weg – die Grenze – die Jugendherberge – der Pass – das Ausland – die Fluggesellschaft – der Kurzurlaub **Wetter:** der Sturm – der Nebel – die Wolke – das Gewitter – die Temperatur
3 1 – 5 – 2 – 4 – 3
4 *individuelle Lösung*

A

1 **a 1** d, e **2** c, d, f **3** e **4** c, f **5** b **6** e **7** a **b** *individuelle Lösung* **c 1** Pilger **2** führt **3** Grab **4** Apostels **5** nachdenken **d 1** e **2** b **3** a **4** d **5** c
2 **1** Grab **2** Nordspanien **3** Wohnmobil **4** Diskussionsforum **5** Pilger
3 **a 1** entlanggegangen **2** vorbeigekommen **3** weggerannt **4** zurückgelegt **b 1** Ruhe **2** Wiese **3** auf jeden Fall **4** spanische **5** halte **6** jemand
4 **a 1** gegen **2** um **3** durch **b 1** c – durch **2** a – durch **3** e – durch **4** b – durch **5** d – durch **c 1** durch die Stadt **2** durch den Nationalpark **3** durch die Unterführung **4** durch das Gewitter **d 1** a **2** c **3** a **4** b **5** c **6** b
5 *individuelle Lösung*
6 **a 1** wir kein Zelt einzupacken **2** brauche ich nicht ins Reisebüro zu gehen **3** so brauchen wir keine Angst zu haben **4** ich nicht in teuren Hotels zu übernachten **b 2** Sie brauchen nicht aufzustehen. **3** Sie müssen keine Angst haben. **4** Sie brauchen keine E-Mail zu schreiben.
7 **a 1** brauchen **2** müssen **3** musst **4** brauchst **5** brauchst **b 2** Nein, ich brauche heute nicht zu arbeiten. **3** Nein, ich brauche meine Mutter heute nicht zu besuchen. **4** Nein, ich brauche heute nicht zu staubsaugen. **5** Nein, ich brauche heute keine Getränke zu kaufen. **6** Nein, ich brauche heute keine Kunden anzurufen. **7** Nein, ich brauche heute nicht zu kochen. **c 2** braucht – auszugeben **3** müssen – kaufen **4** braucht – zu verreisen **5** müssen – kümmern
8 **1** wir für wichtig **2** das lehnen wir ab **3** nie machen **4** wir zu **5** ganz anderer Meinung **6** unterstützen **7** ist nichts für uns
9 *individuelle Lösung*
10 **1** mischen **2** zurücklegen **3** abwaschen **4** entscheiden

B

1 *individuelle Lösung*
2 **Lösungsvorschlag:** Buchhändlerin – Gemüsehändler

Lösungen Arbeitsbuch

3 **a A** die Batterie **B** der Sitz **C** der Motor **D** der Reifen **E** die Bremse **F** der Spiegel **G** die Panne
b 2 handelt … um **3** Raten **4** ordnen … zu **5** Nummerieren

4 **1** das Licht **2** das Rad **3** der Reifen **4** das Dach **5** der Sitz **6** der Spiegel **7** die Tür

5 **a Pannendienst:** Wir sind schon auf dem Weg. – Wo genau sind Sie? – Was ist passiert? – Wer hat das Auto gefahren? **Autofahrerin:** Ich habe eine Panne. – Ich hatte einen Unfall. – Wie lange dauert es? **b 1** Schaden **2** abfahren **3** Pannendienst **4** Kennzeichen **5** Loch

6 *individuelle Lösung*

7 **Lösungsvorschlag:** Lieblingsessen – Hobby – Haustiere – Postleitzahl – Beruf – Gewicht

8 **1** B **2** A – das Auto, das **3** D – die Frau, die **4** C – die Mechaniker, die

9 **1** die **2** die – e **3** das – a **4** die – h **5** der – g **6** der – c **7** die – f **8** die – b

10
Hauptsatz	Nebensatz
2. Wem gehört das Wohnmobil,	das immer vor unserem Haus steht?
3. Ist es wieder dieser Wagen,	der Probleme mit dem Motor hat?
4. Wo ist die Batterie,	die gerade noch hier lag?
5. Wo sind denn die Mechaniker,	die schon vor einer Stunde kommen wollten?
6. Wie teuer sind die Reifen,	die jetzt im Angebot sind?

11 **a 2** Hier sind die Unterlagen, die noch fehlen. **3** Das ist der Brief, der gestern mit der Post kam. **4** Das ist die Bremse, die so komische Geräusche macht. **5** Das ist das Schiff, das nur zwei Stunden bis England braucht. **b 2** Eine Großstadt ist eine Stadt, die viele Einwohner hat. **3** Ein Automechaniker ist ein Mechaniker, der Autos repariert. **4** Ein Hochhaus ist ein Haus, das viele Stockwerke hat. **5** Ein Wetterbericht ist ein Bericht, der über das Wetter informiert.

12 **a 1** schon wieder **2** eher teuer **3** eigentlich schon **4** jeden Fall **b 1** nachdenken **2** vorbeikommen **3** entlanglaufen **4** sein **5** machen

13 **a 1** das Geräusch **2** leer **3** die Ursache **4** gering **5** das Protokoll **6** die Reparatur **7** die Schadensmeldung **8** die Heizung **b** *individuelle Lösung*

C

1 **Lösungsvorschlag:** der Pkw – der Wagen

2 **1** widersprechen **2** Lage **3** Massentourismus **4** Einnahmen

3 **A** der Hafen **B** das Boot **C** der Passagier **D** das Schiff

4 **a 1** Bürgermeisters **2** lösen **3** wirtschaftlich **4** genügend **5** Einnahmen **6** Bürger **7** Massentourismus **8** verschmutzen **9** antiken **10** demonstrieren **11** Lage **12** Festland **13** bauen **14 b 1** eingefallen **2** zurückgegangen **3** insgesamt **4** Bau **c** *individuelle Lösung*

5 **a** den – das – die – die **b 2** Ja, das ist das Buch, das ich gelesen habe. **3** Ja, das ist die Bürgermeisterin, die ich interviewt habe. **4** Ja, das ist der Weg, den ich entlanggegangen bin. **5** Ja, das sind die Boote, die ich im Hafen gesehen habe. **c 1** das **2** die **3** die **4** den **5** das **6** den **7** die

6 **a** dem – dem – der – denen **b 2** Herr Lasser ist ein Nachbar, dem ich gerne helfe. **3** Frau Müller ist eine neue Kollegin, der ich die Firma gezeigt habe. **4** „Unsere Umwelt ist wichtig." ist ein Satz, dem ich nicht widerspreche. **5** Da draußen gibt es Leute, denen die EU-Politik nicht gefällt. **6** Das ist die Mitarbeiterin, der wir mehr Gehalt geben. **7** Das ist das Mädchen, dem das blaue Fahrrad gehört. **c 2** dem – D **3** dem – D **4** das – A **5** der – D **6** die – A **7** denen – D **8** die – A

7 **1** der **2** die **3** den **4** das **5** dem **6** denen **7** die **8** dem

8 **a 1** ☺ **2** ☹ **3** ☹ **4** ☺ **5** ☹ **6** ☺ **7** *individuelle Lösung* **8** *individuelle Lösung* **b** *individuelle Lösung*

D

1 *individuelle Lösung*

2 Kahn – Boot – Hafen – Schiff – Fluss – Mittelmeer – Festland – Kanal

3 *individuelle Lösung*

4 **1** Zuhause **2** Siedlungsgebiet **3** Biologin **4** Volk **5** Erholung

5 **a 1** zwischen dem **2** zwischen **3** zwischen **4** zwischen **5** zwischen dem **b 1** seit **2** zum **3** im **4** während **5** zwischen **6** außerhalb

6 **a 1** c **2** d **3** a **4** b **b A** die Gurke **B** die Rose **C** die Möhre **D** die Palme **c 1** Langeweile **2** schade **3** Radfahrer **4** Bedeutung **5** Sorbisch **6** Reisenden **7** Sorben

7 **a 2** studieren **3** teilnehmen **b** ein Studierender – der Teilnehmende – die Reisende – die Studierende – eine Teilnehmende – Reisende – Studierende – die Teilnehmenden

8 **a 1** Reisende **2** ein Studierender **3** Teilnehmende **4** ein Reisender **5** Studierende **b 1** Studierenden **2** Studierende **3** der Studierende **4** Reisende **5** Ein Reisender **6** Reisenden **7** Eine Teilnehmende **8** Teilnehmende

9 **a 1** d, h **2** b, d, e **3** a **4** h **5** b, d **6** a, b, e, f **7** c, f, g **8** a, b, c, d, e **b** *individuelle Lösung* **c 1** Mit wem und wann waren Sie da? **2** Was haben Sie gemacht? **3** Wie hat Ihnen Wien gefallen? **4** Können Sie das Hotel empfehlen? **5** Wie fanden Sie das Hotel?

Xtra Prüfung

1 **Lösungsvorschlag: 1** Es ist kaputt. **2** Auf Mallorca. – Viele Touristen stören ihn nicht. **3** Sie ist gestresst von ihrer Arbeit. – Sie möchte Ruhe finden. **4** Sie fahren gerne Ski. – Sie möchten in Österreich Urlaub machen.

2 **1** ablegen **2** buchen **3** zustellen **4** lösen

Lösungen Arbeitsbuch

Lektion 10 Kommunikation und Medien

Starten wir!

1 **Lösungsvorschlag: 1** zwei Männer. **2** Im Hintergrund sehe ich eine Hütte, eine Wiese, einen Wald und einen Berg. **3** Die Gegend ist grün, ich sehe eine Hütte, eine Wiese, einen Weg, einen Wald und einen Berg. **4** Sie joggen. **5** Sie tragen ein T-Shirt, Laufschuhe und eine Hose.
2 **a** 1 e 2 d 3 a, e 4 b 5 b, c, e 6 e **b** *individuelle Lösung*
3 **a** 1 von einer Smartwatch 2 viel Erfahrung 3 Fitness-App 4 gutes Hilfsmittel 5 seinen Lauf **b** *individuelle Lösung*

A

1 2 Sie empfiehlt, langsam anzufangen. 3 Sie empfiehlt, die Landschaft zu genießen. 4 Sie empfiehlt, sich zu entspannen.
2 **a** B auf das Logo klicken C die Fitness-App installieren D in das Suchfenster tippen E die Dateien auf Viren prüfen F sich am Computer anmelden **b** 2 Sie auf das Logo 3 Sie die Fitness-App 4 Tippen Sie in das Suchfenster 5 Prüfen Sie die Dateien auf Viren 6 Melden Sie sich am Computer an **c** 1 auf 2 auf 3 am 4 auf 5 in
3 1 Ordner 2 Kundenservice 3 installieren 4 Daten 5 abrufen
4 1 App – Distanz – Geschwindigkeit – messen 2 Menü – Daten – Zustand – abrufen
5 1 c 2 b – Tippen 3 e – klicken – speichern 4 a – öffnen – installieren 5 d – einrichten
6 **a** 1 für 2 über 3 um **b** 2 für den 3 um das 4 auf die 5 über die **c** 1 in dem 2 mit dem 3 von denen 4 mit der **d** 2 der – D 3 den – A 4 die – A 5 denen – D 6 dem – D 7 die – A
7 2 Hütte 3 Geschäfte 4 Ordnern 5 Smartwatch 6 Fahrradschloss 7 Job
8 **a** 2 Das ist die Hütte, in der Kathrin am Wochenende übernachtet. 3 Das sind die sechs Geschäfte, um die sich Julian seit Jahren kümmert. 4 Das sind die Ordner, in denen Lisa ihre Dateien speichert. 5 Das ist die Smartwatch, mit der Eva gerne joggt. 6 Das ist der Schlüssel, mit dem Tim sein Fahrradschloss öffnet. 7 Das ist der Job, für den sich Jörg interessiert. **b** 1 der 2 dem 3 das 4 dem 5 die 6 denen 7 dem 8 die **c** 1 c 2 f 3 b 4 a 5 d 6 g 7 e 8 h **d** 1 b 2 d 3 g 4 k 5 f 6 j 7 l 8 a 9 i 10 c **e** *individuelle Lösung*
9 **a** 1 einrichten 2 messen 3 installieren 4 speichern 5 abrufen **b** 1 Drücken 2 Wählen 3 Tippen 4 Schreiben 5 Senden **c** 1 D 2 A 3 C 4 E 5 B

B

1 *individuelle Lösung*
2 1 Verhalten 2 chattet 3 nimmt … ein 4 nutzen 5 aggressiv 6 nimmt … mit 7 versäumen 8 beantwortet 9 Aussagen 10 normal
3 **a** 1 beantwortet 2 versäumt 3 hingewiesen 4 Nehmt … ein 5 eingerichtet 6 genutzt 7 angemeldet
b

Präsens	Perfekt
er misst	er hat gemessen
er weist … hin	er hat hingewiesen
er nimmt … ein	er hat eingenommen
er vermeidet	er hat vermieden

4 *individuelle Lösung*
5 1 Bereich 2 abnimmt 3 googeln 4 vorkommen 5 Anleitung 6 klarmachen 7 wach
6 können … gemacht werden – kann … genutzt werden – können … gehört werden – können … übersetzt werden – kann … trainiert werden
7 **a** 2 kann – abgerufen werden 3 können – gefunden werden 4 können – fotografiert werden 5 können – gesendet werden 6 kann – geprüft werden
b

	2		Ende
2 E-Mails	können	auf dem Smartphone	gelesen werden.
3 Die Adresse	kann	mit Google Maps	gefunden werden.
4 Die Nachricht	kann	immer und überall	abgerufen werden.

8 **a** 2 Die letzten E-Mails müssen geschrieben werden. 3 Wichtige Dateien müssen gespeichert werden. 4 Die Monitore müssen ausgeschaltet werden. 5 Die schmutzigen Tassen müssen gespült werden. 6 Die Tische müssen aufgeräumt werden. 7 Das Licht muss ausgemacht werden. **b** 2 muss – gegessen werden 3 darf – fotografiert werden 4 müssen – eingenommen werden 5 darf – gegessen und getrunken werden 6 darf – geparkt werden 7 darf – telefoniert werden 8 müssen – ausgeschaltet werden
9 **a** 2 Dürfen Lebensmittel weggeworfen werden? 3 Dürfen unsere Städte durch Massentourismus zerstört werden? 4 Dürfen unsere Flüsse durch Chemie verschmutzt werden? **b** 2 Nein, Lebensmittel sollten auf keinen Fall weggeworfen werden. 3 Nein, unsere Städte sollten auf keinen Fall durch Massentourismus zerstört werden. 4 Nein, unsere Flüsse sollten auf keinen Fall durch Chemie verschmutzt werden. **c** 2 stumm gestellt 3 ausgeschaltet 4 nicht mitgenommen 5 nicht gegessen
Lösungsvorschlag: 1 b 2 b 3 b 4 a 5 a

Lösungen Arbeitsbuch

10 **1** Wort **2** deutlich **3** anschließen
    4 Gesprächsrunde **5** Ausdruck
11 **1** Ich schließe mich der Meinung von
    2 Ich persönlich finde es **3** habe das selbst
    erfahren **4** halte ich es **5** bin überzeugt
    6 kann schlimme Folgen haben
12 *individuelle Lösung*

C

1   *individuelle Lösung*
2   **a 1** b, d, f **2** a, b, f **3** d **4** d, f **5** b, e, f **6** c
    b *individuelle Lösung*
3   **1** c **2** e **3** d **4** a **5** b
4   **a 1** kritisieren **2** Angestellte **3** Kritiker **4** vertraut
    5 Ausrüstung **6** Drehort **7** drehen **8** Netz **9** hochladen **10** Reklame **11** wichtig **b 1** d **2** e **3** f **4** c
    5 a **6** b
5   **a** Lösungsvorschlag: **1** Er verdient sein Geld, ohne
    zu arbeiten. **2** Sie macht nie wieder eine Prüfung,
    ohne sich richtig vorzubereiten. **b 2** Er – Er – Er
    kann Videos drehen, ohne Mitarbeiter einzustellen.
    3 Er – Er – Er kann Pause machen, ohne sich mit
    Kollegen abzusprechen. **4** Er – Er – Er kann kein
    gutes Video drehen, ohne sich richtig vorzubereiten. **5** Er – Er – Er kann nicht filmen, ohne die
    richtige Ausrüstung zu kaufen. **6** Er – Er – Er kann
    nicht drehen, ohne einen geeigneten Drehort zu
    finden. **7** Er – Er – Er kann keine perfekten Produkte hochladen, ohne mit Videotechnikern im
    Gespräch zu bleiben. **8** Er – Er – Er kann nicht
    erfolgreich sein, ohne Kontakt zu seinen Fans zu
    halten. **c 1** ohne **2** dass **3** ohne **d 2** Wir – Man
    3 Er – Ich **4** Ihr – Ich **e 2** Wir sagen nichts, ohne
    dass man uns fragt. **3** Er zahlt seine Rechnung nie,
    ohne dass ich ihn daran erinnere. **4** Ihr kommt
    nicht, ohne dass ich euch rufe.
6   **a 1** gleich **2** Ich – Mein Chef – nicht gleich
    3 Steffie – Ihr Freund – nicht gleich **4** Steffie – Sie –
    gleich **b 1** haben. – ich Stress habe. **2** mein Chef
    mich kontrolliert. **3** Steffie repariert ihr Auto,
    ohne dass ihr Freund ihr hilft. **4** Steffie repariert
    ihr Auto, ohne das richtige Werkzeug zu haben. –
    Steffie repariert ihr Auto, ohne dass sie das richtige Werkzeug hat. **c 1** ohne **2** ohne dass **3** ohne
    4 ohne dass **5** ohne dass **6** ohne **7** ohne **8** ohne
    dass
7   **1** einzeln **2** sich verabschieden **3** stumm **4** wach
    5 beantworten
8   **1** draußen **2** Ausland **3** riesigen **4** geduldig
    5 Vorbereitung **6** regelmäßig **7** aufmerksam
    8 Aufnahme
9   *individuelle Lösung*
10 *individuelle Lösung*

D

1   **1** verpassen **2** notieren **3** drehen
    4 Auf Wiedersehen sagen
2   *individuelle Lösung*
3   *individuelle Lösung*
4   **Lösungsvorschlag: 1** Briefe, weil sie das romantisch findet und weil sie wieder im Trend sind.
    2 Manu schickt WhatsApp-Nachrichten, denn das
    geht schnell und sie kommen schnell an. **3** Herr
    Eggers schickt Blumen. Das ist ein schönes
    Geschenk und gut für die Beziehung.
5   **a 1** Dienst **2** Begriff **3** abrufen **4** eignen
    5 abnehmen **b** *individuelle Lösung*
6   **1** Filzstift **2** aufnehmen **3** Gedicht **4** Kassette
7   *individuelle Lösung*
8   **1** Refrain **2** Zeichen **3** solange **4** Kassette
    5 anerkennen **6** Kontakt
9   **1** b **2** d **3** a **4** c
10 *individuelle Lösung*
11 **a 1** d **2** c **3** b **4** a **b** *individuelle Lösung*
12 **1** Netz **2** SMS **3** installiert **4** gespeichert
    5 Navi **6** Smartphone **7** Selfie
13 *individuelle Lösung*
16 **1** Virus **2** Hütte **3** Austausch **4** Gruppensieger

Xtra Prüfung

1   **a** *individuelle Lösung* **b** *individuelle Lösung*

Lektion 11   Dabei sein

Starten wir!

1   **Sport in der Mannschaft:** Rugby – Handball –
    Basketball – Quidditch **Sport individuell:** Yoga –
    Golf – Tennis
2   **a** laufe – springe – fange – werfe **b laufen:** er
    läuft – er ist gelaufen **springen:** er springt – er ist
    gesprungen **fangen:** er fängt – er hat gefangen
    werfen: er wirft – er hat geworfen
3   **1** Zuschauer **2** dabei **3** Rasen **4** Spielerin
    5 schnell **6** Besen

A

1   *individuelle Lösung*
2   **1** W<u>e</u>ltm<u>ei</u>sterschaft – Eur<u>o</u>pameistersch<u>a</u>ft –
    Z<u>au</u>berer **2** Sp<u>ie</u>ler – M<u>a</u>nnschaftssportart –
    B<u>e</u>rufstätige – T<u>ea</u>mfähigkeit – engagieren
3   **1** Wahl **2** veröffentlichen **3** Gemeinschaft
    4 freiwillig
4   **1** veröffentlicht **2** Hälfte **3** Interesse
    4 Gemeinschaft **5** Gesang **6** engagiert
    7 Umweltschutzverein **8** Wahl
5   *individuelle Lösung*
6   **1** d **2** a **3** e **4** b **5** c
7   **a 2** Entweder – oder **3** Entweder – oder
    4 Entweder – oder

Lösungen Arbeitsbuch

b

	Hauptsatz 1		Hauptsatz 2
2. Entweder	wir trinken Kaffee	oder	wir nehmen einen Tee.
3. Entweder	Sie nehmen die U-Bahn	oder	Sie fahren mit dem Bus.
4. Entweder	ihr seid bei dem Spiel dabei	oder	ihr seht es im Fernsehen.

8 **a 2** Entweder Sie kommen einfach vorbei oder Sie rufen uns noch einmal an. **3** Entweder du liest das Buch oder du schaust den Film im Kino an. **4** Entweder du kaufst heute noch ein oder wir gehen heute Abend essen. **5** Entweder du trainierst heute mit der Mannschaft oder du nimmst am Samstag nicht am Spiel teil. **b 1** je – desto **2** sowohl – als auch **3** Entweder – oder **4** weder – noch **5** zwar – aber **c 1** g, j **2** f **3** h **4** e **5** d, f, g, j **6** b, k **7** b **8** a, f, j **9** c, f **10** f, i **d** individuelle Lösung

9 **Fenster:** falls, vorher, verlieren, folgen
wo: aktivieren, Umwelt, Service, werden

10 **a 1** gründen **2** wählen **3** stellen **4** bestimmen **5** festlegen **b** Lösungsvorschlag: Gesangsverein, Umweltverein, Tierschutzverein **c 1** ich würde dazu raten **2** Ja, gut! Abgemacht! **3** zur Diskussion stellen **4** Super Name! Akzeptiert! **5** Wollen wir Mitgliedsbeiträge **6** wird nicht funktionieren **d** Wollen – gründen – möchten – vorschlagen – gründen – würden – raten – wollte – stellen

11 **a** individuelle Lösung **b** individuelle Lösung

B

1 individuelle Lösung
2 **1** Kinderbuch **2** finanzieren **3** Crowdfunding **4** vorstellen **5** Beträgen **6** beteiligen
3 **1** der Wissenschaftler **2** der Grafiker **3** der Sänger **4** der Zauberer
4 **a 1** investieren **2** Unmenschlichkeit **3** Musikbusiness **4** professionell **5** gründlich **b 1** anregen **2** Autorin **3** Namen **4** Literatur **5** Zielgruppe **6** Druck **7** Glaube **8** Investition
5 individuelle Lösung
6 **a** stellen **b** Herrn **c 2** Russen **3** Ägypter **4** Belgier **5** Schweden **6** Briten **7** Österreicher **8** Mexikaner **9** Vietnamesen **d** individuelle Lösung **e 2** Einen Pinguin. **3** Einen Elefanten. **4** Einen Vogel. **5** Einen Bären. **6** Einen Wolf.
7 **a** nebenan **b 1** Zeugen **2** Abteilungen **3** Investitionen **c 1** – **2** Menschen **3** Menschen **4** Menschen **5** – **6** Menschen **d 1** der Patient **2** den Passanten **3** des Experten **4** dem Praktikanten **5** des Studenten **6** einen EC-Automaten **7** ein Journalist – keinen Journalisten **8** Der Polizist – einem Polizisten
8 **a 1** beziehe **2** präsentieren **3** begeistert **4** schwierig **5** finanzieren **6** Referenz **7** Einzelheiten **b** B **c** individuelle Lösung

C

1 **1** Handball **2** das Fahrradschloss **3** das Papierknäuel
2 **1** Self-Publishing **2** Verlag **3** Portale
3 **Lösungsvorschlag:** über ein Self-Publishing-Portal, dann sucht sie einen Redakteur. Danach lädt sie den Roman hoch und anschließend schreibt sie einen Werbetext. Zum Schluss legt sie einen Preis für ihr Buch fest.
4 individuelle Lösung
5 **1** die Messe **2** die Präsentation **3** das Konzert **4** der Workshop
6 **1** Risiko **2** finanziell **3** Unternehmerin **4** Autor
7 **1** Leser **2** Regel **3** Kontrolle **4** finanzielle **5** Risiko
8 **1** Autorin – Unternehmerin – Lesern – Risiken **2** Kontrolle – Namen – finanzieller – Messen
9 **Lösungsvorschlag: Vorteile:** mehr Bücher verkaufen – die Leser schnell und direkt erreichen – die Kontrolle über den Inhalt haben – mehr verdienen **Nachteile:** viel Arbeit haben – hohe Kosten haben – Bücher stehen nicht im Buchladen
10 individuelle Lösung
11 **a 2** Nachdem sie ihre Dateien geöffnet hat, schreibt sie eine E-Mail an den Verlag. **3** Nachdem sie ein paar Seiten für ihr neues Buch geschrieben hat, lädt sie Fotos aus dem Internet herunter. **4** Nachdem sie mit ihrer Redakteurin telefoniert hat, liest sie einen Werbetext. **b 2** Sie schreibt eine E-Mail an den Verlag, nachdem sie ihre Dateien geöffnet hat. **3** Sie lädt Fotos aus dem Internet herunter, nachdem sie ein paar Seiten für ihr neues Buch geschrieben hat. **4** Sie liest einen Werbetext, nachdem sie mit ihrer Redakteurin telefoniert hat. **c 2** bestellt haben – druckt **3** ruft ... an – zurückgekommen ist **4** präsentiert habe – beantworte **5** geändert hat – stehen **6** brauche – gereist bin
12 **a 2** Nachdem ich im Verlag gekündigt hatte, machte ich mich als Autor selbstständig. **3** Nachdem ich dem Verlag das Buch angeboten hatte, wartete ich geduldig auf eine Antwort. **4** Nachdem ich den Brief des Redakteurs gelesen hatte, rief ich ihn sofort an. **5** Nachdem der Verlag mein Buch veröffentlicht hatte, erhielt ich viele E-Mails von Lesern. **b 2** Nachdem ich im Verlag gekündigt hatte, habe ich mich als Autor selbstständig gemacht. **3** Nachdem ich dem Verlag das Buch angeboten hatte, habe ich geduldig auf eine Antwort gewartet. **4** Nachdem ich den Brief des Redakteurs gelesen hatte, habe ich ihn sofort angerufen. **5** Nachdem der Verlag mein Buch veröffentlicht hatte, habe ich viele E-Mails von Lesern erhalten. **c** individuelle Lösung
13 **1** bekommen hatten **2** festgelegt hatten – festgelegt haben **3** verloren hat – verloren hatte **4** gelaufen waren – gelaufen sind

Lösungen Arbeitsbuch

14 *individuelle Lösung*
15 **a 2** ist – vorbei **3** kommst – vorbei **4** Fahren – vorbei **5** besprochen **6** bewundert **b** *individuelle Lösung*

D

1 *individuelle Lösung*
2 **1** Schauspielerin **2** Drehbuchautorin **3** Tontechnikerin
3 **1** Drehbuchautorin **2** Schriftstellerin **3** Rapper **4** Regel **5** Drehbuch **6** Textskizze **7** langweilen **8** Drehbuchskizzen **9** Filmstudio **10** veröffentlicht **11** Anmeldung
4 **1** analysieren **2** erforderlich **3** bereit **4** langweilt
5 **1** e **2** d **3** b **4** a **5** c
6 **Lösungsvorschlag: Workshop:** Breakdance-Workshop **Zielgruppe:** Kinder ab 6 Jahren **das lernt man:** erste leichte Tanzschritte und Übungen **das braucht man:** Spaß an Musik und Bewegung **Anmeldung erforderlich:** keine Angabe
7 *individuelle Lösung*
8 *individuelle Lösung*
9 **1** B **2** A
10 **a 2** Stefan möchte Drehbücher schreiben, anstatt sie nur zu lesen. **3** Lea möchte Romane schreiben, anstatt sich im Büro zu langweilen. **4** Bernie möchte sich als Schriftsteller selbstständig machen, anstatt Medizin zu studieren. **5** Marina würde gerne tolle Leute treffen und über Bücher diskutieren, anstatt immer mit Jan allein in der Kneipe zu stehen. **b 1** Wir – wir **2** Wir – der Lehrer **3** Wir – wir **4** Wir – wir **gleiche Subjekte:** 1 – 3 – 4 **c 1** Wir würden gerne viel diskutieren, anstatt immer nur Grammatik zu lernen. – Wir würden gerne viel diskutieren, anstatt dass wir immer nur Grammatik lernen. **2** Wir würden gerne selbst Präsentationen machen, anstatt dass der Lehrer immer redet. **3** Wir würden gerne gemeinsam Ausflüge machen, anstatt nur in der Schule zu sitzen. – Wir würden gerne gemeinsam Ausflüge machen, anstatt dass wir nur in der Schule sitzen. **4** Wir würden gerne interessante Texte lesen, anstatt immer nur Vokabeln zu lernen. – Wir würden gerne interessante Texte lesen, anstatt dass wir immer nur Vokabeln lernen. **d Lösungsvorschlag:** Paul möchte eine Wohnung in der Stadt mieten, anstatt in einem Dorf zu leben. – Paul möchte für dich kochen, anstatt ins Restaurant zu gehen. **e** *individuelle Lösung*
11 **a** *individuelle Lösung* **b Titel des Workshops:** *individuelle Lösung* **Zielgruppe:** Schülerinnen und Schüler **Ziel des Workshops:** einen neuen und spannenden Sport kennenlernen **Für den Workshop erforderlich:** Sportkleidung und -schuhe **Ort:** Lessingstraße 18 **Termin:** Donnerstag, den 21.07. **Anmeldung unter:** quidditch@frankfurt.com

12 *individuelle Lösung*
13 **1** traditionell **2** die Tortilla **3** die Anmeldung **4** erforderlich

Xtra Prüfung

1 **1** Bibliothek **2** ausleihen **3** Ausleihe **4** Ausweis **5** jeder Zeit **6** Frist **7** verlängern **8** Fristverlängerung **9** Schirme **10** Bibliotheksordnung

Lektion 12 Beste Freunde

Starten wir!

1 *individuelle Lösung*
2 **1** C **2** A **3** B
3 **a 2** die Lang<u>e</u>weile **3** die H<u>o</u>ffnung **4** die Entt<u>äu</u>schung **5** das Vertr<u>au</u>en **b** *individuelle Lösung*
4 **1** Erinnerungen **2** Enttäuschung **3** gemerkt **4** geschimpft **5** Klassenfahrt

A

1 **1** pf **2** p **3** f **4** p **5** f **6** pf
2 **a 1** der Koffer **2** das Werkzeug **3** die Kiste **4** die Lampe **b 1** fliegen – B **2** berichten – D **3** diskutieren – E **4** umziehen – A **5** einrichten – C
3 **1** geschehen **2** Berufsschule **3** Umzug **4** philosophieren **5** Kiste
4 *individuelle Lösung*
5 **1** aufgenommen **2** verloren **3** philosophiert **4** habe **5** halten **6** trennen
6 **2** jede Woche **3** jeden Monat **4** jedes Jahr
7 **a 1** a **2** c **3** a **4** b **5** a **6** c **7** a **8** b **9** a **10** c **11** b **12** c **b** *individuelle Lösung*
8 **a 1** derselbe **2** dieselbe **3** dieselben **4** dasselbe **b 1** dasselbe Café **2** dieselben Freunde **3** dieselbe Chefin **4** denselben Deutschkurs **5** denselben Lehrer **6** dieselben Fehler **c 1** d<u>em</u>selben – d<u>em</u>selben **2** d<u>er</u>selben – d<u>er</u>selben – d<u>em</u>selben **3** d<u>em</u>selben **4** d<u>em</u>selben **5** d<u>er</u>selben – d<u>er</u>selben **6** d<u>en</u>selben
9 **1** dieselbe **2** derselbe **3** dieselben **4** demselben **5** derselbe **6** derselben **7** dasselbe **8** denselben
10 **a 1** neulich **2** Kiste **3** zurückgebracht **4** Markt **5** getrennt **6** Gemeinsamkeiten **7** bald **b** *individuelle Lösung*

B

1 **a 1** k – g **2** t – d **3** p – b
2 *individuelle Lösung*
3 *(von oben nach unten)* B<u>e</u>rufsschule – Univers<u>i</u>tät / H<u>o</u>chschule – H<u>au</u>ptschule / M<u>i</u>ttelschule – R<u>e</u>alschule – Gymn<u>a</u>sium – Gr<u>u</u>ndschule
4 **1** die Grundschule **2** das Gymnasium **3** die Hauptschule / Mittelschule **4** die Berufsschule **5** die Realschule

Lösungen Arbeitsbuch

5 **a** 1 kompliziert 2 Handwerk 3 kaufmännische 4 Erinnerung 5 Gemeinsamkeit 6 Kiste **b** *individuelle Lösung*

6 **Schule:** unterrichten – Lehrer/in – Unterricht – Zeugnis – Klassenfahrt **Universität:** Studium – studieren – Professor/in – Student – Forschung **beides:** lernen – Referat – Abschluss

7 1 Mittlere Reife 2 nachmachen 3 Germanistik 4 Fremdsprachenkorrespondenten

8 1 Laufbahn 2 kompliziert 3 hinterher 4 vorher 5 faul 6 lernen

9 1 schulischer 2 kompliziert 3 Gesamtschule 4 Schulform 5 Laufbahn 6 hinterher 7 nachmachen 8 Germanistik

10 1 zu prüfen 2 zu halten 3 zu kennen 4 zu behandeln

11 **a** 2 Die Kursgebühr muss man vor Kursbeginn an die Schule überweisen. 3 Die Schülerinnen und Schüler müssen pünktlich sein. 4 Handys muss man während des Kurses ausschalten. 5 Die Lehrerinnen und Lehrer müssen über Prüfungstermine informieren. **b** 2 darf sie wirklich nicht 3 das muss man unbedingt 4 das darf man sicher nicht 5 das dürfen wir nicht 6 das muss ich unbedingt 7 das darfst du auch gar nicht 8 das müsst ihr wirklich 9 Das dürfen sie nicht

12 **a** 1 mitreden 2 nachmachen 3 bedauern 4 philosophieren 5 aufstellen 6 bringen 7 haben 8 einholen 9 haben **b** 1 Leistungen 2 Psychologin 3 Schulhof 4 Beratung 5 Industriekauffrau **c** *individuelle Lösung*

C

1 *individuelle Lösung*

2 Outfarm – fit4u

3 **a** 1 nachhaltig 2 ultimative 3 Selbstvertrauen 4 Kritik 5 pünktlich 6 Risiken 7 Verantwortung **b** 2 Risiken einzugehen 3 Verantwortung zu übernehmen 4 Kritik anzunehmen 5 sich zu verändern **c** *individuelle Lösung*

4 **a** 1 umweltbewusst 2 folgt 3 innovatives 4 ausgefallen 5 eingehen **b** 1 Gründung 2 innovative 3 stylishen 4 verbinden 5 Risikobereitschaft 6 Businessplan 7 Geduld 8 Marketing

5 **a** 1 nichts 2 da – dort **b** 1 was es nicht schon 2 wo ihr im Moment 3 wo man frei 4 was man 5 was man nie 6 was den Kunden

6 **a** 2 Seit einem Jahr bin ich Manager bei einer Bank, wo auch meine Freundin arbeitet. 3 Am Wochenende fahre ich nach Köln, wo wir meine Eltern besuchen. 4 Mittags essen wir im Café Blue, wo wir uns schon während der Ausbildung getroffen haben. **b** 1 wo 2 was 3 was 4 wo 5 wo 6 was **c** 1 den 2 denen 3 was 4 den 5 was 6 wo 7 dem 8 der

7 1 irgendwie 2 Atmen 3 Gründer 4 spüren 5 zählt 6 dringend 7 Investor 8 Besonderheit 9 Prototyp

8 2 Besonderheit des Produkts 3 Gründe, das Produkt zu kaufen 4 Zukunftspläne

9 *individuelle Lösung*

D

1 *individuelle Lösung*

2 1 in der Werkstatt 2 zu Hause 3 im Restaurant 4 in der Natur

3 1 nebenbei 2 kompliziert 3 geschoben 4 einigen 5 gefunden 6 dringend

4 *individuelle Lösung*

5 1 kompliziert 2 irgendwie 3 sofort 4 perfekt 5 früh genug 6 innovativ

6 **a** 2 benutzen – benutzen 3 möchte – möchte 4 kennt – kennt 5 fehlt – fehlt **b** 2 Da wir ein Elektro-Fahrrad benutzen, leben wir umweltbewusst. 3 Da sie Energie sparen möchte, baut sie ihr Haus aus Holz. 4 Da er die Firmengründer persönlich kennt, investiert er in fit4u. 5 Da uns das Geld für die Produktion fehlt, brauchen wir dringend Investoren. **c** 2 Man ist nie alleine, da bei Start-ups meistens in Teams gearbeitet wird. 3 Man lernt nette Leute kennen, da die Teams international sind. 4 Man hat gute Karrierechancen, da vor allem die Leistung zählt. 5 Man spürt die Besonderheit der Firma, da man mit den Firmengründern zusammenarbeitet.

7 1 falls jemand Interesse 2 falls jemand etwas kaputt 3 falls man sich im Gespräch 4 falls es nicht

8 **a** 2 Falls die Leute tanzen möchten, spielen wir Tanzmusik. 3 Falls jemand keine Pizza mag, haben wir Spaghetti. 4 Falls jemand nicht mit dem Bus zurückfahren möchte, bestellen wir ein Taxi. **b** 2 Falls du Jana siehst, sag Hallo von mir. 3 Falls du Zeit hast, mach ein paar schöne Fotos vom Rhein. 4 Falls du daran denkst, kauf ein Glas Kölner Honig für uns. 5 Falls du möchtest, bleib einen Tag länger und besuch unsere Freunde in Bonn.

9 2 ☺ 3 💡 4 ☺ 5 ☹ 6 ☺ 7 💡 8 💡 9 ☹ 10 💡 11 ☹ 12 ☺ 13 ☺ 14 💡 15 ☺ 16 💡

11 1 doch übernehmen 2 Bescheid 3 Interesse an 4 aus Versehen 5 eindeutig falsch 6 mich überredet 7 noch klären

Xtra Prüfung

1 1 Berufscoach 2 sich Zeit nehmen 3 Einleitungstext 4 Wortschatz aktivieren 5 Oberstufe 6 finanzieren 7 Ratschlag

Lösungen Tests

Lektion 1

1
1. zu lernen
2. studieren
3. kennenzulernen
4. zu gehen
5. zu unterhalten
6. machen

2
1. erleichtern
2. hat vor
3. verbessern
4. konjugieren

3
1. höflich
2. schön
3. die Mehrsprachigkeit
4. die Freiheit
5. die Sicherheit

4
1. trotzdem
2. deshalb
3. trotzdem

5
1. versteht sie heute kein Wort in dieser Sprache
2. ist er Moderator geworden
3. gibt er viel Geld für Musikinstrumente aus

6
1. größte
2. besten
3. wichtigste
4. wertvollste

7
1. Ausstellungen
2. Ausnahme
3. Entwicklung

8
1d, 2a, 3b, 4c

Lektion 2

1
1. obwohl
2. weil
3. Obwohl, Deswegen

2
1. eines Gesprächs
2. der Reise
3. dieses Films/Filmes
4. dieser Game-Shows

3
1. Konkurrenz
2. begleiten
3. virtuelle
4. Bildschirm
5. bedient

4
1. Je länger man vor dem Fernseher sitzt, desto müder wird man.
2. Je häufiger man mit Freunden ausgeht, desto seltener benötigt man das Fernsehen.

5
1. aktivitäten
2. vermisst
3. Grund
4. stimme ... zu

6
1. wird (Vermutung)
2. werden (Plan)
3. werden (Vermutung)

7
1c, 2a, 3e, 4f, 5b, 6d

8
1. möchte ich die nächste Folge sehen
2. gibt es bestimmt Streit

Lektion 3

1
1. bevor
2. während

2
1. Sarah auf das Foto-Shooting wartete, war sie ein bisschen nervös.
2. Bevor Phil zum Vorstellungsgespräch geht, zieht er seinen neuen Anzug an.

3
1. hatten ... gesehen
2. war ... gereist
3. hatte ... angekündigt

4
1. hatte lange als Verkäufer gearbeitet
2. entschied er sich

5
1. Persönlichkeit
2. Mut
3. Körpermaße
4. Fotomappe
5. Stil

6
1. seiner authentischen
2. vieler
3. ihres attraktiven
4. seines großen

7
1d, 2a, 3e, 4b, 5c

8
1. zum Mitnehmen
2. zum Kochen
3. zum Lesen

9
1. trotz
2. wegen

Lösungen Tests

Lektion 4

1
1 neblig
2 wolkenlos
3 sommerlich
4 sichtbar

2
1 eine gute Kondition zu haben
2 man starke Muskeln bekommt
3 eine neue Extremsportart auszuprobieren
4 wir die Stadtmeisterschaft gewinnen

3
1 sonnig
2 Abschnitt
3 glatt
4 fordern

4
1 Das Auto wird (von Martin) überprüft.
2 *Lösungsvorschlag:* Nach dem Unfall wird ein Bericht (von Patrizia) abgegeben.

5
1 von der Sanitäterin
2 vom Notarzt

6
1 fördert
2 Synonyme
3 sinkt
4 Gewitter
5 Behinderung

7
1b, 2a, 3d, 4e, 5c

8
1 Kraft
2 Wirkung
3 trocken
4 menschliche
5 dauerte

9
1 über
2 über
3 weniger als

Lektion 5

1
1 das Bier
2 das Herrchen
3 die Summe
4 das Mäuschen

2
1 Haustiere haben nicht nur Vorteile/Nachteile, sondern auch Nachteile/Vorteile.
2 Bei *Maximedia* erwarten Sie nicht nur spannende Aufgaben / nette Kollegen, sondern auch nette Kollegen / spannende Aufgaben.

3
1 Eigenschaften
2 Betreuung, Vorschriften, Erzieherin
3 Netzwerk
4 Schulabschluss, -kenntnisse
5 Ruf

4
1 In unserem Betrieb lernen Auszubildende sowohl die Theorie/Praxis als auch die Praxis/Theorie.
2 Hanna kann sowohl analytisch denken / selbstständig arbeiten als auch selbstständig arbeiten / analytisch denken.

5
1 erledigen
2 machen
3 haben
4 sammeln
5 füttern

6
die Schlange, der Bär, das Pferd, der Hase, der Vogel

7
1d, 2a, 3b, 4c, 5e

8
1 klein**e**
2 schwarz**es**
3 erfahren**er**, stark**en**, groß**e**, groß**en**, gut**es**
4 Jung**e**, nett**er**
5 riesig**e**

Lektion 6

1
1 um
2 über
3 bei, für

2
1 In der Stadt wird es eng, sodass man in die Höhe baut.
2 In der Stadt wird es so eng, dass man in die Höhe baut.
3 Man baut in die Höhe. In der Stadt wird es nämlich eng.

3
1 entstehen
2 ziehen
3 Boden
4 Traditionen

4
1 Innerhalb des Museums
2 außerhalb der Wohnung
3 innerhalb eines Jahres
4 Außerhalb der Arbeitszeiten

5
1c, 2a, 3d, 4b, 5e

6
1 hält
2 Inhalt
3 Zusammenhang
4 Danach
5 Beispiele
6 Schluss
7 bedankt
8 Mitschülern

7
1 Wurdest ... gebeten – wurden ... geleert
2 wurde ... eingeführt

8
1 den
2 dem
3 diesen
4 die

225

Lösungen Tests

Lektion 7

1a
1 hätten
2 würde ... genießen

b
Wenn wir weniger Autos hätten, gäbe es nicht so viel Lärm in den Städten.

2
1 bewältigen
2 reduziert
3 schützen
4 haben

3
1 sie Zeugin eines Unfalls wurde / geworden ist.
2 die Flüchtlingshelfer den Jungen im Mittelmeer fanden / gefunden haben.
3 zum ersten Mal als Superheld auftrat / aufgetreten ist.

4
1 Man kann Energie sparen, indem man *den globalen Transport* reduziert.
2 Indem du *keine Einwegbecher* benutzt, kannst du etwas Gutes für die Umwelt tun.
3 *Wir* können ökologisch korrekt einkaufen, indem wir auf die richtige Menge achten.

5
1a, 2c, 3b, 4d

6
1 Kreuzfahrtschiffe
2 Alternative
3 Empathie
4 Vertrauen
5 Schlägerei

7
1 Müllberge helfen weder der Umwelt noch dem Portemonnaie.
2 Er ist weder alkoholabhängig / alkohol- noch drogenabhängig.
3 Man sollte weder Lebensmittel wegwerfen noch zu viel Wasser verbrauchen.

Lektion 8

1
1 sind ... verteilt worden
2 ist ... informiert worden
3 sind ... gecheckt worden
4 sind ... angeschlossen worden

2
1 Mit wem
2 Womit
3 Worauf
4 darüber

3
1 gegen die/eine
2 um den

4
1 akzeptiert
2 ersetzen
3 interviewen
4 verwenden

5
1 hätte
2 als ob ... würde
3 könnte / würde

6
1 Seitdem man Pakete mit Drohnen liefern kann, haben Briefträger weniger *Arbeit*.
2 Drohnen retten zwar *Menschenleben*, aber sie können auch eine Gefahr sein.
3 Man braucht einen Führerschein *für Drohnen*, seit es immer wieder zu Unfällen kommt.

7
1 drinnen
2 Hintergrund
3 kabellos
4 erlaubt

8
1 Die meisten Jugendlichen hören Musik nicht im Radio / hören nicht im Radio Musik, sondern auf YouTube.
2 Man braucht für diesen Kopfhörer kein Kabel / kein Kabel für diesen Kopfhörer, sondern einen Akku.

9
1 Versicherung
2 Verkehrslage
3 Kilogramm
4 Einladung
5 Ausfahrt
6 Spielzeug

Lektion 9

1
1 Herr Roth braucht für die Reparatur seines Wohnmobils nicht viel zu zahlen.
2 Du brauchst keine neuen Reifen für dein Auto zu kaufen.

2
1 durch
2 zwischen
3 Zwischen
4 durch

3
1c, 2a, 3e, 4b, 5d

4
1 Reisende
2 Reisende
3 Reisender
4 Reisenden

5
1 den
2 die
3 dem
4 die
5 denen
6 der

6
1 Wiese
2 Grab
3 Ursache
4 Lage

7
der Bürgermeister, der Pannendienst, die Pflanzenart, der Radfahrer, das Festland, die Schadensmeldung, das Kennzeichen

Lösungen Tests

8
1 Fall, Langeweile
2 wirtschaftliche, andererseits
3 ablehnen, anderer

Lektion 10

1
1 dem
2 die
3 denen
4 denen
5 der
6 den

2
1b, 2a, 3d, 4c, 5f, 6e

3
Lösungsvorschlag:
1 Während des Vortrags müssen Handys auf stumm gestellt werden.
2 Beim Essen soll der Laptop ausgeschaltet werden.
3 Zum Recherchieren kann das Smartphone verwendet werden.

4
1 Begriff
2 Austausch
3 Metaphern
4 Kassetten
5 Refrain
6 Viren

5
1 Viele Jogger genießen ihren Lauf, ohne eine Smartwatch zu benutzen.
2 Die Bloggerin dreht ihre Videos, ohne dass ein Angestellter ihr hilft.
3 Karl sitzt immer am Computer, ohne eine Mahlzeit mit der Familie einzunehmen.

6
1 weich
2 tief
3 klassisch
4 warm
5 schön / angenehm

Lektion 11

1
1 Nachdem Claudia ihren Roman veröffentlicht hatte, machte sie eine *Buchparty*.
2 *Claudia* verkauft mehr Bücher, nachdem sie Geld in Werbung investiert hat.

2
1b, 2a, 3e, 4c, 5d, 6f

3
1 Entweder wir spielen Rugby oder wir lernen Quidditch.
2 Entweder ich züchte Bienen oder ich mache beim Tierschutzverein mit.

4
1 Experte**n**
2 Mensch-
3 Kollege**n**
4 Praktikant**en**
5 Nachbar**n**

5
1 anstatt dass
2 anstatt dass
3 Anstatt, zu
4 anstatt, zu

6
1 Mannschaftssportart
2 Zauberer
3 Gesang
4 Teamfähigkeit
5 Mitgliedsbeitrag

7
1 reitet
2 finanzielle
3 Filmstudio
4 besprochen
5 professionell
6 Leser
7 Gemeinschaft

Lektion 12

1
1 Da Ela auf jeden Fall einen kaufmännischen Beruf lernen möchte, macht sie die Mittlere *Reife*.
2 Falls ein Schüler Beratung braucht, kann er sie *beim Schulberater* einholen.
3 *Markus kann* jetzt mit dem Studium anfangen, da er das Abitur gemacht hat.

2
1 wo
2 was
3 was
4 wo

3
1 Enttäuschung
2 Gemeinsamkeiten, Germanistik
3 Tatsache
4 Kontakt

4
1 In dieser Firma muss man auf Pünktlichkeit achten.
2 Bei Fragen zum Businessplan dürfen wir nicht mitreden.

5
1 dieselbe, derselben, dieselben
2 denselben
3 demselben, derselbe

6
1b, 2a, 3d, 4c

7
1 schieben
2 überredet
3 geschehen

8
1 Jed**es**
2 Jed**e**
3 jed**en**